English Acquisition through Tasks and Projects

タスク・プロジェクト型の英語授業

髙島 英幸●編著
Hideyuki Takashima

Tasks
and
Projects

大修館書店

Acknowledgements of Copyright Permissions

The publisher and the editor and writer are grateful to the following authors and publishers for allowing us to reproduce copyright material:

pp. 22–23: Reprinted Picture 3 on p. 8, Picture 9 on p. 11, and Picture 4 on p. 14 from *Is That What You Mean? Common Mistakes and How to Correct Them* by Paul Hancock, © 2001 with permission from Pearson Education.

pp. 26–27: Reprinted Lesson 59, "The Polar Bear," from *Lessons with Laughter: Photocopiable Lessons for Different Levels* by George Woodlard, © 1996 with permission from Cengage Learning EMEA.

はしがき（**Preface**）

　時代は５Ｇ（第５世代移動通信システム）に入り，これまでの「商品という『モノ売り』」から，「その商品で可能な体験・経験の価値を売る『コト売り』」への転換が迫られている。AI（人工知能）にできることと人間にしかできないことを見極め，その共存と住み分けの理念が教育にも求められている。

　本書は，さまざまな予期せぬ状況に適切に対応できる常識や柔軟性をもち，コミュニケーションが可能となる能力や理解力の育成を担う英語教員や教員志望の学生，および日本の英語教育に関心をもっておられる方々を対象としている。具体的な言語活動に加え，日本の小・中・高等学校や大学における授業改善に資する内容を具体例と共に提案する。

　外国語教育においては，学習してわかったことが，使えたり，使い分けたりできることには，簡単につながらないことが多い。そのため，学習したことを必然的に使わざるを得ない場面や，２つ以上の文法構造を選択して使い分ける必要のある課題解決型の言語活動を仕組んだ授業内容とすることが大切である。この種の活動では，場面や状況が明確に設定され，課題解決のためにコミュニケーションを行なう。相手意識をもち，課題解決に至るプロセスが成果や結果と共に重要視される。学習の目標やゴールが明確であれば，学習者は授業により積極的に関わる姿勢をもつようになり，学習に対する興味・関心を持続できるようになる。

　本書では，すべての学校種における課題解決型の授業内容をプロジェクト型の単元，あるいは，タスク型の言語活動として紹介している。一言で言うならば，言語使用には必ず何らかの目的やねらいがあり，教員は，学習者に英語学習の際にそのことを常に意識させる授業内容とすることが必須である。各章の授業改善例では学習者が文法知識を活用して適切な表現を使い，考えながら，コミュニケーションすることで，自身の意図を伝えたり，相手の意図を正確に理解したりできるようになる過程が示されている。このように，考え，自分の言葉として使う経験を通して，徐々に児童・生徒・学生は自信をもってコミュニケーションができるようになると考えられる。これらの実践は，英語教育の分野における第一線の研究者の理論を援用している。そのため，本書で取り上

げられている実践例にはその枠組みや考え方が反映され，読者の教室において広く活用できる。

　あの「チコちゃん」に「ボーっと生きてんじゃねーよ！」ならぬ，「ボーっと授業してんじゃねーよ！」と叱られないようにするための一冊と考えていただいてもよい。「ねぇ，ねぇ，チーム髙島のみんな〜。日本の英語教育は小学校からやってんのに，なんでみんなあんまり英語が使えないと思う？」と問われた場合の答えとその対策こそが本書が示す課題解決型の授業内容なのである。

　しかし，「ボーっと」は悪いことばかりではないようである。最先端の画像技術を駆使して脳の活動を探る研究（NHK スペシャル「人体」取材班，2018）によると，「何も考えずにボーっとすること（デフォルト・モード・ネットワーク）こそ，ひらめくためにとても重要」（p. 129）であることが分かってきたのである。脳が意識的な活動を行なっていない時に働いているネットワークでひらめきが生まれるとのことである。ただし，そのひらめきが起こるには，脳の大脳皮質（大脳の最も外側を覆っている神経細胞の薄い層）の中で，「知覚，随意運動，思考，推理，記憶などの高次脳機能を司っている」（p. 131）領域に多くの「記憶の断片」（p.132）の存在が前提となるらしい。多くのさまざまな知識が記憶として蓄えられていれば「ボーッとしているときに発見や斬新な発想が生まれる」（p. 132）のである。

　こう考えると，断片的にせよ知識がある限り，ボーッとすることは新しいアイデアや発想を生むためには時には必要なことである。読者のみなさんは本書で随所に提案されている言語活動や授業改善のヒントを「記憶の断片」として蓄積し，よりよい授業のために活用していただきたい。児童・生徒・学生が目を輝かせて聞き入る，説得力のある分かり易い文法説明や，さらに英語を話し続けたいと思うような言語活動がひらめくはずである。

　本書の特徴は，第二言語習得（SLA）理論研究をバックボーンとし，1998（平成10）年の学習指導要領より使われ始めている「課題を解決する能力」「問題を解決する資質や能力」の育成を考える視点が根底にあることである。また，2020（令和2）年度より順次全面実施・年次進行で実施されている学習指導要領で明示された教科の特質に応じた「見方・考え方」，「資質・能力」の3つの柱である「知識・技能」，「思考力・判断力・表現力等」，「学びに向かう力・人間性等」（文部科学省，2018b: 4）を強く意識した内容となっている。さらには，ユネスコが取り組む「持続可能な開発のための教育（Education for Sustainable Development）」も高等学校の授業として取り上げている。この表現を借りるな

らば，思考を伴う受信・発信をする課題解決型の授業を通して，児童・生徒・学生が英語学習への動機をもち続ける「持続可能な動機（sustainable motivation）」を誘発するための一冊である。

本書の内容構成を鳥瞰すると以下のようになる。

第1章　学習指導要領と課題解決型言語活動

第2章　コミュニケーションにつながる文法指導

2.1 中学校・高等学校におけるコミュニケーションを支える文法指導
2.2 中学校における Use を考慮した文法指導
2.3 大学における「フォーカス・オン・フォーム」アプローチを採り入れた実践
2.4 Special Feature 1 の概要

Special Feature 1

Grammaring and the Fascinating Case of *There*

第3章　タスクとプロジェクトの実践と評価

3.1 小学校の「読むこと」における英語絵本を活用したプロジェクト
3.2 児童の関心・意欲を高め持続させるICTを活用したプロジェクト
3.3 中学校における課題解決型（タスク型）言語活動
3.4 高等学校における課題解決型プロジェクト
3.5 大学におけるスピーキング力を育む TBLT の実践と評価
3.6 タスクで変える英語に対する苦手意識―大学の事例
3.7 プロジェクトから生まれる成功体験と充実感―短期大学の事例
3.8 Special Feature 2 の概要

Special Feature 2

The Case for Introducing Task-Based Language Teaching in Asian Elementary Schools

第4章　タスク・プロジェクト型授業への転換

4.1 諸外国の英語教育の動向とTBLT
4.1.1 アジアの英語教育―韓国とベトナム
4.1.2 ヨーロッパの英語教育―オーストリア
4.1.3 英語を母語とする国におけるESL教育―アメリカ
4.1.4 TBLT 成功の視点：日本におけるCLTへの転換
4.2 タスク・プロジェクト型授業と教員研修
4.2.1 小学校における課題解決型の授業を可能とする校内研修
4.2.2 中学校における課題解決型言語活動を中心にした授業への転換
4.2.3 高等学校における学習指導要領が求める英語教育
4.3 Special Feature 3 の概要

Special Feature 3

English Education in Taiwan : Changes and Challenges

第1章は，小学校から高等学校までの学習指導要領（平成29・30年告示）が求める外国語活動・外国語科における授業の質の改善のための視点を具体的に示す。第2章は，日本の英語教育における文法指導に対する考え方について，文法がコミュニケーションには必須であることを学習者が感じることができるような手法をまとめている。ESL（English as a Second Language）の世界からは，

Larsen-Freeman 氏が，学習しても使えない言語知識の問題（inert knowledge problem）を解決するために，文法に対する考え方について転換を求める論考をまとめている。第3章は，授業を単元的に扱う課題解決型でプロジェクトやタスク・タスク活動が，コミュニケーション能力の育成には不可欠であることを具体例と共に示している。内容はそれぞれの執筆者が教育現場で実践したものであるが，実践報告に留まらず，読者が自らの実践で参考となる提案を含むように配慮した。ESL の言語環境から Ellis 氏が，小学校初期段階からメッセージ（意味内容）の伝達を第一義に，文法指導は後からフィードバックとして行なう TBLT（Task-Based Language Teaching）が有益であると主張している。第4章では，世界の英語教育の趨勢がタスク志向であることの意義，および，教育施策や教員の研修内容にタスクやプロジェクトをどのように組み入れて，授業を課題解決型にしていくかをまとめている。ここでは，日本と同じ EFL（English as a Foreign Language）の環境にある台湾の英語教育の第一人者である Chang（張）氏が台湾における英語教育の方向性を解説している。

　本書を執筆するにあたっては，幾度も編集会議を開き，全員で議論し，内容に一貫性をもたせ，英語教員のみならず，英語教育に興味をもつ方々にも十分理解していただけるように配慮したつもりである。最終段階まで原稿を精読し校正などに協力くださった千葉県立木更津高等学校教諭の八代晃さんと川崎市立旭町小学校教諭の宮毛俊紀さん，また，詳細に丁寧に編集作業をしてくださった大修館書店の森田三千代さんと神作聡美さんに執筆者を代表して感謝申し上げたい。そして，本務で多用な中，執筆に関わってくださったお一人お一人と，その執筆者を支えてくださったご家族にも心よりお礼を申し上げる。

2020 年（令和 2 年）5 月 18 日

編著者　髙島 英幸

目　次

第 1 章

学習指導要領と課題解決型言語活動

　グローバル化が進み日本においても英語の有用性は広く認知されていても，学習者が教室外で実際に英語を使う機会は限定的であるのが実情である。このため教員は，英語を使用しなくてはならない状況を言語活動として，授業の中で設定する必要がある。学習者はそのような言語活動に取り組み，英語で考えを伝え合い意思疎通を図ろうとする中で，英語を学習の対象としてだけではなく，コミュニケーションの手段として感じることができる。このように教室内での言語活動を教室外でのコミュニケーションの実態を反映したものにすることで，学習者は英語の必要性を理解し，学習への動機が高まり維持されることにつながる。

　本章では，日本の英語教育の方向性を具体的に示すために，学習指導要領，中央教育審議会の答申，教育課程審議会の報告，諸新聞の記事などを踏まえ，小・中・高等学校と大学の授業内容を課題解決型・プロジェクト型にするための方法を具体例と共にまとめる。学習初期の小学校段階からさまざまな活動の中で，学習者に「思考させる時間」を保障し，継続して課題解決型の言語活動を充実させることが，学習指導要領で示されている 3 つの柱からなる資質・能力の育成につながることを論じる。

1.1　日本の英語教育における授業内容の改善と学びの質

　おおよそ 10 年ごとになされてきた学習指導要領の改訂と共に，小学校における外国語教育は，これまでさまざまな段階を踏んできた。2002（平成 14）年度から「総合的な学習の時間」の国際理解教育の一環として英会話等を始めることが可能となり，第 3〜6 学年に「英語活動」が設けられた。2011（平成 23）年度からは，領域として「外国語活動」が第 5・6 学年に必修となり，2020（令和 2）年度からは，第 3・4 学年に外国語活動として週 1 単位時間，第 5・6 学年に教科の「外国語科」として週 2 単位時間が英語教育を行なう時間として設けられた。制度上は小学校第 5 学年から教科としての英語教育が開始され，その前段階の英語を扱う授業が第 3 学年から開始される構図ができた。そして，小学校第 6 学年と中学校第 1 学年が外国語科で接続することになった。

　2020（令和 2）年度より順次実施されている学習指導要領では，「主体的・対話的で深い学び」の実現が授業改善の鍵である。「主体的・対話的で深い学びの実現に向けた授業改善」（文部科学省，2017: 5）とは，「アクティブ・ラーニング（能動的学修）[1]」の考え方が読み替えられたものと考えてよい。これらは，「習得・活用・探究の見通しの中」や「習得・活用・探究の学習プロセスの中」（教育課程部会高等学校部会，2016）で不断の授業実践により生じる。児童・生徒の「主体的・対話的で深い学び」を実現するためには，教員は，幅広く深い知識をもち，児童・生徒の日常生活での興味・関心と関わりのある，質の高い授業内容を保障する必要がある。

　また，学習指導要領（文部科学省，2018a，2018c，2018e）は，小学校から高等学校まで，児童・生徒が学習や活動を記録するポートフォリオ的な教材である「キャリア・パスポート」の活用を導入した（安部，2020）。これによって，目標を掲げ，学習の足跡を継続的に記録し，客観的に自己を振り返り，将来の見通しをもち，自己肯定感を向上させることが期待できる。同時に，小学校学

1　2012 年 8 月に中央教育審議会が出した『新たな未来を築くための大学教育の質的転換に向けて〜生涯学び続け，主体的に考える力を育成する大学へ〜（答申）』の中で，「従来のような知識の伝達・注入を中心とした授業から，教員と学生が意思疎通を図りつつ，一緒になって切磋琢磨し，相互に刺激を与えながら知的に成長する場を創り，学生が主体的に問題を発見し解を見いだしていく能動的学修（アクティブ・ラーニング）への転換が必要である」と述べ，当初は大学教育への授業改善を求めて用いられた。

習指導要領解説（文部科学省，2018b）では，小・中・高等学校で連携して育成すべき力として，一貫した英語教育の目標を 5 つの領域で設定している。

> 「知識及び技能」と「思考力，判断力，表現力等」を一体的に育成するとともに，その過程を通して，「学びに向かう力，人間性等」に示す資質・能力を育成し，小・中・高等学校で一貫した目標を実現するため，そこに至る段階を示すものとして国際的な基準などを参考に，「聞くこと」，「読むこと」，「話すこと［やり取り］」，「話すこと［発表］」，「書くこと」の五つの領域で英語の目標を設定している。(p. 64)

「話すこと」を，主に，two-way である［やり取り］と one-way である［発表］の 2 つに分けたのは CEFR[2] に則っており，評価の観点に関わる問題である。4 技能が 4 技能 5 領域となっても，「授業の質の改善」と「小・中・高等学校の連携」を踏まえ，日本の英語教育の方向性を導くための結論はただ 1 つ，他教科・領域と同様に，外国語（日本では，原則，英語）教育の授業を基本的に課題解決型にすることである[3]。

授業（内容）を課題解決型にするとは，英語の学習時間は教科書の単元（ユニット）や課（レッスン）を終えることを授業の目的とするのではなく，学習したことを，いつ，どこで，どのような目的に用いる（ことができる）のかを児童・生徒に考え，意識させていくことが基本となる。また，語彙を増やし，さまざまな文法構造を学習することは，与えられた（あるいは，見つけた）課題を，既習事項を最大限に活用し効率的・効果的に解決し結論に導くための手段であることを理解させる必要がある。児童・生徒に言語使用の必然性，"What

---

2　Common European Framework of Reference for Languages（外国語の学習・教授・評価のためのヨーロッパ言語共通参照枠）の略語。言語学習の評価基準の 1 つで，外国語の運用能力を言語の枠や国境を越えて同一の基準で測ろうとする指標。CEFR は「セファール」と読み，語学力の「国際標準規格」と呼ばれているが，米国，豪州やニュージーランドなどでは参照されておらず（村上・今井ほか，2003, 2014; 村上・髙島ほか，2012），厳密な意味では「国際基準」とは言えない。学習指導要領（文部科学省，2018a, 2018c, 2018e）の改訂では CEFR に倣い，「話すこと」の目標が「発表」と「やり取り」に分けられ 5 領域となった（3.5.1 参照）。CEFR は現在，学習者のレベルが 6 段階から 11 段階になり，Writing についても「やり取り」が扱われるように変更されている。

3　日本語では，課題解決のほかに，課題達成，問題解決などの言い方がある。「課題」は英語では「タスク（task）」であるが，本書では「タスクを言語活動に限定」して用いている。5 億 6 千万語の COCA コーパス（The Corpus of Contemporary American English）から動詞との生起頻度を見ると，solve + problem が 3398, solve + task が 17, complete + task が 311, accomplish + task が 154, do + task が 108 である。英語の task は，complete, accomplish, do との相性がよく，「達成しなくてはならないこと」であり，これに対して，problem は，「解決しなくてはならないこと」となる。この違いはコーパスでも明らかで，problem-solving が 2490 に対して，task-solving は 0 である。

are we learning this for?" という目的を十分理解・納得しながらの学習が十分でなかったと思われる。

　同時に，課題に応じて英語表現等を取捨選択しながら，課題解決をしていく活動の機会，すなわち，児童・生徒が思考する「言語活動」の導入が必須となる。とりわけ，身の回りのことなどについての事実を伝えることに留まらず，相手とのやり取りを通して，根拠を示して理由を述べたり，論理的に話の筋道を立てて自身の意見や感想を述べたりする言語活動が求められる。教師の指示に従い，記憶した英語表現を使ってみたり，モデルダイアローグに従って言ってみたりするなどの「練習」を超え，自ら選び出したことばを用いながら課題解決に取り組むことが「考える」活動につながる。また，課題達成のために，伝えたい内容をどのような表現で実現すればよいのかを「考える」過程は，言語を習得する上で必要不可欠なステップである。この過程は小学校から大学までどの段階においても必要であり，習熟度が増していくにつれて社会言語学的観点，つまり，相手や状況等における適切さの概念が加わっていく。1.3 以降で触れる「課題解決型の言語活動」が導入されることで，与えられた課題を自らの経験を踏まえて考え，他者と話し合うなどして解決していくプロセスが「思考を伴う」質の高い授業となるのである[4]。

4　朝日新聞（宮地, 2020）は，思考力でも「批判的に考える力」は，フェイクニュースを見抜くためだけでなく，「自分の力でものを考え，自分の価値観に沿って判断できる人間を育てる」とフロリダ州の中学校教員の意見を紹介している。

1.2　3つの学び

　OECD（経済協力開発機構）の生徒の学習到達度調査（PISA）の結果から，読解力に関して，（1）テキストから情報を探し出す問題やテキストの質と信ぴょう性を評価すること，（2）自由記述形式で，自分の考えを他者に伝わるように根拠を示して説明すること，に問題があることが指摘されている（文部科学省・国立教育政策研究所，2019）。いずれも国語に関わることであるが，児童・生徒の根幹にある国語力と英語力の育成は密接に関連しており，相互に補完し合えるような授業内容が期待される。

　これらのことを踏まえながら，2020（令和2）年度より順次実施されている学習指導要領が規定する学力の三要素（「知識・技能」，「思考力・判断力・表現力等」，「学びに向かう力・人間性等」）を教員は意識して，「主体的な学び」，「対話的な学び」，そして，「深い学び」を通して，コミュニケーション能力育成のための授業を行なうことが必要である。

・主体的な学び：児童・生徒自らが，課題（問題）解決に向けて見通しをもち，粘り強く取り組み，課題解決の過程を振り返り，次の学習につなぐことができるようにする。
・対話的な学び：児童・生徒が自分の考えや気持ちを伝え合う言語活動を行ない，考えを共有し，意見交換などを通して，好ましい人間関係を構築しながら，思考を広げ深められるようにする。
・深い学び：他の単元や他教科等で学習した内容と関連させ，見方・考え方を働かせながら，情報を精査したり，問題を見出しよりよい解決策を考えたりして，教室内と教室外の活動がつながるようにする。

　いずれの学びも，授業内容の質を高めることで可能となる（1.6参照）。これは他教科・領域にも当てはまることであるが，外国語活動・外国語科では，学ぶだけに留まらず，学んだことをコミュニケーションの手段として使用し，聞き手や読み手に内容を正確かつ適切に伝えることができる力を育成することが求められる。英語学習では，可能な限り「学んだ」ことと「できる」ことが同等の意味をもつようにしたい。外国語活動・外国語科でも，他教科と同様に学びは新しい知識を得ることに留まらず，4技能5領域で活用できることを目指

さなければならない（具体的な活動例は，第3章）。このために，課題解決的な学習内容や言語活動が必要である（課題，および言語活動の定義は，次節参照）。

　以下，「学び」≒（nearly equal to）「活用」という観点から論を進める。

1.3　外国語活動・外国語科の言語活動における「課題」

　「言語活動」は，学習指導要領（文部科学省，2018a，2018c，2018e）で明確に定義されており，「実際に英語を用いて互いの考えや気持ちを伝え合い」，「情報を整理しながら考えなどを形成する」といった「思考力，判断力，表現力等」が活用されると同時に，英語に関する「知識及び技能」が活用される活動であり，「言語材料について理解したり練習したりするための指導」とは区別されている（文部科学省，2017: 23）[1]。つまり，「言語活動は教室外でのコミュニケーションのためのシミュレーション」（髙島，2011a: 3）である。言語活動のない授業は練習中心の内容となり，そこでは実際の場面に応じた対人的なコミュニケーション能力の育成は不可能である。柔道や弓道などのスポーツで「型」のみを練習し実戦形式での取り組みのない道場は存在しない。そこで，実際に使う場面を想定した言語活動を，同じ外国語（英語）科の教員や異なる校種の教員が授業を参観し合い，授業内容や方法について互いに認識を深め，相互の特性を踏まえつつ，思考を伴う「言語活動」のあり方について論じ合うことが期待される（1.4参照）。

　一方，「課題」は，中学校学習指導要領解説（文部科学省，2018d）では2つの意味合いで用いられている（下線は筆者）。1つは，
　　グローバル化が急速に進展する中で，外国語によるコミュニケーション能力は，これまでのように一部の業種や職種だけでなく，生涯にわたる様々な場面で必要とされることが想定され，その能力の向上が<u>課題</u>となっている。（p. 5）
とあるように，日本の外国語教育における問題点の解決という，広く「一般的に解決されるべき問題」と捉える意味である。日本の英語教育には，小・中・高等学校と学習したことを積み上げて外国語によるコミュニケーション能力を高めていかなくてはならない問題がある，という意味で「課題」が使われている。

　もう1つは（下線は筆者），
　　「具体的な<u>課題等</u>」の解決に向け，実際に英語を用いた言語活動の中で思考・判断・表現することを繰り返すことを通じて知識及び技能が習得され，

1　高等学校における言語活動の不十分さについて，また，その改善策については，3.5参照。

学習内容の理解が深まり，学習に対する意欲が高まるなど，3つの資質・能力が相互に関係し合いながら育成される必要がある。(p. 52)

このように，授業の中で，児童・生徒が英語を用いて解決すべき問題を自身で見つけたり，教員などから与えられたりする具体的な活動に言及して用いられている。授業中に行なわれるやり取りや言語活動については2つ目の意味の「課題」が使われている。

本書が対象とするのはこの2つ目の英語の授業に関わる「課題」であり，児童・生徒が自ら発見したり与えられたりする授業において解決しなくてはならないことである。なかでも，言語活動に限定し用いられたものは「タスク (task)」と呼ばれ，活動に合わせて Ellis（2008: 818-819）の4つの定義に補足する。

(1) There is a primary focus on meaning（as opposed to form）.（文法などの言語形式ではなく，主として意味内容の伝達に焦点が置かれる。）

(2) There is some kind of gap（information, opinion, or reasoning）, which needs to be filled through performance of the task.（タスクを達成することで埋められる何らかのギャップ，あるいは差（情報・意見・推論）がある。）

(3) Learners need to use their own linguistic resources to perform the task.（タスク達成のために，学習者自らの言語知識を用いる必要がある。）

(4) There is a clearly defined communicative outcome other than the display of 'correct' language.（正確性を求めた言語形式の練習ではなく，コミュニケーションを通して明確な結果・成果（物）が出される。）

いずれの条件も，ことばについて学ぶことが目的ではなく，ことばをコミュニケーションの手段として用いる場合に当てはまるものである。これらの条件を満たすタスクという言語活動における課題が解決できるならば，教室外でのコミュニケーションも可能となると考えられる。このことが英語教育の最終目標であり，言語活動は教室内での練習を中心とした活動とは大きな差がある。

本書でのタスク（task）は，上に示した4つの定義に則する言語活動を指す。また，これに準じ，言語形式（言語構造など）にも意味内容（メッセージ）の伝達にも焦点を置いた言語活動を「タスク活動（Task Activity）」とし，以下の6つの条件を満たす（髙島，2000, 2005）。

(1) 意味・内容の伝達が中心である

(2) 言語を用いて与えられた活動目標を達成することが第一義である

(3) 意味のやり取りがある

(4) 2つ以上の構造の比較がある

（5）話し手と聞き手の間に情報（量）の差がある

（6）活動や得られる情報が興味深いものである

「タスク」と「タスク活動」との違いは，タスク活動が日本人初級学習者の学習状況を考慮し，タスクの4つの条件に，（4）と（6）を加えていることである[2]。（4）では，関連のある複数の文法構造（例えば，髙島（2005: 71-81）の「現在形」と「現在進行形」）[3] を1つの言語活動の中で比較して使い分けることが必要となるように仕組まれている。また，言語活動の進め方として課題解決，つまり，結論に至るプロセス（段階）が設定されている点である。さらに，タスク活動で6つの条件を設定しているのは，（1）と（2）が主体的な学びの要素である「課題解決」の根幹をなし，（3）と（5）で対話的な学びを促し，（4）と（6）は，それぞれに学習者の深い学びを可能とするからである。

私たちは，日々，課題を達成したり解決したり，あるいは，解決しようとしたりしている。そこで，教室では，例えば，「週末は親友といつ，どこで，どの映画を観るか決める」という課題を，ペアになり，英語でのやり取りを通して，与えられた場所や映画の上映時間などの情報を基に相談して決めることで課題達成となるようなタスクを用いて英語の授業で体験させることが必要である。

しかし，多くの授業では，単元ごとに行なう語彙，英語表現のドリルや練習[4] が言語活動との関連を十分意識されないままに，1つ1つの活動を指示に従い行なう時間となってしまっている現状がある。そこでは，思考が伴わない暗記・繰り返し・置き換えが行なわれている。読むことや発表があっても，伝えようという気持ちが不在の棒読みや，相手意識がなく，原稿を読むだけの発表になっていることもある。この理由としては，与えられる例文や練習のため

---

2 言語活動を設定する上で大切なことは，「練習」や「タスク活動」と「タスク」を厳密に区別することではなく，教室内の活動を「練習」に留めず，より「タスク」に近い言語活動を実践することである。例えば，本書 2.3.3.2 の活動（世界遺産旅行）は「タスク活動」であるが，3.5.4 での言語活動（Royal Ascot）は，結論に至るやり取りのために段階を設けてはいるが，（4）の構造の比較は想定していないため，「タスク活動」より「タスク」に近い言語活動である。さまざまな活動は，文法や形式の学習に重きを置いたものから，「タスク」のように意味伝達のみに焦点を置く活動の間を連続的に変化するグラデーション（髙島 2011a: 図 1）と考えるとよい。

3 「関連のある」とは，構造的に似通っていたり，意味的に区別がつきにくかったりするものである。例えば，be 動詞と一般動詞，which, who などの関係代名詞の使い分け，形容詞などによる前置修飾と前置詞や接触節などによる後置修飾など，学習者にとって混同しやすい構造を主な対象としている。

4 練習と言語活動の違いの1つに，Form（形式），Meaning（意味），Use（使われ方）の Use がない点がある（2.1 参照）。

の英語が，児童・生徒の伝えたい内容とかけ離れていることにある[5]。いつ，どのような状況で暗記したり練習したりしていることが役に立つのかということを理解して取り組む活動と，ただ，指示通りに行なっているだけの活動では大きな違いがある。後者では活動をしているようであるが，授業中行なったことは，時間の経過と共に多くは忘れ去られてしまう。

高島（2000, 2005, 2011a, 2014），東野・高島（2007, 2011）や今井・高島（2015）で，小学校においては「時間をまとめ取りして単元型とするプロジェクトの実践」，中・高等学校では，「課題解決型の言語活動で認知比較を行なわせる活動の導入」（1.8 参照）を行ない，小・中・高等学校共通して，授業時間を課題解決の時間とすべきであると主張してきた。原則として，1 授業時間内の課題は，1 つ，あるいは，少数のタスクで達成されるが，単元的に複数の授業でさまざまなタスクが関連して積み上がり達成される課題は「プロジェクト（project）」と呼ばれる（Becket & Miller, 2006; Yoshitomi, 2012）。つまり，原則，タスクは1 授業時間内で行なわれる課題解決型の言語活動であり，プロジェクトは，あるテーマやゴールを設定し複数の授業時間にまたがる，課題解決型の言語活動（タスク）を中心とした活動の集合体と考えるとよい。

この考え方が初めて，小学校学習指導要領解説（文部科学省，2018b）で言及されている。そこでは，「具体的な課題等を設定」することに関し，「主体的・対話的で深い学びの実現に向けた授業改善を行なうため，教師が単元終末段階の児童に望む具体的な姿のイメージをもち，実態に応じて単元を見通した課題設定をする」（p. 43）とある。教師は，1 つの単元での学習状況の見通しをもって授業に臨むことが大切となる。ここでの「課題」は，本書で言及しているものよりやや広く解釈されるが，外国語教育における授業内容を課題解決型にすることを学習指導要領が明確に規定したことになる。

5　検定教科書は，できる限り多くの学習者を対象に作成されることから，英語表現も内容も最大公約数的（一般的）なものとならざるを得ない。このため，検定教科書は教材の 1 つとして扱い，「教科書で教える」姿勢をもつ必要がある。また，例文等は目の前の生徒に身近で使えるものを工夫しなくてはならない。動詞 live を教えるための Tom lives in Montreal. における Tom は架空の人間であり，また，突然，代名詞を用いた She is from Canada. を例文として出されても，具体的なイメージを掴むことはできない。

1.4　思考を伴う課題解決型の授業

　授業を課題解決型にするには，教師側の視点である「ねらい」と児童・生徒側の視点である「めあて」を具現化することに始まる。教師は1時間の授業の「ねらい」を板書やスライド等で具体的に「めあて」として示し，児童・生徒全員で共有できるようにする。学びに向かう姿勢を整え，見通しをもって主体的に活動に取り組むための基本である。教師のねらいを児童・生徒に活動内容やプロセスがわかるように具現化したものがめあてであり，それぞれを明確に記述あるいは提示し，教師，児童・生徒が常に意識する必要がある（具体的には，4.2.2.2 参照）。限られた時間内で，「主体的・対話的で深い学び」の実現を目指し，教室外でのコミュニケーションが可能となるように授業内容や練習とつながりをもつ課題解決型の授業を行なうためには，年間カリキュラムの中での言語活動の内容を精選し，考える「言語活動」とする必要がある（例えば, 3.4 参照）。

　この考える「言語活動」は，伝える内容以外に，伝えたい内容に合った文法構造の選択を考えさせることが含まれる。例えば，この言語活動で，「いつ，どのような場面で，過去形ではなく，現在完了形を用いるのか」を場面と共に理解させ，常に場面の中で英語を使用する必然性や言語構造の使い分け，それを表現する形式（Form）の違いへの気付きを促す機会を保障するのである。また，話し手や書き手の意思・意図を，短時間で正確に伝えるためや，相手に理解を求めたり，何らかの対応や行動をとってもらったりするために内容を精査した発話がある。この熟考したことを表現する言語活動の例としては，論理的思考の育成につながるディベートやディスカッションがある。そこでは，与えられた情報が事実であるか，意見であるか，意見であれば誰の意見であるのかなどを見極め，自分自身の意見や考えを英語で表現し，相手の意見や考えを聞き，反応するやり取りを通して論理性を培うことになる。

　初期段階の児童・生徒に思考させる1つの具体例としては，授業の最初に，"How is the weather today?" のように毎回同じことを尋ねるのではなく，yesterday, the day before yesterday を学習させ，"I forgot to keep a diary yesterday (the day before yesterday)". と前置きし，"How was the weather yesterday?" や "What day was the day before yesterday?" と尋ねるオプションを加える。質問者がおおよそ事前に答えが分かっている display questions ではあるが，質問にバ

リエーションをもたせることで，正しい内容を答えることができるように質問の英語を集中して聞かせ，児童・生徒に既習表現を意味のある文脈で使う機会を与えることができる[1]。また，原則，質問者が答えを知らない referential questions の 1 つである Why? を使って理由や根拠を答えさせる場合には論理性が問われる。初級段階であれば，"Do you like soccer?" "Yes, I do." などのやり取りに加えて，"Why (do you like soccer)?" と尋ね理由を述べさせる。児童・生徒の答えが文としては不完全な "Because, excited." であっても，内容も気持ちも伝わってくる。沈黙ではなく対応できたことに重きを置きたい。"Because it's exciting." と，正確な文を児童・生徒に与えるリキャスト（recast）をしてもよいが，モデルダイアローグで覚えたことをそのまま言わせる練習に留まらず，何らかの理由を付与し，自身の気持ちを伝えたり表現したりしようとする体験をさせておく必要がある。

1　この display question（あるいは，known-information question）は，referential question（あるいは，information-seeking question）と対比されて用いられることが多い。目的に応じて使い分けることになるが，単純に，前者は yes/no question で，後者は WH-question であるとの形式上の比較は正しくない。例えば，Did anyone manage to find some reasons why?（Ellis, 2008: 799）などは，形式上は yes/no question であるが，認知負荷が高い質問である（詳細は，Brock, 1986; 髙島, 1995 参照）。

1.5　場面に呼応する英語で行なう授業

　中・高等学校における授業は英語で行なうことが基本である。しかし，まず，ここで小学校段階でも同様に，授業を英語で行なうことを基本とするといった誤った考えに至ることのないように留意したい。

　英語のインプットは重要ではあるが，最大週2単位時間（45分×2）の授業内容を質と量の観点から，効率的・効果的に学習しなければならない。授業で母語の使用を避けようとする The Direct Method や The Oral Method などは英語を日常に使用できる環境での指導法である（Larsen-Freeman & Anderson, 2011）。つまり，「授業は英語で行うことを基本」とは，英語による言語活動を授業の中心に据え，全員に言語活動のゴールを周知するために母語で説明するが，活動は英語で行なうことである。中学校学習指導要領解説（文部科学省，2018d）が謳うように，「教員が授業中に積極的に英語を使用することが，生徒の英語使用を促す」（p. 86）ことは生徒が理解しているという条件の下で言えることである。

　インプットは言語習得の必要条件とはなるが，十分条件とはなり得ない。「生徒が英語に触れる機会を充実させるとともに，授業を実際のコミュニケーションの場面とするため，授業は英語で行うことを基本とする。その際，生徒の理解の程度に応じた英語を用いるようにすること」を「基本とする」（p. 86）は，必要に応じて臨機応変に母語を使うということである。また，「生徒の理解の程度に応じた英語」とは，英語を使用する際の「英語の質や量」に対する配慮事項である。「英語をコミュニケーションの手段として学ぶ（learning English）ことが英語教育の目的であり，英語について学ぶ（learning about English）のではない」という意見に関しては，英語教育に関わっている方々から多くの賛同が得られると思われる。しかし，「英語で授業をするのが当然であり，英語で授業をしなければ，生徒から英語に慣れる機会を奪うことになり，生徒に英語が話されている雰囲気を感じさせることもできない。何よりも生徒に英語のインプットをシャワーのように浴びせることで，少しずつでも自ずと英語が習得されていくことから，英語で授業をしなくてはならない」となると，圧倒的な賛成とはならないはずである。理由は，Krashen（1980, 1985）が「理解可能なインプット（comprehensible input）が言語習得の必要条件」であるとし，これに対して，Swain（1985）が半ば強制的にアウトプットさせること（pushed output）が必要であることを強調し，さらに Long（1983）は，ことばでのやり取り（interaction）が言語習得の助長・促進には必須であると述べていることからである。私たちの経験からも，全く知らない言語のラジオ放送を何時間聞いても，雑音でしかないことは容易に理解できる。英語で授業をする意義は，明言されているように，「授業を実際のコミュニケーションの場面とする」ことにある。インプットだけでは言語習得は進まない。教師が英語を話して生徒にインプットとして聞かせるだけでは十分ではないことに留意する必要がある。教師と生徒，生徒と生徒が英語を使ってやり取りをするコミュニケーションの機会を授業で作り出すために，英語で授業をすることが求められているのである。さらに，与えられたインプットが生徒に偶発的な学習（incidental learning）や意図的な学習（intentional learning）の両方を引き起こすこともある。つまり，学習させたい英語を教員は意図的に生徒へのインプットに組み込むが，その中で，聞いたことや学んだことが聞こえてくることで，生徒はそれ以上に多くのインプットを得ることになり，教員の意図しないところで生徒は学ぶ機会を得ることがある。授業を英語で行なうことで，このような副産物を得ることもあることを教員は考慮すべきである。

　また，与えるべき質の高いインプットとは，文法的で場面に応じた適切さを保ちながらも聞き手が理解できるレベルの容易な語彙や表現などを使ったインプット（simplified input）である。これには定型表現（formulaic expression）と言われ，日常よく使われる決まり文句も含まれる[1]。子どもや第二言語学習者に向けて発せられることば（例えば，child directed speech, care taker speech, motherese（母親が用いることば），fatherese（父親が用いることば），foreigner talk（外国人に向けて用いることば）など）はコミュニケーションを可能にするものであるが，これらの特徴をみることで，どのような英語を授業中に与えると理解がより容易になるのかが参考になる。

　特徴をまとめるならば，① ゆっくりと[2]，② 繰り返しを多く[3]，③ 内容語に強勢を置き，④ 意味のまとまりでポーズを置き，⑤ 疑問形で確認し，⑥ 短く，

1　I would appreciate it. や The bottom line is .... などの慣用表現やクラスルームイングリッシュ（classroom English）も含まれる。

2　よく言われている「ゆっくりと，大きな声で，相手の目を見て」の「ゆっくり」は，全体的にややスピードを落とすこともあるが，④の意味のまとまりごとに「ポーズ」を取り，「大きな声」は場面に応じた「適切な音量で」，必要に応じて「相手を見る」ことである。つまり，「いつ（when）」どのようにするのか，という視点が大切である。話し手同士の社会的な関係や距離，話す内容によって変わるという認識をもつことが大切である。

⑦ 簡単な構造の文で，⑧ 生起頻度の高い語彙を繰り返し用い，⑨ 他の表現で言い換え（paraphrasing）たり，⑩ 代名詞を避けた表現[4] となっている。これらの条件をできる限り多く満たす表現を取り入れる工夫をすることになる（文法指導における英語使用に関しては，2.2.5 参照）。

　一方，高等学校学習指導要領解説，（文部科学省，2019b）では，「内容の取扱いに当たっての配慮事項」として，「意味のある文脈でのコミュニケーションの中で繰り返し触れることを通して指導」することが示されている。言語材料の指導に関して，「単に英語を日本語に置き換えさせることで理解させるなどの，コミュニケーションの文脈から切り離された知識として理解させるのではなく，その知識を英語のコミュニケーションにおいて活用できる技能が身に付くように指導することが必要」(p. 132) とあり，言語活動のあり方が示されている。この文言は，2 つの点で重要である。1 つは，Larsen-Freeman（第 2 章 Special Feature 1）の述べている Form（形式），Meaning（意味），Use（使われ方）の内，いつ，どの文法構造が取捨選択され使用されるべきかに関わる Use を常に意識した指導をすることである。もう 1 つは，ことばは，コミュニケーションを通して，より適切なことばの仕組み（文法）の理解を深めるという Ellis の Task-Based Language Teaching（TBLT）の考えに則っていることである。言語活動の中で，生徒は，文法指導の内容，とりわけ，「使われ方（Use）」に関する知識の活用を繰り返し迫られることで，より正確なコミュニケーションが体験を通して可能となる。

3　「繰り返しを多く」は，同じ事を何度も繰り返すこともあるが，Larsen-Freeman（第 2 章 Special Feature 1）の主張にもある，場面を変えた繰り返し（iteration）や⑨の他の表現での言い換えも併せて行なう工夫が必要である。

4　例えば，he, she, it などの前方照応の代名詞は，それらが誰や何を指すのかを考える認知的負荷があるだけでなく，意味的にも無味乾燥になる。本書では，容易に場面が想像できる身近な文になるように配慮している。

1.6 言語活動による質的な授業改善

　小学校第3学年から開始される小学校英語では,「主体的・対話的で深い学び」が実現するゴールを設定し, 児童の発達段階に適した「言語活動」を行なうべきである。小学校では, 英語に関わる指導に関しては, ALT（Assistant Language Teacher）や英語の堪能な教員などの協力を得ながら, 児童の実態を最もよく知る学級担任が校種の特性を生かした課題解決型の授業をすることが大切である。中・高等学校では, 小学校での授業内容を踏まえ, 英語で授業を行なうことを基本とし, 授業内容は4技能5領域を総合的かつ統合的に扱う言語活動を中心に据えたものに質的改善をしていくことが肝要である。小学校の学級担任教員や中・高等学校の外国語科（英語科）教員は, 互いの授業を参観し, 課題解決型の授業が小・中・高等学校を通して一貫して実践できるように協力していくことが求められる（今井・髙島, 2015）。単に教科書の単元（ユニット）や課（レッスン）を終えること, あるいは, 特定の文法構造を教え, 暗記させて言わせることを各授業の目標とするのではなく, コミュニケーションができる児童・生徒を育成することを目標として言語活動を工夫できる指導技術が教員には必要である。教員も児童・生徒も授業や言語活動における課題を意識して, 課題解決の手段として英語を使うという共通認識をもつ授業とすることが授業改善となる。検定教科書の本文を単に音読できることが外国語科の目標ではなく, 目標としている言語活動を充実させるために音読することが授業改善の基本となる（3.3.1.2 参照）。

　高等学校学習指導要領解説（文部科学省, 2019a: 48）には, 次のような手順で「話すこと［やり取り］」の言語活動の例が示されている。

　　①ある日常的な話題について教師が生徒に質問する。その際, ③のやり取りで説明する際の表現を提示する。

　　②生徒は, その話題に関して思いつくことを, キーワードとしてメモする。

　　③生徒はペアになり, 必要に応じて①で提示された表現や②のメモを参考にしながら, 取り上げた話題に関して自分の考えなどを伝え合う。

　　④②の話題に関連して, 他の人にインタビューをして質問したいことを考える。その際, 相手に尋ねる表現や, 相手から多くの情報を引き出すための質問の仕方などについて確認しておく。

　　⑤他の生徒にできるだけ多くインタビューする。

⑥グループで自分がインタビューで得た情報を伝え合う。

「話すこと［発表］」でも，プレゼンテーションの動画を視聴し，自分の発表に活用できる表現や効果的な発表の仕方などについてクラス全体で確認するなどして，ペアで発表したり質問し合ったりする言語活動が紹介されている。この言語活動はメッセージ（意味）に重きを置いていることから，タスクの種類としては unfocused task と呼ばれる[1]。しかし，ここでは，どのような目的で，何のためにインタビューしたり発表したりするのかという「課題」が設定されていないことから，英語を使って活動する必然性が生じてこないおそれがある。インタビューや発表すること自体が目的となり，教室外で想定される課題設定がなく，生徒は何のために行なっているかなどのゴールを意識していないことから動機付け[2]に欠けることになる。つまり，インタビューや発表をする目的，そして，具体的な場面設定が必要である。例えば，「特ダネ記者になろう」というゴールが設定されるならば，記事を書くために，インタビューをする必然性が生じ，現実味ある取材としてのインタビューとなることから意欲的に取り組める。授業改善のキーワードである「課題解決」，「必然性」，「言語活動」を常に意識した活動について検定教科書を踏まえて仕組むことで，外国語活動・外国語科においても「知識・技能」，「思考力・判断力・表現力等」と「学びに向かう力・人間性等」が育成される。

課題解決型（プロジェクト型）の言語活動の枠組みを 5W1H でまとめると表 1.6-1 のようになる。

多くの児童・生徒にとっては日常生活で英語を使う機会が少なく，英語を学習する動機も入学試験を除きそれほど強くないことから，英語の授業では「英語使用の必然性」を感じさせる工夫が教員に求められる。

言語活動の「課題」を，例えば，「○○のために PONY 社製と SHARK 社製のどちらかのスマートフォンを購入する」と設定する。ここでは，スマートフォンの簡単な情報が英語で書かれているカタログが配付され，ペアで情報を交換し，どちらか好みのスマートフォンに決めることが課題である。課題解決

---

1 タスク（task）は，活動の作成者の観点から，文法指導を意図する focused task と意図しない unfocused task に大きく分類される（詳細は，髙島（2011a: 7-9）を参照）。

2 一般に，動機付けは学習を大きく左右するが，英語を日常生活で用いない日本のような EFL（English as a Foreign Language）環境における学習では，とりわけ動機付けが学習の成否を決定する。母語（L1）習得における動機付けは言語習得そのものが動機付けに直結しており，特に幼児期は，ことばを学習すればするほど生活環境が自分中心に改善されていくことから，Language acquisition itself is motivating. と考えられる。

表 1.6-1　課題解決型（プロジェクト型）言語活動の 5W1H

5W1H	実施する場所・時・内容
どこで（Where?）	基本的に教室内，プロジェクトによっては，校外（例えば，スピーチコンテスト）
いつ（When?）	検定教科書を用いた基礎・基本の学習や練習後
誰が（Who?）	児童・生徒が中心（原則，教員は，ファシリテーター，あるいは，コーディネーター役）
何を（What?）	教師が与えたり，児童・生徒が自ら発見したりした「課題」
なぜ（Why?）	児童・生徒が意欲的に活動，主体的・創造的な学びが可能
どのように（How?）	教師の支援や児童・生徒同士の協力で解決

のためのやり取りでは，重さ，大きさ，色，値段，機能などを比較するための情報交換が求められ，英語の比較級を使う「必然性」が生じる（タスク活動の実践については 3.3，作成等に関しては，髙島（2000，2005，2011a）参照）。

　また，「海外からやって来る ALT に自己紹介しよう」という「課題」であれば，"Hi, I'm .... Nice to meet you. I live in .... I like .... How about you?" という英語を相手に向けて発信する必要（必然性）がある。この課題解決のために，事前に「好きなものを言ってみよう」という練習がなされる必要があり，また，好きなもの（食べ物，スポーツなど）の言い方を英語で事前に知っておく必要がある。課題から練習の必然性が導き出されることになる。

　児童・生徒が当該単元（ユニット）や課（レッスン）で目標としている文法事項（例えば，現在進行形）を学んでいるときに，"I am studying English." という表現はできるが，以降の授業では，既習文法事項（例えば，現在形）と混同し，"I'm always studying English every day." と表現してしまうことがある。このようなことが生じるのは，習慣（現在形）と動きのある状況（進行形）を使い分ける場面の知識（Use）が不十分なためである。1 つの言語活動の中に 2 つ（以上の）文法構造を比較選択し，状況に応じて使い分ける活動が必須である（1.7.1 参照）。例えば，「待ち合わせをして映画に行く日や時間を電話で決める」といった課題を与える。会話の最初は，「今，何している（た）の？（"What are［were］you doing?"）」で始まり，途中，「いつも何しているの？（"What do you（usually）do?"）」と習慣の対比が意識できるような言語活動を工夫することになる。活動中に混乱が観察されたならば，活動後に全体にフィードバックを与え，再度，文法知識の確認を行ない，その後さらに言語活

動を実施するとよい。場面設定のある完結した言語活動を幾度も経験することを通して，言語を使うことを楽しませながら，同時に文法知識の定着も図ることができる（2.3 参照）。

　また，練習に留まっている授業では，言語使用が必然的な場面設定がないことが多く，どの文法構造をいつ，どのような場面で用いればよいのかが生徒は分からず，覚えた単語や文を使うだけの活動となる。つまり，2 つ以上の英語表現のうち，どれがその場に最もふさわしいのかの選択や判断をして表現することができない状況にあり，Larsen-Freeman（第 2 章 Special Feature 1）が説く grammaring ができていないことになる。

　先に示したスマートフォンを選ぶ言語活動であっても，自身の求める条件（重さや値段など）を満たさないままに，相手の英語力に依存し，相手の努力で何となく通じて活動を終えるのでは，ことばの学習としては不十分とも言える。

　複雑な場面で，多少時間がかかっても，言語活動を通して「コミュニケーションの場面を意識し，同じ働きであっても場面に応じて異なる表現を用いるのが適切であることや，相手意識をもったやり取りを通して，相手の感情や気持ちに配慮した表現があることなどに気付かせ，お互いが理解し合える気持ちのよいやり取りができるよう指導する」（文部科学省，2018d: 77）ことが必要である。まさに，教室の中での言語活動は，教室外でのコミュニケーションのシミュレーションであると考えること（髙島，2011a: 3）と一致する。

1.7 授業の質を保障する指導

　授業は指導者と学習者との協働作業で成立する。学習者が英語学習に取り組みたくなったり，活動をしたくなったりするように導くことのできる授業づくりが望まれる。そこには指導者の創意・工夫が求められる。以下，学習者に強制するのではなく，「自然と心に響き，望ましい方向に導く」行動経済学でのナッジ[1]理論（nudge theory）を参考に，学習者が気付き，理解を深めることで定着を図る例文や教材提示の工夫について述べる。

1.7.1 気付きを促す適切な例文の提示

　3.6で「比較する」ことは，「記憶する，理解する，応用する」などの思考力より高次元の思考力（higher-order thinking skills（HOTS））であると分類されている。同じく，Larsen-Freeman（Special Feature 1）の 'The Challenge Principle' では，同じような意味をもつ2つの文のうちの1つが与えられた文脈の中でより適切であるというような Use を学ぶことの重要性が述べられている。ACTFL のスピーキング能力の測定基準を基にした SST（Standard Speaking Test）では，2つの物事を英語で比較できる能力を上級レベルの基準の1つとしている[2]。比較されるそれぞれの事象やもの，そして，それらの違いや差の認識，さらには，その違いや差を英語で解説することが要求されることから，評価の基準として高いレベルにあるのは自然である。Nelson（1981，1987）は，ことばの学習で大切なことは，「自分がもつ言語知識」と「目標とする言語知識」との差（discrepancies）を認識する（compare and note）ことであると述べている[3]。「知識の差（違い）に気付く」ことの重要性が言われている。

　　The most important language learning experiences are those in which it is
　　possible for learners to compare and note discrepancies between their own

---

1　ナッジ（nudge）とは，「肘で軽くつつく」という意味で，強制するのではなく，人々を自発的に望ましい方向に誘導する仕掛けや手法のこと。経済学者のリチャード・セイラーが提唱した行動経済学の概念である。（https://imidas.jp/ichisenkin/g02_ichisenkin/?article_id=a-51-191-17-11-g204）。

2　ACTFL（American Council on the Teaching of Foreign Languages：全米外国語教育協会）は面接式の口頭運用能力を測定する Oral Proficiency Interview（OPI）を開発した。SST は，アルクとの共同開発により，日本人などの非英語母語話者の低い段階が測定可能となるように，OPI の初級を3段階，中級を5段階に細分化し，その上を上級とした9段階（level）の基準を設けている（小泉・アルク教育総合研究所，2017: 8）。

language structures and those of mature speakers.

コミュニケーションは，基本的に，話しことばであれば，話し手と聞き手の間，書きことばであれば書き手と読み手の間の，さまざまな情報・知識などの差を埋めたり確認したりするために行なわれる。このことを参考にすれば，教室内での言語活動は，発話であれば，語彙力，表現力の差のみならず，自身の意思や意図を相手により正確に伝えるための方法などのさまざまな不十分さ，いわゆるギャップ（gap）に気が付くことが大切である（Swain, 1985; Schmidt, 1990; Takashima & Ellis, 1999）。「何が，どの程度できるのか」を知ったり，母語での内容を目標言語ではどのように表現できるのかを認識したりすることは，論理性を高める上でも高度な認知能力を要する。

過去形と現在完了形・過去完了形は，日本語に対応する言語形式がほとんどの地域でないために使い分けが難しい[4]。学習で示すよい例文とは，平易な語彙を用いて，言語形式が似ているにもかかわらず，意味内容が明確に異なるものである。両者の違いが分からなければ，使い分けができないのは当然である。以下の文は，明確に意味が異なって理解されることで，形式が異なれば意味が異なることを学習者に意識させることのできる例文である。

　（1-1）Do you miss Scot?

　（1-2）Are you Miss Scot?

文は，音声で聞くと，動詞の miss と名詞の Miss の区別がつかず，また，Scot は性にも名前にもなり得る。異なる絵を見せて，「be 動詞と一般動詞の違い」を理解させるのに効果的である。

　（2-1）I like Tom.

　（2-2）I'm like Tom.

ここでは，「好きなのか」，「似ているのか」の違いを焦点化することで理解

3　Corder（1967）は学習者による英語の誤りは，避けたり，否定されたりすべきものではなく，むしろ，学習している証拠と捉えるべきであると述べている。Selinker（1972）も，いわゆる「誤り」は目標言語との「違い」や「差」であり，学習者自身の「中間言語（interlanguage）の文法」から発せられた「文法的なもの」と捉えている。

　　学習者が自身の英語と目標とする英語との「差」に気が付き修正していくことが学習のプロセスであり，それを促進するのが教師の役割である。これらのことから，学習者には，「間違い」ではなく，表現の「違い」と伝え，肯定的に解釈する指導がよいと思われる。

4　Imai & Takashima（2006）によると，土佐弁に，雨が降った後の道路の濡れた状況を述べる「雨が降っちゅう（＝雨が降ったんだね）」という表現があるという。これを受け，土佐市の公立中学校で，土佐弁を用いて具体的な状況を説明することで現在完了形の意味理解が深まった事例を報告している。北九州の一部でも同様の方言がある。

を深めることができる文である。髙島（2011a）では，「フォーカス・オン・フォーム」アプローチを用いて，「be 動詞と一般動詞」の違いを説明する例として，"I like Superman." と "I'm like a superman." を比較している。

　また，複数形を扱った例としては，

　　（3-1）Do you like oranges?

　　（3-2）Do you like orange?

　　（3-3）Alan had to change trains in Birmingham.

　　（3-4）Alan had to change the train in Birmingham.

などがある。

　（3-1）（3-2）では，それぞれが意味する絵を示して，果物のオレンジなのか，色のオレンジなのかが複数形の形態素 "-s（es）" で異なることを説明することができる。（3-3）（3-4）では，列車を乗り換えるためには列車は 2 台（複数）必要となり，単数形では 1 台の列車を（塗り）変える意味となることを，絵（図 1.7-1）などを使って体感させることもできる[5]。

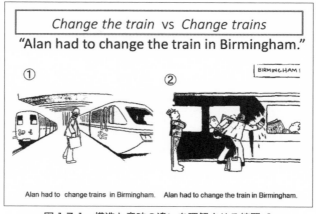

図 1.7-1　構造と意味の違いを理解させる練習 1
（Hancock, 2001: 14）

　Hancock（2001: 8）は，言及はしていないが，2 枚の絵と対応する英文で認知比較（cognitive comparison）の手法を用いた練習問題を提示している。異な

5　複数形に関連することとして，温度など，マイナスや小数点の場合も「絶対値の 1」以外は複数形を取る。たとえば，−0.5 degrees, 0 degrees, 1.3 degrees である。

る英語とそれに対応するユーモラスな絵を示し，表現したかった方の文に空欄を設け，適切な語句を挿入させ，両者の違いを認識させた上で，確認のためのまとめの練習問題を付与している（図 1.7-2，図 1.7-3 参照）。

（4-1）Try to take this medicine — it might help.

（4-2）Try ____ this medicine — it might help.

図 1.7-2　構造と意味の違いを理解させる練習 2（Hancock, 2001: 8）

（5-1）Nick couldn't reach the hammer, so he asked Bob to throw it at him.

（5-2）Nick couldn't reach the hammer, so he asked Bob to throw it ____ him.

図 1.7-3　構造と意味の違いを理解させる練習 3（Hancock, 2001: 11）

　これらは，2 つの文のうち，どちらかの英語が誤っているということではなく，英文の意味が違って理解されることを示している[6]。「選択する表現，あるいは文法項目の違いによって，伝わる内容が異なる」ことを意識した練習が求

6　Try to ... は「努力して〜する，〜しようとする」という意味に対して，Try -ing は「〜してみる」という意味である。医者が患者に薬を勧める際は，「この薬を飲んでみてください」の表現として，"Try taking this medicine." が適切である。また，throw ... at は「〜を（狙って）投げつける」のに対して，throw ... to は，投げる方向を示していることから，この場合，"... throw it to him." が適切となる。

められる。とりわけ，生徒は似通った文法構造に混乱を生じている。

　（6-1）Who does Ken like?

　（6-2）Who likes Ken?

　このように疑問詞が目的語になる場合と主語になる場合の違いについては，「誰が誰のことを好きなのでしょうか」という活動で，数名の生徒が矢印で結ばれた関係図（図1.7-4参照）に合わせて，疑問詞が主語となっている場合と目的語の場合を比較しながら，会話文を完成していく練習が適切である（髙島，2011a）[7]。

図1.7-4　疑問詞が主語と目的語の位置にある構造比較のための意味のある練習
（髙島，2011a: 95）

　また，2ヶ国の貿易摩擦が過熱している際に大統領の演説として

　（7-1）If I can solve the problem, our economy will recover.

　（7-2）If I could solve the problem, our economy would recover.

を提示し，生徒に「問題の解決策が見えていないのはどちらであるか」と問い，

7　図1-2は日本語で指示がなされているが，この活動を英語で生徒に提示する場合には，活動名はTwo different structures with the same interrogative, "*who*"，指示文はYou can see who likes whom in the picture below.　Complete each conversation on the left based on this.とすればよい。

大統領の自信の違いを感じ取らせることができる（2.2 参照）。

1.7.2　思考を促す多様な教材の提示

　文レベルで文法構造の違いを理解できる場合もあるが，現在完了形と過去形などの使い分けは談話レベル（discourse level），つまり，文脈の中で決定されることの方が圧倒的に多い[8]。発話には常に場面が伴うからである。

　比較しながら課題解決をする活動（タスク活動）を 1.6 で紹介した。いずれかのスマートフォンを選ぶ活動であることから，

　　（8-1）The Pony is more colorful and lighter than the Shark.

　　（8-2）More discount, please.　Can you make it cheaper?

などの英語表現を使わざるを得ない状況が設定される。生徒は，得られた両者の情報を比べ，好みや予算を考慮しながらやり取りを行ないどちらかのスマートフォンを購入することになる。場合によっては，購入を控える可能性もある。事前に 2 つの文法構造の違いがわかる文法説明に加え，当該活動（タスク活動）に必要な語句を含む例文の説明がなされていると，活動での生徒の負担は軽減されるが，既習の知識を活用し，思考し判断するプロセスがなくなり，練習となってしまう。実生活でも，使う語句や構文が事前に与えられたり，指示があったりすることはなく，即時のコミュニケーションが通常である。

　また，学習指導要領（文部科学省，2018a: 154）では，言語に常に付随する文化面の指導についても書かれている。

　　　外国語を通して，言語やその背景にある文化に対する理解を深め，相手に
　　　配慮しながら，主体的に外国語を用いてコミュニケーションを図ろうとす
　　　る態度を養う。

　外国と日本とではさまざまな面で文化が異なることについて解説をすることも大切であるが，文化の違いに関する情報が多く含まれた教材を示すことで，複数の文化の違いを一度に享受させることができる。例えば，インドを襲ったサイクロン（熱帯低気圧）についての情報が以下のように海外のニュースメディア（*The New York Times*, 2019 年 5 月 2 日付）から得られたとしよう。

　Cyclone Fani, one of the strongest storms to batter the Indian subcontinent in

---

8　次の 2 文は，Mary の生存に関わる意味の違いが示される良い例である。
　　（a）Mary never saw snow in her life.（➡ Mary はこの世にいない。）
　　（b）Mary has never seen snow in her life.

decades, made landfall near Puri, India, on Friday morning, lashing the coast with winds gusting at more than 120 miles per hour.

　まず，低気圧の名前が台風（typhoon）ではなく，サイクロン（cyclone）である。サイクロンには，日本の台風のように数字（第 6 号）ではなく Fani というように人の名前が付けられている。また，風速の標記は，日本の秒速によるメートルではなく，時速とマイルとなっている。これらのことから，台風やサイクロンの名称の付け方や，例えば，120 miles per hour と聞いたら，即，秒速とメートルに換算する方法など，この 1 文で生徒には日本とは異なる文化知識が一度に入ってくる[9]。

　質の高い授業を保障するには，とりわけ基礎段階で質の高い教材を提示する必要がある。児童・生徒の理解を深め，学習効率を高めるためには，どのような例文や教材を提示し，それらをいかに用いるかを熟考することが教員に常に求められる。例えば，英語の教科書で必ずあるといってよいものに TF（True/False）Question がある。文章を読み，文章に関する内容と一致しているかどうかの正誤を問う問題である。この種の問題で大切なのは，正誤を答えることに終始するのではなく，間違っている文の内容に対して，なぜ違うのかを論理的に考えさせることである。こういった日々の練習問題からも論理的思考を育てることができる。また，ディベートやディスカッションなどの言語活動では，突然，話をさせるのではなく，その前段階の課題として，いくつかの文を与え，それぞれの文を根拠に最後の文を考えさせるといった論理的思考を育てる方法がある。次の例では，比較的容易な英語の会話文を読み，最後の結末（落ち）を考えさせることが課題となっている（Woodlard, 1996, Lesson 59）。

　＜ The Polar Bear ＞

One day a baby polar bear and its mother were standing in the snow at the North Pole.　It was snowing and a cold wind was blowing.　The baby polar bear looked at its mother and said,

"Mother, am I really a polar bear?"

"Yes, of course you are, son.　You are a beautiful polar bear," she said.

After a few seconds the baby polar bear said,

"Are you sure, mother?"

9　同一の記事が，*The Irish Times*（2019 年 5 月 3 日付）では，風速の箇所のみが 190km/h となっている。発刊される地域で表記が異なることも興味深い。

"Of course, I'm sure.　Look at your fur.　Isn't it thick?"

"Yes, mother."

"And your fur is white like the snow, isn't it?"

"Yes, mother."

"And you can swim in the cold sea, can't you?"

"Yes, mother."

"And you can catch fish, can't you?"

"Yes, mother."

"And you have sharp teeth for eating meat, haven't you?"

"Yes, mother."

"And you have hair on your feet to help you walk on ice, haven't you?"

"Yes, mother."

"And all the other animals are frightened of you, aren't they?"

"Yes, mother."

Then the mother polar bear said,

"So, son, I am sure you are a polar bear.　Why do you ask?"

The baby polar bear looked up and said,

"＿＿＿＿＿＿＿＿＿＿＿＿＿＿＿＿＿＿＿＿＿＿＿＿＿."

　子熊が母親熊に訴える最後の文に下線が引かれ空白となっており，"Because I'm freezing cold." がテキストでは解答例となっている。誰もが北極熊が寒さを感じるとは思わないところにユーモアが感じられる。英語で解説するなら，"The last thing one would expect of a polar bear is sensitivity to cold." となる。白熊の母親が北極熊の生態を前提として子熊に話していることを覆す結末となっている。プロジェクト型・タスク型の活動は，正解が1つに定まらないことが多く，この活動では，"(Because) I can't bear the cold!" など，bear（熊，耐える）のことば遊びを使った答えとなることもあり楽しむことができる。児童・生徒それぞれの答え（結論）を共有し，そこに至ったプロセス（経緯）を伝え合うところに「考える」活動がある。ユーモアは言語，文化に密着しており，ユーモアの理解に加え，面白さを相手に解説することは難しいことが多い。例えば，新聞記事の英文が一文添えられた一コマ漫画の理解の程度を測定することで，英語力やその背景にある文化の理解の程度（acculturation）を測る尺度になる可能性もある（Schumann, 1976; Takashima, 1987）。

ここまで，学習者の英語の「誤り」という表現を避けてきていることに気が付かれたであろうか。母語で私たちが何かことばを発した場合には，周囲の者は，発せられたことばの意味を場面に即して理解しようとする[10]。英語においても同じである。私たちが発した英語は，相手が英語圏の母語話者であれば，即，何らかの意味づけが行なわれ「通じてしまう」のである。これには良さもあるが，危険性もある。本人の意図とは違う英語表現を発した際に，その英語が「誤り」ではなく，「異なった表現」として理解されるという視点への転換が必要である。このことをヒントに，発想を転換して英語が相手にどのように伝わるかといった指導が必要である。

　「英語が間違っている」という発想から「相手にどのように伝わってしまうか」と，常に相手を意識して英語表現を考えることが必要である。本書 2.2 では if 節を用いた文が可能性の程度によって使い分けられること，3.3 では，同種のものの中から特定のものを限定するときに後置修飾が用いられることを，具体的な指導法を示し，場面における使われ方（Use）を生徒に感じさせ，理解させることの大切さに言及している。

10　人はコミュニケーションする際に，会話の協調の原理（cooperative principle）に敵うように，相手に対して，原則，(1) 求められている情報量で，(2) 真であることが伝わるように，(3) テーマに関連のあることを，(4) わかりやすく伝えようとするという。このため，相手が何か音声を発した場合には，それがどのような意味であるのかを聞き手は理解しようと努めることになる（Grice, 1975 参照）。

1.8 縦断的調査による課題解決型（タスク型）言語活動の有効性

髙島ほか（2019）は，課題解決型（タスク型）の言語活動を導入した授業が通常の練習を中心とした授業と比べて，特定の文法事項の定着や当該事項を用いたスピーキング力に，より高い成果を収めることができるのかを縦断的に調査した[1]。結果は期待通りであり，小学校での学習効果が中学校第 1 学年で，さらに，第 2 学年での定着にも影響を残していた。

対象は A・B の 2 市で，公立の小学校 3 校と中学校 2 校で，6 年生が中学校2 年生になるまでの 3 年間，年 1 回（秋期）の授業（計 3 単元）で，調査は事前と事後で計 6 回を同じ生徒を対象に実施した[2]。一過性，あるいは，短期間の学習状況の調査ではなく，同一の児童・生徒を 3 年間追跡調査したものである（髙島ほか，2019）。

指導内容は，小学校（外国語活動の時間）と中学校の外国語（英語）科の通常授業の中で，場面やコミュニケーションの目的をもった課題解決型の言語活動を行なう指導（「フォーカス・オン・フォーム」（以下，FonF）アプローチ）と，通常行なわれている練習を多用した PPP（Presentation — Practice — Production）型の指導法との比較研究である。図 1.8-1 は研究デザインの概要である。

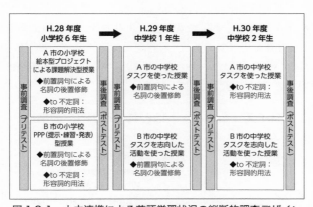

図 1.8-1　小中連携による英語学習状況の縦断的調査デザイン

1　2015〜2018 年度科学研究費補助金基盤研究（B）による。予備調査段階でご尽力いただいた元東近江市立聖徳中学校校長・中村隆秀氏に感謝申し上げる。
2　指導内容と学校選択には，それぞれの地区の検定教科書による指導の特徴を踏まえ，事前にそれぞれの学校で担当教員との十分な打ち合わせをして調査している。

目標文法構造は，中学校1年生で学習する「前置詞句による名詞の後置修飾」と中学校2年生で学習する「to不定詞（形容詞的用法）」であるが，前者の「前置詞句による名詞の後置修飾」の結果について概観する（詳細は，髙島ほか（2019）参照）。

　まず，A市で行なった「FonFアプローチ」による授業内容について概説する。ここでの課題解決を伴う言語活動は，小学校においては，絵本の読み聞かせ，スライドによる英語表現の口頭練習やカードを使った練習，最後にクイズ大会という流れでプロジェクトを行なった。中学校では，課題解決のために言語形式に意識を置きながらもコミュニケーション・インターアクションを行なう「タスク活動」（髙島，2000，2005，2011a）を実施した。

　図1.8-2は，小学校のクイズ大会のプロジェクトで児童にクイズを作成させる際に使った例である。この活動は自分のペットが絵の中のどの動物かを当ててもらうクイズで，クイズの作成者（出題者）はまず動物（この例では犬）を決め，見た目の特徴が似ているその動物3匹を，何かの中（in），上（on），下（under）に配置して絵を描く。クイズの作成者（出題者）は，クラス（あるいは，グループ）の前で，"It's 6:00. Time to go home. Where is my pet?　The dog on the chair?　The dog in the pool?　The dog under the tree?　Which is my pet?"と問いかける。作成者（出題者）は，どの犬が自分のペットかはあらかじめ決めておき，クイズの解答者は，"The dog in the pool?"などと尋ねて，出題者のペットがどれかを当てる。1回で当たれば3ポイント，2回で当たれば2ポイントを与える。指導文法事項である「前置詞句による名詞の後置修飾」（下線部）を用いて，複数の似た動物の中から1つを特定するために後置修飾を使用するのが最も適切である場面を設定している。

図1.8-2　クイズに用いた絵と英語表現例

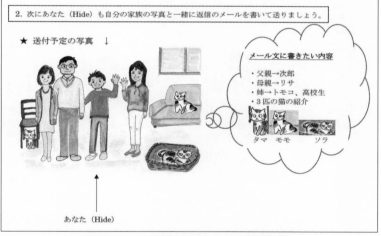

<配付シート> <配付教材②―1>

1. あなたは、カナダにホームステイに行くことを予定しています。ホームステイ先から、家や部屋の情報がメールと写真で送られてきました。メールを読んで、写真に名前を入れましょう。

★ 送られてきた写真↓

メール内容：
Hello!
I'm Kathy. I'm your host mother.
Look at this picture.
My husband's name is Tom.
My son is Ken. He is ten years old.
My daughter is Nancy. She is twelve years old.
The black cat under the tree is our pet, Kuro.
The dog on the bench is our pet, Hachi.
See you in Canada.

Sincerely yours,
Kathy

2. 次にあなた（Hide）も自分の家族の写真と一緒に返信のメールを書いて送りましょう。

★ 送付予定の写真　↓

メール文に書きたい内容
・父親→次郎
・母親→リサ
・姉→トモコ、高校生
・3匹の猫の紹介

タマ　モモ　ソラ

あなた（Hide）

図 1.8-3　写真の家族やペットを紹介する練習

　中学校では[3]，自分の家族とペットの写真を添えてEメールを書き，写真の人や複数の猫のうち1匹を "The cat in the basket is Tama." などと説明する練習（図1.8-3）を行なった。もらったメールの英語を参考にしながら返信をするという課題を与えており，その際にもらったメールの1文にある後置修飾を参考

3　小学校では文法説明はしなかったが，中学校では明示的な説明がなされた。「後置修飾の文，The woman in the middle（is my mother.）であれば，先に一般的なもの（the woman）を述べ，次に特定する（in the middle）のが英語の語順である」と説明する。タスク活動後の文法指導については、3.3.1.6 参照。

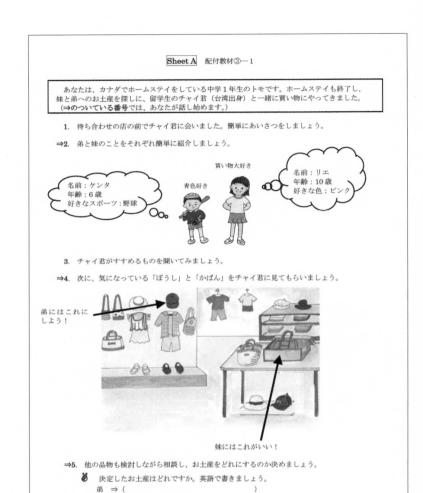

図 1.8-4 「前置詞句による名詞の後置修飾」を使うタスク活動（Sheet A）

に，自身の複数の動物について後置修飾を用いて特定しながら紹介する内容である。「後置修飾を用いて」と指示するのではなく，生徒自身で後置修飾を選択して用いるような工夫がなされている。

　言語活動としては，ホームステイからの帰国時に妹，弟にお土産を決めるという課題解決の場面を設定した。同じような物が壁や机の上に飾ってある状況で，the cap on the wall や the bag in the box など「前置詞句による名詞の後置修

あなたは、カナダでホームステイをしている台湾からの留学生のチャイです。日本人の留学生、トモ、が弟と妹にお土産を買いたいと言っています。一緒に買い物に付き合ってあげましょう。（⇒のついている番号では、あなたが話し始めます。）

⇒1. 待ち合わせの店の前でトモに合いました。簡単に挨拶をし、トモの弟と妹について教えてほしいと伝えましょう。

2. トモがお土産を買いたい弟と妹を紹介してくれますので聞いて、メモを取っておきましょう。

	名前	年齢	好きなもの（こと）	好きな色
トモの弟				
トモの妹				

⇒3. 気になっている「かばん」と「ぼうし」をトモにすすめたいので見てもらいましょう。

「トモの妹」へのおすすめはこれ！

「トモの弟」へのおすすめはこれ！

4. トモも気になっている「ぼうし」と「かばん」があるようです。聞いてみましょう。

5. 他の品物も検討し、お土産を決めるのを手伝ってあげましょう。

✌ 決定したお土産はどれですか。英語で書きましょう。
弟 ⇒ （　　　　　　　　　　　　）
妹 ⇒ （　　　　　　　　　　　　）

図 1.8-5 「前置詞句による名詞の後置修飾」を使うタスク活動（Sheet B）

飾」を使って，ほしい物を特定して購入するものであるが，先の練習を踏まえ，今度は口頭でやり取りを行なうタスク活動（図 1.8-4，図 1.8-5）を実施した。

一方，B 市で行なった「PPP 型指導」では，教師が指導する文法事項を提示し，それを練習させ，最後にその文法事項を使った発表などの活動を行なった。ただ，小学校では文法説明はなく，最初の 2 つの PP の段階で新しい文法事項の提示と練習を十分に行ない，Production で，各自の 1 日の生活について発表

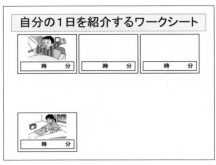

図 1.8-6　自分の 1 日を紹介するワークシー
ト（文部科学省，2012 参照）

する活動を行なった。図 1.8-6 は最後に小学校で行なった Production の活動の
ためのワークシートである。この Production の活動で児童が使用したのは，
Time to get up. のような，「to 不定詞の形容詞的用法」のみであり，The dog on
the chair のような「前置詞句による名詞の後置修飾」を使ったのは，Practice（練
習）の段階までであった。B 市においては，文部科学省「外国語活動」用教材
Hi, friends! 2（平成 24 年度版）を使用したため，その教材とつながるように工
夫して最終的な活動を「自分の 1 日を紹介する」こととした。

　中学校における「PPP 型指導」では，言語形式に焦点を置いた練習（図
1.8-7）を Practice の段階で行なった。

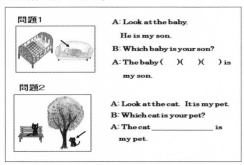

図 1.8-7　「名詞句の後置修飾」の練習

　PPP の最後の Production の段階では，使用する一部の英語表現を示し，リビ
ングや自分の部屋にいる猫について説明する活動（図 1.8-8，図 1.8-9）を行なった。
　この活動は，相手に自分のペットがどこにいるかを説明するというコミュニ

<Sheet A>　　<配付教材③—1 >

今度の冬休みに互いの家に泊まりに行くことになりました。楽しく過ごしてもらいたいので、ペアの相手に、自分の家のリビングの写真を事前に見せて説明しましょう。（⇒のついている**番号**では、あなたが話し始めます。）

⇒1.　相手にシートの<写真>を見てもらいましょう。
　　　次に、"Look at ...." を用いて、下の表の情報を相手に伝えましょう。

<リビングの写真> 　↓

Look at を用いて説明するもの	伝えたいこと
ソファーの上の<u>猫</u> (the cat on the sofa)	クロ（名前）
テーブルの下の<u>本</u>	歴史の本
箱の中の<u>猫</u>	2 歳
ソファーの上の<u>本</u>	古い

2.　相手の説明を聞いて、わかったことを ☐ 内に書きましょう。
　　ただし、すべての ☐ 内に書くわけではありません。

<部屋の写真>　↓

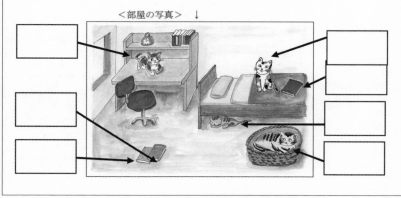

図 1.8-8　リビングや自分の部屋にいる猫を説明する活動（Sheet A）

<Sheet B> ＜配付教材③—1＞

今度の冬休みに互いの家に泊まりに行くことになりました。楽しく過ごしてもらいたいので、ペアの相手に、自分の部屋の写真を事前に見せて説明しましょう。
（⇒のついている番号では、あなたが話し始めます。）

1. ペアの相手の説明を聞いて、わかったことを [ ] 内に書きましょう。
   ただし、すべての [ ] 内に書くわけではありません。

＜リビングの写真＞↓

⇒2. 相手にシートの＜写真＞を見てもらいましょう。
   次に、"Look at ...." を用いて、下の表の情報を相手に伝えましょう。

＜部屋の写真＞　↓

Look at を用いて説明するもの	伝えたいこと
机の上の猫 (the cat on the desk)	ケメ（名前）
ベッドの上の本	理科の本
バスケットの中の猫	5歳
ベッド下の猫	年をとっている

図 1.8-9　リビングや自分の部屋にいる猫を説明する活動（Sheet B）

スピーキングテストの内容

各児童・生徒が、スクリーンに映し出された絵を口頭で
説明する問題（ICレコーダーに音声は録音）

〈パート1〉
前置詞句による名詞の
後置修飾

➤ ○のついている猫がどの猫か
を説明する問題 →The cat in
the box.が正解
➤ 以下6問を実施

1. The cat in the box.
2. The cat under the piano.
3. The cat on the box.
4. The cat under the table.
5. The cat on the piano.
6. The cat in the pool.

➤ 正解1点、不正解0点で採点

図 1.8-10　スピーキングテストの内容

ケーションが目的である点ではタスクの条件（1.3, Special Feature 2 参照）を満
たす。しかし，"Look at ...."を用いて説明するように指示されているために，
生徒はこれに続けて，表にある情報を "Look at the cat on the sofa." のように発
話するように誘導されており，自由にやり取りをする段階には至っていない。

　両市の調査（授業）における定着を測定するためにスピーキングテストを実
施した。英語表現の習得状況は，最初に，箱の上や箱の中や箱のそばにいる数
匹の猫がスライドに示され，次に 1 匹の猫だけが赤丸で囲まれ，Which cat? と
問われる。「○が付いている猫が他に数匹いる猫と違って，どの場所にいる猫
なのかを英語で言う問題」である（図 1.8-10 参照）。

　この 1 番の問題では，○の付いている猫は「箱に入っている猫」であるため，
The cat in the box. と発話するのが正解である。1～6 番は，前置詞 on, in, under
のそれぞれを使った問題を 2 問ずつ，計 6 問を実施した。

　結果は図 1.8-11 のグラフである。小学校 6 年生，中学校 1 年生，中学校 2
年生のそれぞれの学年での指導前と指導後のスピーキングテストの正答率を 6
回示している[4]。

　小学校 6 年生での指導後のテストの得点は，FonF アプローチグループでは
上昇しているが，PPP 型指導グループでは上昇がみられず，2 つのグループ間
には，有意差がある[5]。FonF アプローチグループで行なったプロジェクト（ク
イズ大会をしよう）は，この文法事項の学習に効果があったということができ
る。中学校 1 年生では，指導後のテストでは，両グループ共に正答率が統計的

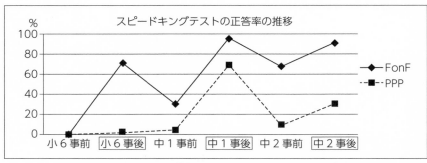

図 1.8-11　指導前と指導後のスピーキングテストの正答率の推移

に有意に上がっており，いずれの指導も，「前置詞句による名詞の後置修飾」
を使ったスピーキング力の向上に影響があったと考えられる。注目すべきこと
は，中学校 2 年生においては，Time to get up. のような「to 不定詞の形容詞的
用法」だけを指導し，中学校 1 年生で指導した「前置詞句による名詞の後置修
飾」は指導しなかったが，中学校 2 年生の事後テストにおいても，両グループ
共に正答率が上昇していることである。指導前に行なった事前テストの「テス
ト効果」も考えられるが，前年度の事後調査から翌年の事前調査までには，約
1 年の期間が空くことを考慮すると，FonF アプローチグループでは，2 年目の
事前調査でも 3 年目の事前調査でも前年度の指導の内容を覚えていた生徒がい
たと考えられる（誤答の規則性などについては，髙島ほか，2019 を参照）。

　次に文法テストでは，目標文法事項である「前置詞句による名詞の後置修飾」
の 5 問を含めた全 12 問の並べ替えの問題で測定した[6]。5 問中 4 問は「前置詞
句による名詞の後置修飾」が主語の位置にあり，1 問のみが目的語の位置にあ

4　図 1.8-11 のグラフの解釈には注意が必要である。小学校においては，一連の指導の最後に FonF
　　アプローチグループでは図 1.8-2 のような課題解決型の活動を行ない，他方，PPP 型指導グルー
　　プでは図 1.8-6 の活動を行なった。小学校では「前置詞句による名詞の後置修飾」と「to 不定詞
　　の形容詞的用法」の 2 つの文法事項を指導する研究デザインであり，図 1.8-2 の活動ではこの 2
　　つの事項を使う活動となっているが，図 1.8-6 では不定詞のみの活動になってしまっていた。こ
　　のため，小学校 6 年時の PPP 型指導グループの正答率が FonF アプローチグループと比べてかな
　　り低くなっている。したがって，両グループの学習状況の比較が可能となるのは，中学校 1 年以
　　降の 2 年間（中 1 事前から中 2 事後まで）である。
5　「（統計的な）有意差がある（ない）」とは，例えば，2 グループ以上のテストの平均点などを比較
　　する場合に，統計処理を行なうことで，平均点の差に信頼性が付加され，客観的な根拠をもって
　　平均点に差がある（差がない）と言えることになる。
6　スピーキングテストでは，文法テストで調査した文中の主語の位置における後置修飾の定着では
　　なく，後置修飾による名詞句を発話させている。

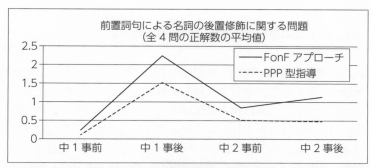

図 1.8-12　前置詞句による名詞の後置修飾（主部 4 問）の正答率の推移

る。後置修飾は，主語の位置より目的語の位置に置かれた方が容易であることから主語の位置にある 4 問のみを分析した。問題は，日本語を与えず，イラストを参考に与えられた語の並べ替えである。中学校 1 年生の事前と事後，中学校 2 年生の事前と事後の 4 回の調査での 4 問の平均値の推移を，FonF アプローチグループと PPP 型指導グループごとにグラフに示している（図 1.8-12）。

　この文法テストにおいて，中学校 1 年生で事前と事後の結果を比較すると，両グループ共に統計的に有意に上昇している。また，両グループ間に有意な差はみられなかった。いずれの指導も，中学校 1 年生で行なった 3 回の授業での目標文法事項が「前置詞句による名詞の後置修飾」であり，その指導の効果が見られた。しかし，中学校 1 年生の事後と中学校 2 年生の事前とを比較すると両グループとも有意に下がった。中学校 2 年生の事後では，グループ間で有意差が出ていた。中学校 2 年生の事前から事後にかけて有意な上昇はなかった。

　この 3 年間に及ぶ縦断的調査で明らかになったことは，課題解決型の授業が児童・生徒の英語学習・習得に寄与するということである。タスク活動のような課題解決型の言語活動を行なうことで，児童・生徒は目標英語表現の形式（Form）と意味（Meaning），そして使用場面を深く処理すること，すなわち，使われ方（Use）が習得できた結果であると考えられる。また，授業の振り返り記録を見ると，生徒は課題解決型の言語活動について，瞬時に伝えたいメッセージを英語で表現することの難しさを感じてはいるが，英語が使えるようになるためには必要なことであり，できるようになりたいと強く感じていることがわかる。このように，モデルダイアローグにあてはめて英語を言ってみる言語活動を超えた，英語を使う必然性があり，その表現の意味と使用場面を生徒が体感できるような課題解決型の言語活動を授業に取り入れていくことが望まれる。

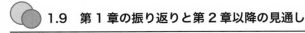

1.9 第1章の振り返りと第2章以降の見通し

「主体的・対話的で深い学び」の実現が授業改善の鍵である。このために，授業を課題解決型にして，学習者自らが課題解決に向けて発信したり，尋ねたりなどして情報を伝え合う経験を保証することが必要となる。対話を通して，他者からの視点や考え方を採り入れながら学びを深めていく課題解決型の活動は，教室外での言語使用のシミュレーションの機能をもつ。活動を通して，学習者に場面に応じたことばの使い方や適切な言語使用の必然性を感じさせ，英語学習への動機を高めることが大切である。

一連の授業を課題解決型とすることで，その解決の過程で新たな課題を発見することができ，言語を用いる必然性のある，思考を伴う課題解決型の言語活動を児童・生徒は体験することになる。この体験は，繰り返すことで「未知の状況にも対応できる『思考力・判断力・表現力等』の育成」につながる（文部科学省，2018d: 13）。また，この体験の中で「知識を関連付け」たり，「情報を精査して考えを形成したり，問題を見いだして解決策を考えたり，思いや考えを基に創造する」深い学びが実現する。外国語教育においては，他の単元や他教科等で学習した内容と関連させ，見方・考え方を働かせる学びとすることで，知識・理解の質を高め，教室内と教室外の活動がつながる深い学びとなる。

活動や行動を起こす場合には何らかの目標があり，目標が明確であればあるほど目標達成のために努力することが容易になる。

第2・3章では，学習指導要領（文部科学省，2018a，2018c，2018e）を踏まえ，第二言語習得理論研究の成果を基盤に，課題解決型の授業内容，プロジェクト型・単元的な授業の構成，タスク型の言語活動など，小学校から大学までの具体例を提案している。Special Feature（SF）の概要（synopsis）では，具体例をできる限り残し，オリジナルの英文の内容理解が深まるようにまとめている。

第4章では，世界の英語教育を知ることで，日本の英語教育を見直す必要性があることや，授業改善のための行政の役割や研修について具体的な実践を通して考察している。日本のような EFL の学習環境では，情報・知識などを得るための手段として「英語で学ぶ」という最終目標のためには，「英語を学ぶ」，あるいは「英語について学ぶ」段階が必要である。この基礎段階から授業は課題解決型の内容とする必要がある。Special Feature（SF）で紹介されている台湾でも全く同じことが当てはまる。

第 2 章

コミュニケーションにつながる文法指導

　本章では，学習者が，学んだ文法知識を実際のコミュニケーションにおいて活用できるようになる指導の具体例を提案する。

　2.1 では，中学校・高等学校におけるコミュニケーションにつながる文法指導に際し，学習指導要領に言及しながら，Larsen-Freeman が主張する Form（形式），Meaning（意味），Use（使われ方）の 3 つを適切に指導する方法について説明する。2.2 では，「if 節を用いた仮定法過去」と「if 節を用いた直説法」を取り上げ，特に，Use を意識した文法説明から言語活動までを提案する。2.3 では，「過去形」と「現在完了（進行）形」の使用法の違いを，認知比較を用いて指導した，大学での授業実践を紹介する。

　Special Feature 1 では，Larsen-Freeman が *There is*（*are*）を用いた構文を例に，Form, Meaning, Use の 3 つの要素（面）を関連させた指導を行ない，文法（grammar）を動的なプロセス（grammaring）として捉える必要性を説く。2.4 は，その概要である。

2.1　中学校・高等学校におけるコミュニケーションを支える文法指導

　本節では，学習指導要領が求める文法指導を概観しながら，中学校および高等学校で用いられている1つの典型的な指導展開であるPPP（Presentation — Practice — Production）のアプローチ（Byrne, 1986; Skehan, 1996, 1998）の中で，文法に関するForm（形式），Meaning（意味），Use（使われ方）を適切に指導する方法について検討する。

2.1.1　言語材料と言語活動の関連付け

　2017（平成29）年公示の中学校学習指導要領（文部科学省，2018c: 145-146）および2018（平成30）年公示の高等学校学習指導要領（文部科学省，2018e: 164）における文法の扱いに関わる記述から，文法指導のあり方を考察する。この記述は，中・高等学校の両方の学習指導要領の「2　内容〔知識及び技能〕(1) 英語の特徴やきまりに関する事項」に見られる。

> 実際に英語を用いた言語活動を通して，（中略）五つの領域別の目標を達成するのにふさわしいものについて理解するとともに，言語材料と言語活動とを効果的に関連付け，実際のコミュニケーションにおいて活用できる技能を身に付けることができるよう指導する。

　これは，言語材料と言語活動の関連付けに関するもので，中学校学習指導要領解説（文部科学省，2018d）によれば，「言語材料」とは「英語の特徴やきまりに関する事項」であり，具体的には，「音声」，「符号」，「語，連語及び慣用表現」及び「文，文構造及び文法事項」を指す。また，中学校学習指導要領（文部科学省，2018c）では，育成を目指す資質・能力が，「知識及び技能」，「思考力，判断力，表現力等」，「学びに向かう力，人間性等」の3つの柱として整理されているが，同解説（文部科学省，2018d）によれば，1つ目の資質・能力の「知識及び技能」に関して，音声や語彙，表現，文法，言語の働きなどを理解することは「知識」に該当し，その知識を「聞くこと」，「読むこと」，「話すこと」および「書くこと」による実際のコミュニケーションにおいて活用できることは「技能」に該当するとしている。文法事項は言語材料の1つとして位置付けられているが，「知識」として獲得した文法事項を「技能」として活用すると

いう考え方は，これまでの日本の中学校および高等学校で展開されている多くの英語の授業に反映されている。言い換えれば，この授業展開は，PPP（Presentation — Practice — Production）と呼ばれるものに該当する。次項では，PPP型の授業展開について概説する。

2.1.2　PPP型の授業におけるFormとMeaningに関わる指導

　PPPの段階ごとの授業展開を，教師の役割の視点でByrne（1986: 2）を参考にまとめると表2.1-1になる。

表2.1-1　PPPの各段階における教師の役割

段階	教師の役割（teacher's role）
Presentation	新出の文法事項の意味を最大限明確に理解し，記憶できるように提示する。
Practice	意味理解を伴い，かつ，記憶できるような練習を最大限に提供する。
Production	自由に表現する活動を提供し，活動に取り組む様子を観察したり，支援したりする。

　Presentationの段階は，新出事項の導入に該当し，中・高等学校の英語の授業では，文法事項が主たる新出事項の1つである。新しい文法事項の導入では，その文法事項がいかなる形式であり，どのような意味をもつのかという知識を学習者に与える必要がある。

　Practiceの段階では，意味を考えながら練習を行なうことが中心となることから，先に機械的（形式的）な練習をする場合が多い。例えば，"John is walking in the park."という文をリピートさせた後，教師がMaryというキュー（cue）を出して，学習者が"Mary is walking in the park."という文を産出するパターン・プラクティスと呼ばれる方法がある。JohnをMaryに置き換えるだけで，意味をほとんど考えることのない機械的（形式的）な練習である。

　学習者に意味を考えさせるためには，例えば，図2.1-1の絵を提示して，男の子と女の子の動作を描写させるとよい。ここでは，"What are the two people doing?"という質問が学習者に提示されたとする。学習者は"The boy is playing the piano and the girl is playing the violin."という英文を産出することが期待される。この場合，描かれている2人の今の動作が伝える意味（Meaning）を，現在進行形（Form）を用いて表現する練習をしていることになる。この例のように，絵や写真または実際の動作といった視覚的な情報を提示することで，言い表すべき意味を示すことができることから，目標文法事項の練習が可能と

図 2.1-1　文法事項の使用を促す
イラスト例

なる[1]。

　目標文法事項の Meaning と Form を理解し，それを練習した上で，さらに，その文法事項を用いて学習者が自分の考えなどを表現する活動を行なうことができれば，PPP 型の指導の最後の Production にまで到達したことになる。ここで言う「自分の考えなどを表現する活動」に該当するものとして，例えば，中学校学習指導要領（文部科学省，2018c: 145）で言語活動として示されている「日常的な話題について，伝えようとする内容を整理し，自分で作成したメモなどを活用しながら相手と口頭で伝え合う活動」などが挙げられる。この Production の段階での活動の留意点は，学習者が伝えたい内容を先に考え，その次に，それを表現するのに必要な文法事項を選択させることである。つまり，「伝えたい内容を考える→それを伝えるのに最適な文法事項を選択する」というプロセスを辿らせることが，Production の段階の活動では必須となる。逆に，「現在進行形を使って，今していることを話しなさい」というように，先に使うべき文法事項が提示され，それを用いることを想定しながら，学習者が言うべき内容を考える場合は，その文法事項を練習する段階，つまり，Practice の段階に該当する。このように，先に使うべき文法事項が提示されることは，実際の言語使用のプロセスと逆行するため，Production の段階では避けるべきである。したがって，Production の段階では，学習者が何を伝えたいかを考えることから始まる活動が必要となる（活動例は 2.2.4 を参照）。

2.1.3　PPP 型の授業における Use に関わる指導

　ここまでは，PPP 型の指導展開の中で，主に文法に関する Form と Meaning について考えてきた。しかしながら，Form と Meaning だけでは文法の指導は不十分である。髙島（2011a）および今井・髙島（2015）は，PPP 型の授業展開を実施するにあたっては，Presentation の段階から，Form と Meaning に加えて，

1　同じ絵を用いて，例えば，"(for three hours) every day" などのキューを与えることで，現在形（"The boy plays the piano and the girl plays the violin for three hours every day."）の練習も可能になる。

Useも意識するべきだと主張している。とりわけ，Useについては，具体的には，当該の文法事項が，どのような場面や状況で，なぜ用いられるのか，なぜ用いられないのかということを理解させることが重要となる。なぜなら，Useの理解が十分になされなければ，最後のProductionの段階で，学習者が自身の考えなどを，場面や状況に応じて適切に表現することができないからである。今井・髙島（2015: 67-68）は，このProductionの段階を「コミュニケーションの実現のために，学んだ文法事項を用いた産出活動を行うものであり，できる限り現実の言語使用を意識した活動となるように配慮すべきである。つまり，教室内での言語活動を教室外で行われるコミュニケーションのシミュレーションの場として捉える必要がある」と説明している。言い換えれば，Productionの段階での活動には，学習指導要領が示す言語活動，特に，「話すこと［やり取り］」，「話すこと［発表］」，「書くこと」の言語活動が該当する。中学校学習指導要領（文部科学省，2018c: 149）に，領域ごとの言語活動の具体的項目が記載されているが，「関心のある事柄」，「感じたこと」，「考えたこと」，「自分の考え，気持ち」，「自分に関する基本的な情報」といったように，与えられた内容ではなく，自分に関わる内容や自分で考えた内容を伝えることが言語活動では必要となる。さらに，相手からの質問に応答したり，整理したり，まとめたりする言語活動も求められている。このような言語活動では，伝えたい内容をどのように英語で表現するかを考える際に，学習した文法事項のレパートリーからどの事項を用いるかを判断する必要があるが，そのためには，それぞれの文法事項に関してのUseの理解が必要となる。

　では，学習者にUseを意識させるにはどのような手法を用いるとよいだろうか。同様に，現在進行形を例にとり，次のような対話を使った指導を示す。

　　（KateとJasonが家の中で話している場面）
Kate: What's that noise outside? Can you open the window and see?
Jason:（窓を開けて）Look! A bird is making a nest.

　この対話では，家の外で音がしている，つまり，2人の話者は外で何が起きているか分からないという状況が設定されている。この状況から判断すれば，Jasonが窓を開けた直後に言った"A bird is making a nest."が，「今外で何が起きているか」を示している文だと気が付く学習者がいるかもしれない。つまり，この対話から，「be動詞＋-ing」のForm（形式）が「（今現在）～している」と

いう Meaning（意味）であり，さらに，この Form は「今現在の動作や行動を表すとき」に使うということを推測できる学習者がいるかもしれない。このように，文法指導では，Use を意識させることが必要になるが，この対話例から，現在進行形の Use を理解することができない学習者もいる。その理由として，既習の現在形との違いがこの対話からは理解できないことが挙げられる。現在進行形の Use をさらに理解させるためには，既習の現在形の文を提示して，現在進行形の文と比較することで，現在進行形が使用できる場面を指導することが必要となる。具体的には，次のような対話文を通して，現在進行形の Use の理解をさらに促すことができる。

> （Ken を探している Yuki が Matt と対話をしている場面）
> Yuki: Where's Ken? He always plays tennis during the lunch break.
> Matt: Oh, look! He is playing soccer today.

　この対話文を用いて，現在形を使って「Ken は，普段テニスをしている」ことを，そして，現在進行形を使って「Ken は，今日はサッカーをしている」ことを示すことで，現在形は普段のこと，そして，現在進行形は今この瞬間のことを表すときにそれぞれ用いることを理解させることができる。また，この理解を強く促すために，その前提として「Yuki が今 Ken を探している」という状況が設定されている。つまり，最初に「今現在」のことを話題にしている対話であることを提示することで，He is playing soccer. という文が「今現在の行動を表している」ということをより強く意識付けることができる。このような Use に関する理解をせずに，理解が Form と Meaning に限られている場合，その学習者は現在進行形を，どのような場面でなぜ使うかが分からないため，実際に使うことができない可能性が高い。Form と Meaning に加えて，当該文法事項の Use が分かって初めて，その文法事項を理解したと言える。

　ただし，すべての文法事項に，現在進行形のように，対照可能な既習の文法事項が存在したり，Use を理解させるのに最適な文脈や状況が存在したりするわけではない。例えば，関係代名詞は，Use を提示するには適切な説明が必要である。Presentation の段階で，例えば，教科書の例文が，"I'm looking for a person who can play the piano in the chorus contest." というものだったとする。この文を見て，who が疑問詞ではなく，a person と can 以下をつなぐ役割をしていることに気が付く学習者は一定数存在すると思われる。また，このことに

気が付かない学習者には，教師がそれを説明すれば，who 以下の語句が a person を説明（修飾）していることを理解させることは可能である。しかし，それは形式面の学習の域を越えていない。「人を説明するときに使う」という説明も，先に現在進行形で例示した「現在（今この瞬間）のことを表すときに用いる」という「使われ方（Use）」に比べて具体性が乏しい。また，この文の後に，I've asked five of our classmates, but they all said, "I can't." という文を追加して，状況をイメージしやすくした上で，「合唱祭のピアノの伴奏者を探している。5 人にお願いしたが，全員『できない』と言った」という内容を学習者に提示したとする。その場合，a person who can play the piano の意味を推測させるには役立つかもしれないが，この状況から関係代名詞の Use を理解させるには，異なる方法が必要となる。現在進行形の例で見たように，状況や文脈を提示しただけでは，その構造上の性質と共にその「使われ方（Use）」を学習者に理解させるのが難しい。したがって，教師による解説によって，その構造の特徴を理解させることが必要になる。例えば，「a person，人だね。a person だけだと，どんな人か言われてないので，誰でもよいってことだね。次を見てみよう。who, どんな人？ who can play the piano, ピアノを弾ける人だね」といったように，構造上，特定の人やものに限定していくという特徴を考慮しながら，英語の語順を踏まえて意味を解説することで，関係代名詞の働きが明確になっていき，結果として，「関係代名詞は人やものを限定する」というその「使われ方」を理解させることが可能になる。文法の指導では，関係代名詞のように，こうした明示的説明が必要となる事項が存在することに留意する必要がある。

　このように，現在進行形のように，状況から Meaning を引き出しやすく，Use の理解をさせやすい文法事項と，関係代名詞のように，構造的な特徴を学習者に意識させることで Use の理解を促す必要がある文法事項があると言える。いずれの場合でも，Presentation の段階を経て，Practice の段階で練習をし，そして，Production の段階で言語活動を行ない，意図した通りにコミュニケーションが成立したかどうかを経験することで，その文法事項の Use を体感していく必要がある。最終的に，学習者自身がその文法事項を使えるようになるためには，Form と Meaning に加えて，Use に関する知識を獲得していくことが必要であり，指導する側の教師には，PPP の各段階で，Form, Meaning, Use を学習者が正しく理解できるように指導を工夫していくことが求められる。

2.1.4　学習指導要領からみる PPP 型の授業

　中学校学習指導要領（文部科学省，2018c）や高等学校学習指導要領（文部科学省，2018e）においても，PPP の各段階に関わると判断できる記述が見られる。次の記述は，中学校学習指導要領（文部科学省，2018c: 151）の「3　指導計画の作成と内容の取扱い」の中に示されているものである。

> 実際に英語を使用して互いの考えや気持ちを伝え合うなどの言語活動を行う際は，2 の（1）[2] に示す言語材料について理解したり練習したりするための指導を必要に応じて行うこと。

　この記述の中の「言語材料について理解したり」は Presentation の段階に該当し，「練習したりするための指導」は Practice の段階に該当する。そして，「実際に英語を使用して互いの考えや気持ちを伝え合うなどの言語活動」は Production の段階で行なう活動に該当すると考えられる。また，中学校学習指導要領解説（文部科学省，2018d: 93-94）には，次の記述も見られる。

> 文法事項を学んでは意味ある文脈の中で使い，使っては学ぶといった，理解や練習と実際の使用のサイクルを繰り返す中でコミュニケーションを図る資質・能力を育成していくことが大事である。

　この記述は，PPP の各段階の必要性を示唆しているが，さらに，この流れを繰り返すことの重要性も示している。最初のサイクルでは，Presentation の段階で，当該の文法事項の規則や構造といった Form に関わる内容を完全に理解することが必ずしも期待されているわけではなく，Practice や Production の段階を経た後で，その Form を学び直す機会を設けて，一歩進んだ理解を促すことの重要性も示唆されている。また，「実際の使用」については，中学校学習指導要領解説（文部科学省，2018d: 94）に次の記述が見られる。

> コミュニケーションを支えるための文法指導では，（中略），実際の活用を主眼とした指導を心がけなければならない。ただ，活用といっても，

2　「2 の（1）」とは，中学校学習指導要領（文部科学省，2018c）に「英語の特徴やきまりに関する事項」（pp.145-147）として示されている具体的な言語材料の一覧である。

> 最初から話せる，書けるといった指導をいたずらに急ぐのではなく，
> あくまでも豊富な例文に触れていく受容的な使用の中で，次第に発信
> 的使用へと発展していくような配慮が必要である。

　この記述では，学習者は，ある文法事項を初めて学習してから，すぐにそれ
を活用（使用）できるようになるわけではないことが示されている。また，「豊
富な例文に触れていく」ことの重要性も指摘されていることから，PPP 型の指
導展開を用いる場合に，Production の段階へと拙速に進むことへの警鐘を鳴ら
していると考えられる。英語の授業展開としての PPP を推奨している佐藤ほ
か（2015）も，インプットの重要性を指摘し，日本の中・高等学校では，PPP
型の授業が最も現実的，かつ効果的であると述べている。ただし，これまでの
日本の中・高等学校での PPP 型の授業ではインプットが不足していることか
ら，効果的な PPP 型の授業を行なうためには，潤沢なインプットの保証が前
提となると説明している。ただし，インプットだけでは言語習得には至らない
ため，十分なインプットを確保した上で，コミュニケーション活動までを行な
う PPP 型の授業展開を用いることで，生徒の英語力の向上が期待できると考
えられる。次に，実際に英語の授業が，PPP の最後の Production の段階まで展
開されているのかを検証する。

2.1.5 Production 段階における言語活動の必要性

　PPP 型の授業のメリットを前項で述べたが，和泉（2009）や佐藤ほか（2015）
は，特に最後の Production の段階で十分な指導や学習がなされていないことを
指摘している。このことは，2018（平成 30）年度の中学校 3 年生約 1,000 名
への質問紙調査を行なったベネッセ教育総合研究所（2018）の調査結果にも見
られる。授業で「自分の気持ちや考えを英語で書く」ことを「よくしている」
と回答した生徒は 25.8％，また，「自分の気持ちや考えを英語で話す」ことを
「よくしている」と回答した生徒は 21.9％ にしか過ぎなかった。7〜8 割程度の
生徒が，Production の段階で行なうべき言語活動を十分に経験していないと推
測できる。もちろん，Production の段階の言語活動は，「自分の気持ちや考え
を英語で書く」と「自分の気持ちや考えを英語で話す」の 2 つの活動以外も考
えられる。しかし，2015（平成 27）年度に，中学校の教員約 1,800 名，高校
の教員約 2,100 名を対象に行なったベネッセ教育総合研究所（2016）の調査結
果によると，授業でよく行なう言語活動は，非常に少ない（表 2.1-2 参照）。

表 2.1-2　Production の言語活動の実施度（ベネッセ教育総合研究所，2016）

技能	言語活動	「よく行なう」の回答率	
		中学教員	高校教員
話す こと	英語での会話（生徒同士）	38.5%	15.0%
	スピーチ・プレゼンテーション	9.1%	3.8%
	即興で自分のことや気持ちや考えを英語で話す	9.9%	7.3%
	英語で教科書本文の要約を話す	8.3%	10.3%
	ディスカッション	0.6%	1.7%
	ディベート	0.2%	0.8%
書く こと	自分のことや気持ちや考えを英語で書く	23.8%	11.6%
	英語で教科書本文の要約を書く	2.9%	7.3%

　Production の段階で行なうべき言語活動が不足しているという問題点は，同様に，2017（平成 29）年度に文部科学省が実施した「英語力調査」（文部科学省，2018f）の際に行なわれた教員対象の質問紙調査においても見られる。例えば，「与えられたテーマについて簡単なスピーチをする活動を行っていますか」という質問に対して，「よくしている」と回答した中学校の教員は 18.1% にとどまっている。同質問に対して，「どちらかといえば，している」と回答した教員は 41.2% になるため，合わせると 6 割近くの教員は一定の頻度以上でスピーチの活動を行なっている。しかしながら，4 割の教員は「あまりしていない」または「ほとんどしていない」と回答している。また，「聞いたり読んだりしたことなどについて，問答したり意見を述べ合ったりなどする活動」や「聞いたり読んだりしたことについてメモをとったり，感想，賛否やその理由を書いたりなどする活動」では，「よくしている」と「どちらかといえば，している」の 2 つの回答を合わせても 50% に満たない。1 つの活動の頻度が高くなくても，複数の活動を適度な頻度で行なうことは有意義であると言えるが，これらの調査結果からは，全体的に Production の段階で行なうべき言語活動を十分に実施しているとは言い難い。今後の中・高等学校における英語の授業の 1 つの課題は，Production の段階での言語活動を充実させることである。

2.1.6　Production 段階における言語活動が不十分である原因
　Production の段階の指導が十分になされていない理由としては，指導事項に対して授業時間数が不足していることなどが考えられる。指導すべき項目につ

いては, 2021（令和3）年度から実施される中学校学習指導要領（文部科学省, 2018c）では, 扱うべき単語数が1,200語程度から1,600〜1,800語程度に増え, さらに, これまでは高校の新出文法事項であった「現在完了進行形」や「仮定法のうち基本的なもの」を中学校で指導することになる。また, 高等学校でも, 単語数は1,800語程度から, 1,800〜2,500語程度へと増加する（文部科学省, 2018e）。

　指導事項が増えることで, Productionの段階での言語活動に費やすことのできる時間がさらに不足することの懸念を中・高の英語教員が抱えることになると推察できる。ベネッセ教育総合研究所（2016）の調査結果によれば,「年間の授業時数が足りない」という悩みを抱えている中学教員は33.7%, 高校教員は43.9%に上る。しかし, 年間の授業時数を増やすことは通常は不可能であることから, 指導内容や方法の質的な改善が必要である。同調査結果によると, 「効果的な指導方法がみつからない」と回答した中学教員は53.0%, 高校教員は60.3%となっており, 半数以上の教員が指導法について悩みを抱えている。この悩みの背景には, Productionの段階へ進む前には, Practiceを十分に行なわなければならないという考えがあると思われる。同調査によれば, 中学校教員の約87%が「基礎的な内容は定着するように反復練習を行う」ことをとても重要だと思っており, また, このことを十分実行していると回答した教員は約54%であった。一方,「生徒が英語を使う言語活動を行う」ことをとても重要だと回答した中学校教員は, ほぼ同じ割合の約84%であったが, これを十分実行している教員は約35%に過ぎなかった。このように,「練習をすること」と「言語活動を実施すること」が同程度に重要だと思われていながら, 十分に実行されている度合いに20%程度の差があることは, Practiceの段階の指導を十分に行なわないと, 次のProductionに進めないという指導観の存在が考えられる。同調査によると, 中学教員が授業でよく行なう事柄の上位5項目は, 順番に, 音読, 発音練習, 文法の説明, 文法の練習問題, 教科書本文のリスニングであり,「音読, 発音練習, 文法の練習問題」といったPracticeの段階の練習に多くの時間が費やされている。中学校で扱う文法事項の一部は, 小学校の外国語活動および外国語科（英語科）で扱われる。小学校では, 中学校で行なわれるような文法の説明は児童に対して与えられないが, 場面と表現を結びつけた上で, 言語活動の中で実際に使用することを通して, 文法事項の学習を行なっている。その場合, 中学校の授業で, 同じ文法事項を扱う際に, PresentationおよびPracticeに, 教師が思うほど時間を費やす必要はないかもしれない。

図 2.1-2　柔軟な PPP の展開
（Byrne, 1986: 3）

Presentation や Practice にどのくらいの時間や労力を費やすべきかどうかの 1 つの判断方法は，言語活動を実施してみることである。具体的には，必要な語彙の確認および目標文法事項を含む英文の十分なインプットを与えた後に，まずは，Productionの段階となる言語活動を行なうということである。言語活動の中で生徒がどのくらい当該文法事項を使用できているかどうかを確認した上で，必要であれば，Presentationと Practice の段階を経る方法が最適である場合が考えらえる。このような PPP 型の柔軟な指導展開については，Byrne（1986: 3）が，図 2.1-2 を示しながら，"（We) need not follow this sequence too rigidly"と述べている。

　この考え方に従えば，小学校で一度学習している文法事項だけではなく，中学校で初めて学習する文法事項についても，Presentation や Practice の段階が不十分であると教師が感じたとしても，一旦，Production の段階での言語活動を実施してみるというのも授業展開の 1 つの選択肢になりうる。言語活動での生徒のパフォーマンスを見ることによって，目標文法事項の使用のどのような点に生徒が難しさを感じているかを把握できる[3]。その文法事項の使用に関する問題点が特定できれば，どのような説明をし，いかなる練習をさせればよいかが明確になる。その結果，教師が必要だと思う Presentation および Practiceをすべて行なってから漸く Production の段階に進む展開方法よりも，全体として，効率の良い指導展開が可能になるかもしれない。

　今後の英語の授業では，扱う文法事項に応じて，Presentation → Practice → Production の展開を柔軟に行ない，そうすることで，Practice の内容およびその量が適切なものになり，Production の段階の言語活動とそのフィードバックにも十分な時間を費やすことができるような指導展開が望まれる。

3　言語活動の後に，目標文法事項の説明や練習を行なう授業展開は，3.3.1 でサンドイッチ型の図（髙島，2011a: 11）として提示されている。このように，言語活動の結果を踏まえて，説明や練習を行なうことも効果的であると言える。

2.1.7　Production 段階における課題解決型言語活動の可能性

　ここまで，PPP の最後の Production の段階の指導が不十分であることを述べてきた。中学校学習指導要領（文部科学省，2018c: 148）には，Production の段階の指導を効果的に行なうための示唆が見られる。次の記述は，「思考力，判断力，表現力等」に関わる事項として，記載されている。

> 具体的な課題等を設定し，コミュニケーションを行う目的や場面，状況などに応じて，情報を整理しながら考えなどを形成し，これらを論理的に表現する。

　この記述の補足として，中学校学習指導要領解説（文部科学省，2018d: 52）には，以下の説明が掲載されている。

> 「具体的な課題等」の解決に向け，実際に英語を用いた言語活動の中で思考・判断・表現することを繰り返すことを通じて知識が獲得され，学習内容の理解が深まり，学習に対する意欲が高まるなど，三つの資質・能力が相互に関係し合いながら育成される必要がある。

　これらの記述では，言語活動の中で設定された「具体的な課題」を解決するために英語を使用することで，2.1.1 でも取り上げた，育成を目指す資質・能力を関連させながら扱うことができることが示唆されている。つまり，課題解決型の言語活動を実施することが，「知識及び技能」，「思考力，判断力，表現力等」，「学びに向かう力，人間性等」という 3 つの資質・能力を育成することに資することが示されている。さらに，中学校学習指導要領（文部科学省，2018c: 151）には次の記述がある。

> 文法はコミュニケーションを支えるものであることを踏まえ，コミュニケーションの目的を達成する上での必要性や有用性を実感させた上でその知識を活用させたり，繰り返し使用することで当該文法事項の規則性や構造などについて気付きを促したりするなど，言語活動と効果的に関連付けて指導すること。

　この記述は，文法の必要性や有用性を実感させることの必要性を示しており，

「コミュニケーションの目的」は，前述した「具体的な課題」と置き換えることができる。学習者は，ある文法事項を使って課題を解決して初めて，その文法が役に立ったと感じることができる。文法の有用性を実感すれば，当該文法事項の習得が可能になると思われる。このことから，課題解決型言語活動[4]によって，文法の学習が促進されると考えられる。課題解決型言語活動では，task（タスク）[5]の扱い方に 2 つの方法（Ellis, 2003）があるとされる。1 つはTask-Supported Language Teaching（TSLT）であり，言語を用いたコミュニケーションを実現する言語活動の一環として，タスクを授業内に取り入れて実施するタイプのものである。これは，PPP 型の指導展開の中にも言語活動として導入可能であり，髙島（2005）は日本の中・高等学校の英語の授業で実現しやすいと述べている。もう 1 つは Task-Based Language Teaching（TBLT）[6]であり，カリキュラムやシラバスの中心にタスクを位置付け，言語の習得のためにタスクの実施が不可欠なものとしてデザインされている方法である。

　先にも述べたが，髙島（2005）も指摘しているとおり，前者の TSLT は，文法シラバスの教科書を使用しながら，毎回の授業で新出文法事項を学習する現在の日本の中・高等学校の 1 つの典型的な授業形態（つまり，PPP 型の授業）に適している。設定された具体的な課題を解決するために，既習事項を駆使して実際に言語活動に取り組むのは Production の段階になるが，具体的な課題が設定されていれば，Presentation の段階から，その課題を見据えて，教師も学習者も見通しをもって PPP の段階ごとの軽重を考慮した指導・学習することが可能になる。ここで言う「軽重」とは，例えば，2.1.6 で示したように，小学校で一度扱った文法事項であれば，明示的な説明はされていなくても，ある程度の習得が進んでいる可能性がある。その場合，Presentation や Practice の段階の指導は軽く行ない，Production の段階を重視することができる。また，小学校で扱った事項でなくても，日々の授業で，教師による small talk などの中で，定期的に使われているものであれば，そのインプットだけで，同様に，ある程度の習得が進んでいる可能性がある。したがって，この場合も，

4　「課題解決型言語活動」は今井・髙島（2015）が「与えられた（あるいは自ら発見した）課題を，学習者が言語能力を駆使して達成する言語活動」と定義している。
5　ここでの task は「(i) 言語を使う目的がある，(ii) 意味内容の伝達が第一義である，(iii) 話し手間に，情報・考えなどの何らかの差がある，(iv) 学習者が自分で考えて言語を使う，という 4 つの特徴をもつ，課題解決型の活動」（髙島, 2005）を意味する。
6　TBLT の詳細については，3.5 を参照。

Production に重きを置くことができる。一方で，それまでの学習で耳にしたり，目にしたりしたことがない文法事項については，Presentation や Practice の段階を重視することが必要となる。特に，2.1.3 で述べたように，関係代名詞のように，文脈の中での使用例の提示だけでは，その理解が保証できない場合，教師による解説も必須となることから，Presentation の段階に重きが置かれることになる。このように，目標文法事項の学習歴などを考慮することによって，各段階での指導および学習のポイントが明確になる。指導・学習ポイントを明確にすることで，一連の PPP の流れがスムーズになり，これまでの PPP 型の授業では，時間不足などの理由で十分に実践できなかった Production の段階での言語活動を行なうことが可能になる。

2.2　中学校における Use を考慮した文法指導

　外国語（英語）によるコミュニケーション能力を育成するには，Larsen-Freeman が本章（Special Feature 1）で主張するように，文法指導において Form（形式），Meaning（意味），Use（使われ方）を常に意識することが大切である。つまり，指導の際には，場面や発話者（書き手）などの意図に応じ，これらの 3 要素を十分に考慮した文法説明や練習，そして，それらに密接に結びついた言語活動を行なうことが必要となる。とりわけ，特定の Form が「いつ」，「なぜ」用いられるのか，言い換えれば，ある場面で，なぜ「文法事項 A（例えば，現在形）」ではなく「文法事項 B（例えば，現在完了形）」が選択され使用されるのかに関する Use を常に考慮した指導が，言語使用の必然性を意識させる上で重要である。

2.2.1　仮定法過去の導入方法

　ここでは，中学校学習指導要領（文部科学省，2018c）で扱われる「仮定法のうち基本的なもの」の 1 つである「if 節を用いた仮定法過去」を取り上げ，3 要素を考慮した文法指導に焦点を当てる。

　仮定法とは，事実ではない主観的な想像や仮定のことを表現する場合に用いられる。つまり，事実ではないこと，現実にはありそうもない仮想や願望を伝える表現方法である。現行の中学校学習指導要領に基づいて作られた中学 2 年生の教科書で，現実に起こり得る状況を説明する場合に使用される表現として「if 節を用いた直説法」を学習する。「直説法」に指導が限定されていることから，「もし〜だったら」に対する表現は if に続くのは現在形のみで，「もし，万一，ここで 20 年後に会えたら」と可能性が極めて低い場合でも "If I meet you here in 20 years, ..." としか表現できなかった。仮定法の導入により，"If I met you here in 20 years, ..." と話し手（書き手）の気持ちや意図をより正確に伝えることができるようになる[1]。

1　仮定法に加え「現在完了進行形」も中学校学習指導要領（文部科学省，2018c）で導入されることで，これまで行なってきたことが「これからも継続していく」気持ちをより適切に表現できるようになる。例えば，"I have studied English for three years." は，3 年間継続して英語を勉強してきたことに強調が置かれ，"I have been studying English for three years." は，3 年間勉強してきたことに加え，これからも勉強していく「継続」の気持ちが伝わる（2.3.2 参照）。

仮定法の Form は，「If ＋主語＋動詞の過去形，主語＋助動詞の過去形＋動詞の原形」で，Meaning は，基本的に，「（可能性はとても低いが）もし～であったら，…」，そして，Use は，話し手（書き手）の気持ちや意図が，伝えようとしている内容の可能性が極めて低く，現実には起こりそうもないと考えている状況で用いられる。

　仮定法過去の用法では動詞を過去形にすることで，目の前の現実と離れた距離を感じさせる表現となっている。動詞の形は過去形になるが，時間軸上の過去の（過去において起こった）ことではなく，hypotheticality（仮定）を表現する用法となる[2]。つまり，過去形を用いることで現在から距離を置き，「もしこうだったら」という現実離れした仮想の世界を創り出すのである。

　ここで，「過去」という時制（テンス）と併せて，日本語と英語の相（アスペクト）に言及しておく。英語では，時制は基本的に「過去（終了したこと）」と「それ以外」を形態素で表す（髙島ほか，1993）。前者は，形態素の"-ed"を付けるなどした過去形で，後者の「それ以外」は，現在形あるいは，助動詞"will"などを用いて未来のことを表現する。相には「完了」と「未完了」があり，前者は形態素の'-ed'などで，後者は形態素の"-ing"で具現化される。一方，日本語の「た」は「過去に終了したことを示すこと」に加え，気持ちの中で「終わってしまった」ことを伝える「完了」も表現できる。日本語の「雨が降ったら」の「た」は過去に終了したことを伝えているのではなく，「雨が降ることが心の中で起こった（完了した）」ことを表現しているのである（髙島ほか，1993; 髙島，1995）。このように英語の過去形や日本語の助動詞の「たら」形は，過去に起こったことだけではなく，現実から離れた，事実とは異なる仮定の意味や心の中で完了した気持ちまでも伝えることができるのである[3]。日本語で，「今日休みだったら」など，日常的に使用されている表現である。

2.2.2　Use を考慮した文法説明の方法

　「if 節を用いた仮定法過去」の文法説明においては，「if 節を用いた直説法」

2　Larsen-Freeman（2003）は英語における形態素"-ed"のもつ意味や機能に関して 8 つ紹介している。その 1 つに hypotheticality（仮定）があり，If he finished his homework, he would go. が例として挙げられている（p. 17）。

3　同様に，例えば，"Would you[Could you] ...?"（「～していただけませんか」）の表現にみられるように，助動詞 will[can]の過去形を用いることで，現在の気持ちとの距離を感じさせ，直接的ではないことで丁寧で控えめな表現（politeness）として用いられる。

との英文の違いを Form と Meaning，そして，Use に配慮し，具体的な場面で両者を比較しながら説明し理解させる必要がある。

例えば，生徒会長選挙で，"If I were elected as the president of the student council, I would ...."と演説した候補者の自信は，聞き手にどのように伝わるのであろうか。「過去形」が使われていることから選ばれる可能性が極めて低く，「もし（万一）生徒会長に選ばれたら」というニュアンスが伝わってしまい頼りなく聞こえてしまう表現となる。適切な Form が選択できていないと，意図する内容が異なって伝わってしまうことになる。文法説明から，練習，言語活動に至るまで[4]，Use の視点を欠くと，Larsen-Freeman が指摘している，学習者が教室内で学習した文法規則や語彙などについての言語知識を，コミュニケーションの手段として教室外での活用や運用に至らないという問題，つまり，inert knowledge problem（活用できない言語知識の問題）の解決には繋がらない（Larsen-Freeman, 2003）。

2.2.3　適切な例文による提示と文法説明

適切な例文を取捨選択して生徒に提示することは極めて重要である（第1章参照）。良い例文とは，具体的な場面設定がされ，生徒の言語構造や意味の理解を助け，生徒の教室外での言語使用を意識して提示されたものである。

例えば，世界地図を示しながら，行く機会があったらどこに行き，何をするのかを生徒に尋ねてみる。まず，既習の知識を生かして，"If I have a chance to go to ..., I'll ...."の表現を生徒から引き出す。続いて，話題の惑星「りゅうぐう」の話や，地球と距離的に近いことから10本以上の映画（例えば，『オデッセイ』（原題：The Martian）など）でも取り上げられている火星の話をした後に，「火星へ行く機会があったら」を英語でどのように言えばよいのだろうか，と問いかける。"If I have a chance to go to Mars, ..."あるいは，"If I had a chance to go to Mars, ..."のどちらを使いたいのかを尋ねてもよいかもしれない。その際，両文共に文法的には正しいが，話し手の気持ち（可能性）が異なる動詞の形に反映されていることを理解させる。可能性の高低によって，表現される形式（Form）が異なることに生徒の注意を向けることが大切である。

ここで，単に解説するだけでなく，時間軸の図やイラスト（あるいは写真）

4　PPP の手順を踏んでいるが，どの段階でも Use の視点を意識して指導することが大切である（2.1参照）。

を活用することを勧めたい。例えば，時間軸（図 2.2-1）の「今」の時点を示しながら，「火星に行く機会があったら」ということは現実的な話ではなく可能性が極めて低いため，If I had a chance to, …. という表現方法がより適切であることを示す。

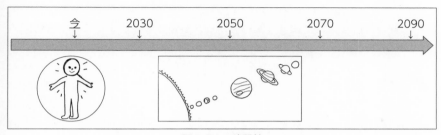

図 2.2-1　時間軸

　生徒の中には，過去形の had が使われていることに疑問をもつ者がいるであろう。次のような説明をして理解を促すとよい。

・過去形は「過去のできごと」を意味するだけではありません。過去は昔のことですから，現在とは時間的に離れています。ですので，過去形を用いて，話し手（書き手）の気持ちを現実からグーンと距離を置き，現実離れした内容の話をする時に，この過去形を「再利用」します。
・（時間軸の図を提示し，図内の人のイラストを 2090 に移動させて）技術がはるかに進歩している 2090 年に元気な自分が居れば，どのように言えるでしょうか。火星に行く可能性は高くなり，火星旅行が懸賞品になることもあるでしょう。この場合は，If I have a chance to go to Mars, …. で，より現実味を帯びた表現ができます。
・If 節に続く主節で，例えば，「そこ（火星）から地球を見ている（ことになる）だろう」という英語の表現方法も，起こり得る場合は I will see the earth from there[5]. を用い，可能性がかなり低い場合には，I

5　Mars（火星）は固有名詞であるため無冠詞であるのに対して，the earth では普通名詞であるため定冠詞の the が用いられている。

＜指導のポイント＞

　2090 年の場合，2070 年の場合，2050 年の場合など，If I have a chance to go
to Mars, ... と If I had a chance to go to Mars, ... の 2 つの異なる表現方法が，状
況や話者の気持ちなどによって使い分けられることを理解することが大切であ
る。Larsen-Freeman の唱える grammaring である。「暗記したものを思い出して
使う」という姿勢から，「場面等を考え，表現方法を選択して使う」ことへの
転換が必要となる。

　文法説明では，一方的な説明にならないように，時間軸の図やイラストを活
用して，やり取りをしながら進める。例えば，2030 年の場合，生徒に If I have
a chance to go to Mars, ... と，If I had a chance to go to Mars, ... のどちらを用
いるのか，その理由と共に考えさせる。また，主節の I would see the earth from
there. あるいは，I will see the earth from there. の部分を，火星でしたいことを
考えてもらい，火星について調べさせた後に I will ...，あるいは，I would ...（例
えば，jump up and down）on Mars. を用いながら語らせることもできる。
　授業は英語で行なうことが基本であることから，導入を "How was your
weekend? I went to a planetarium to see the planets and stars. And it was cool inside!
I like Jupiter, because I am a big fan of Hirahara Ayaka; one of her popular songs is
'Jupiter'. It is a beautiful song." などのように木星の写真の提示と共に歌を聞か
せるなどして，Jupiter，次に Mars を紹介することもできるであろう。

2.2.4　Use を意識した言語活動
　言語活動は，「実際に英語を使用して互いの考えや気持ちを伝え合うなどの
活動」（文部科学省，2018d: 85）である。仮想のこと，現実には起こりそうもな
いこと，あるいは，極めて可能性が低いことを，適切に選択された Form で伝
えたいことや気持ちの違いを表現することを，言語活動を通して生徒は体験す
る。
　事前に目標とする文法事項（ここでは if 節を用いた 2 種類の文）の場面に
応じた使い分けが必然的となる言語活動を与えても，生徒は表現するために必
要な語彙が不十分で，活動を上手く進めることができないことが考えられる。

年間カリキュラムで活動を定めておけば，難しいと思われる単語や表現等を，他の授業，クラスルームイングリッシュや small talk などに仕組んでおくことも可能である。

　以下の（1）の活動では「読むこと」と「書くこと」，（2）の活動では「聞くこと」と「話すこと」の技能統合型の言語活動例を紹介するが，時間を置いて両方の活動を行なうことが望ましい。（1）では，個人での書く作業により課題を解決し，（2）は，ペアで即興での会話を進めながら，協力して課題を解決していく内容であり，課題解決型の言語活動でもある。

　これらの言語活動は，「if 節を用いた仮定法過去」の単元後のまとめ（PPP型の授業における最後の Production）として，あるいは，単元に関係なく，文法事項定着のために行なうまとめの活動として実施することが可能である。

（1）　友達からのメールに返信をしよう
　☞課題：シドニーの友達からのメールに返信する。
　☞技能：Reading（206 語）& Writing
　☞対象学年：中学校 3 年〜高校 1 年
　☞活動の時間：15 分程度
本活動は，input flood という手法[6] を取り入れた課題解決型言語活動である。

> シドニーにいる友達のジムからメールが来ました。返事を待っているようです。メールを読んで，返事を書きましょう。

Subject: Going to the Anime Festival
Hi! How are you doing? I went to the Anime Festival in Sydney last week. It was fun. If you are interested in it, I'll show you some pictures. I've been interested in Japanese manga since last year. I especially like Doraemon. He has many interesting things[7]: a time machine, and a 'Dokodemo Door', or 'Anywhere Door'. If I had Doraemon's 'Dokodemo Door' or 'Anywhere

---

6　インプット中に学習者が特定の言語形式に触れる機会を増やし，気付かせることを目的として行なわれる指導法の 1 つである（髙島，2011a: 200）。
7　生徒の学習状況により，things の代わりに devices や gadgets を用いたり，What gadget would you like to have? などと尋ねたりするとよい。

Door', I could go anywhere; I could go to Jupiter. I want to walk and jump up and down on Jupiter. And if I had his time machine, I could travel to the future. Have you ever thought about using such a time machine? If I had his machine, I would like to see my future neighborhood. If you had his machine, what would you do, or where would you go? And why? If you have time today, please write back to me. I am looking forward to your reply.

Jim

<指導のポイント>

・メール文の最後の箇所にあるジムの質問には，If you had his machine, what would you do, or where would you go?（（ドラえもんの）タイムマシーンがあったら，何をする，どこに行く）とある。実際にはドラえもんのタイムマシーンは存在せず現実には起こらないことから，使用場面を意識すると，直説法ではなく仮定法過去の文で表現するのが適切であることを確認する。

・メール文には，input flood という手法を取り入れ，生徒が使用場面を自然と意識できるように，4文の「if 節を用いた仮定法過去」の英文が具体的な場面の中で意図的に多く組み込まれている。つまり，If I had Doraemon's 'Dokodemo Door' or 'Anywhere Door', I could go anywhere; I could go to Jupiter. （もしドラえもんの「どこでもドア」があれば，どこにでも行けるよ，木星だって行けるんだ），And if I had his time machine, I could travel to the future. （それに，もしドラえもんのタイムマシーンがあれば，未来に旅することができるんだ），If I had his machine, I would like to see my future neighborhood. （もしドラえもんのタイムマシーンがあれば，未来のご近所を見るだろうに），If you had his time machine, what would you do, or where would you go?（もし君に，ドラえもんのタイムマシーンがあったら何をする，どこに行く）の4文である。いずれも，可能性のないことを表現している仮定法過去の文であることを確認する。

・4文の「if 節を用いた仮定法過去」の英文に加え，「if 節を用いた直説法」の英文が2文組み込まれている。つまり，If you are interested in it, I'll show you some pictures. （シドニーで行われたアニメフェスに興味があるようなら，写真を見せるよ）と If you have time today, please write back to me. （今日時間があるようなら，返事を書いてよ）である。書き手は，相手が「興味がある」，「今日時間がある」ことを，現実に起こり得ると考えて使用している表現であることを確認する。

・生徒がどのような内容の返事を書いているのかを幾人かに発表してもらい，全体で内容を確認した後に，モデル英文を提示してそれぞれの用法を確認する。

＜モデル英文例（157 語）＞

（二重線の下線部分は仮定法過去，線の下線部分は直説法の英文を示している。）

Re: Going to the Anime Festival

Hello, Jim! Thank you for your e-mail. If you are free tomorrow, please send me some pictures of the Anime Festival in Sydney. Actually, I like Doraemon, too. He has been very famous and popular in Japan for a long time. I have the Doraemon series on my bookshelf. But I have never thought about using such gadgets until now. If I had the 'Dokodemo Door', I would like to visit Sydney to meet you now. And if I had such a time machine, I would go back to the past to see the dinosaurs. My hometown has a dinosaur museum. If you have a chance to come to Japan one day, why don't we go there? Oh, and I have another idea about the time machine. I would also like to go to the future to give myself some good advice. Anyway, I would like to talk more about Doraemon in my next e-mail.

自分の名前

---

(2)　VR 懸賞に応募しよう

　　🖙課題：現実にはないけど「こんなのあったらいいな VR（バーチャル・リアリティ）懸賞」に応募する VR を相談して決める。

　　🖙技能：Listening & Speaking

　　🖙対象学年：中学校 3 年～高校 1 年

　　🖙活動の時間：10 分程度

　本活動は，課題解決型言語活動の「タスク活動」（髙島，2000，2005）である。タスク活動は，活動において学習者自身が伝えたい内容を相手に伝えるために，関連のあるいくつかの文法事項の中（例えば，現在完了形と過去形）から，より適切な形態を認知比較（cognitive comparison）し（2.3.3 参照），選択して使えるようにデザインされている。教室における言語活動の最終ゴールは「タスク」である（第 1 章参照）。しかし，日本の英語学習環境を考慮し，学習者がそ

の課題（タスク）を達成しやすいように，活動に会話の進行を段階的に示している特徴がある（図 2.2-2, 2.2-3 参照）。

＜活動の手順＞

①ペア[8]を組んだ後，それぞれシート A，B に目を通すように指示する。

②応募する VR を相談して決めるという課題を確認させ，ペアでの活動（目安10 分）に入る。

③どのような結論になったか，自分のものと比較させるために，数ペアに発表してもらい全体で共有する。その際，必ず，理由（because）を添えて発表するように指示する（生徒の実態に応じて，Which VR did you choose? などと英語で尋ね，We chose …, because we …. で答えさせたい）。

④モデルダイアローグを配布し，「if 節を用いた仮定法過去」と「if 節を用いた直説法」が用いられている英文の使われ方を確認する。

＜活動後の指導のポイント＞

・「こんなのあったらいいな VR（バーチャル・リアリティ）懸賞」に応募する VR を，相手にそれぞれ説明する際に仮定法過去を用いるように設定されている。具体的には，Sheet A では 1，Sheet B では 2 の段階である。現実にはない想像上の VR のことを語っているため，仮定法過去の文で表現するのが適切であることを生徒に理解させる。

・Sheet A の 3，Sheet B の 3 と 4 の段階では，それぞれ「if 節を用いた直説法」を用いるように設定されている。これらの英文では，現実に十分起こり得る状況を説明する場合に使用される表現であることを生徒に確認させる。

・「言いたくても言えなかった語（句）や表現」などを記入させる自己評価シートを活用することも有効である。学習したことを実際に使ってみて，目標言語で言いたかったことが言えなかったことへの「気付き」，'noticing a hole'（Swain, 1998）が起こると考えられる。このことが，新しいインプットを取り込もうとする動機付けを高めることに繋がる。

・活動中，生徒の活動の様子を観察する中で，生徒が適切でない表現などを使用していた場合は，メモを取っておき，活動後のフィードバックの際に全体で修正箇所を確認する。

8　ペア活動でのペアの組み方であるが，日頃の授業でのペアの相手，生徒自身にパートナーを選ばせる，あるいは，隣の席の者と組むなど，方法はさまざまである。留意したいことは，互いの表現を認め合う授業の雰囲気作り，教師が生徒の取り組もうとする意欲や態度を大切にすることを示すなど，ペア活動が円滑に進む学級集団作りである。

・活動中，生徒はさまざまな表現をすることが予想される。大切なことは，表現によって意味が異なることに気付かせるフィードバックを与えることである。活動後には，モデルダイアローグを活用した，明示的な（焦点化した）フィードバックを行なう必要がある。

　モデルダイアローグを配布する前に，まず教師が1人2役になりモデルを聞かせる。その際に，ALTと役割分担をして会話形式で聞かせるとよい。その後，モデルダイアローグを配布し，「if節を用いた仮定法過去」と「if節を用いた直説法」がどのような場面で使用されているのか，それはなぜ適切であるのかを，教師からの説明を聞く前に，生徒自身に考えさせる。まず，個人で考えさせた後，会話のペアと話し合わせる機会をもつとよい。最後に教師からの明示的な文法説明で確認する。

＜モデルダイアローグ＞

（一重線の下線部分は直説法，二重線の下線部分は仮定法過去の英文である。）

1. A: Hello!

   B: Hello!

   A: I am thinking about two VRs. They are a Galaxy VR and a Small World VR. If I used the Galaxy VR, I could travel in space and shake hands with aliens on Jupiter. And if I used the Small world VR, I could become smaller and go into my own body.

   B: Wow, that is so exciting!

   A: How about you?

2. B: I am also thinking about two VRs. They are a Time Machine VR and a Diamond VR. If I used the Time Machine VR, I could go to the Edo period and talk to Ryoma Sakamoto. And if I used the Diamond VR, I could go back 10 years in the past and give myself some good advice.

   A: Sounds interesting!

3. A: They are all attractive. Which one shall we choose?

   I'd like to choose the Galaxy VR, because I'm interested in space.

   B: Well, I'd like to choose the Time machine VR, because I like Japanese history and Ryoma is one of my heroes.

   A: Then, which one should we choose, the Galaxy VR or the Time machine VR? If you choose the Galaxy VR, I'll lend you a CD you might like.

   B: I see. If you choose the Time Machine VR, I'll lend you a new video game.

「VR 懸賞に応募しよう」　　　TA
Sheet A

　あなたは，友達と「こんなのあったらいいな VR（バーチャル・リアリティ）懸賞」に協力して応募することにしました。相談して応募する VR を決めましょう。
（➡のついている番号はあなたから話します。）

➡ 1. 宇宙と人体に興味があるあなたが，考えている VR 名をまず相手に伝えましょう。そして，その VR を使って，何が自分にできるのかをそれぞれ説明しましょう。あいさつをして始めましょう。

名前	使ってできること
ギャラクシー VR	宇宙旅行ができ，木星で宇宙人と握手
スモールワールド VR	小さくなって自分自身の体の中に入る体験

2. 次に友達が考えている VR の話を聞いてみましょう。
　　その際，後で相談しやすいようにメモを取りましょう。

名前	使ってできること

➡ 3. 相談してどれにするのか決めましょう。まずは，あなたの考えを理由と共に伝えましょう。
　　❤自分の希望にならないようなら，奥の手を！
　　　自分の希望の VR を選んでもらえれば，相手の好きな CD を貸してあげる，と言ってみよう。
　　⇒応募 VR 名：(　　　　　　　　　　　　)

4. 応募 VR のイラスト作成が必要です。友達からの提案を聞き，相談しましょう。

図 2.2-2　タスク活動ワークシート（Sheet A）

「VR 懸賞に応募しよう」
Sheet B

　あなたは，友達と「こんなのあったらいいな VR（バーチャル・リアリティ）懸賞」に協力して応募することにしました。相談して応募する VR を決めましょう。
（➡のついている番号はあなたから話します。）

1. 友達が考えている VR の話を聞いてみましょう。
   その際，後で相談しやすいようにメモを取りましょう。

名前	使ってできること

➡2. 歴史に興味があるあなたは考えている VR 名を相手に伝えましょう。そして，その VR を使って，何が自分にできるのかをそれぞれ説明しましょう。

名前	使ってできること
タイムマシーン VR	江戸時代に行き，坂本龍馬と話す
ダイヤモンド VR	10 年前の自分に会い助言

3. 相談してどれにするのか決めましょう。あなたの考えも理由と共に伝えましょう。
   ❤自分の希望にならないようなら，奥の手を！
   　自分の希望の VR を選んでもらえれば，最新のビデオゲームを貸してあげる，と言ってみよう。
   ⇒応募 VR 名：(　　　　　　　　　　　　　　　)

➡4. 応募 VR のイラストの作成が必要で，別の日にもう一度会って作成したいと考えています。あなたの希望を伝えましょう。
   希望：相手に明日予定がなければ，自分の家にきてくれるかな。

図 2.2-3　タスク活動ワークシート（Sheet B）

A: Wow, that sounds good. O.K. Let's go with the Time machine VR.

4. B: We need to draw an illustration of this VR. When shall we meet?

   <u>If you don't have anything to do tomorrow [If you're not busy tomorrow], can you come to my house?</u>

   A: Sure. See you tomorrow.

　生徒にはさまざまな語彙や表現を使わざるを得ない体験型の活動を与える必要がある。「教室での言語活動は教室外のコミュニケーションのシミュレーションである」（髙島，2011a 参照）ことから，必ずしも単元の終了時に行なう必要はない。時期ではなく，実施が大切である。また，生徒の実態に応じ活動の難易度を調整したり，生徒の能力に適した言語活動を与える工夫も大切である（具体例は，今井・髙島（2015）参照）。

2.2.5　文法指導における英語使用

　学習指導要領（文部科学省，2018c; 2018e）では，中・高等学校共に，授業は英語で行なうことを基本とすることが明記されている。通常の授業で英語によるコミュニケーションを行なう一方で，生徒が課題解決型の言語活動にスムーズに参加できるようにするためにも，ことばの仕組み（文法）は生徒全員に十分に理解されなくてはならない。このことから，2.2.3 の項では原則，文法説明は日本語を用い，「違い」や「気付き」などから「理解を促す」ことをねらいとしている。

　英語を使って説明する場合でも，'subjunctive', 'discourse', 'conditional' などの，日常生活の中で使用頻度が極めて低い用語を使用する必要はなく，日常用いられることばで説明するように努力すべきである。このことで，第 1 章にも触れられている偶発的な学習（incidental learning）が生じる可能性が高まるのである。仮定法の文であれば，具体的な文脈の中で，When do you use this sentence? This sentence tells us this person does not think this is real. と説明できる。あるいは，以下のように，簡潔に，繰り返しを多用し，言い換えを組み込み，できれば動作を付けることで，生徒の理解がより容易になると考えられる。

　　We use language to express what we think or what we feel, or, we use language to express our feelings. We change the expression if we feel unsure, or, if we are not sure about something. For example, we may say, "If I have enough money, I will buy a new smartphone." However, if we do not think that we will have enough money, we say, "If I had enough money, I would buy a new smartphone."

中学生にとっては，スマートフォンを自身で買う機会は少ないと考えられることから，中学生段階では If I had enough money, ... の文が，高校生や大学生になれば If I have enough money, ... の方がより現実的な英語となるかもしれない。

中学校学習指導要領解説（文部科学省，2018d）では「仮定法のうち基本的なもの」として"If I were you, ...[9]"などが加えられている。動詞は基本的に過去形の were が使われており，"If I (she, he, it, they) were you (her, him it, them)"の定型表現として取り扱うとよい。例えば，買い物で，友達が2枚の色違いのセーターで迷っている場面において，"If I were you, I would buy the blue sweater."など，「私が君だったら」という表現はさまざまな場面でも使用される。

2.2.6　Form, Meaning, Use の3要素を考慮することの重要性

言語表現は，使用者（話し手・書き手）の気持ちや考え，視点などによって異なる Form を取る。図 2.2-4 は使用者が考える可能性の度合いによって用いられる Form が変化することを示している。

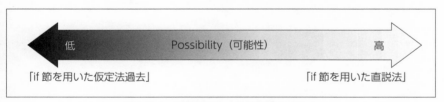

図 2.2-4　可能性によって変化する Form

常に意識しておきたいことは，いかなる文法説明，練習，言語活動においても，Form, Meaning, Use の3要素を考慮するが，とりわけ，言語使用の Use の視点から，特定の Form がなぜそこで用いられるのかを生徒に考えさせる機会を与えることである。これが「コミュニケーションにつながる文法指導」（髙島，1995）である。「この文法事項の意味はこれである」とトップダウン的に

9　"If I were you" に見られるように，be 動詞は人称に関係なく were が一般的に用いられるが，口語体などでは "If I was you" も使用される。

公式（A＝B）として指導するのではなく，表現したい内容によって文法事項が異なってくること，つまり，今回取り上げた仮定法のように「異なる気持ちは異なる Form で表現する」という原則を授業中に生徒に体感させたい。心の中を表現するのがことばである。ことばを通して相手の気持ちを正確に読み取ることにもつながる。

　教室での言語活動は教室外のコミュニケーションのシミュレーションである。多くの場面を通して，生徒に文法がどのように使われているのか（Use）を考え理解させた後に，現実場面を想定した「タスク活動」のような課題解決型の言語活動を計画的，継続的に提供することが望まれる。

2.3 大学における「フォーカス・オン・フォーム」アプローチを採り入れた実践

　文法はコミュニケーションを支える大切なものであることが中学校及び高等学校学習指導要領（文部科学省，2018c，2018e）で説明されているものの（2.1.1参照），「英語力を伸ばすのに文法は関係ない」，「文法が英語の学習意欲を減退させる」と，文法を学習することがコミュニケーションの妨げになっているかのように考える学生が想像以上に多い（渡辺ほか，2009; 阿川ほか，2011）。大人社会では，円滑な人間関係を確立し維持するために，目的や場面に応じて言語形式を適切に選択して使用することが常に求められていることを，日本語でのコミュニケーションにおいては理解しているはずである。しかし，なぜか英語になると，文法とコミュニケーションが乖離してしまうようである。

　本節では，文法に強い苦手意識をもつ学生が，文法学習へ興味関心を抱き，大人社会を生き抜く「自律する言語使用者」（今井・髙島，2015）として成長するきっかけとなる授業の提案をする。大学の共通教育の授業において，実際のコミュニケーションに近い形の言語活動を仕組み，知的好奇心を満たす文法説明を用いて言語形式に意識を向けさせる指導法である「フォーカス・オン・フォーム」アプローチ（以下，FonF アプローチ）（髙島，2011a）を導入する。授業を通して，文法がコミュニケーションの支えとなっていることや，場面や相手によって言語形式を選択し使用することがいかに大切であるかを実感させたいと考える。

2.3.1　大学生に求められる英語力

　人間関係，とりわけ，相手の社会的地位や相手との親密度などに関する情報はコミュニケーションに参加する人達の間では常に意識をしておかなければならない重要なことである（田中・田中，1996）。

　例えば，ある大学生がインフルエンザにかかり，締切までにレポートを提出することができなくなり，教授へ締切の延長許可をメールで求めることになったとしよう。"I'm sorry. I have the flu. So, I want you to extend the deadline." という直接的表現では聞き手の面子（face）を脅かす失礼な表現となる[1]。相手の立場（教授）や負担度（締切延長を認めること）を考慮し，可能であれば，という気持ちで仮定法を用い，"I have the flu. (So, I can't visit your office today.) I would be very grateful if you could extend the deadline." といった表現がより適切

となる。また，インフルエンザのために大学のゼミ合宿に欠席しようとする学生がメールで教員に対して"I am very sorry I can't go to the seminar lodging because I <u>had</u> the flu last week."と送ったとしよう。この学生はインフルエンザが治っていないためゼミ合宿に参加できないわけであるから，より適切なのは"I am very sorry I can't go to the seminar lodging because I <u>have had</u> the flu <u>since</u> last week."となる。学生の英語力を斟酌する教員であれば「過去形を使っているが，現在完了形の間違いだろう」と解釈してくれるかもしれないが，相手に対して，本来必要のない，話者・書き手の意図を汲み取らせるという作業をさせてしまっている。

　大学を卒業し，英語でのコミュニケーションにおいても円滑な人間関係を確立し維持していくことが求められる社会人として，「文法はコミュニケーションを支える大切なものである」，「文法知識は学校教育を受けた証であり教養となる」ことをさまざまな言語活動を通して認識して欲しいと考える。小・中・高・大の一連の英語教育の中で，そのことに気付かせることができる最後の公的教育機関が大学なのである。そのためには，「文法に関してもっている知識を場面に応じて適切に使い分ける」ための知的好奇心を満たし，「他のどの場面でこの文法を用いることができるのか」などと未知の場面での使い分けを試行するようなコミュニケーションに対する積極的な態度をもたせる文法指導が求められるのである。

　そこで，言語形式の定着・強化を促進させるための文法説明，フィードバック，タスク活動の繰り返しなどの FonF アプローチの重要な要素を大学の共通教育に採り入れた授業提案を行ない，授業後の学生の文法に対する心理面の変化について報告する。

2.3.2　FonF アプローチの考えを採り入れた文法指導

　中学・高校で文法に苦手意識をもったまま大学へ入学してくる学生は少なくない。大学では，専門性を活かした内容重視の英語教育が期待される一方で，中学・高校の授業で不十分であった文法の Form（形式），Meaning（意味），

1　より円滑なコミュニケーションを図るために，相手や場面，発話内容に応じて，話者は適切な言語形式の選択を余儀なくされる。こういった話者の相手に対する心配りのことをポライトネス（politeness）という。Brown & Levinson（1978）はやり取りをする行為を面子威嚇行為（Face Threatening Act（FTA））と呼び，やり取りの際は FTA の度合いをできるだけ小さくする配慮が必要だと述べている。

Use（使われ方）の理解と定着に時間を充て指導することも求められている。

　本授業では[2]，1つの文法事項について2回分の授業を充てるようにする。2回分の授業とは，図2.3-1で示すように「第2回と第3回」，「第4回と第5回」というように連続する2回1セットの授業を意味し，この中で1つの文法事項を扱うように設定する[3]。

図2.3-1　取り扱う文法事項と授業の割り充てのイメージ

　共通教育の授業の場合，教師間で共通の教科書が指定されている場合もあれば，教師の裁量に任されている場合もある。したがって，FonFアプローチを教科書に登場する文法事項と関連付けて導入することもできれば，独立させた形で導入することも可能である[4]。教科書と関連付けない場合は，「これから，みなさんが以前学習してきたことでは，ほとんど区別がつかなかった2つの文法事項（例えば，現在完了形と過去形）の違いについて説明します。全員が5分ですべてが分かります。分からなければ…」というやや挑戦的に期待感をもたせることもできる。

　図2.3-2は2回1セットの授業の流れを示したものである。灰色で塗りつぶされたStageでは文法説明を行なう。塗りつぶされていない白色のStageではタスク活動（1.3参照）を行なう。Stage 5やStage 9は，それぞれの授業のまとめ，あるいは，1回目・2回目の内容を踏まえ，学習した文法事項を包括的に理解・整理させるために用意している。各Stageの授業構成と時間配分は1回目と2回目で同じように設定しているが，2回目の授業内容や時間配分は1回目のタスク活動の様子を踏まえて考える。1回目のStage 2やStage 4のタスク

2　90分×16回の授業の流れを示している。

3　日本人英語学習者が使い分けに困難さを感じる「現在完了形と過去形」，「受け身と能動態」，「仮定法と直説法」，「比較」，「分詞による後置修飾と前置修飾」，「過去形と過去完了形」，「不定詞」の7つの文法事項に絞って，図2.3-2の手順で指導した。

4　本授業では読解力を養うために指定された教科書が用意されているため，読解活動を終えたあと，FonFアプローチによる文法指導の時間を設けている。図2.3-2の破線で囲まれた部分がそれにあたる。

活動で目標となっている文法事項の使い分けができているようであれば，2回目の Stage 6 では文法説明の時間を短縮して，タスク活動に多くの時間を充てるようにする。

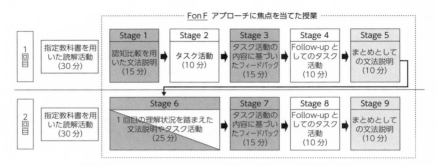

図 2.3-2　FonF アプローチの考えを採り入れた授業の流れ

　以下では，1回目の授業内容について Stage ごとに解説しながら，2回目の Stage については必要に応じて1回目の授業と関連する Stage の中で補足していくこととする。

2.3.2.1　認知比較を用いた文法説明（Stage 1）

　FonF アプローチによる授業の前段階は，コミュニケーションにつながる文法説明である。「コミュニケーションにつながる」とは，いかなる場合に，どの文法構造を用いるかの Use の理解に焦点を置き，適切な例文を用いて具体的に解説し，使い分けができるように，さらには，使いたくなるように仕向けることである（髙島，1995 参照）。このような使い分けの知識をもち，場面や話し手の意識などによって異なる形式で違った意味を表現することが求められる言語活動を学習者に体験させることで，未知の場面でも形式や意味の違いを意識した適切な使い分けができるようになるのである。髙島（2011a，2011b，2011c）や 1.7 でも指摘されている通り，文法説明で大切なことは「認知比較（cognitive comparison）」である。

　ここでは，現在完了形と過去形の違いを理解させるために2枚のイラストを用意する（図 2.3-3 参照）。

図 2.3-3　現在完了形と過去形の違いを理解させるイラスト 1

　左側のイラスト①には，Tom が今晩滞在するホテルの場所が未だに見つからずキョロキョロしながら探している様子が描かれている。右側のイラスト②には，Tom が少し前までホテルの場所を探していたが，今はホテルにたどり着き，部屋で一段落している様子が描かれている。教師は Tom has lost his way. という英文を提示して（あるいは，聞かせて）どちらのイラストがこの英文の内容を表しているのかを考えさせる[5]。Tom has lost his way. が過去のある時点で道に迷い，その状態が今の気持ちや状況と関連性があり，今もホテルにたどり着いていないことが理解できれば左側のイラスト①を選択することができる。一方，Tom lost his way. の文は，現在とは切り離された，過ぎ去った事象を発話時に振り返る表現である。今道に迷っていないことが理解できれば右側のイラスト②を選択することができる。加えて，Tom loses his way. を提示し，「Tom はいつも道に迷う，方向音痴である」という習慣の意味（Tom has no sense of direction.）を理解させることも可能である。

　ほかに，図 2.3-4 の QUEEN という（架空の）品種の果物売り場のイラストを示し，「この英語表記，どういう意味なのかな？」と学習者にその理由を問うこともできる[6]。広告の英文の動詞（下線部）は現在形（QUEEN <u>is</u> the queen of cherries since 2000.）となっているが，since 2000 があることで，今までずっ

5　本節のフィードバックも学習者全員の理解を促すことが目的であるために，母語を使用して気付きを促す（2.2.5 参照）。
6　第 7 回「プロジェクト型外国語活動・英語教育研修会」資料（髙島，2018）を参考。

図 2.3-4　この英語表記で大丈夫？

と人気が絶えないという時間の幅を表現するには現在完了形がより適切である[7]。

　2 回目の Stage 6 では，学習者の理解の状況によって，Stage 1 で使用したイラストや図 2.3-5 のようなイラストを使って再度説明することになる[8]。

図 2.3-5　現在完了形と過去形を理解させるイラスト 2

7　現在のこと（だけ）を伝えたければ since 2000 は不要である。現在までのことを伝える場合には，since 2000 が必要となる。
8　髙島（2011c）を参考に作成した。

左側のイラスト①では，先月 Bob がスノボで足を骨折し，今も治っていないためリレーに出場できないという，現在に影響を及ぼしている様子が描かれていることから現在完了形の文（Bob has broken his leg.）を用いる。一方，右側のイラスト②では，先月の骨折が今は完治し，リレー選手として1位になっていて，過去の出来事が現在とは切り離されている様子が描かれているため過去形の文（Bob broke his leg.）を用いる。使い分けに関する理解が良好であれば，Stage 6 の文法説明を短縮し，学習者が場面に応じて適切に使い分けができることを試すタスク活動に，より多くの時間を充てることになる。

　イラストを用いて視覚的に訴えることで場面や状況がよりはっきりする。イラストの中に2つの用法の違いや差の理解を採り入れた認知比較の手法を用いた説明を行なうことで，それぞれの Form, Meaning, Use のつながりがイメージされやすくなる。このような文法説明によって学習者は「現在完了形と過去形の違いが分かった」ことにより文法に興味が湧き，あわせて「この違いを理解すると今後のコミュニケーションの場できっと役に立つ」とコミュニケーションには文法が必要であるという認識が高まる。

　なお，文法説明を準備する際に教師が留意しておかなければならない重要な点がある。それは英文に使用する動詞の相（アスペクト）である（2.2.1 参照）。現在完了形もしくは現在完了進行形であるかは動詞によって決まり，know や love といった状態を表す動詞には現在完了形が，wait や study といった非完結動詞（動作そのものに焦点が当たっていて，時間・期間として捉えられる動詞）には現在完了進行形が用いられるのが自然である[9]。

2.3.2.2　タスク活動の実施（Stage 2）

　Swain（1995）は，言語形式の正確さに貢献するものとして，気付きの機能と仮説検証の機能などを挙げ，それを有効にするためには半ば強制的にアウトプットさせること（pushed output）が必要であると指摘している。したがって，タスクの種類に関わらず，最後まで遂行することで学習者に成就感をもたせながら，言えることと言えないことに気付かせることが重要である。この気付きが次の Stage 3 のフィードバック時による仮説検証と自らの中間言語（習得途上の学習者言語）の修正につながるため，Stage 2 では活動に十分な時間を確保する必要がある。

9　詳細は安藤（1983）参照。

なお，文法に苦手意識をもつ学習者に対して，コミュニケーションをさせようと unfocused task[10] を用いることは，未体験での能力以上のことを要求することになり，英語嫌いを助長させてしまう可能性がある。このことから，学習者が今もっている言語能力および非言語的能力（their own linguistic and non-linguistic resources（Special Feature 2 における task の定義（3）参照））を駆使して行なうことができる計画的（planned）で集中型（targeted）なもの，すなわち，focused task を準備段階として先行させることがより現実的であり，かつ効果的[11] である。

　図 2.3-6 および図 2.3-7 は，現在完了形と過去形の違いの理解を促す focused task のタスク活動である（髙島，2005: 180-181）。おおよそ 10 分の活動時間を設けるが，その間，教師はどのペアが使い分けできているのか（あるいは，できていないのか）を中心に，言語データを収集することになる。2.3.2 でも述べたが，1 回目の授業で使い分けができているようであれば，2 回目の授業の Stage 6 では，文法説明の時間を短縮して，同じペアでタスク活動シートを交換させ，新たな役割で使い分けを経験させるといった工夫が可能である（2.3.2.4 参照）。

＜モデルダイアローグ＞

1.（Sheet A・B の 1 に対応）

　B: I'm very sorry I'm late.

　A: I've been waiting for you for 20 minutes.

　B: I'm really sorry. I overslept because I stayed up late to get information for our trip.

　A: Did you find any good information?

　B: Yes. I will tell you about it. But, have you had lunch yet?

　A: No, I haven't.

2.（Sheet A・B の 2 に対応）

　A: Where would you like to go?

　B: I want to go to England. I saw Stonehenge on TV last night, and I really want to see the real thing. Also, I've been studying English for three years, so I want to

---

10　意味内容の伝達が中心で，特定の言語形式（文法構造）を使用するように意図して作成されていないタスクのこと（Ellis, 2003）。

11　英語に苦手意識をもつ中学生や高校生が focused task を行なったときの感想については今井・髙島（2015）参照。

have a chance to speak English.

A: I see. Do you want to go anywhere else?

B: I want to go to Egypt. I'm reading a book about Egypt, and I want to see the pyramids.

3.（Sheet A・B の 3 に対応）

B: Where would you like to go, Hitoshi?

A: Well, I'd like to visit Peru. I've seen the Nazca pictures on TV. They're amazing. So, I want to see them with my own eyes.

B: Peru sounds nice.

A: Yes, but I also want to go to Australia. I've never seen Uluru（Ayers Rock）[12].

4.（Sheet A・B の 4 に対応）

A: I've been to England and India already, so how about going to Italy?

B: Well, I've been to Italy twice. How about Egypt or Peru? I don't think either of us has been there.

A: OK. Let's go to either Egypt or Peru. Which shall we visit?

B: It costs 400,000 yen to go to Egypt. That's really expensive for me, but we've never been there.

5.（Sheet A・B の 5 に対応）

B: I'd like to go to Peru. What do you think?

A: I agree with you. The flight time is so long, but we should save money.

B: Ok, then, let's go to Peru together.

12　髙島（2005: 180）では「エアーズロック（Ayers Rock）」が使われていた。1980 年代頃から先住民（aboriginal Australians）による呼び名である「ウルル（Uluru）」が正式名称として使用されるようになったことからウルルに変更している。

あなたは，ヒトシです。あなたとマコトさんは，今度の夏休み，世界遺産をめぐる旅をするつもりです。
今日は，学校の食堂でマコトさんと旅行の打ち合わせをすることになっています。よく相談して，旅行の計画を立てましょう。（□印のついている番号は，あなたから始めます。）

1. マコトさんが，約束の時間に20分遅れて食堂へやってきました。あなたは，まだ昼ご飯を食べていません。マコトさんの質問に答えましょう。

②. 旅行の話を始めましょう。マコトさんは旅行でどこに行きたいのか聞きましょう。

◆マコトさんが行きたい場所とその理由

3. マコトさんの質問に答えましょう。あなたが行きたい場所を3つ，できるだけ詳しく伝えましょう。

◆あなたが行きたい場所とその理由

ペルー	オーストラリア	イタリア
 ナスカの絵をテレビで見たことがある。写真を撮りたい。（デジカメを先月買った。）	 ウルル（Uluru）を見たことがない。	 イタリア語を勉強して1年。

④. あなたは，これまでに行ったことがない所へ行きたいと思っています。
あなたが行ったことのある場所を伝えましょう。マコトさんは，どこに行ったことがあるのか聞きましょう。

◆あなたが行ったことのある場所　　　　　　　　　　　　　※参考

イギリス（3回）	インド（2年前，友達と）

行き先	費用	所要時間
エジプト	40万円	18時間
オーストラリア	20万円	8時間
イギリス	25万円	12時間
インド	18万円	10時間
ペルー	30万円	25時間
イタリア	20万円	11時間

5. 旅行の行き先を1つ決めましょう。
　　　　　　　　　　　　　　行き先　　　　　　　　理由

図2.3-6　現在完了形と過去形の違いの理解を促すタスク活動（Sheet A）
（髙島，2005：180）

【Sheet B】　　　　　　　　★世界遺産旅行！★　　　　　　　　　TA

> あなたは，マコトです。あなたとヒトシさんは，今度の夏休み，世界遺産をめぐる旅をする
> つもりです。
> 今日は，学校の食堂でヒトシさんと旅行の打ち合わせをすることになっています。よく相談
> して，旅行の計画を立てましょう。（□印のついている番号は，あなたから始めます。）

① あなたは，約束の時間に 20 分遅れて食堂へやってきました。
　謝って，ヒトシさんはもうお昼ご飯を食べたのか聞きましょう。

2. ヒトシさんの質問に答えましょう。あなたが行きたい場所を 3 つ，できるだけ詳しく伝えま
　しょう。

◆あなたが行きたい場所とその理由

イギリス	エジプト	インド
昨日テレビでストーンヘンジを見た。英語を話したい。（英語を勉強して 3 年）	現在，エジプトの本を読んでいるところ。ピラミッドを見たい。	昨年，兄がタージマハールへ行った。料理がおいしい。

③ ヒトシさんは，旅行でどこに行きたいのか，聞きましょう。

◆ヒトシさんが行きたい場所とその理由

4. あなたは，これまでに行ったことがない所へ行きたいと思っています。ヒトシさんの
　質問に答えましょう。

◆あなたが行ったことのある場所　　　　　　　　　　　　　　※参考

イタリア（2 回）	オーストラリア（去年，友達と）

行き先	費用	所要時間
エジプト	40 万円	18 時間
オーストラリア	20 万円	8 時間
イギリス	25 万円	12 時間
インド	18 万円	10 時間
ペルー	30 万円	25 時間
イタリア	20 万円	11 時間

⑤ 旅行の行き先を 1 つ決めましょう。
　　　　　　　　　行き先　　　　　　　　理由

図 2.3-7　現在完了形と過去形の違いの理解を促すタスク活動（Sheet B）
（髙島，2005: 181）

2.3.2.3　タスク活動の内容に基づいたフィードバック（Stage 3）

　Stage 3 では，Stage 2 のタスク活動中に学習者が使用していた言語形式についてフィードバックを行なう。ここでは，まず，活動中に使った言語形式と，この場面に適した言語形式との差に気付かせることが大切である。フィードバックを行なう前に，Stage 2 で教師が観察した，適切な使い分けができていたペアに，他の学習者の前で現在完了形（現在完了進行形）と過去形との認知比較が必要となるタスク活動の 2. や 3. または，4. を部分的に再度行なうよう指示する。そして，適切な使い分けができていなかったペアの表現との違いについてクラス全体で考えさせる。この後，2.3.2.1 で解説した認知比較の手法を用いたフィードバックを行ない，現在完了形と過去形がそれぞれどのような場面で使われるのかをもう一度確認させる。

　髙島（2011b）は，これまでの日本の授業における文法指導の特徴を踏まえた上で，明示的に言語や言語の機能についての知識（メタ言語知識）の使い分けができるように与えるフィードバックは，言語形式の差異や違いに気付くことができない一部の学習者には最も効率的かつ効果的な手法であると主張する。Stage 3 のフィードバックは，この意味でも大切な文法説明となる。

　図 2.3-8 は，Sheet B の 1 でマコトが約束の時間に 20 分遅刻してやってきたという設定から始まる。ここで "I waited for you for 20 minutes." と過去形の表現を用いていた学習者には，以下のイラストを示して使い分けの違いを再認識させたい。

図 2.3-8　タスク活動の内容に即したフィードバックで用いるイラスト

　左側のイラスト①には，ヒトシが「おいおい，20 分も待ったよ」という内容が，そして，右側のイラスト②には，「あのとき（1 週間前），20 分も待ったよ」という内容が描かれている。イラスト①は，"I've waited for you for 20 minutes." でも "I've been waiting for you for 20 minutes." でもかまわず，前者は20分待ったこと自体，あるいは，20分という時間に，後者はずっと待っていた様子や状態に強調が置かれたニュアンスの違いが感じられる。I've been waiting for you for 20 minutes. は進行形で動作の継続の意味をもたせながら，同時に完了形の意味ももつため，「待つ」行為は完了しているが，そこには待っていた様子が見えてくることをイメージさせたい。

　また，マコトが英語を3年間勉強しているという内容を表現する場面がある（Sheet B の 2.）。ここでも2枚のイラストを提示する（図2.3-9参照）。左側のイラスト ① は，I've studied English for three years. または，I've been studying English for three years. で表現される。一方，右側のイラスト②は，I studied English for three years. (But I am studying French now.) を表現したものである。イラスト①の現在完了進行形の英文では，進行形が「未完了」の意味をもつことから「行為や出来事が継続している」ことが表わされる（2.2.1参照）。つまり，英語をこれまで3年間勉強してきて，それが今も「継続」していること，そして，今後も継続して勉強するという意味になることをイメージさせることができる。

図 2.3-9　タスク活動の内容に即したフィードバックで用いるイラスト

　タスク活動の内容に即した認知比較を用いた文法説明をフィードバックとして与えることで，学習者は自身のタスク活動における発話がなぜ間違っているのかを具体的に見直す機会を得ることになる。目標言語と自身の中間言語の差（距離）に気付き，埋めようとし（Swain, 1995），それが次の Stage 4 のタスク活動へのフィードフォーワード[13] となる。そのためにも，教師はタスク活動の

13　学習者が得たフィードバックを次の学習へつなげていく推進力のことである（髙島，2005: 28-29）

内容に即した，認知比較のためのイラストや関連する英文を準備しておくことが大切である。

2.3.2.4　Follow-up としてのタスク活動（Stage 4）

　フィードバックの情報を学習者が自らの発話に採り入れて使う（successful uptake[14]）かどうかは実際に産出させてみないとわからない。再度，follow-up としてタスク活動を行なうが，新しい活動を準備するのではなく Stage 2 で使用した活動をそのまま活用する。基本は，同じタスク活動シートを使用して，同じ相手と同じ役割のまま行なわせる。同じ相手と同じ役割で再び同じタスク活動を行なうことは，Stage 2 の単なる繰り返しではないかと思われるかも知れないが，相手からどのような応答があるかは，活動を始めてみるまで誰にも分からないのがタスクのダイナミズムである。したがって，Stage 2 で行なった形態と全く同じ活動でも，実は，「さまざまな場面や状況での繰り返し」と等価であり，Larsen-Freeman のいう "iterative" な活動と考えられる（Special Feature 1 参照）。学習者が使い分けができていると思われる場合は，タスク活動の時間を短縮して制限時間を設けてタスク活動を完結させるように仕向けることもできれば，役割を交代し，Sheet A の学習者が Sheet B を，Sheet B の学習者が Sheet A を担当してタスク活動を行なうことも可能である。しかし，役割が変わればタスク活動シートの内容理解に時間を確保することが必要となるため，2 回目の Stage 6 で行なう方がよい。

　関連して，タスク活動の繰り返しの際，全く同じ内容で活動を行なうことを「exact な活動」，内容を変化させたもので活動を行なうことを「procedural な活動」という（Kim & Tracy-Ventura, 2013）。学習状況に見合った活動内容に段階的な変化をもたせたい場合は，今井・髙島（2015）が参考になる。課題解決型言語活動を作成する際の視点を「教師に関すること」，「学習者に関すること」，「課題解決型言語活動に関すること」に分け，これらがジグソーパズルのように絡み合って学習者により適した課題解決型言語活動ができあがると説明している。こういったさまざまなピースを完全に当てはめた課題解決型言語活動を作成することは難しいかも知れないが，活動の難易度を調整する視点として，「情報の提示方法」，「視覚的補助の有無」，「使用する単語・構造」，「情報の処

14　逆に，フィードバックに含まれる情報を学習者が自らの発話に採り入れず使わなかった場合を unsuccessful uptake という（髙島，2011a: 209）

理方法」，「情報量」，「活動内手順の指示の仕方」，「情報への親しみの有無」が考えられる（今井・髙島，2015: 80）。

2.3.2.5　まとめとしての文法説明（Stage 5）

　タスク活動を繰り返し行ない，学習者が現在完了形と過去形の使い分けができていることが確認できたら，まとめとして Stage 1 や Stage 3 で行なった文法説明と同じ（あるいは，異なる）イラストや例文を用いることになるが，現在完了形の本質を整理させるための文法説明を取り上げてみたい。

　現在完了形の have のコアは「何かを自分のところに持つ」というイメージを表している[15]。図 2.3-10 は，She has lost her way.（継続），She has just finished her homework.（完了），She has visited London three times.（経験）のコアイメージをイラストにまとめたものである。

図 2.3-10　現在完了形のイメージ（田中，2008 を参考）

　現在完了形の 3 つの用法を図 2.3-10 のように同じイラストで表現し説明することで，「現在完了」なのに「継続の意味？」といった混乱を避けることができる。つまり，lost her way を今手元に持っている（have/has）ので，今も道に迷っている，finished her homework を手元に持っている（have/has）ので，宿題を終えた状態である，visited London three times を手元に持っている（have/has）ので，3 回ロンドンに行ったことがある，というように，現在完了形のいずれの用法も過去のあるときから始まった出来事が現在と何らかの関係があることを容易に理解できるようになる。

　これまで，現在完了形と過去形の違いの文法説明を例に，FonF アプローチ

15　田中（2008: 23-24）では，「HAVE 空間」という用語を用いて解説している。

の考え方を踏まえて，認知比較の手法を用いた文法説明やフィードバックのあり方，タスク活動の進め方について論じてきた。髙島（2011a: 10）では，この一連の流れをサンドイッチを用いて説明しているが，本節で論じた内容を踏まえてイメージをより明確にすると図2.3-11になる。サンドイッチのパン（Stage 1，Stage 3，Stage 5）に相当する部分が認知比較を用いた「文法説明」であり，サンドイッチの具材（Stage 2，Stage 4）が「タスク活動」である。具材（Stage 2）と具材（Stage 4）の間にもう一枚のパン（Stage 3）を挟み込んだのは，タスク活動とタスク活動の間にフィードバックを設けること，加えて，タスク活動の繰り返しが重要であることを視覚的に強調するためである。

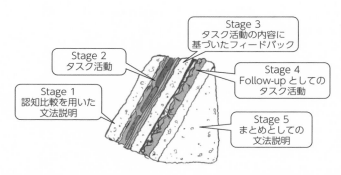

図 2.3-11　アップグレードしたリッチなサンドイッチ（髙島（2011a）を参考）

　中身を充実させることでよりリッチなFonFアプローチという名のサンドイッチができあがり，これを食べることで学習者は相手や場面に応じて言語形式を使い分けていく力を養いながら，「自律する言語使用者」（今井・髙島，2015）へ成長していくのである。

2.3.3　FonF アプローチによる授業後の学生の心的変化
　FonFアプローチを踏まえ，特に，認知比較の手法を用いたフィードバックによる文法説明，そして，フィードバック後のタスク活動に焦点を当てた授業は学習者にどのような効果をもたらすのだろうか。2.3.2 に示した授業は，実際に学生を対象に行なったものである。履修した学生は，中学や高校時代に英語学習を諦めたものが多く，文法に強い苦手意識をもっていたため，まずは，タスク活動で英語を使う楽しさを体感させながら，文法説明，フィードバック

を通して，実際に活用できるようになり，もう一度英語学習をやってみようという気持ちを引き出したいと考えた。

　半年間履修した学生が自由記述で書いた感想を，KH Coder を利用して計量テキスト分析を行なった。その結果が図 2.3-12 の共起ネットワークである。共起ネットワークとは，出現パタンが類似した語，つまり，共起の強い語を線で結んだ図（樋口，2014: 157）のことであり，さらに比較的お互いに結びついている部分を検出してグループ分けしたものが図中の実線で囲まれたところである[16]。

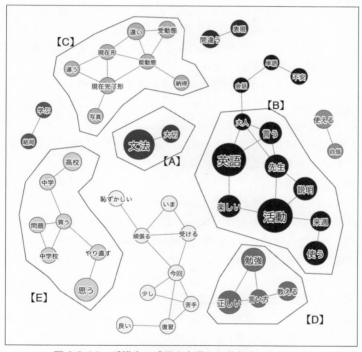

図 2.3-12　受講生の感想を表現した共起ネットワーク

　図 2.3-12 の実線で囲まれた箇所は，この授業について学生が自分たちの心的変化を語ろうとしている重要な部分である。共起ネットワークには単語が示

16　サブグラフ検出。詳細は樋口（2014）参照。

されているが，その単語がどのような文脈で使われているのかを KH Coder に搭載されている KWIC（Keyword in Context）検索を踏まえながら読み解くと次のようになる。

【A】 文法の大切さの再認識

本節冒頭で，文法がコミュニケーションの妨げになっているかのような勘違いをしている大学生が多いことを指摘した。しかし，図 2.3-12【A】の「文法」・「大切」というキーワードから，FonF アプローチを踏まえた授業を受けた学生が「文法は大切である」ことを認識してくれたことがはっきりと現れている。具体的には「文法がこういった会話でどれだけ大切か分かりました」，「基本的な文法を身につけることの大切さを学びました」といった感想がたくさんあがった。FonF アプローチが，英語が苦手な学習者に対して，文法がコミュニケーションを支える重要な役割を果たすことに気付かせる有効な指導法であることが学生の感想から明らかとなった。

【B】 フィードバックとタスクの繰り返しから得られる自信

【B】には，「説明」・「来週」・「使う」といったキーワードが上がっている。この授業の特徴の 1 つは，認知比較の手法を利用したフィードバックを与え，そのあとに，同じタスク活動を用いて，フィードバックで確認した内容を次の活動で必ず使用させ，使えるようになることを実感させるということである。フィードバックの段階で，タスク活動の内容を踏まえ，「この場面ではどの形式を使うべきか」，「なぜそれを使うのか」を正しく理解させることによって，文法形式を意識した発話が可能となる。また，同じ活動を繰り返し行なうことについて，学生からは「正しい表現が分かって，それを次に使えるので自信になる」，「同じ活動をまた行なうことの意味が分かりました」，「次の活動で前に習ったことを使って言えました」といった感想があった。

【C】 認知比較を用いた文法説明による文法への興味

【C】には「現在形」・「現在完了形」・「違い」といったキーワードが並んでいる。中学校及び高等学校学習指導要領（文部科学省，2018c，2018e）に，関連のある文法事項はまとめて整理することが大切であるとあるように，今回の授業では，現在完了形と過去形の違いの他にも，受け身と能動態の違いなどを，FonF アプローチの手法を用いて，イラストや写真などを活用しながら，Form, Meaning, Use が有機的に絡んだ文法説明を行なった。学生にとっては，2 つの言語形式の違いを意識したことなどあまりなかったのか，「絵や写真があったので，その状況がすぐに理解できた」というイラストの有効性についての意

見や「現在完了形と過去形にはそんな違いがあるとは目からうろこ」、「受動態と能動態は形が違っているだけとしか思っていませんでしたが，使うところが違うということが分かりました」と文法の奥深さを感じた学生がたくさんいた。

【D】 目標言語と自分の英語の差への気付き

　【D】には「正しい」・「言い方」・「勉強」・「教える」というキーワードが並んでいる。タスク活動後は，その内容に即した形で適切な言い方とそうでない言い方に関して認知比較の手法を用いたフィードバックを与えた。学生からは「活動後に正しい言い方を教えてくれるので自分が間違ったところを修正することができる」，「なぜ間違っているのかを再確認することができる」といった感想が多かった。自分ができたこととできなかったことに気付き，言語使用の正確性を高めようと意識していることがうかがえる。

【E】 自律する言語使用者の芽生え

　【E】には「中学」・「高校」・「問題」・「やり直す」といったキーワードが並んでいる。今井・髙島（2015）が述べているように，日本の英語教育の課題は，「いかに自律する言語使用者を育成するか」である。今回の授業を受けたことで，「本気で学習のやり直しをしたいと思い，学習を再開しました」，「中学や高校で習った文法がやっぱり大切だと改めて感じることができた」，「問題集を買ってやり直しています」という感想があったのは驚きでもあり，これまで英語学習へ興味関心を示さなかった学生が英語学習へ再び興味関心を示してくれたことは本当にうれしいことであった。

　適切な文法説明がタスク活動に先行し，タスク活動後も活動内容に即しながら認知比較の手法を用いた丁寧なフィードバック，そして，フィードバックの内容を理解・定着・強化するための follow-up としてのタスク活動を意識した授業を行なうことが，学生の文法に関する心理面に大きな影響を与えたことが感想から読み取れる。1.6 で「言語学習の成否は動機付けが決定する」と述べられているように，英語学習を諦めた，英語学習を敬遠していた学生はこのような機会が十分に与えられれば，「分かって，使える予感」，「使ってみたい期待感」が芽生え，自己効力感が高まり，英語学習へ再チャレンジしてみようという学習意欲が自然と湧いてくる。

2.3.4　中学校・高等学校の授業への提案

　FonF アプローチは，文法シラバスで構成されている教科書や授業時間などの要素を踏まえた上で日本のような EFL 環境では最も自然で望ましいもので

あるとして提唱されたものである（髙島，2011a: 10）。中学校や高校の授業に FonF アプローチを導入することで，生徒は「この文法はこういうときに使うんだ」，「文法はコミュニケーションをするのに大切なものなんだ」という文法の存在意義について考える機会を得ることになる。また，FonF アプローチの特徴の一つがフィードバックである。これは，テレビやラジオの英会話番組などからは得ることができない授業に特有のものである。フィードバックを行なうためには言語活動が必要であり，FonF アプローチでは，相手や場面などが明確に設定されたタスク活動といった言語活動を行なう場面が必ずある。こういった言語活動とフィードバックを通して，生徒は自分がどこでどのようなつまずきをしているのかに気付くことになる。この経験を繰り返すことで学習者は「自律する言語使用者」（今井・髙島，2015）へと成長していくのである。

　相手に正確に，適切に，意味のあるように，思いや心を効率よくことばで伝えるためには，まず教師が文法のダイナミズムを感じなくては，その面白さは生徒には伝わらない（Special Feature 1 参照）。この姿勢を常にもち，文法と接しながら，文法説明，言語活動，フィードバック，タスクの繰り返しのあり方について改善を図りたい。

2.4 Special Feature 1 の概要：
文法を動的に捉え魅力的に——*There is（are）*構文の例 [1]

　文法（Grammar）は単なる静的な規則の集合体でも，単に文を構成するためのメカニズムでもない。文法はダイナミックな（動的）プロセスであり，*grammaring* である [2]。文法の学習は決して退屈なものではなく，"fascinating"（魅力的で学習意欲を駆り立てるような）なものになり得る。ここでは，日本人の読者を対象として，There を用いた構文（以下，*There is（are）*構文）を例に文法の捉え方を根本的に考え直す提案を行なう。

2.4.1　文法の捉え方：形式（Form），意味（Meaning），使われ方（Use）

　文法を，名詞や動詞などの「品詞」で構成され，それらを一定の順番に並べたもの，あるいは，主語と動詞を一致させるような規則のまとまりとみなすべきではない。また，言語使用者が正確に話したり書いたりするための内的なシステムとのみ捉えるのでは不十分である。

　文法を考える上で，図 2.4-1 のパイチャートのように，Form（形式），Meaning（意味）にとどまらず，Use（使われ方）を常に考慮しなくてはならない。以下，*There is（are）*構文を例に，3 つの要素（面）の指導について考え

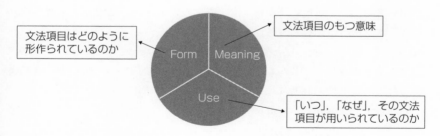

図 2.4-1　Form, Meaning, Use Pie Chart

1　本節は Larsen-Freeman 氏の論考の内容をできる限り分かりやすくするために，内容に影響を及ぼさない範囲で表現方法を変えているところがある。
2　人が知識としてもつ文法は静的なもの（grammar）かもしれないが，用いられるときは，相手，場面や気持ちなどによってどの知識を用いるかが常に変化する動的なもの（grammaring）であるという意味である。

ていく。

　文法は恣意的なものではなく論理的必然性がある。次の1〜4の文はいずれ
も文法的に正しいが，それぞれの文がどのような文脈で使われるのかを説明す
る。

1. There is a frog in the pond.
2. It is a frog in the pond.
3. A frog is in the pond
4. There are frogs in the pond.

　上記1の場合，動詞のForm, *is* を決定している意味上の主語は frog である。
There は形式上の主語であり，聞き手（読み手）に，これから新しい情報が伝
達されるという注意を喚起するための導入語と考えられ，池にいる frog の存
在に重点が置かれている。

　情報伝達は，通常，既知の情報（旧情報）から未知の情報（新情報）へと導
入される。1〜3では，主語が新しい不特定の情報であることから不定冠詞を
用いた a frog が用いられている。

　2では，「カエルの存在」を伝えているというより，（他のものではなく）1
匹のカエルが池にいることに言及している。3の文を話し手が用いる場合は，
状況・場面がすでに設定されている，あるいは，その状況が話し手（書き手）
と聞き手（読み手）の双方に見えていたり，はっきりとわかっていたりする場
合に用いられ，1と同義ではない。4は複数のカエルが池におり，それらを初
めて導入する場合に用いられる。

　次の5は，主語（frogs）と動詞の「数（すう）の一致」は見られないが，
実際によく使用される。しかし，短縮形（*There's*）が用いられていない6のよ
うな場合は，文法性の判断に迷い「？」を付けている。

5. There's frogs in the pond.
6. ?There is frogs in the pond.

　日本語のような主題優先言語[3]を母語にもつ話者は，母語の語順の影響で7
のような非文法的な文[4]を産出することがある。

7. *Taro's school is 27 students.

3　英語は，主体が何をするかを述べることを好む「主語優先言語（subject-prominent language）」で
　あるのに対して，日本語は，状況を描くことを好み，話題や状況を主語の位置にもってくる「主
　題優先言語（topic-prominent language）」である（岡，2011: 147 参照）。
4　文頭に付与されているアステリスク（asterisk,*）は非文法的であることを示している。

*Taro's school students are 27.

　　*In Taro's school students are 27.

　正しくは 8 の英文のように動詞の have・has を用いて日本語の主題優先言語の語順を維持したまま文を作り出すことができるが，*There is（are）*構文と同じ意味を伝えてはいない。

　　8．Taro's school has 27 students.

　要点は，その形式とそれに伴う意味は，用いられる文脈の中での使われ方によって変化することである。文法の 3 つの要素（Form，Meaning，Use）は常に互いに関連しあっている。それぞれが別々に学ばれることから，それぞれの領域は異なって教えられる必要がある。

　ここで強調したいことは，文法とは，形式だけではなく，意味を作り，文脈の中で適切にその形を使用することに関わるということである。

2.4.2　プロセスの重視

　文法指導の大きな問題に，学習者が教室内で学習したことが，教室外での活用や運用に至らない "inert knowledge problem（活用できない言語知識の問題）"（Whitehead，1929）がある（2.2.2 参照）。この問題を解決するのに，複雑でダイナミックなシステムに関する Chaos/Complexity Theory（C/CT）（カオス理論 /複雑系理論）が参考となる。この原理が言語発達や言語学習に応用され，言語教育では Complex Dynamic Systems Theory（CDST）と呼ばれる。Gleick（1987）によると，システムのダイナミック性とは「プロセス（process）であり，ある状態（state）に落ち着くものではなく，常に変化していること」をいう。

　文法をダイナミックと考える根拠の 1 つに，文法規則（conventions）が時と共に変化することがある。具体例として，5 の例文 There's frogs in the pond. に見られるように，*There's* の後ろに来る意味上の主語が単数形ではなく，複数形の frogs が今では受けいれられていることがある。言語をダイナミックなシステムとみなす 2 つ目の根拠は，生徒が「文法はダイナミックなもの」として教えられるなら，inert knowledge problem が解決されるかもしれないことである。文法をよりダイナミックに捉える 3 つ目の理由として，*grammaring* がある。これは，grammar に "-ing" を付け加えた新語であり，文法を reading，writing，speaking，listening と同様に「技能」とみなす。第 5 の技能とも呼べる*grammaring* は，構造を正確に（accurately），意味のあるように（meaningfully），適切に（appropriately）解釈し産出できる能力で，他の 4 技能を巧く機能させ

るために必要な技能である点で他とは異なる。しかし，練習（practice）が求められる点では他の技能と同じである。

　文法という語は名詞なので，人は文法を（動きのない）物のように感じてしまうが，文法はダイナミックな（動きがある）プロセスなのである。私はgrammar に“-ing”をつけて *grammaring* という新語を創った。この語形成や変形のプロセス自体がダイナミックなものであり，新しい意味を付加した新語を創ることができるのは，言葉が生きているからに他ならない。言語使用の多くは創造的であり，同じ創造的なプロセスが文法にも適用される。文法の規則性は，実際に使用されながらボトムアップ的，継続的に創り上げられていくものであり，トップダウン的に用いられる不変の規則の集合体ではない。

2.4.3　状況に呼応する文法（Grammaring）

　文法指導において，ドリルを用いることは一般的である。例えば，*There is (are)* 構文の場合，以下の例のように教師が生徒に基本形（There is ... in ....）とキュー（ここでは，A computer など）を与え，文を完成させる。

Teacher:	There is a whiteboard in our classroom. Please repeat.
Students:	There is a whiteboard in our classroom.
Teacher:	A computer
Students:	There is a computer in our classroom.
Teacher:	A teacher
Students:	There is a teacher in our classroom.　　　など

このようなドリルの形でも there を使うことは良いことであるが，生徒はより自由度の高い open-ended な文をできるだけ多く作ることが必要である。

Students:	There are six windows in our classroom.
	There are 36 students in our class.
	There are many books in our classroom.　　など

　上述の 2 種類の活動は，*There is / There are* を区別する規則を教え暗記させるよりはよいが，良い *grammaring* としての文法練習であるとは言えない。前述のように *grammaring* は，正確に，意味のあるように，適切に構造を解釈し産出する能力であり，これらの情報は生徒には既知のことであるために，新しい情報を与える *There is (are)* 構文が適切に用いられていないことになる。したがって，inert knowledge problem を克服するには，生徒が主体的に意味を考え表現し，構文を適切に使用する練習が必要である。

他の活動として，Stevick（1980）による「Islamabad Technique（イスラマバード・テクニック）」がある。これは，教師が，"I am thinking of a place nearby. There is a small shop that sells tea. There are two restaurants and a drug store. There is also a computer store." などと言い，教師が心に思っているある場所のことを生徒に聞かせる。教師は生徒に伝えた文の中の 1 つを思い出すように指示する。生徒が "There is a drug store." や "There is a computer store." など発話することができたら，次に，教師はクラス全体で今行なったことを，ペアで行なうように伝える。それぞれのペアで，交互に自分達の心にある場面を描写し伝え合う。その後，互いに描写したことについて意見を述べ合うのである。この一連の活動は創造的に思えないかもしれないが，ドリル以上の利点がいくつかある。1 つ目は，コミュニカティブな点である。最初の活動では，紹介された場面を教師以外は知らず，生徒には初めて与えられる情報である。ドリルであれば，英文の内容は生徒にとってすべて既知の情報であることから，この点ではドリルよりも勝っている。ここで教師が伝えた場面の絵（写真）を提示してしまうと，*There is*（*are*）構文の使用は不適切なものとなる。理由は，誰もがその絵を見ることができ，新しい情報を導入する機能をもつ *There is*（*are*）構文を使う必要がなくなるからである。絵を見せ合って表現する場合には，指示代名詞（this や that など）を用いて，"This is a shop that sells tea." や "This is a computer store." が適切な文となる。2 つ目として，その場面を描写している人は，ペアの相手に，ある特定の場所を一緒に共有してもらいたいと思っていることである。3 つ目として，生徒自身が積極的に言いたい文を産出していることが挙げられる。

　文法練習は「repetitive（単なる繰り返し練習）ではなく iterative（さまざまな場面や状況での繰り返し練習）」にすべきである。練習が repetitive なものであれば，他の人のことばを正確に繰り返すことが生徒に求められるが，iterative の場合は単なる繰り返しではない。この iteration は grammaring の考えの中心的存在である。

　日本人読者にとって分かりやすくするために「富嶽三十六景」の版画から考えてみる。このシリーズでは，同じ富士山が 36 の異なる景色で描かれている。生徒にとって「同じ構文に，異なる文脈（context）で何度も出合う機会が与えられる」ことがあれば，構文の学習は促されるはずである。

　There is（*are*）構文を教えるために絵を用いることがある。私が監修した *Grammar Dimensions: Form, Meaning and Use* の *Book 1* から例を挙げてみる。

　生徒にアパートの絵を見せ，居住者は動物が好きであると思うかなど，居住

者に関する質問を教師が投げかける。生徒は理由を添えて解答することが求められる。例えば、提示されたアパートの絵の中に、ネコのシッポがベッドの下に見えていることから、"I think that he likes animals because there is a cat under the bed."と生徒が発話できれば、新しい情報を導入するために there is 構文を用いており、there is の使用は正しく理解されていると考えられる。

上記で、CDST を用いて、文法がダイナミックであることを述べた。CDST から得られるもう1つのことは、"The act of playing the game has a way of changing the rules."（Gleick, 1987）（「ゲームをすることがルールを変えていくことになる」）に表現される。つまり、教えたことがすぐに学習に直結しない言語習得（nonlinear system）では、学習者に実際に言語使用させることで学びが起こることである。学習者がコミュニケーションのために言語使用すること（playing the game）で、置かれた学習環境からさまざまなフィードバックを受け、より正確な文法構造に修正されていくこと（changing the rules）になる[5]。

There is (are) 構文の機能を、生徒のメタ言語のレベルに応じて明示的に文法説明することは可能であり反対はしないが、目標構文を産出する練習の機会を奪うものとなってはいけない。私にとって特別な場所を描写した次の英文を読んで欲しい（下線は要約者）。

> Let me tell you about Brattleboro, Vermont, a small town in the United States. In the center of town, <u>there is a town park</u>, called a common. On the common, <u>there are tall trees and park benches</u>. Running south from the park is Main Street. The library is on one side, the town hall on the other.　など

上記の英文を用いて、生徒に、なぜ2番目と3番目の文（下線部）は主語の位置に there があり、そしてその後に続く2つの文には用いられていないのかを尋ねるのである。この質問には、次のように解答できる。There is (are) 構文は新しい情報を導入するために2番目と3番目で使用されているが、その次の2つの文では用いられる必要はない。なぜならば、アメリカの小さな町の多くには図書館や市役所があることが容易に想定されるからである。

この例から、2つの重要な点が分かる。1つ目は、文法は、句や文レベルだけでなく、文を超えた談話のレベル（suprasentential level）で用いられていることである。2つ目は、文構成を正確に、意味のあるように、適切に使うには、

5　長い年月をかけて文法規則が変化する（例えば、There's frogs in the pond. が口頭では許容されていくこと）も含まれると考えられる。

文化的知識を必要とすることである。文法は，中身のない構造ではなく，言語の中核となるものである。

2.4.4　Form, Meaning, Use に特化した指導

　限られた時間で，より効果的に指導するために，教師は生徒が学習の際にForm, Meaning, Use の内，どの要素に苦労するかを予想し，そこに生徒の注意を向けさせるのである。どれにするのかは，構造のもつ特徴や複雑さによるが，生徒が難しいと感じ，理解に苦しんでいる様子を観察することでも決めることができる。そして，必要と思われる要素に焦点を当てた活動を計画することになる。具体的には，Form の学習には iteration が必要であり，Meaning の学習には学習項目と話者が意図した意味を結び付ける必要があり，Use の学習には与えられた文脈の中で，多少同じ意味をもつ 2 つの構造から適切である 1 つを選択することが必要である。例えば，過去形と現在完了形の場合，教師は Use が理解できるような活動を考えなくてはならない。1 つの方法として，以下にあるような，仕事に関する面接でのロール・プレイがある。面接官は現在完了形を用いて答え方が自由な質問を行ない，面接を受ける者は，過去形を用いて特定のことについて解答する。これは，異なる 2 つの時制を生徒に理解させるのに役立つ方法である。

> Interviewer:　Have you ever traveled to another country?
> Interviewee:　Yes. I traveled to Singapore a few years ago.
> Interviewer:　Have you ever worked in a large company?
> Interviewee:　Yes. I worked for Toshiba a few years ago.

　他に，Use において混乱する英語の受け身を挙げる。日本語には英語の受け身に似ている「中立的」なものと，「被害受け身（迷惑受け身）」が存在する。英語教師は，まず，中立的な文脈で受け身を導入し，ある特定の言語がどこで話されているのか生徒に尋ねる。以下の会話例が考えられる。

> T:　Where is Japanese spoken?
> Ss:　Japanese is spoken in Japan.
> T:　Where is German spoken?
> Ss:　German is spoken in Austria/Germany/Switzerland.　など

上記の活動は，コミュニカティブな活動というより，ドリル的活動に思われる。しかし，初級学習者にとって受け身の Use が困難であることを考慮すると，言語が話されている国に関する生徒の知識を引き出しながら，現在形の受け身を

用いて意味のある文を創らせている。能動態を受け身に機械的に変換させるような導入の仕方よりはかなり良い方法である。

　最後に，CDST は言語教育に応用できることを確認したい。カメレオンがカモフラージュするために体の色を変えるように，環境との関係で言語体系は適切に変化する。しかし，自分達が知らない新しい言語を話す時には異なってくる。生徒には，常に変化する文脈に応じて言語知識が適切に対応できるための練習が必要となる。

　There is (are) 構文を取り扱う 1 つの方法として，「Islamabad Technique（イスラマバード・テクニック）」を同じクラスでもう一度取り組ませることである。今回は，教師が説明した場面の特徴を生徒に思い出させるのではなく，教師が想定している場面について，生徒が "Is there a shop that sells tea?", "Is there a computer store?" などと教師に尋ねる方法である[6]。

2.4.5　まとめ

　文法は Form だけではなく，Meaning や Use に関するものである。ここでの提案は，文法はダイナミックなシステムであるという認識と共に，inert knowledge problem を解決することに役立つと考えられる。教師は，生徒が Form, Meaning, Use のどれに一番困難を感じるかを予想し，注意をその要素に向けさせる活動をデザインし，生徒にしっかりと理解させることが大切である。練習を iterative なものにして，既習の言語知識が新しい状況や未知の場面でも適切に応用できるようにすることが *grammaring* という考え方である。

　表題に "fascinating" を用いたのは，文法は決して退屈なものではないからである。教師が文法を退屈なものとして扱うならば，生徒は同様に考えてしまう。しかし，文法はダイナミックなシステムである。どれほど多くの文化的情報が文法構造を正確に（accurately），意味のあるように（meaningfully），適切に（appropriately）用いる能力と深く関係しているかと考えるならば，文法は魅力的で学習意欲を駆り立てるような（fascinating）ものであるという認識を教員がもつことができる。大切なことは，このように教師が捉えて初めて生徒も同じ様な考えをもつようになることである。

6　同一の場面の中で疑問文を用いての練習であるが，未知の情報（新情報）を生徒は教師に尋ねていることから適切な *There is (are)* 構文の練習である。

Special Feature 1
Grammaring and the Fascinating Case of *There*

Introduction

Every language student has opinions about grammar. Some like to study it, but many don't. Many of those that don't like to study grammar consider it boring. Nevertheless, they study it because they believe that learning grammar is necessary. In my view, while it is true that learning grammar is necessary, grammar is not boring. In fact, its study can be fascinating. I hope to persuade my readers that it is so. However, I do admit that the teaching of grammar has not always been successful. Sometimes, I think that the reason for the lack of success is that grammar is misunderstood. I also know that if students find a subject boring, then less-than-optimal learning will take place. Negative attitudes are bound to influence students' orientation to and enthusiasm for learning grammar.

In this Section, Special Feature 1 (SF 1), of the book, I propose a different way to think about grammar. My position is that grammar is not merely a collection of static rules. It is also not only a mechanism for constructing a sentence. While grammar can be described through rules, and it guides sentence construction, it can also be seen as a dynamic process, *grammaring*, which I discuss. Next, I suggest that thinking of grammar as a dynamic process, rather than as a collection of static rules, helps significantly with the learning of grammar. I also provide examples of how to build upon this different understanding of grammar to teach more effectively. I illustrate my position with an example from the learning of English by Japanese speakers. Finally, I offer this SF 1 in tribute to Professor Hide Takashima, who early on recognized the value of thinking differently about grammar.

Thinking Differently: Form, Meaning, and Use

As I have just pointed out, there is a need to think differently about grammar. Besides getting students to see that grammar is not boring, the fact is that the term "grammar" is ambiguous. In many people's minds, grammar is a set of rules about structures in a language. Another meaning of grammar is that it is an internal system that language users draw upon to speak and write accurately. Although these understandings may not be incorrect, I feel that they are too narrow to be especially useful in helping students to learn another language. Then, too, while the goal of teaching grammar is to enhance the capacity of students to use the language accurately, the goal of accuracy is insufficient. There are several reasons for this.

First of all, many people think of grammar as consisting of parts of speech, such as nouns and verbs, and rules for sequencing and governing them, such as having the subject noun in an English sentence agree with the verb.

1. There is a frog in the pond.

While this is not wrong, it presents a very narrow view of grammar. There are two modifications to this view that have to be made. First, grammar is not only about Form; it is about Meaning and Use. For example, if I had used *It*, rather than *There* in subject position,

2. It is a frog in the pond.

I would have given this sentence a different meaning—one of identity, rather than pointing out the existence of a frog, which is what sentence #1 accomplishes.

Furthermore, I might have said:

3. A frog is in the pond.

But, once again, although this sentence is accurate, and it conveys the meaning I intend, it is not interchangeable with sentence #1 because choosing between #1 and #3 is a matter of contextual appropriateness. I will say more about this later.

Finally, if I see more than one frog in the pond, I could have said:

4. There are frogs in the pond.

However, these days many proficient English speakers will accept and say

5. There's frogs in the pond.

They ordinarily would not use the plural form with the uncontracted subject.

6. ?There is frogs in the pond.

Yet, they find the plural noun with the contracted form, *there's*, perfectly acceptable, perhaps by analogy with *it's*, which is always singular.

I have chosen a sentence beginning with *there* because it is well-known that speakers of topic-comment languages, such as Japanese, may preserve the word order of their native language and produce sentences that are ungrammatical in English, the asterisk indicating ungrammaticality (examples from Sasaki, 1990).

7. * Taro's school is 27 students.

   * Taro's school students are 27.

   * In Taro's school students are 27.

Another strategy that Japanese speakers use when speaking or writing in English is to make sentences with the English verb *have*, which maintains the topic-comment word order of Japanese while generating well-formed sentences in English.

8. Taro's school has 27 students.

Although sentence #8 is accurate and its meaning is clear, this type of sentence is not the conventional way of expressing the same meaning in English as the sentence with *there* in subject position (Larsen-Freeman & Celce-Murcia, 2015). Perhaps it seems that I am being harsh and overly prescriptive. The point that I am trying to make is that grammar is more than form; it is also about making meaning, and using the forms appropriately in context. To understand this perspective, I examine this structure a little further.

I have called *there* the subject, but actually, *there* is not the true subject of the sentence. For example, the true subject of sentence #1, the one that governs the form of the verb, is *frog*. However, *there* is <u>not</u> simply filling an empty slot. It is true that English sentences require a subject (imperatives being the exception), but *there* has a function beyond being a filler. *There* is used to introduce new information. By postponing the true subject *frog* until after the verb, the speaker is correctly conforming to English word order, which requires that new information—new information in the context that is being introduced to the listener or reader—be put in the predicate. It is almost as if an English speaker is saying, "Now, pay attention. I am going to give you some information that you don't have. Prepare to receive it. Look for it at the end of the sentence."

Sentences beginning with existential *there* typically have some form of the *be* verb. Another noteworthy feature of these sentences is that the noun phrase following the verb, i.e., the true subject, is marked as indefinite, non-specific. The reason is that the true subject contains new information, and new information is marked by indefiniteness in English, e.g., the article *a* in sentence #1. There is a lot less arbitrariness to grammar than many people think. In fact, I often advise, "Teach reasons rather than, or in addition to, rules." An occasion where a speaker might opt to use sentence #3 is where a scene has already been set for the listener or reader or where the setting is visible to both speaker/writer and listener/ reader, such as that which might occur when a painting is being discussed.

"Notice the pond in this painting. The surface of the pond is covered with water lilies. A dragon fly is circling one lily pad. A frog is in the pond. All this is done with simple brush strokes."

In sum, grammar is more than form. In fact, I refer to the three dimensions of grammar: Form, Meaning, and Use (Larsen-Freeman, 2014). And I have usually captured the three in the form of a simple pie chart, as in Figure 1.

I underscore the fact that there are three dimensions, because learning grammar is more than learning to produce a form accurately; it is about meaningfulness and appropriateness, too. I believe the three dimensions are learned differently and therefore need to be taught differently. I will have more to say on this topic later.

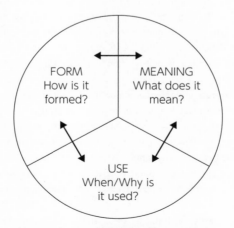

Figure 1. Form, Meaning, Use Pie Chart

Process, not only Product

I would like now to discuss another problem that I mentioned above—the view that grammar consists of a collection of rules about form. The problem lies in the fact that students can commit all the rules about a language to memory, but if they cannot use them for their own purposes, then their study will have been of little value. It has been my observation that around the world this is a major problem with the teaching of grammar. I call it the "inert knowledge problem," borrowing the phrase from the educational philosopher Alfred North Whitehead, who coined it in 1929. Knowledge that is inert—inactive or dormant—is not of much use to an active language user. Whitehead was not writing specifically about the teaching of grammar. He was, however, alluding to the fact that much of what gets taught in a classroom is not "transferred" successfully to use outside the classroom. (Transfer is another issue; see Larsen-Freeman, 2013).

As I say, I have witnessed the inert knowledge problem time and time again around the world. While I was considering what to do about the problem, I encountered a new theory— Chaos/Complexity Theory (C/CT) (Larsen-Freeman, 1997), and that theory inspired in me a new way of thinking. C/CT is a theory about complex dynamic systems. Complex dynamic systems are ubiquitous in nature, and it has been claimed that the same qualities of complexity, nonlinearity, and dynamicity, which apply to ecologies, apply to language as well (Ellis & Larsen-Freeman, 2009). In fact, in language study these days, this line of thought is referred to as Complex Dynamic Systems Theory (CDST). This is not the place to explore CDST; interested readers can consult the burgeoning literature on the topic as applied to language (e.g., Larsen-Freeman & Cameron, 2008; Verspoor, de Bot, & Lowie, 2011; Ortega & Han, 2017; Hiver & AI-Hoorie, 2020). What is relevant here is the fact that complex systems are dynamic: complex systems are ever-changing. As the science writer James Gleick (1987) put it, the dynamicity of the system means that it can be characterized by "process, not state; becoming, not being." Such observations inspired me to think of grammar in a new way. One way that grammar is dynamic is that its conventions change over time. Proficient English speakers now accept sentences such as #5 above, where there is no subject-verb agreement— at least they accept it in speaking, though written forms are slower to change and still may be rejected by many.

One way, then, to think about the dynamic quality of language is that it is changing all the time. Whereas a sentence such as #5 with *there's* and a plural subject would have formerly been considered inaccurate, it is now acceptable, at least in speech, to the extent that most English speakers would not even notice the inaccuracy. However, there is another important implication in seeing language as a dynamic system, and the second implication relates more centrally to the theme here. I reasoned that if students were taught grammar more dynamically, they might be able to better solve the inert knowledge problem. I will elaborate on this point later.

There is yet a third reason for thinking of grammar more dynamically. When you ask teachers to name the language skills, they will answer: "reading, writing, speaking, and listening," in this order or another. I believe that if we add "-ing" to grammar, creating a neologism, *grammaring*, we can come to see it more as a skill—an ability to interpret and produce constructions accurately, meaningfully, and appropriately. We might even call it the 5th skill. It is different from the other skills in that grammar is required to enact the other skills. However, it is similar to the other skills in that it requires practice.

Of course, grammar can be viewed as a set of rules. I can attest to this view because I am the co-author of a 1000-page English grammar book for teachers. However, grammar can also be viewed as a process. As Elias (1978: 111-112) has written:

For example, standing by a river we see the perpetual flowing of the water. But to grasp it conceptually, and to communicate it to others, we do not think and say, "Look at the perpetual flowing of the water"; we say, "Look how fast the river is flowing." We say, "The wind is blowing," as if the wind were actually a thing at rest which, at a given point in time, begins to move and blow. We speak as if a wind could exist which did not blow.

Thus, the "nouniness" of English influences us to see grammar as a thing and not to appreciate that grammar is also a dynamic process. At the risk of overwhelming readers with different reasons for my adding -ing to *grammar*, let me point out one further implication. As I have just written, by adding a new suffix to *grammar*, I have created a new word. This process of word formation or word alteration is a dynamic one in itself. It is an important source of vitality for the language. The fact that new words can be created with the potential to make new meaning in the language is key to keeping the language alive. I maintain that much of our language use is creative, although, of course, not all neologisms will be adopted, depending on the social temporal-spatial environment in which they are introduced.

This same creative process applies to grammar as well. One of the major tenets of C/CT is that of emergence. Emergence refers to the fact that new, unanticipated, forms can arise from the interaction of the components of a complex system, much as a bird flock arises out of the interaction of the particular birds that comprise it. The way I think of it with regards to grammar is that rather than intact rules being applied "top down," the regularity is continually being created "bottom up" during actual usage. Paul Hopper (1987) calls this "emergent grammar," where grammar is nothing more than sedimented patterns that are frequently used.

Grammaring in Action

Let me now return to the example with *there's* and deliver on some of the promises that I have made. It is common to use drills to teach grammar. For example, many teachers might give students a stem and a cue and ask them to complete a sentence, as follows.

Teacher : There is a whiteboard in our classroom. Please repeat.
Students: There is a whiteboard in our classroom.
Teacher : A computer
Students: There is a computer in our classroom.

Teacher : A teacher

Students: There is a teacher in our classroom.

Etc.

While it is good that students are using *there*, a more open-ended process might be to ask students to make as many sentences as they can beginning with *there is/there are*. In this case, students might make sentences such as:

Students: There are six windows in our classroom.

There are 36 students in our class.

There are many books in our classroom.

Etc.

Both these activities would be an improvement over giving students a rule, and asking them to memorize it, or even asking them to write sentences from a model; however, neither of them give good grammaring practice. Grammaring, as we have seen, relates to an ability to use constructions accurately, meaningfully, and appropriately. These activities only relate to accuracy—there is no <u>new</u> meaning being expressed because the students already know that there are six windows in the classroom, etc., so therefore *there* is certainly not being used appropriately.

In order to overcome the inert knowledge problem, then, practice of a particular kind is required—practice that is meaningful, where its content is initiated by the students, and where it is appropriately used. In fact, grammar is not a linguistic straitjacket; it is an exquisitely flexible system for making meaning in contextually appropriate ways. Creating such practice activities does not require an extraordinary effort. However, it might necessitate a new way of thinking. For instance, in teaching *there*, if instead, the teacher had used the white board to construct a favorite place that he or she had in mind while the students listened, there would be a more natural reason for introducing *there is/are*. For example, as the teacher draws on the white board, she/he says:

I am thinking of a place nearby. There is a small shop that sells tea. There are two restaurants and a drug store. There is also a computer store. Etc.

With each sentence beginning with *there*, the teacher adds a simple drawing to the scene. Upon finishing the construction of the scene, the teacher asks the students to recall one sentence from the description that he/she has given them. With some assistance from the teacher, the students contribute "There is a drug store." "There is a computer store." Etc. This technique gives students an opportunity to practice the form of sentences beginning with *there* within a context where it would naturally be used. To give students more practice with the form of such sentences, the teacher could have the students work in pairs, and do with each other that which the teacher has just done with the whole class. In other words, the students in each pair take turns describing and drawing a scene that they have in mind, after which they make statements about each other's drawings.

This simple activity, a version of Earl Stevick's (1980) "Islamabad Technique," may not seem especially creative, but notice that it has several advantages over the drills. First of all, it is communicative. The scene is unfamiliar to all but the teacher; therefore, the students do not know what the teacher is going to say. This compares favorably with the drills, where the information is already known to everyone. Similarly, if the teacher had brought in a photograph of a scene, the use of *there* would be inappropriate because, assuming that everyone could see the photo, there would be no need for the use of *there*, whose function is to introduce new information. With a shared picture to look at, a more appropriate way to describe the scene would be with demonstrative pronouns, i.e., "This is a shop that sells tea." "This is a computer store." Etc.

Second, the person describing the scene presumably has some investment. He or she wants to share some special place with a partner. Third, the students are actively producing their own sentences while practicing their form. They may need help with words that they don't know, but the grammar practice they receive should be iterative, which is essential to constructing a dynamic system. Note that I wrote "iterative" practice. This is different from "repetitive" practice. With iterative practice, students have the opportunity to visit the same "territory," without repeating someone else's words exactly. Iteration is central to a grammaring approach. Perhaps the way for Japanese readers to understand what I mean by iteration is to think in terms of the famous series of prints made by ukiyo-e artist Katsushika Hokusai entitled Thirty-six Views of Mount Fuji: Under the Wave off Kanagawa (富嶽 三十六景, Fugaku Sanjūrokkei). In this well-known series, different views of Mount Fuji are depicted. I think that if we can give our students opportunities to encounter more or less the same grammar construction over and over again in different contexts, their learning of the construction will be facilitated.

I should also explain that it is, of course, perfectly all right to use a picture to teach *there*. This is what authors Victoria Badalamenti and Carolyn Henner-Stanchina do in Book 1 of *Grammar Dimensions: Form, Meaning and Use*, a book series that I have directed. In their chapter on *there*, students are shown a picture of an apartment, and they are asked questions about its occupant. For example, students are asked if they think the occupant likes animals. Whatever a student's answer is, he/she is asked to justify it with a reason. For instance, a correct answer might be, "I think that he [i.e., the person who lives in the apartment] likes animals, because there is a cat under the bed." Here the use of *there* is correct, because a cat's tail is visible under the bed, and because the sentence with *there* is being used to introduce new information, i.e., the reason that the student thinks the occupant of the apartment likes animals.

Another lesson that I have drawn from CDST is that in a nonlinear system, "the act of playing the game has a way of changing the rules." This quotation again comes from James Gleick (1987: 24), who was not writing about linguistic rules. Still, the idea that I need to help my students "play the game" in order to learn makes a great deal of sense to me. I am not thinking of computer or video games here. They may be helpful, but I am thinking of "playing the game" more metaphorically, i.e., getting students to use the construction meaningfully to communicate.

It is certainly possible, and perhaps desirable, to make explicit the function of *there*. Depending on the level of metalanguage that the students possess, it may also be valuable to see if the students can figure out why the noun phrase following the verb is indefinite. I am certainly not opposed to explicit teaching, nor to the use of metalanguage. But these should not be a substitute for giving students ample opportunity to practice producing the structure itself.

On another occasion, I have described a special place to me as follows:

> Let me tell you about Brattleboro, Vermont, a small town in the United States. In the center of town, there is a town park, called a common. On the common, there are tall trees and park benches. Running south from the park is Main Street. The library is on one side, the town hall on the other. Etc.

Following the description and the students being asked to recall what I have said, I have asked them why the second and third sentences have the subject *there* and the next two do not. As it turns out, the answer to this question illustrates the fact that *there* is used in the second and third sentences to introduce new information, which is not necessary in the next two sentences, because the existence of a library and a town hall can be assumed, given that many small towns in the United States have both. There are two important observations to make with this example. First, grammar applies at the discourse level, or at a suprasentential level—not only at the phrase or sentence level. The second is that using grammar constructions accurately, meaningfully, and appropriately can depend on cultural knowledge as well. Grammar is not some empty structure: it is the heart of the language.

The Challenge Principle

One further point that I would like to make relates to what I call *the challenge principle*. Our time with our students is so precious that we need to use it as efficiently and effectively as we can. One way of using our limited time is directing students' attention to the learning challenge. Often, though not always, the challenge of learning a particular construction lies in one of the three dimensions: Form, Meaning, or Use. By a teacher's determining which it is, based on its inherent complexity, or watching what students find difficult or struggle with, it is possible to identify which dimension affords the greatest challenge and to plan activities to focus upon the challenging dimension. Learning Form requires iteration; learning Meaning requires matching the structure to the meaning one intends to communicate; and learning Use involves making a choice between two structures that have more or less the same meaning, but where one of the two is more appropriate in a given context. Of course, all three dimensions are inherent in any grammar structure, but it is possible to design an activity in such a way that one of the three, i.e., the unique challenge of that structure, is focused upon.

Let's take, for example, the regular past tense in English. It has a Form (-*ed* in writing or /d/, /t/, or /ɪd/ in pronunciation), depending on the verb stem. Furthermore, it is a bound morpheme; it is attached to the verb stem. It has the Meaning of "remoteness." However, the present perfect can also be used to talk about a remote occurrence. Because there are two forms (the simple past and the present perfect) that can have more or less the same meaning, the teacher will have to create activities that makes the Use of each clear. One way to do this is to have students role play being interviewed for a job. The interviewer starts with an open-ended question using the present perfect. The interviewee gives a specific answer using the past tense (For the reason that they are used this way, see Larsen-Freeman & Celce-Murcia, 2015).

Interviewer: Have you ever traveled to another country?

Interviewee: Yes. I traveled to Singapore a few years ago.

Interviewer: Have you ever worked in a large company?

Interviewee: Yes. I worked for Toshiba a few years ago.

This is one way to help students understand the different uses of the two tenses. To give another example, Japanese has two passive voices—one of which is similar to the English passive voice in that it is "neutral." The other passive voice in Japanese is an adversative passive, in which the subject is adversely affected by the action portrayed by the verb (Wierzbicka, 1988). Although neutral passives are possible in Japanese, adversative passives are common enough that Japanese students may puzzle over when to use the passive voice in English. For this reason, the English teacher can introduce the passive in a neutral context where it might not be used as often in Japanese. The teacher might ask students where a particular language is spoken, as follows:

Teacher: Where is Japanese spoken?

Students: Japanese is spoken in Japan

Teacher: Where is German spoken?

Students: German is spoken in Austria/Germany/Switzerland.

Etc.

While I admit that this activity may seem more drill-like than a communicative activity, it allows beginners to construct meaningful sentences with present passives, drawing on their real-world knowledge about where different languages are spoken while using a non-adversative passive, given that the Use of passives is the challenging dimension. In my opinion this is a much better way to introduce the English passive to Japanese students than to introduce the passive as a transformation of the active voice in which a *be* verb and past participle are used, and the subject and object are switched. Introducing the passive voice in this way implies that the active voice and the passive voice are interchangeable, which is not true. So even when a teacher is introducing the Form of a grammar construction for the first time, it is desirable to do so while bearing in mind the challenging dimension. By the way, the challenging dimension will not always be Use, so the teacher must identify the challenge with each structure to be taught.

I need to consider one more matter before I close. Complex dynamic systems are adaptive. This means that they can change in relation to the environment in which they are placed, just as a chameleon can change color to camouflage itself. Of course, when we are familiar with a language, we adapt our use of it all the time as we encounter new situations and interlocutors. However, the story is different when we are speaking a language that is new to us. Therefore, students need practice in learning to adapt their language resources in order to mold them to a changing context. In the case of *there*, one way to do this might be to ask students to engage with Stevick's Islamabad Technique a second time, but this time rather than trying to recall a feature of the scene that has been described, the students should pose questions. For example, they might ask "Is there a shop that sells tea?" "Is there a computer store?" Etc. We know from evolution that big changes are difficult to adapt to. Thus, smaller changes provide learners with the affordance they need for molding their language resources to a changing situation (Larsen-Freeman, 2003).

I have said nothing about error correction, although most teachers will be concerned with corrective feedback. There are many considerations when it comes to correcting errors, and this is not the place where I can discuss the issue extensively; however, what a grammaring approach adds to general considerations is that feedback should be matched with the type of error that has been committed. If the error concerns the Form, the students should receive feedback that relates to accuracy. If is on Meaning, the feedback should be on the meaningfulness, for example, stressing the difference between "I am amazed" and "I am amazing" if they show confusion between the two. If the error concerns Use, then any feedback given should be on the appropriateness of a choice in a given context, e.g., on the difference between saying "I want" and "I would like" when asking the teacher for something. Of course, I have written about grammar in this SF 1 from the viewpoint of a native speaker of English. Native-speaking English may not be what is required or even what is desirable in a Japanese context. My intention has been to illustrate that grammar is very rich in meaning and use.

Conclusion

I have sought to honor Professor Hide Takashima by offering my views on grammar and on complex systems, which he and I have discussed over the years. I have proposed that grammar is about more than the Form of structures; it is about Meaning and Use. This proposal, along with the recognition that grammar is a dynamic system can go a long way in countering the inert knowledge problem. Also pedagogically helpful is the challenge principle, which entails identifying the challenging dimension and designing activities to focus student attention on it. Practice activities that are iterative and that teach students to adapt what they know to new situations are relevant in any grammaring approach.

Readers may have wondered why I have used the adjective "fascinating" in my title. I hope by now that it is clear that grammar is not boring. If we treat grammar as boring, our students may adopt this attitude. On the other hand, if we see grammar as a dynamic system, one that is less arbitrary than is first perceived, and if we see that so much cultural information is bound up with our ability to use constructions accurately, meaningfully, and appropriately, then we may come to the realization that grammar is fascinating, and importantly, so will our students!

第3章

タスクとプロジェクトの実践と評価

　本章では，コミュニケーション能力育成のための課題解決型授業の例として，単元的に扱うプロジェクト型言語活動やタスク型言語活動を示す。小学校から高等学校まで，2020（令和2）年度より順次実施される学習指導要領に準じ，大学では，小・中・高等学校につながる形での言語活動を提案する。

　3.1 では小学校の「読むこと」を重視したプロジェクト例，3.2 では小学校の ICT を活用した直接交流プロジェクト例を，3.3 では中学校で言語使用の流暢性や正確性を高めるためのタスク活動例，3.4 では高等学校での「災害に強い持続可能なまちづくり」をテーマとしたプロジェクト例を示す。3.5 から 3.7 は大学での授業例である。3.5 では TBLT（Task-Based Language Teaching）の理論に基づいた実践が，英語の習得や学習にどのように資するかについて論じ，3.6 では英語の苦手な学生に対して成功体験を積ませるタスクを紹介し，3.7 では英語絵本を題材とした英語劇プロジェクトによって，学習への意欲が高まった実践を報告する。

　Special Feature 2 では，Ellis が小学校の初期段階から意味内容の伝達を第一義とする TBLT が有益であることを主張する。3.8 は，その概要である。

3.1 小学校の「読むこと」における英語絵本を活用したプロジェクト

　本節では，まず，小学校学習指導要領（文部科学省，2018a）の外国語活動及び外国語科の趣旨に沿った「主体的・対話的で深い学び」を実現するための課題解決型（プロジェクト型）外国語活動・外国語科について解説する。次に，小学校学習指導要領解説（文部科学省，2018b）において，その活用が教材として有効であるとされている英語絵本の利点や選択基準について触れ，英語絵本を活用し，学習内容に系統性をもたせ，言語材料が積み上がり，限りある時間で効率的・効果的な授業構成となるための，第3学年から第6学年の縦のつながりがある発展的なカリキュラム例を示す。そのカリキュラムの中から，英語絵本を「読むこと」を中心とした「絵本型プロジェクト」例を評価と共に提案する。さらに，授業内容の充実を図るために第6学年の1年間でどのような授業をいかに進めるのか，横のつながりのあるカリキュラムを例示する。

3.1.1　学習指導要領における外国語活動・外国語科の特徴

　小学校学習指導要領改訂により，小学校第3・4学年においては，「聞くこと」，「話すこと［やり取り］」，「話すこと［発表］」の2技能3領域（以下，三つの領域）を扱い，第5・6学年では，これらに「読むこと」，「書くこと」が加わり，4技能5領域（以下，五つの領域）を扱うこととなった。学習指導要領に示された外国語科の各領域の目標については，表3.1-1 にまとめられる。

　表3.1-1 に示されている第5・6学年の「読むこと」の目標には，「活字体で書かれた文字を識別し，その読み方を発音」できること，「音声で十分慣れ親しんだ簡単な語句や基本的な表現の意味が分かるようにする」[1]ことが挙げられている。また，「読むこと」の内容においては，「絵本などに書かれている簡単な語句や基本的な表現を識別」（文部科学省，2018b: 78）すること，第3・4学年の外国語活動の「聞くこと」の内容では，「絵本を活用した読み聞かせなども有効」（文部科学省，2018b: 30），「絵本を題材に学習を展開する場合」には，

1　「聞くこと」では，「表現」や「情報」を「聞き取ることができるようにする」，「話の概要」を「捉えるがことできるようにする」ことを目標にしているのに対し，「読むこと」では，語句や表現について「音声で十分に慣れ親しんだ」ものについて「意味が分かるようにする」ことに留めている。また，「書くこと」では，語句や表現を「書き写す」，「例文を参考に」書くことができる，というように，例文などを示して活動することとしている。

「主体的に聞かせることもできる」（文部科学省，2018b: 44）とされ，外国語活動・外国語科を通して絵本を活用することが奨励されている。

　以上のことから，英語絵本を有効な教材の1つとして活用し，アルファベットの「文字を識別」したり，「音声で十分慣れ親しんだ語句や基本的な表現」を読んだりする体験をさせる単元を構想し，その際に，教科書や文部科学省より提供される教材なども取り込み，活用していくことが考えられる。

表 3.1-1　五つの領域における目標（小学校外国語科）

五つの領域		目　標
聞くこと		ゆっくりはっきりと話されれば，自分のことや身近で簡単な事柄について，簡単な語句や基本的な表現を聞き取ることができるようにする。 ゆっくりはっきりと話されれば，日常生活に関する身近で簡単な事柄について，具体的な情報を聞き取ることができるようにする。 ゆっくりはっきりと話されれば，日常生活に関する身近で簡単な事柄について，短い話の概要を捉えることができるようにする。
読むこと		活字体で書かれた<u>文字を識別し</u>，その読み方を発音することができるようにする。 <u>音声で十分慣れ親しんだ簡単な語句や基本的な表現の意味が分かる</u>ようにする。
話すこと	やり取り	基本的な表現を用いて指示，依頼をしたり，それらに応じたりすることができるようにする。 日常生活に関する身近で簡単な事柄について，自分の考えや気持ちなどを，簡単な語句や基本的な表現を用いて伝え合うことができるようにする。 自分や相手のこと及び身の回りの物に関する事柄について，簡単な語句や基本的な表現を用いてその場で質問したり質問に答えたりして，伝え合うことができる。
	発表	日常生活に関する身近で簡単な事柄について，簡単な語句や基本的な表現を用いて話すことができるようにする。 自分のことについて，伝えようとする内容を整理した上で，簡単な語句や基本的な表現を用いて話すことができるようにする。 身近で簡単な事柄について，伝えようとする内容を整理した上で，自分の考えや気持ちなどを，簡単な語句や基本的な表現を用いて話すことができるようにする。
書くこと		<u>大文字，小文字を活字体で書くことができる</u>ようにする。また，語順を意識しながら音声で十分に慣れ親しんだ簡単な語句や基本的な表現を<u>書き写す</u>ことができるようにする。 自分のことや身近で簡単な事柄について，例文を参考に，<u>音声で十分慣れ親しんだ簡単な語句や基本的な表現を用いて書く</u>ことができるようにする。

〈文部科学省，2018a: 156-157 参照; 文字の読み書きに関わることに下線〉

3.1.2　五つの領域と3つの型のプロジェクト

　東野・髙島（2007，2011）では，小学校英語にふさわしい活動・学習として
プロジェクト型（課題解決型）英語活動・外国語活動・英語教育を提案してい
る。これは，単元の最初に児童に課題を与え（あるいは見つけさせ），それに
対するゴール（課題の解決）を児童自身が決め，課題の解決に向けて見通しを
もって活動・学習を進めていく主体的・創造的な活動である。児童自身がゴー
ルを決めることにより，その単元を進めている間，興味や意欲が持続すること
になる。「課題」，「授業の目標（めあて）」を児童も教員も明確に意識している
ことが重要となる。また，このような授業では，仲間や他者とのやり取りや学
び合い，助け合いにより協同の学びが「互いのコミュニケーションを通して」
成立する（東野・髙島，2007）。さらに，授業は，単発的な活動や暗記に頼るも
のではなく，「単元による時間のまとめ取り」をして課題解決の過程が授業内
容となるものである（東野・髙島，2007，2011；東野，2014など）。この課題解決
の過程，つまり，課題解決型の単元が「プロジェクト[2]」となるのである。「課
題解決型の授業であるプロジェクト型外国語活動・外国語科」は，小学校学習
指導要領（文部科学省，2018a）の求める「主体的・対話的で深い学び」の実現
するための授業内容と合致する。

　東野・髙島（2007）では，「プロジェクト」を，「絵本型プロジェクト」，「発
表・発信型プロジェクト」，「相互交流型プロジェクト」に分類している。それ
ぞれの型で単元を構想し，年間に3つの型を，ほぼ同じ単元数，あるいは同じ
時間数バランスよく配列して年間指導計画を作成した実践が報告されている。
これらの授業実践からは，児童の意欲の向上（東野・髙島，2011；髙島，2014）
や英語力の向上（東野，2014），場面に合わせた言語の使用が可能となった（東
野・髙島，2014）ことなどが記載されている。

　この3つのプロジェクトの型と表3.1-1で示した五つの領域との関連を図
3.1-1に示す。

　3つの型のプロジェクトのうち，「相互交流型プロジェクト」は，買い物な
ど相互に交流（やり取り），対話することを通して最終的に課題を解決するも
のであり，五つの領域の中では，「話すこと［やり取り］」と「聞くこと」に重
きを置いたプロジェクトである。「発表・発信型プロジェクト」は，課題が紹

2　「プロジェクト」は課題解決型の言語活動であるタスクの集合体である。また，「タスク」は，1
　時間，あるいは，1活動ごとの課題であり，課題の集合体が1つのプロジェクト（単元）となる。

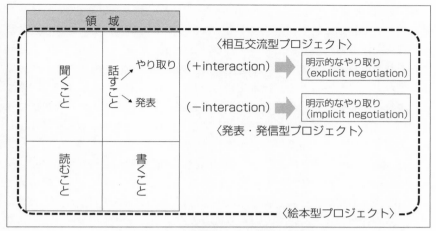

図 3.1-1　五つの領域とプロジェクトとの関連

介や案内で，それに向けて調べたり，経験したりしたことを発表するプロジェクト（単元）である。例えば，日本文化について調べ，地域の外国人に紹介するようなプロジェクトが考えられる。このプロジェクトでは，グループで調べたことを発表し，他のグループの発表を聞くため，五つの領域では，主に「話すこと［発表］」，「聞くこと」に重きを置くものである。「話すこと」は，調べたことなどを前もって準備をしたものを最終的に発表する活動である。これに対して，「相互交流型プロジェクト」は，買い物や道案内などのように最終的に相互交流［やり取り］することによって課題を解決するもので，「発表・発信型プロジェクト」と区別している。この 2 つのプロジェクトの差が，「話すこと」が 2 領域（［発表］と［やり取り］）に分かれていることと対応している。

　一方，「絵本型プロジェクト」は，英語絵本を基本的な題材として行なうもので，絵本のテーマや言語材料を使い，登場人物を変えたり，話の続きを作ったりするなどの創作活動や発表するなどの表現活動を含むものである。絵本を活用した音声中心の活動では，高学年が，低学年に「オリジナルの絵本」を創り読み聞かせたり，クイズを絵本にまとめ発表したりする活動ができる。発表することや発表に対して質問したり答えたりすることで，「話すこと［やり取り］」，「話すこと［発表］」，「聞くこと」を中心とした活動である。これらの絵本を扱った活動の中の「My Story Book を創ろう（第 6 学年）」や「自分を表す絵本を作ろう―2 分の 1 成人式（第 4 学年）」などは，自己紹介（"My name

is 〜 ."），自分ができること（"I can 〜 ."），将来の夢（"I want to be 〜 ."）な
どをまとめて絵本に仕上げ，発表するプロジェクト（単元）で，絵本を創る際
に，音声で十分慣れ親しんだ表現を書き写したり，文の一部を書いたりする活
動を取り入れることができる。学習指導要領の改訂により「読むこと」，「書く
こと」が導入されたことで，絵本を読んだり，友達の創ったものを読んだりす
る「読むこと」や，自分のことを絵本に書き表す際に「書くこと」を目標に掲
げ進めることが可能となった。このようなことから，「絵本型プロジェクト」は，
五つの領域を網羅する授業内容となる。

　また，図3.1-1は，「話すこと」の［やり取り］が，明示的なやり取り（explicit
negotiation）か，暗示的なやり取り（implicit negotiation）の2つに下位区分で
きることを示している。買い物や道案内などのような［やり取り］は，実際に
交渉するなどのはっきりとした［やり取り］をすることで課題が解決される活
動で単元を組み立てることになる。これに対して，スピーチなどの［発表］は，
聞き手のうなずきや表情，拍手など，聞き手の反応を踏まえ，話し手が話を少
し詳しくする，一文を加える，繰り返すなど対応することで，やり取りが成り
立つ場合である（髙島，2018）。当初は，［やり取り］を意図せず活動が組み立
てられ，さらに聞き手が言葉を発していないが，結果的に［やり取り］が成立
しているのである。

3.1.3　英語絵本を活用する意義と絵本型プロジェクトの詳細
　本項では，3.1.1で述べたように小学校学習指導要領（文部科学省，2018a）や
小学校学習指導要領解説（文部科学省，2018b）で活用が奨励されている英語絵
本を取り上げ，教材とする意義やそれを活用した「絵本型プロジェクト」につ
いて詳説する。

3.1.3.1　英語絵本を活用する意義
　以下は，英語の授業における英語絵本の利点と英語絵本の選択基準である。
（1）　英語学習に英語絵本を活用する利点
　英語絵本を小学校英語に取り上げる利点として，次の6点が考えられる（東
野，2017，2020）。
　　1．児童が親しんでいる。
　　2．物語の中で場面が設定されている。
　　3．絵が英語理解の補助となる。

4．音声と場面が同時に子どもたちの中に入る。

5．学級やグループで共有できる。

6．創造力が養われる。

　1点目は，小学生にとって絵本自体が親しみのあるものである。幼児の頃から，幼稚園や保育所，こども園，家庭などで読み聞かせをしてもらったり，小学校低学年では，図書室や学級文庫などでたくさんの絵本を読んだり，触れたりしている。また，英語絵本が日本語に翻訳（例：*Where's Spot?* は，『コロちゃんはどこ？』に翻訳）されたり，逆に日本独自の絵本や教科書などで日本語で親しまれている物語が英語に翻訳（例：『スーホの白い馬』は，*Suho's White Horse* に翻訳）されたりしているものがあり，英語絵本であっても，児童が興味をもつことができる。2点目は，絵本には常に場面が設定されているため，各場面に合った言語が適切に使われていることが分かる。3点目は，絵があることで英語表現に分からない部分があっても絵が助けとなり内容を想像することができる。4点目は，読み聞かせによって，英語の音声と場面や様子を表す絵が同時に児童に入り，物語への理解を深めることができる[3]。5点目は，学級集団で活動や学習を進めることで，絵本を読み聞かせてもらった時に児童が相互に感想をやり取りすることで感動や感想を共有したり，物語の流れを発表し合ったりすることを通して絵本の理解を深めることができる。6点目は，絵を補助として読み聞かせを聞く中で，物語の進行に応じて，類推したり，思考したりすることで創造力が養われると考えられる。次に，これらの英語絵本の利点を生かし，英語学習に使う絵本をどのような基準で選択していくかについて述べる。

(2)　授業における英語絵本の選択基準

　小学校英語に活用する絵本の選択基準は，次の6点である（東野・髙島，2007参考）。

1．絵が何を表しているか明確であるもの

2．場面がわかりやすいもの

3．英語表現が5語（群）文[4]以内であるもの

4．英語のリズムを感じることができるもの

3　松居（2001）では，「耳から聞いた言葉と目で見た言葉の世界が子どもの中で1つになり」絵本ができるとされている。

5．次の場面や話の予想がつくもの

6．基本表現の繰り返しとなっているもの

　1点目の「絵が何を表しているか明確であるもの」と2点目の「場面がわかりやすいもの」については，前述の「(1) 英語学習に英語絵本を活用する利点」とも関連し，場面における言語使用や絵本の絵が英語表現の理解を助けるといった点から必要である[5]。3点目の「5語（群）文以内で簡単であるもの」は，小学生の発達段階や英語経験などを考慮して小学校英語で扱う英文としては，5語（群）文以内で表現されていることが望ましいためである。4点目の「英語のリズムを感じるもの」は，例えば，"Brown Bear, Brown Bear, what do you see?" のように児童がリズムにのって英語を楽しめるようなものであれば，読み聞かせをしてもらったり，何度か練習したりしているうちに自然と言えるようになり，表現することを厭わず英語表現を楽しむことができる。また，小学校学習指導要領（文部科学省，2018a: 156）にもあるように「日本語と外国語との違い」に気付くことができる。5点目の「次の場面や話の続きの予想がつくもの」は，例えば，絵本 *Whose Nose and Toes?* の最初のページで，"Whose nose and toes?" と質問があると，次のページでは，何らかの答え（ここでは "They are tiger's nose and toes."）が示されるといった予想がつき，期待感やわくわく感につながり，読み進めよう，あるいは聴こうといった態度につながる。6点目の「基本表現の繰り返しのあるもの」では，英語表現がページによって次々と変わるのでは，英語表現を発音したり，読んだりすることは難しい。基本表現の一部の語句だけが変化しながら，繰り返し使われ，話が展開していくものであれば，児童の英語に対する抵抗が小さくなり，物語の理解や相手意識をもった表現の工夫に時間を割くことができる。以上が英語絵本の選択基準である。ここまで述べてきた英語絵本活用の利点や選択基準を考慮の上，どのような絵本を選び，どのようなプロジェクト（単元）としていくかを次項で述べる。

3.1.3.2　絵本型プロジェクトにおけるカリキュラムと単元

　本項では，英語絵本を活用した「絵本型プロジェクト」のカリキュラムにつ

4　東野・髙島（2007: 68）は，初期学習者には，「最大5語（群）までの短い簡単な英文」を用いることが大切であるとしている。これは，例えば，I (1) gave (2) Mary (3) some red roses (4) on her 30th birthday (5). のように，「いつ，誰が，どこで，何を，どう（どのように）したか」を最小限の語彙で表現する基本文型（SVOO (C)）に，時や場所を表す副詞を追加した文構造である。

5　松岡（1987）は，「さし絵のあるなしやよしあしが」子どもが本を選ぶ重要な決め手となったり，「本を読んで内容を理解したり」するのに「さし絵に頼っている部分がかなり大きい」としている。

いて述べる。図 3.1-2 に第 3 学年から第 6 学年の「絵本型プロジェクト」を配列している。これは，学年が上がるごとに徐々に題材とする絵本の英語表現や活動方法を難しくすることで縦軸のつながり（系統）を示している。この表の右側は，従来行なってきた音声中心のプロジェクト（単元）を示し，左側は，小学校学習指導要領（文部科学省，2018a）にある「読むこと」，「書くこと」の目標を達成できるプロジェクトを示している。

図 3.1-2　第 3 学年から第 6 学年における「絵本型プロジェクト」の配列

「読むこと」，「書くこと」の目標を達成するプロジェクト（単元）で使用する英語絵本の中には，音声を中心とした活動で使用していた英語絵本より 1 ページの英語表現や語彙が多いものがある（図 3.1-2 内のグレーで表示）。*The Little Red Hen* や *The Lazy Grasshopper* がその例であるが，これらは，英語の語彙数などでレベルが分かれる段階別絵本（Graded Readers）[6] である。この段階別絵本を使うことは，小学校英語における英語のインプットを増やし，さらに，

6　シリーズ（series）絵本（読本）が，headword（見出し語・物語に出てくる語彙数）などの語彙数等で 1〜5 などというように段階でレベル分けされている。本単元では，Oxford University Press から出版されている Oxford Classic Tales Series からレベル 1 の Word Count 300 語程度で，headword が 100 語のものを選定した。これを児童が読める程度でかつ，物語のあらすじを損なわないように 1 ページ 2 文程度にリライト（目的に応じて書き換えること）をして使用している。

題材的にも中学年・高学年の興味や発達段階に合うものがあり，また，児童にとって，「読めた！」，「書けた！」といった達成感のあるプロジェクト（単元）づくりをするのに適している。ここで，段階別絵本を使い，「読むこと」の目標を達成できる 1 つのプロジェクト（単元）を紹介する。

3.1.3.3　段階別絵本による「読むこと」のプロジェクト

　カリキュラム内の「友達と一緒に英語のお話を読んでみよう」についてプロジェクト（単元）の詳細を紹介する。単元の流れなどを表 3.1-2 に示す。

表 3.1-2　「友達と一緒に英語のお話を読んでみよう」の単元の流れなど

対象学年	第 6 学年
プロジェクト名（時間数）	友達と一緒に英語のお話を読んでみよう（5 時間）
使用英語絵本	*The Little Red Hen*
Series	Oxford Classic Tales
レベル，語彙数など	レベル 1，100 headwords　を 1 ページ 2 文程度にリライトして使用
単元の流れ	①　世界のお話について交流しよう（1 時間） ②　アルファベットや英語表現を復習しよう（1 時間） ③　友達と英語でお話を読んでみよう（2 時間） ④　オリジナルのお話を発表しよう（1 時間）

　この単元の流れ①の「世界のお話について交流しよう」では，今までに読み聞かせをしてもらった英語絵本や日本語で読んだことのある世界のお話について学級の中で交流し，既習の英語表現を想起したり，日本語で読んだ世界のお話のタイトルや登場人物を英語では何というのかを，知っている英語を駆使して想像したり，調べたり，ALT や学級担任教員から教えてもらったりする。その際に音声だけでなく，絵と文字を提示し，発音と意味と文字が結びつくようにする。図 3.1-3 に例を示している。

　単元の流れ②では，ここで扱う英語絵本に頻出する語彙や表現について，アルファベットと共に発音を確認する。その際に，図 3.1-4 のように絵と文字を使って，既知の語彙を中心に文字列をだいたい読めるようにしておく。さらに，英語表現（文）については，既習のもの（"I can play the piano." など）を最初に絵（図 3.1-5 の左側）を見て言ったり，友達が言うのを聞いたりして絵と英語の音声を結びつける。次に同じ表現を文字のみで示し（図 3.1-5 の右側），言っ

たり聞いたりする。こうすることで，文字で示した英文と音声が結びつき，既習の簡単な文を読めるようになることが期待できる。

さらに，当該英語絵本で頻出する表現（"I want 〜 ." / "Who can help me?"）について，文部科学省作成の「外国語活動」用教材（*Let's Try 2*, *Hi, friends! 2*）などを活用して，音声で慣れ親しんでいる表現を文と共に示し（図3.1-6，図3.1-7），グループで読んでみるなどの活動で音声と文を結びつけるようにする。

図3.1-3　世界のお話の英語のタイトル

図3.1-4　語彙を読むことを可能とする手立て

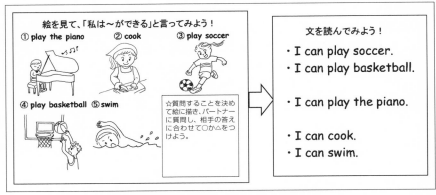

図 3.1-5　文を読むことを可能とする手立て 1

図 3.1-6　文を読むことを可能とする手立て 2　図 3.1-7　文を読むことを可能とする手立て 3
（文部科学省，2012 参照）

　単元の流れ③では，実際の英語絵本をリライトしたもの（1 場面を図 3.1-8 に示す）を 9 場面与え，2 人から 3 人グループで相談しながら読み進め，各児童が何と読んでいったか（発音していったか）を IC レコーダーで録音し，後からお互いに交流し合ってフィードバックを与える。また，意味についてもペアやグループで相談しながらワークシート（図 3.1-8）の「話の内容」の欄に，例えば，「小さい鶏が種をまいたり，水をやったりするので，手伝ってほしいと頼んでいるのに，ネコもカモもガチョウもできないと答え，理由も言っている」などと書きこませる。このように文字が識別でき，それを発音でき，英語の意味が分かることの 3 つができて「読むことができた」と捉える。

図 3.1-8　英語絵本をリライトしたもの及びワークシート

　単元の流れ④では，4 人から 6 人グループとなり，お話の結末の場面を創り，場面に合わせて絵本全体の読み方を工夫し，練習し発表させる。こういった単元を通して，読めることを実感し，次の活動への意欲につなぐことができる。

　最後に，練習と言語活動の違いについて触れておく。言語活動は，「「実際に英語を用いて互いの考えや気持ちを伝え合う」活動」を意味し「言語材料について理解したり練習したりするための指導と区別」される。「例えば，発音練習や歌，英語の文字を機械的に書く活動は，言語活動ではなく，練習である。練習は，言語活動を成立させるために重要であるが，練習だけで終わることのないように留意する必要がある。」（文部科学省，2017: 23）

　表 3.1-2 に示す単元の流れ②「アルファベットや英語表現を復習しよう（1 時間）」では，アルファベットの発音や形を復習した後，語彙や文を図 3.1-5 や図 3.1-6 で示した手立て（ワークシートやスライド）で読めるようにするための「練習」である。一方，単元の流れ③では，児童が思考し，前時に練習したことを使って，新たに示された未知の物語を友達と助け合いながらでも読んだり，単元の流れ④における話の続きを創り発表したりすることは「言語活動」に相当すると考える。

次項では，本実践の評価と児童の反応について示す。

3.1.3.4　絵本型プロジェクトにおける評価

　学習指導要領（文部科学省，2018a，2018c，2018e）の改訂により，資質・能力の３つの柱（学力の三要素）との関連により，小学校から高等学校まで，評価の観点が「知識・技能」，「思考・判断・表現」，「主体的に学習に取り組む態度」と統一され，学習指導要領に定める目標に準拠した評価を実施するものとされた。さらに，『「指導と評価の一体化」のための学習評価に関する参考資料　小学校外国語・外国語活動』（国立教育政策研究所教育課程研究センター，2020a）では，評価の進め方としては，「1　単元の目標を作成する」，「2　単元の評価規準を作成する」，「3　「指導と評価の計画」を作成する」，「授業を行う」，「4　観点ごとに総括する」とされ，目標と指導（授業）が一体となること，授業の計画段階で，単元の評価規準，評価計画も同時に立てておくことなどが言及されている。また，「内容のまとまりごとの評価規準」などの設定が求められている。外国語活動における「内容のまとまり」とは三つの領域（聞くこと，話すこと［やり取り］，話すこと［発表］），外国語科では，五つの領域（聞くこと，話すこと［やり取り］，話すこと［発表］，読むこと，書くこと）を指す。また，表 3.1-1 に示す通り，各領域の目標は学年ごとに示されていないため，各学校が学年の目標を設定することになっている。これらの目標に応じて年間計画，単元が計画，実施され，その学習状況を評価することになる。

　外国語活動・外国語科共に単元として進めるため，単元ごとの学習評価が必要となる。今回の評価で示された特徴の１つは，「記録に残す評価」という表現である。日々授業の中で子ども達の学習状況を把握し，指導の改善に生かすために評価し，頻繁に励ましのことばかけやアドバイスなどをしているが，これらをすべて記録に残すわけではない。評価計画において，評価規準や判断基準，評価方法を定め評価するものが「記録に残す評価」とされる。これらを観点ごとに総括し単元の評価とする。さらに，これらを集積して通知表や年度末の指導要録などに反映することになる。

　もう１つの特徴は，単元を通して，３つの観点および「五つの領域（外国語活動は三つの領域）」について評価はするが，単元の全時間，3 観点すべてあるいは，「五つの領域（外国語活動は三つの領域）」すべてを評価する必要はないということである。単元導入時には，新しい英語表現に触れたり，練習したりする段階があることも考慮し，単元導入部においては，観点によっては，「記

録に残す評価」をしないことも考えられる（国立教育政策研究所教育課程研究センター，2020a）。

（1）　評価の観点と評価規準，判断基準

　本単元の評価は，「知識・技能」，「思考・判断・表現」，「主体的に学習に取り組む態度」の3つの観点で，また，内容のまとまりである「五つの領域」にそって[7] 評価規準を設定し評価する。評価規準[8]と評価方法を示した評価計画を表3.1-3に示す。

表3.1-3　「友達と一緒に英語のお話を読んでみよう」の評価規準・評価方法

活動名	知識・技能	思考・判断・表現	主体的に学習に取り組む態度	評価方法
①世界のお話について交流しよう （1時間）		・絵や文字をヒントに推測して世界のお話のタイトルを読み何のお話か捉えている。 （読むこと）	・世界のお話を想起し，タイトルを友達に伝え合おうしている。 （話すこと［やり取り］）	観察 （グループの話し合い）
②アルファベットや英語表現を復習しよう （1時間）	・アルファベットの大文字と小文字の違いが分かっている。 （読むこと） ・アルファベットの文字が発音できる技能を身に付けている。 （読むこと）	・絵や辞書を使って，音声で慣れ親しんだ単語や英文の意味が分かっている。 （読むこと）	・ペアの友達と相談しながら，絵を助けとして英文を読み，意味を分かろうとしている。 （読むこと）	観察（個人） ワークシート

7　それぞれの評価規準の後に，「聞くこと」，「話すこと［やり取り］」など領域も示している。

8　表3.1-3の評価規準は，「絵や文字をヒントに」，「絵や辞書を使って」，「友達と相談しながら」など「何かに頼って」できるようになることも含んでいる。言語習得は他者とのやり取りを通して可能となる。コミュニケーションは，原則，2人以上でなされ，相手とのやり取りや助け合い（第1章注26），辞書，絵や写真などを補助として表現したり，理解したりすることで学習が進むと考えられる。2018年に改訂されたCEFRでは，何かに頼ってコミュニケーションが可能となることもあることから，mediation（媒介）を加えている。

③友達と英語で お話を読んで みよう （2時間）	・単語の読み方を友達と相談しながら英文を声に出して読める技能を身に付けている。 （読むこと）	・絵を助けとして話し合いながら，英語で声に出して読んだ物語の内容を捉えている。 （読むこと）	・グループで助け合いながら，物語を読もうとしている。 （読むこと）	観察 （グループ活動） ワークシート
④オリジナルの お話を発表しよう （1時間）	・他のグループの発表を聞いて，英語の特徴が分かっている。 （聞くこと） ・音声で慣れ親しんだ表現を書く技能を身に付けている。 （書くこと）	・登場人物の気持ちを考えながら発表している。 （話すこと ［発表］） ・他のグループの発表を聞いて話の内容を捉えている。 （聞くこと）	・聞き手に分かるように，グループで協力して発表しようとしている。 （話すこと ［発表］）	観察（発表） ワークシート

　評価規準に対して，習得状況を例えばA（十分満足である），B（概ね満足である），C（支援があればできる）などで示したものを判断基準という。各評価規準に対してこの3段階の具体的な記述が必要となる。表3.1-3の活動③の「友達と英語でお話を読んでみよう」の「知識・技能」と「思考・判断・表現」の判断基準の具体的な記述例を表3.1-4に示す。

表 3.1-4 授業③の判断基準例

評価の観点	評価規準	判断基準		
		A 十分満足である	B 概ね満足である	C 支援があればできる
知識・技能	単語の読み方を友達と相談しながら英文を声に出して読める技能を身に付けている。 （読むこと）	9つの場面，すべてが声に出して読むことができる。	7つの場面がつまることもあるが，概ね声に出して読むことができる。	文頭の発音を聞くなどの助けやヒントがあれば声に出して読むことができる。

思考・判断・表現	絵を助けとして話し合いながら, 英語で声に出して読んだ物語の内容を捉えている。 （読むこと）	話の内容を正確に捉えることができる。	話の内容を概ね捉えることができる。	内容や登場人物のしたことの一部を聞くなどの助けやヒントがあれば, 話の内容を概ね捉えることができる。

(2) 児童の自己評価

　授業を自分自身の学びと捉え，主体的に取り組むために，児童が各授業でできるようになったこと，今後学習したいことなどを記録させる自己評価（振り返り）をさせることが効果的である。図 3.1-9 に自己評価シート例を示す。

振り返りシート

年　　組　名前 [　　　　　　　　　　　　　　　　　　　]

☆ 今日の学習の振り返りをしましょう。

1. 1〜4 のうち，あてはまるものに○をつけましょう。
   （4：よくできた，3：できた，2：あまりできなかった，1：できなかった）

1	友達と話し合いや，やり取りができた。	4	3	2	1
2	英語で協力して活動できた。	4	3	2	1
3	課題や活動について考えた。	4	3	2	1
4	英語について新しく知った。	4	3	2	1
5	進んで活動できた。	4	3	2	1

2. わかったこと，むずかしかったこと，もっと知りたいこと，それをどのように調べたらよいかなどを書きましょう。

図 3.1-9　自己評価（振り返り）シート例

---

(3) 評価の実際

　(1) の表 3.1-3 で本単元の評価の概要を示している中の活動③の「友達とお話を読んでみよう」の評価例について述べる。この活動は，図 3.1-8 のようなリライトされた物語を場面ごとにワークシートで与え，2, 3 人のグループで

相談しながら読み進める活動である。前時間までにこの物語に関連する文字や文をある程度「読むことができる」（英語が発音できる・発音した英語の意味が分かる）ようにしておくことが前提である。英語をどう発音したかは IC レコーダーなどに録音し，授業後に評価し，話の意味がどのくらい分かったかは，ワークシートに書かれたものを授業後に評価する方法を取る。以上のような 2 つの評価方法で，評価の観点「知識・技能」の「単語の読み方を友達と相談しながら英文を声に出して読める技能を身に付けている」という評価規準については，IC レコーダーで録音されたものより，また，評価の観点「思考・判断・表現」の評価規準である「絵を助けとして話し合いながら，英語で声に出して読んだ物語の内容を捉えている」という評価規準については，ワークシート（図 3.1-8「英語絵本をリライトしたもの及びワークシート」参照）に児童が書いた「話の内容」より理解度を評価する。評価の観点「主体的に学習に取り組む態度」の評価規準「グループで助け合いながら，物語を読もうとしている」は，グループ活動をしている様子を教師が観察して評価する。

　本単元の流れに沿った授業では，9 場面を与えて物語を読ませた。1 学級 14 グループ（1 グループ 2 名から 3 名）すべてのグループにおいて各場面の物語の内容を英語表現と絵を助けに捉え，日本語で，ワークシートに記入することができた。また，英語表現の読み方については，グループによりばらつきがあるものの，8 割程度の文を声に出して読める技能を身に付けていた。

3.1.3.5　年間指導計画における絵本型プロジェクト

　3.1.3.2 では，第 3 学年から第 6 学年における「絵本型プロジェクト」を縦の軸で作成したカリキュラムを見てきたが，本項では，第 6 学年における年間カリキュラムを示し，1 年間という横の軸で絵本型プロジェクトと他の型のプロジェクトをどのように配列するかを示す。

　第 6 学年の年間カリキュラムにおいては，年間授業数 70 コマ（単位時間）のうち，3.1.2 で示した「絵本型プロジェクト」，「発表・発信型プロジェクト」，「相互交流型プロジェクト」を 3 分の 1 程度ずつ配置している（表 3.1-5）。1 年間という横の軸でカリキュラムを見る時，1 つの学期に 1 つないし 2 つの「絵本型プロジェクト」（単元）を配置し，他のプロジェクトとのバランスを取りながら，活動できるように計画している。このように，「絵本型プロジェクト」を年間 3 分の 1 程度配置することで，小学校学習指導要領解説 外国語活動・外国語編（文部科学省，2018b）における「聞くこと」，「読むこと」で奨励され

表 3.1-5 第 6 学年年間指導計画（70 コマ）

学期	プロジェクト（単元）名	プロジェクトの型	コマ数
1学期	○○のための ABC 順の名簿を作ろう ―アルファベットを復習しよう―	相互交流	4
	地図を使っておすすめのお店を紹介しよう	発表・発信	8
	行ってみたい国を紹介しよう	発表・発信	7
	友達と一緒に英語のお話を読んでみよう — *The Little Red Hen, The Lozy Grasshopper* —	絵本	5
2学期	修学旅行の楽しかったことを 5 年生に紹介しよう	相互交流	6
	Who am I? 歴史クイズをしよう	相互交流	6
	1 年生に読み聞かせをしよう — *Dear Zoo, Where's Spot?, A New Dog, The Teddy Bear* —	絵本	6
	世界に発信！スカイプロジェクト ―日本文化を紹介しよう―	発表・発信	8
3学期	大好きなお話をしよう — *The Town Muse and the Country Mouse, The Elves and the Shoemaker* —	絵本	8
	My Story Book を創ろう　— *I LIKE ME!* —	絵本	8
	Thank You カードを作って贈ろう	相互交流	4
合　　　　計			70

ている英語絵本の活用が十分できると考えられる。

3.1.4 英語絵本を活用したインプット，インターアクション，アウトプット

　言語習得の三種の神器は，インプット，インターアクションとアウトプットと考えている。さらに必須のものとして加えるならば，フィードバックである（髙島，2018）。

　前掲の図 3.1-3 から図 3.1-7 に示しているように，「絵本型プロジェクト」の中で「既知のお話のタイトルを予想して読んでみる」（図 3.1-3），「文字と音，意味を結びつける」（図 3.1-4），「絵を補助として文を読む」（図 3.1-5），「既習の教材と関連する表現を読む」（図 3.1-6，3.1-7）などの活動をした後，絵本の読み聞かせや絵本の文字に触れ，また，共に読んでみることを通して「理解されたインプット（comprehended input）」がより増すと考えられる。また，このような「絵本型プロジェクト」での経験は，その後の読むことの意欲へとつながると考えられる。さらに，単元を通して発表する中で，聞き手やペア，グループ内でインターアクションし，絵本で学んだ英語表現の理解をより深めることができる。最終的には，たくさんの絵本に触れることを通して場面と共に知った英語表現を，次に遭遇した場面に応じて徐々に自らアウトプットできるよう

になると考えられる。さまざまな活動を通して，児童間や教師と児童間で，互いに尋ね合ったり，教え合ったり，確認したりなど，刺激し合いながら日本語を大切にしながらも外国語である英語をできる限り自然体得していくプロセスが，プロジェクトを通して可能となっていることを教師は目の当たりにしている。

　本節で紹介した絵本の効果や絵本の選択基準を踏まえた上での英語絵本を活用したプロジェクト（課題解決型の単元）は，児童が課題を解決する過程，本単元であれば，「英語のお話を読み，続きを作って発表する」といった課題を解決する過程で「思考・判断・表現」する活動の連続である。さらに，最終的な活動である「英語で読んだお話の続きを発表する」ことは，小・中・高等学校で一貫して求められる「言語活動」の1つの例となる。

3.2 児童の関心・意欲を高め持続させる ICT を活用したプロジェクト

　小学校学習指導要領の改訂に伴い，「主体的・対話的で深い学び」を実現するために，Information and Communications Technology（以下，ICT）などを活用した学習活動等の充実や情報手段の基本的な操作の習得，プログラミング教育などが新たに位置付けられた。本プロジェクトは，ICT の活用として，ズームやスカイプなどの Web 会議システムを用い，日本と台湾の公立小学校の児童が即時的・直接的に交流するものである。

　本節では，プロジェクト型の授業が小学校学習指導要領（文部科学省，2018a）の目指す資質・能力を育成する強力な一手段となることを述べ，具体例として台湾との Web 会議システムを使った直接交流について述べる。また，交流において，準備段階より，コミュニケーションの必要性と相手の理解を意識しながら，場面に応じて表現方法を工夫し，簡潔かつ効果的なコミュニケーションをしようとする姿を具体的に紹介する。

3.2.1　Web 会議システムによる交流活動の意義

　日本のような EFL（English as a Foreign Language）環境で育つ児童のためには，真の意味でのコミュニケーションを図る外国語の授業の実践が重要である。Ellis（第 3 章 Special Feature 2）は，「児童は natural meaning-makers であり，自分なりに意味を見出し，文法的なことを気にせず，自分が伝えたいことを言う。そのため，英語は学習の対象としてではなく，意思を伝え合うための手段として導入する方が，より児童の能力を高め，コミュニケーションへの自信を付けさせる」と述べている。多少文が長くても，直感的に意味や意図を感じ取り，多少文法的に不適切な表現となっていても，伝えたいことを言うのが児童の特性である。そのため，児童を「英語を学ぶ者（English learners）」としてよりも，「英語を使う者（English users）」として育成していくことが必要となる（今井・髙島，2015: 10-41）。授業においては，発音や発話の練習に留まるのではなく，英語を意思疎通のための手段として用い，児童が意味に集中（meaning-focused）しながらやり取りすることで，相手の意図を理解し，自分の思いを伝え，積極的にコミュニケーションしようとする態度が育つと考える。その実現のために，児童が課題をもち，主体的に課題解決に取り組み，自分達の英語で伝え合う授業内容を模索する中，Task-Based Language Teaching（TBLT）の理論を基盤と

したプロジェクト型外国語活動（東野・髙島，2007，2011）が児童の意欲を高めるだけでなく，持続させると考え，実践を重ねてきた[1]。その単元の1つが，2011（平成23）年度より継続的に実施している台湾の公立小学校とのWeb会議システム（以下，スカイプ）を用いた交流活動である[2]。

グローバル化やインターネットなどの情報化の進展により，スカイプによる交流活動は以前より身近なものとなり，児童の活動への興味・関心が容易に高められ，児童が英語で話そうとする強い動機付けとなる。

このような交流活動の特長は，① 即時的な交流が可能，② 直接的な交流が可能[3]，③ プレゼンテーションの技術・工夫を学ぶことができる[4]，の3点が挙げられる。

同じアジア圏にある台湾の小学校との交流の利点は，（1）日本と台湾の時差が1時間である（例えば，日本が午前10時であれば，台湾は午前9時），（2）英語で話す必然性が生まれる，（3）漢字使用などによる相互文化理解が深められる，が挙げられる（桐生・東野・村上，2014: 145-148）。

初めて交流活動を行なった2012（平成24）年3月には，音声や画像が止まることがあり，活動が一時中断されたこともあったが，学校におけるインターネット環境の充実に加え，スカイプの音声や画像の状態も向上し，現在では安定した交流活動が行なわれている。

5時間の単元で「台湾の小学生と友達になろう」というゴールを設定し，その達成のために最終段階でスカイプを用いる交流活動を行なった。その過程で児童は，台湾の小学生との交流活動のために，相手に何をどのように伝えたらよいか考え，グループなどで話し合い，活動しながら課題を解決していく。これまでの交流活動において，児童は，友達と協働しながら意欲的に学習し，相手に伝わるように話し方や資料の提示の仕方を工夫していた。さらに，自分達

---

1 科学研究費補助金（奨励研究）により，石毛はスカイプを活用した交流活動を行ない（石毛，2012，2013，2014，2015，2016，2017），斯波は課題解決型外国語活動に取り組み（斯波，2012，2013，2014，2015，2017，2019），それぞれに成果を公開している。
2 これまでの実施校は，兵庫県，千葉県，滋賀県，高知県，茨城県，長野県など日本各地の13校，台湾の12校に上る。
3 スカイプによる交流活動の特長の①「即時的な交流」，②「直接的な交流」は，小学校学習指導要領解説（文部科学省，2018b）の英語の目標「話すこと［やり取り］」の「その場で質問をしたり質問に答えたり」「伝え合い」などの内容に沿うものである（3.2.2 参照）。
4 特長の③「プレゼンテーションの技術・工夫」は，小学校学習指導要領解説（文部科学省，2018b）の英語の目標「話すこと［発表］」の「伝えたいことを整理して話す」などの内容に沿うものである（3.2.2 参照）。

の英語が通じた喜びを味わい，台湾の文化や習慣について多くの共通点・相違点に気付き，台湾の小学生と親しみをもって接することができた。これは，交流活動を行なったすべての学校に共通する成果である。

　このような交流活動は，海外との交流や外国語科，外国語活動での実施に限られるものではない。千葉県旭市の小学校が近隣の小学校や兵庫県，長野県の小学校と実施した事例もある。長野県野沢温泉村の小学校との交流活動で"How is the weather?"と質問し，雪が降っている様子を見て，気候の違いについて実感を伴いながら理解を深めるなど，外国語活動と社会科の教科横断的な内容とすることができた（石毛，2016）。他校の小学生に，作成したものを提示したり，調べたことを伝えたりするなど，国語科や社会科，総合的な学習の時間などでの実施も可能である。

3.2.2　学習指導要領とスカイプを用いた交流活動

　小学校学習指導要領（文部科学省，2018a）では，教育課程全体を通して育成する資質・能力を「知識及び技能」，「思考力，判断力，表現力等」，「学びに向かう力，人間性等」に整理し，すべての教科等の目標，内容としている。

　さらに，「主体的・対話的で深い学び」の実現に向けた授業改善を重視し，その一手段として，「視聴覚教材やコンピュータ，情報通信ネットワーク，教育機器などの有効活用」を推奨している（文部科学省，2018b: 67-74, 131-132）。

　加えて，小学校外国語科においては，「聞くこと」，「読むこと」，「話すこと［やり取り］」，「話すこと［発表］」，「書くこと」の4技能5領域の目標が設定された。スカイプ交流活動においては，特に，「話すこと［やり取り］」の「その場で質問したり，質問に答えたりして伝え合うことができるようにすること」，「話すこと［発表］」の「伝えようとする内容を整理した上で，自分の考えや気持ちなどを聞き手に分かりやすく整理して話すことができること」（文部科学省，2018b: 79-81）を具現化できる。

　これまでのスカイプ交流活動は小学校学習指導要領（文部科学省，2008a）の外国語活動の目標[5]に則り実施してきたが，小学校学習指導要領（文部科学省，2018a）の外国語科の目標[6]及び育成する資質・能力を網羅するものでもある。

5　外国語活動の目標は，「外国語を通じて，言語や文化について体験的に理解を深め，積極的にコミュニケーションを図ろうとする態度の育成を図り，外国語の音声や基本的な表現に慣れ親しませながら，コミュニケーション能力の素地を養う。」である（文部科学省，2008a: 107）。

表 3.2-1　単元目標と単元構想

単元名	台湾の小学生と友達になろう　―日本文化を紹介しよう―			
単元目標	○日本や台湾の学校生活や習慣などの共通点や相違点に気付いている。　　　　　　　　　　　　　　　　　　　　（知識・技能） ○紹介に使う英語表現を知り，相手に分かるように伝える。内容や話し方を工夫して，学校生活について紹介する。　（思考・判断・表現） ○台湾の友達に学校生活について分かりやすく紹介しようとする。　　　　　　　　　　　　　（主体的に学習に取り組む態度）			
単 元 構 想				
次	活 動 名	活 動 内 容	育成する資質・能力	教材・教科書との関連
第一次	身近な日本文化について考え，紹介に使う英語を知ろう　（1時間）	・台湾の小学生との交流について知り，学習の計画を立てる。 ・身近にある日本文化について話し合う。	知識及び技能，学びに向かう力，人間性等	*We Can! 1* Unit 2： When is your birthday? *We Can! 2* Unit 2： Welcome to Japan.
第二次	紹介することを考え，準備をしよう　（3時間）	・紹介することをグループごとに決める。 ・紹介に使う英語表現を知る。 ・紹介に使うもの（絵，写真，地図，実物など）を準備する。 ・紹介の練習をする。	知識及び技能，思考力，判断力，表現力等	
第三次	身近な文化について紹介し，台湾の小学生と交流しよう　（1時間）	・スカイプを用いて，台湾の友達と交流し，身近な文化について紹介し合う。 ・交流活動について振り返る。	思考力，判断力，表現力等，学びに向かう力，人間性等	

　本活動の具体的な単元目標と単元構想を表 3.2-1 に示す。

　表中の *We Can! 1, 2* は，小学校学習指導要領（文部科学省，2018a）の移行措置に対応する外国語教材として，文部科学省より 2018（平成 30）年 4 月に全国の小学校 5・6 年生を対象に無償配付された[7]。本単元では，活動内容に合わせて，*We Can! 1, 2* の内容（例えば，日本の行事や世界の行事）を活用している。教科書については各自治体などの地域ごとに採択され，2020（令和 2）年度よ

6　外国語科の目標は，「外国語によるコミュニケーションにおける見方・考え方を働かせ，外国語による聞くこと，話すこと書くことの言語活動を通して，コミュニケーションを図る基礎となる資質・能力を育成することを目指す。」（一部抜粋）である。

り使用されているが，*We Can!* と同様に，あくまでも一教材として活用するものと考える。

次に，小学校学習指導要領（文部科学省，2018a）で謳われる育成すべき資質・能力のそれぞれが，本単元でどのように伸長されていくかを説明する。

(1) 「知識及び技能」に関すること

台湾の小学生との交流のために，何ができればよいか，何を伝えられるかを児童が自ら考え，計画，実践することにより，日本語と英語との違いに気付き，聞くこと，読むこと，話すこと，書くことによる実際のコミュニケーションにおいて活用できる基礎的な技能が高められる。

発表の準備において，児童は，相手に伝えるために必要な英語での表現の仕方を知り，ボードに書いたり，相手に分かるように話す練習を繰り返したりすることで，音声や文字などについての知識の定着が図られ，技能を身に付けていく。発表は，相手に自分達の言いたかったこと，思いや気持ちが伝わったかどうかを即時に振り返る機会となる。相手が理解できたか画面を通して確かめながら話し，通じていない場合には，再度ゆっくりと話したり，よりはっきりと話したりすることができるようになる。即時的な交流であることから，どこが分かりにくかったのかをその場で理解して，繰り返したり強調したりする必要があることを体験的に学ぶことができる。

交流活動の題材として，自国の文化や生活について紹介することが多く取り上げられる。児童にとっては，相手に紹介するために，自分達の文化を見直すと同時に相手の国の文化を知ることもでき，日本と外国との文化の違いを学ぶよい機会となる。例えば，お互いの国の正月について紹介し合うことで，正月の時期や習慣の違い，お年玉など同じような習慣があることを知ることができる。自国との共通点や違いを視覚的に捉え，比較しながら知ることで，お互いの文化などを理解し，認め合い，児童の知的好奇心を強めながらやり取りし，交流することもできる（石毛，2012，2013，2014）。

活動の中で，"It's 2:10 in Japan. What time is it in Taiwan?" と時刻を質問し，その答えによって，時差について理解することができた。教室の掛け時計を見せ合うことで，驚きの表情とともに，時差を視覚的に捉えることができるのも

7　同様に，第3・4学年には，外国語活動教材として *Let's Try! 1, 2* が配付され，2020（令和2）年度以降も使用されている。

スカイプを用いた交流活動の醍醐味である。

(2)　「思考力，判断力，表現力等」に関すること
　外国語を実際に使用してコミュニケーションを図ることにより，自分の考えや気持ちを相手にどのように伝えればよいかを考え，表現していく力が高められる。
　台湾の児童との交流のための手段として英語を用いることで，それぞれの母語で交流することが難しくても，英語であれば話すことができ，お互いの考えや気持ちを伝え合うことが可能となる。交流活動において，日本，台湾双方の児童にとって英語で話す必然性が生まれ，英語で伝える力も高められる。小学校第1学年からおよそ週2時間英語を学習している台湾[8]（台中市）の高学年児童にとっても，授業時間数の少ない日本の児童に伝わるようにするには，どのように発表すればよいかを考えるよい機会となっているとの報告を受けている。
　毎年開催されている「ランタン・フェスティバル（lantern festival）」について，台湾の児童が発表した際に，日本の児童は，lantern, candle, night, light, colorful, fun, many people[9] などの知っている単語や写真から，「ろうそくに火を付けているね」，「夜に風船のように飛ばすお祭りだ」，「楽しそう」と口々に話し，相手が伝えようとすることを想像していた。相手が未知の英語表現を使用した場合においても，相手が何を言っているのか，自分の知識を総動員し，既存の情報や表情などから相手が何を伝えたいかを考え，判断することができるようになる（石毛，2015）。
　「書初め」（毛筆習字）の題材では，実際に書く様子を見せ合うことで，どちらも墨と筆と紙を用いるが，それぞれの大きさや使い方，文字の書き方などが異なることを実感していた。「林○○」と相手が氏名を書いた際に，名字が「林」の児童が自分の名札を見せながら "Me, too! My name is Hayashi." "HA-YA-SHI, my name is Lin!" と話し，台湾と日本の双方で大きな歓声が上がった。異なる発音ではあるが，同じ漢字を使うこと，同じ名字が台湾にあることを実感する

8　台中市の英語の授業は40分授業で，週1時間（1，2年）から週2時間（3〜6年）行なわれている。

9　児童達は，「パリピ」という言葉を知っていて，party people のこととして自然に用いている様子で，people の理解に容易につながった。児童がもっている知識を最大限に活用する方法は語彙を増やすのに有効である。

とともに，即時的に判断し，表現する楽しさを味わえる活動となった（石毛，2017）。授業中に練習していた"My name is 〜."が，交流場面で生かされていたと思う瞬間であった。児童が「同じ名前であることを伝えたい」という思いでとっさに言えたことが，いつ，どのように使用するかを考え，場面に適切に表現できるように練習した効果であり，即興で口に出た意味のある英語表現となった。まさに，natural meaning-makers である（3.2.1 参照）。

交流活動では，予期できないことに対しても即時的に考えて対処する，相手のことを考えながらその場で表現するという児童の姿を毎回見ることができる。それにより，児童は，「思考力・判断力・表現力等」を伸ばしていくことが可能となる。

(3)　「学びに向かう力，人間性等」に関すること

文化に対する理解や相手に伝わるように配慮をしながら，主体的にコミュニケーションを図ろうとする態度を身に付けることができる。

交流の準備においては，児童は，グループごとに考え，話し合い，どのようにしたら相手に分かりやすい発表となるかを工夫しながら，主体的に活動に取り組むことができる。

スカイプで交流する際には，大型モニターを用いてお互いの発表の様子を大きく映し出す。相手を目の前にし，音声を聞いてやり取りする即時的な交流により，台湾の学校の様子や気候，文化や生活習慣などを興味深く見聞きしながら，児童の学習への意欲もさらに高められる。クイズを出し合うなどの双方向のやり取りから，自分達が伝えたことを相手がどれくらい理解しているかに気を配り，お互いを称賛したり，時には笑いが生まれたりするような真のコミュニケーションを図ることができる。

自分が発した質問に対して，台湾の児童が答えたときの「自分の英語が通じた！」という喜びは何にも勝るものであり，「もっと英語を話したい」という思いを高めるものである。

台湾では日本文化への興味・関心も高く，漫画やアニメなどを知っている児童も多い。「ドラえもん」の主題歌を歌ったところ，相手校の児童も知っており，途中から一緒に歌い始め，雰囲気が一気に和やかになった。児童は，活動の感想として「ドラえもんを知っていたのは驚いたけど，一緒に歌えて楽しかった。台湾の小学生と仲良くなれた」と話していた（石毛，2017）。スカイプで交流することにより，共感的に相手を理解し，もっと相手に伝えたい，もっと相手の

ことを知りたい，分かりたいという思いが強く生まれる。さらに，できる喜び，分かる喜びを味わうことで，自己肯定感を高めることもできる。

3.2.3　交流活動の実際
（1）　単元計画作成上の留意点
　児童の動機付けを高めるために，単元計画作成に際して，以下のことに留意する。

- ・交流活動までに，交流に必要な英語表現を単元に組み込んだり，使用可能な英語表現を念頭に置いたりして授業を進める。そして，児童が英語を実際にコミュニケーションで使えるように慣れさせておく。発表計画を立てる時は，習った英語表現を児童と共に振り返り，どの表現を使って話すか決めていく。
- ・交流テーマを決める際に，児童に身近な内容や既習の英語表現など児童が使えるものを念頭に考える。
- ・児童の実態に応じて，既習事項の活用だけでなく，新しいテーマや英語表現にも挑戦する。
- ・交流先の気候や文化，地理的位置，歴史的背景などを総合的な学習でおさえるなど，教科横断的な学びを目指す。

（2）　単元の流れ
単元の流れについては，以下の通りである[10]。

- ①　学習課題をつかみ，交流テーマを決める。
- ②　既習の英語表現などを使って交流できないか考える。
- ③　新出の英語表現について知る。
- ④　英語表現の練習，発表練習を行なう。
- ⑤　表現が伝わりやすくするための見せ方や話し方を工夫する。
- ⑥　発表の練習では，他のグループの英語表現に耳を傾け，よいところを認め合い，学び合うことを確認する。
- ⑦　交流活動をし，分かったことや分からなかったこと，言いたかったことを振り返り，次の活動への意欲を高める。

10　基本的な単元構想や目標設定については，桐生・東野・村上（2014: 145-155）や東野（2015: 127-137）を参照。

(3) 交流活動実施までの計画

交流活動の計画は，表 3.2-2 に示す。相手校とのやり取りや校内での周知を計画的に行なっていく。

表 3.2-2　交流活動実施計画

実施までの期間	実　施　ま　で　の　流　れ
3，4 か月前	交流校の担当者間で交流活動の依頼をメールで行なう。 職員会議，学年会議で活動計画を提案する。
1 か月前	交流テーマの決定と交流の概略，活動計画を交流校とメールで交換する。 時差（1 時間）を考慮し，相手校と都合のよい期日を調整し，開始時刻を決める。（日本開始時刻 10:30 なら，台湾では 9:30 開始）
数日前	メールで発表原稿を交換する。 事前に担当教員同士で通信状況を確認する。
実施当日	スカイプにログインし，交流を始める。 終了後，教員間でメールや SNS で感想を述べ合い，発表についてどうであったかを交流し，来年度の方向性を検討する。

台湾（台中市）の小学校は，9～1 月，2～6 月が授業期間の 2 学期制である。2 月には春節があることから，10～11 月，1 月，3 月などが交流活動を実施しやすい時期である。交流時期については，両校で事前にメールなどで打合せをすることが重要である。

(4) 交流テーマや相手校との確認事項

台中市内小学校との交流形式及びテーマを表 3.2-3 に示す。

表 3.2-3　千葉県，茨城県，滋賀県，兵庫県，高知県，長野県の小学校の実践例

交　流　形　式	交　流　テ　ー　マ
グループによる発表	文化紹介（お正月，書き初め，節分，食べ物） 学校紹介（学校行事，学校生活，学習内容），地域紹介，特技紹介（中国駒，演奏），環境問題の発表 オリジナル絵本の読み聞かせとクイズ
一対一の対話	自己紹介 質問タイム（好きな教科／スポーツ／動物は何ですか？）

交流テーマは，児童と相談して決める。表 3.2-3 が示すように，自己紹介や質問タイムを取り入れ，一対一のコミュニケーションが可能となるようにする。また，文化紹介や学校紹介では，グループ同士の交流とし，相手校と相談して

グループ数などを同じにしたり，組み合わせを決めたりしておく。また，音声が聞き取れない時のために自分の名前や発表で使う単語を紙に大きく書いて見せるようにする。台湾は繁体字を使用しているので，漢字を使って相手に知らせることも可能である。

交流を長く続け，教員が経験を積むことで，児童の興味・関心や実態に合わせた活動ができるようになり，児童の発達段階や学習段階に合った表現を活用する場になる。交流相手校には，交流活動が，英語のスピーチコンテストではなく，進んでコミュニケーションを図ろうとする態度を養うためであること，お互いの文化を知り，友好な関係を築くことであることを確認する。

(5)　交流当日の留意点

開始時刻の10分程度前にスカイプにログインし，音声や画像などの接続状況を確認する。インターネット回線が学校に1つの場合，他学年の調べ学習などで通信量が一時的に増加するため，画像が乱れたり，中断したりすることが起こる。そのため，発表時間帯は，インターネットの使用を極力控えてもらうように早めに他の職員に周知しておく。

児童の待機位置や発表位置をテープで印を貼っておくと，顔や発表物が適正な大きさで映る。また，録音マイクは，ハウリングに気を付けてカメラの下に設置し，発表者に近づけすぎないようにする。マイクの音量を上げすぎると，教室内に響いてハウリングしたり，こちらの音声が遅れて聞こえてきたりするので，自校の発表時間帯は，スピーカーの音量を小さくする。

交流活動実施に当たって，指導する教員以外にサポートをする教職員がいるとよい。こうした調整を通信状況確認の日に，サポートの職員にお願いし，相

図 3.2-1　相手の発表に反応しながら聞いている児童

手校の職員と会話しながら音量を確認しておくとよい。

(6)　交流の様子

　相手校の発表では，交流しようとする気持ちをもって聞くように指導することが大切である。さらに聞きたいことがあればカードに記入させ，交流終了後に教員がメールで質問することで，児童の理解を深めることが可能である。

(7)　交流後の児童の感想
　①　聞き取った内容に関すること
　　・台湾にも運動会があるんだ。暑いので冬に行なうんだ！
　　・私達は 11 月だったが，修学旅行は 2 月に行なっていた。
　　・私と同じように柔道を習っている子がいることが分かった。
　②　相手校の英語力に関すること
　　・台湾の人は，英語が上手で話し方が速かった。
　　・私が話し終わると台湾の人が拍手をしてくれてとてもうれしかった。
　③　次時の活動意欲に関すること
　　・スリーヒントクイズをやってもらったので，次は私達がやってみたい。
　　・分からないことがあったので，もう少し勉強したい。
　　・これからも違う国の人とたくさん話してみたい。
　④　達成感に関すること
　　・相手が自分の発表に対して反応してくれたことがうれしかった。
　　・緊張したが，うまくコミュニケーションできてうれしかった。
　　・練習よりもよい発表ができたと思う。

　児童の振り返りから，英語による交流活動によって外国の文化についての新しい発見が見て取れる。共通する話題をテーマにすることでお互いの共通点や相違点がはっきりしてくる。例えば，好きな教科，給食のメニュー，運動会などである。学校生活に関することについては，親しみをもって受け入れることができ，お互いに理解しやすいと言える。

　台湾の小学生は，こちらの発表に対してとても興味をもって聞いてくれていた。相手校の発表の時間も自分達と同様にしっかり聞こうという気持ちを大切にさせたい。さらに，「スリーヒントクイズをやってみたい」とあるように，「次はどのような活動をしたいか」と児童に投げかけることで，継続的な交流活動を後押しし，学習意欲の向上につなげることができる。

3.2.4 交流活動の評価

　本活動では表3.2-4のように，評価することができる（国立教育政策研究所教育課程研究センター，2020a）。

表3.2-4　「台湾の友達と交流しよう」の評価の観点及び評価規準と評価方法

観点 活動名	知識・技能	思考・判断・表現	主体的に学習に取り組む態度	評価方法
これまでの学習を振り返り，交流テーマを決めよう		・交流テーマにあった内容を考えている。 ・既習の英語表現から自分の英語表現を決めている。 （話すこと［発表]）	・台湾や日本のことについて調べようとする。	観察 ワークシート
交流の準備をしよう	・自分の気持ちを伝える英語表現を発音できる技能を身に付けている。 （話すこと［発表]）	・自分の伝えたい内容をどのように表現したらよいか工夫している。 ・自分の気持ちを伝える英語表現が分かる。 （聞くこと）	・グループ同士で発表を見合い，よいところや改善点を伝え合おうとしている。 （話すこと［やり取り]）	観察 紹介する内容を表すカード ワークシート
台湾の小学生と交流しよう	・コミュニケーションに支障をきたしたときに，適切に対応できる技能を身に付けている。 （話すこと［やり取り]）	・交流相手の発表を聞いて，おおまかな内容を捉えている。 （聞くこと）	・相手が理解しているかどうかを意識しながら伝えようとする。 （話すこと［発表]）	観察 ワークシート

　評価方法については，絵カード等の作成物やワークシート，活動の様子の見取りなどにより行なうことが考えられる。また，単元のはじめに，この学習で付けたい力を児童と共有することで，児童の自己評価や相互評価に活用することも可能となる。

3.2.5　交流を持続させるための方策

・使用される英語表現を児童の実態に応じたものとし，無理をさせない。

・英語表現に児童の言いたいことが適切に反映されていない場合には，英語が堪能な人材（ALTなど）に確認してもらうことが望ましい。

・他学年の教職員にも公開することで，達成感を味わう瞬間に触れてもらい，これなら自分にもできそうだと思う教員を徐々に増やしていく。

・トラブル（発表がよく聞こえない，話し方が速いなど）が起きたときのためにどのように対応するか両校で話し合っておく。

3.2.6　交流活動の留意点

(1)　交流校の選定

　市区町村の姉妹都市から選ぶ方法や国際交流を行なっている団体（国際交流協会，ライオンズクラブなど）の協力を得る方法がある。東京都の「東京国際交流コンシェルジュ」（http://www.tiec-edu.metro.tokyo.jp/）のような組織を利用して国際交流を希望する学校を交流先として紹介してもらうことも可能である。担当者が異動した場合でも，コンシェルジュが間に入って交流先と交渉したり，調整したりしてくれる。

　台湾は親日家が多く，時差が1時間なので，交流しやすい。直接相手校を訪れることができればより友好関係を築きやすいが，難しい場合は，学校のホームページから依頼することも可能である。海外の学校とすぐに交流するのではなく，国内の学校との交流で始めることも可能である。

(2)　必要な機材

　スクリーンの真正面にカメラとプロジェクターを置いて投影する。カメラは，三脚の雲台に乗せて固定し，三脚のパンハンドルを操作して，児童の顔の高さに合わせる。ICレコーダーもあるとよい。英語が堪能な人材（ALTなど）に練習用の英語を録音してもらい，練習の際に児童が音声の再生速度を遅めたりして聴くことができる。

図3.2-2　カメラやプロジェクターの位置

(3)　トラブル対応

　音が途切れたり，画像が止まったりして相手の発表が分からないことがある。このようなトラブルに対して"One more time, please."のような表現をあらかじめ児童に教えておけば冷静に対応できる。そして，通信が途絶えてもスカイプのチャット機能を使って"Let's start in 5 minutes."などとタイプして意思の疎通を図ることは可能である。さらに，担当者同士でフェイスブックのメッセンジャーや LINE などのチャットができるアプリの ID を交換しておけば，通話や情報交換がほとんど無料でできるため，通信費も抑えられ，不測の事態においても連絡を取ることができる。

　担当者が英語に不慣れな場合，連絡に必要な英語表現を事前に用意しておき，パソコン上の文書を開いておいてコピー・ペーストできるようにしておくと，急いで連絡したい時でも英語によるチャットで比較的簡単にメッセージを送信できる。

(4)　スカイプの導入

　スカイプを導入する際には，正式に市町村の教育委員会に申請し，学校のメールアドレスで ID を取得する許可を得てから，業者などに設定を依頼することが必要である。セキュリティの問題で許可を得にくい場合も，一時的な使用として申請する価値はある。私物のカメラ付きタブレットを使用することも考えられるが，学校同士で交流することが基本なので，個人の機材の使用は避けたい。担当者が異動した場合，交流が途絶える恐れもあるからである。

(5)　相手校への依頼事項

　台湾の小学生は，日本の小学生より英語を学習する時間が多いため，流暢さがある。台湾の児童には，意味のまとまりごとにゆっくり話してもらうように依頼するとよい。習った英語表現で質問し合う時間をもつようにお願いする。同じスポーツをやっている児童を見つけることができるなど，より親近感が湧くようになる。文化的な相違だけでなく，日常の話題を通して相互理解を深めることができる。

(6)　英語表現に関する対応

　交流活動はしたいが，児童の伝えたい思いを，無理のない英語で表現させることや，交流中に教員がどのような英語を使えばよいのか迷う場合がある。児

童が自分の思いを簡潔な英語で表現することができるためには，学区内の中学校の英語科教員や英語の堪能な人材（ALT や JTE など）に手伝ってもらい英語表現を完成させるとよい[11]。発音や英語表現の練習のための音声は，英語の堪能な人材に依頼しておけば，音声データをパソコンで再生して児童に練習させることが可能である。

　また，前日の通信状況確認や交流活動中に必要な英文（始めと終わりのあいさつなど）を事前に調べておけば，安心して臨める。

(7)　話すことが苦手な児童への対応

　交流活動では児童の伝えたい思いを大切にし，児童に合った英語で交流することが基本であると考える。話すことが苦手な児童には，習った英語表現の中から話せることは何かを確認し，児童とともに発表の内容を作り上げていくことが大切である。グループ活動の中で友達と協力し，一緒に話したりすることは比較的容易である。例えば，無理に英語で説明するのではなく，実物を提示する役割を任せて "Look!" などの一言で表現することにより，話すことが苦手な児童も自信をもって活動することができる。

3.2.7　Web 会議システムによる交流活動の広がりと深まり

　スカイプのような Web 会議システムによる交流活動は，外国の友達とオンラインでコミュニケーションを図る活動であり，「コミュニケーションを行う目的や場面，状況などに応じて，情報を整理しながら考えなどを形成し，再構築すること」（文部科学省，2018b: 67）を実現するものである。

　ICT の活用により，EFL 環境の教室であっても，情報や知識を得たり，交換したりするという目的をもち，コミュニケーションの手段として英語を使う環境を作ることが可能となる。加えて，英語を使う必然性があり，児童の意欲を持続・向上させ，主体的・創造的に活動できるプロジェクト型外国語活動（東野・髙島，2007，2011）の可能性を最大限に発揮するものである。

　交流活動が始まった当初は，互いの習慣や文化等の紹介が主な活動内容となっていた。現在では，環境問題について他教科（総合的な学習の時間や社会科など）の調べ学習と関係付けた教科横断的な活動も行なわれ，広がりを見せ

11　児童の発表が棒読みとならないようにするために，一文の長さは，「5 語群以内」にすることが重
　　要である。詳細は，東野・髙島（2011: 23）を参照。

ている。また，クイズを出し合ったり，質問し合ったりするなどのやり取りが活発に行なわれるようになった。相手の気持ちや意図を理解し，自分の考えや思いを伝えようとする真のコミュニケーションが可能となり，活動の深まりも見ることができる。

　本活動は，児童にとって，コミュニケーション中に既習の言語材料を最大限に活用して，相手の反応を見ながら話すことができる貴重な学びの場となる。また，交流を通して日本と外国との生活習慣，行事などの違いを知り，多様なものの見方や考え方があることに気付いて，もっと学びたい，話したい，よりよく伝えたいというコミュニケーションへの積極的な態度の育成につながるものである。

　グローバル化が進む社会において，本活動で海外の友達と交流を深めた児童は，今後，さまざまな国の人々と積極的に関わることができるようになるであろう。近年の社会状況において，リモートワークやオンラインでの授業等が進められ，ICT 活用の意義も重要さを増してきている。Web 会議システムを活用した交流活動は，「予測困難な社会の変化に主体的に関わり，感性を豊かに働かせながら」（文部科学省，2018b: 4），よりよく生きていく児童を育成できる，無限の可能性を秘めた活動である。

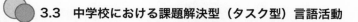

3.3　中学校における課題解決型（タスク型）言語活動

　中学校では，小学校での学びを踏まえ，五つの領域の言語活動を通してコミュニケーションを図る資質・能力を育成することになる（文部科学省，2018d）。タスク型言語活動（以下，タスク活動（髙島，2000，2005，2011a））は，主に「話すこと［やり取り］」の領域の言語活動で，「知識及び技能」を活用して「思考力，判断力，表現力等」を身に付けるための具体的な言語活動[1]の1つである。また，タスク活動は，6つの条件を満たす言語活動（1.3 参照）と定義づけられ，特に，1つの言語活動の中で，生徒は2つ以上の文法構造（例えば，現在形と現在進行形，過去形と現在完了形，前置修飾と後置修飾など）を比較して使い分けが必要となるように仕組まれ，やり取りを経て，与えられた課題を解決するよう設定されている（1.7，2.2.4，2.3.2.2 参照）。

　Ellis（第3章 Special Feature 2）は，インプットを中心とした TBLT によって，fluency-first-accuracy-later approach（流暢性が第一で正確性は後のアプローチ）を初級学習者に推奨している。本節では，それを踏まえ，インプットを取り込み，アウトプットにつなぐことを通して，fluency（流暢性）を高め，accuracy（正確性）も確かなものにしていくために，中学生を対象としたタスク活動をゴールとした一連の活動が必須であることを提案する。

3.3.1　タスク活動をゴールとした一連の活動

　タスク活動をゴールとした一連の学習プロセスは，既に髙島（2011a: 11）で，「「フォーカス・オン・フォーム」（FonF）アプローチ」として，図 3.3-1 のようにサンドイッチに見立ててイメージ化されている。その構成は，「左側のパン」が，「文法説明＋プラクティス」を，「真ん中の具」がタスク活動のような「フォーカス・オン・フォーム活動」，「右側のパン」が「フィードバックとしての文法説明」を表しており，PPP 型の授業展開（2.1 参照）における最後の段階の P の指導の充実が求められている。この一連のプロセスが日本のような EFL 環境に応じた，最も自然な学習の流れであるとしている。

1　中学校学習指導要領解説（文部科学省，2018d: 55）では，「生徒が言語活動の目的や言語の使用場面を意識して行うことができるよう，具体的な課題等を設定し，その目的を達成するために，必要な言語材料を取捨選択して活用できる」ものとして位置付け，「話すこと［やり取り］」の領域の「即興で事実や意見，感情等を伝え合いながら，会話を継続・発展させる活動」としている。

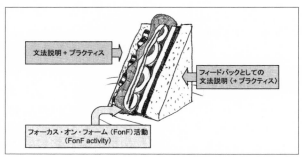

図 3.3-1　サンドイッチ型の文法指導のイメージ
(髙島，2011a: 11)

　このプロセスは，繰り返しになるが，タスク活動前に，検定教科書で扱われ
ている文法事項を説明し，練習を行ない，タスク活動後に，生徒の言語使用に
ついて，フィードバックを与えて修正するものである[2]。本節では，最初に「左
側のパン」である「文法説明＋プラクティス」を，次に「真ん中の具」である
タスク活動を，最後に「右側のパン」である「フィードバックとしての文法説
明＋プラクティス」を具体的にどのように行なうかを示す。

3.3.1.1　タスク活動前の文法説明

　中学校における英語の授業の流れは，一般的に，PPP 型と同様に，教科書で
示された新出の文法事項の提示をして，その文法事項を伴った本文の解釈とそ
の特徴を意識させるための練習を行なっている。しかし，授業では，文法知識
の獲得や当該の文法事項を使用することのみに留まらず，言語活動における課
題を解決するために必要な文法知識を取捨選択し，活用できるようにすること
が重視されるため，文法はコミュニケーションを支えるもの（文部科学省，
2018c: 152）として捉える。

　髙島（2011a: 36-44）では，文法説明のあり方を，「内容」，「方法」，「タイミ
ング」の 3 つの観点で示している。文法説明の「内容」は，文法事項を実際の

2　「「フォーカス・オン・フォーム」アプローチ」は，第 2 章で述べている PPP 型の授業展開と重なり，
　タスク活動は最後の P に位置付けられる。また，中学校学習指導要領解説（文部科学省，2018d:
　61-62）では，「生徒の活動中の言語使用について具体的にフィードバックしたり，活動後に生徒
　が自分の使用した英語について振り返り，場面に応じた適切な表現方法を確認する機会を与えた
　りすることも重要」としている。

運用場面で使用するための Form と Meaning の結びつきに加え，どのような場合にその文法事項が使われるかということを踏まえている。これは，Larsen-Freeman（第 3 章 Special Feature 1）が，「文法は文を構成するためのメカニズムだけではなく，ダイナミックなプロセス」であり，「Form（形式）のみならず，Meaning（意味）や Use（使われ方）の 3 つの面が常に考慮されねばならない」としていることにつながる。

　次に，文法説明の「方法」は，教師の一方的な説明ではなく，生徒とのやり取りを通して，Form への気付きを促すものとしている。例えば，中学 2 年の学校行事の 1 つ，遠足について，次のダイアローグのように，教師と生徒のやり取りがある。このやり取りでは，何を食べたか，その食べ物はどのようなものかを生徒に尋ね，当日のできごとを全体で共有しようとしている。

（T: 教師　S: 生徒）

T : I have some questions about your lunch and sweets. First, what did you eat in Kamakura?

S1 : I eat … curry and rice.

T : Oh, you ate curry and rice. How was it?

S1 : It's very spicy but delicious.

S2 : I ate *Korunetto*.

T : What's *Korunetto?*

S2 : It's *korone* in the *soft cream*[3].

T : *Korone* in the *soft cream*? [Teacher draws a picture of it on the board.]

S2 : No, no. *Soft cream* in the *korone*.

T : I see. [Teacher draws another picture.]
　　Is this *Korunetto*?

S2: Yes, yes.

　上記のやり取りでは，生徒の発話に，過去のできごとを，I eat … や It's … と現在形で表現し，意味の異なりがあるものの，生徒が伝えようとしているメッセージを，教師が "Oh, you ate curry and rice." と適切な表現を促し（リキャスト）ながら受けとめている。こうした教師と生徒とのやり取りを日頃から繰り返し行なうことで，教師は，生徒に伝えたい内容に応じた英語の形式が，どのよう

3　この活動で生徒が使用している korone は，日本で開発された「コロネ」というパンの名称，また，soft cream は，英語では soft ice cream と表す和製英語である。

に使われるのかという気付きを促している。

　一方，生徒（S2）の後置修飾を用いた発話文（It's *korone* in the *soft cream*.）に対しては，教師は語順が変わると意味が異なることの気付きをより明確に促すために，黒板に絵を描くようにする。この前置詞句による後置修飾の文は，教科書本文に出現していても目標文法事項として明示的に取り上げられていないことから，より Form への焦点化が必要である。実際に，生徒はこの語順の違いに対して，イラストを通じて Form と Meaning との結びつきにより理解を深めたようである。

　最後に，文法説明の「タイミング」は，練習やタスク活動の前，途中，後としている[4]。とりわけ，練習や活動の前は，Form, Meaning, Use の 3 つの面に触れ，生徒の理解を促すことが肝要であるとしている。前述の教師と生徒のやり取りのように，日頃から必要に応じて行なうことで，文法説明のタイミングを図ることができる。以上のように，文法説明は，単元の最初に導入する時やまとめの時などに，単に教師のみによる解説が 1 度または 2 度行なわれることと異なり，コミュニケーションの機会の度に，生徒とやり取りをしながら，文法の 3 つの面に関して意識させるものと捉える。

3.3.1.2 タスク活動の基礎となる音読練習

　タスク活動は，アウトプットを伴う活動であるため，文法説明だけではなく，その基礎となる練習が必要となる。そこで，教師は，検定教科書の本文がタスク活動の基礎となるよう，日頃の音読練習を通じて生徒に，Form と Meaning のつながりを定着させることが必要となってくる。その方法の 1 つとして，穴埋め形式による教科書本文の音読練習を提案する（図 3.3-2, 3.3-3, 3.3-4 参照）。教科書本文の場面は，登場人物の Taku が Tina からの電話で道案内を聞き，2 人が出会うというものである。

> Taku: Tina? I'm lost! I need your help.
>
> Tina : OK. Don't worry. I'll find you. What can you see around you?
>
> Taku: Well, I can see a pond in front of me.
>
> Tina : Anything else?

4　タスク活動中の文法説明は 3.3.1.5 を，タスク活動後の文法説明は 3.3.1.6 を参照。2.3.2 でも，大学におけるタスク活動を通じた文法説明のあり方が，活動の前と途中と後に行なわれることが述べられている。

Taku: There are some trees around the pond.

　　　　［中略］

Taku: Tina!

Tina : Hi. You don't have to run, Taku. The concert won't start until six o'clock.

Taku: Boy, Central Park is big! And the people in New York are so kind and helpful.

（光村図書出版，*Columbus 21*（平成 28 年度版），2 年 Unit 4（全 3 パート 146 語），改行，中略などの変更は筆者）

穴埋め形式による音読には，空欄の設け方に 3 つの仕掛けがある。

穴埋めリーディング①
次の空欄 ☐ に単語を 1 つずつ入れて文を読みなさい。声を出して読むだけです。
最後は教科書を見ないで読めるまで，練習を続けましょう。

Taku：Tina?　　　I'm ☐ !　　　I ☐ your ☐ .
　　　　ティナ？　道に迷ったよ。　君の助けが必要だ。

Tina：OK.　　　Don't ☐ .　　I'll ☐ you.　　What can you ☐ around you?
　　　　わかった。心配しないで。　見つけてあげる。あなたのまわりに何が見える？

Taku：Well, I can ☐ a ☐ in front of me.
　　　　う〜ん，僕の前に池があるよ。

Tina：Anything else?
　　　　他には？

Taku：There are some ☐ s around the ☐ .
　　　　池の周りに木が何本かあるよ。

　　　　［中略］

Taku：Tina!
　　　　ティナ！

Tina：Hi.　　　　You don't have to ☐ , Taku.
　　　　こんにちは。走らなくてもいいよ，タク。
　　　　The ☐ won't ☐ until ☐ ☐ .
　　　　コンサートは 6 時まで始まらないから。

Taku：Boy, ☐ ☐ is ☐ !
　　　　ああ，セントラルパークは大きい！
　　　　And the ☐ in ☐ ☐ are so ☐ and ☐ .
　　　　そしてニューヨークの人々はとても優しくて助けになるよ。

図 3.3-2　Meaning に焦点を置いた音読ワークシート

まず，図3.3-2のワークシート「穴埋めリーディング①」では，主に内容に関する単語が空欄となっている。例えば，「池の周りに木が何本かある」という意味を表すには，There are some ⬚s around the ⬚. の空欄に，tree, pondを入れることになる。これにより，生徒は意味内容に目を向けて音読をすることになる。

穴埋めリーディング②

Taku：Tina?　　　I'⬚ lost!　　　I need your help.
　　　ティナ？　道に迷ったよ。　君の助けが必要だ。
Tina：OK.　　　⬚'⬚ worry.　I'⬚ find you.　⬚ ⬚ you see ⬚ you?
　　　わかった。心配しないで。見つけてあげる。あなたのまわりに何が見える？
Taku：Well, I ⬚ see a pond ⬚ front ⬚ me.
　　　う～ん，僕の前に池があるよ。
Tina：Anything else?
　　　他には？
Taku：⬚ ⬚ some tree ⬚ ⬚ the pond.
　　　池の周りに木が何本かあるよ。
　　　［中略］
Taku：Tina!
　　　ティナ！
Tina：Hi.　　　You ⬚ '⬚ ⬚ run, Taku.
　　　こんにちは。走らなくてもいいよ，タク。
　　　The concert ⬚'⬚ start ⬚ six o'clock.
　　　コンサートは6時まで始まらないから。
Taku：Boy, Central Park ⬚ big!
　　　ああ，セントラルパークは大きい！
　　　And the people ⬚ New York ⬚ so kind and helpful.
　　　そしてニューヨークの人々はとても優しくて助けになるよ。

図3.3-3　Formに焦点を置いた音読ワークシート

　図3.3-3のワークシート「穴埋めリーディング②」では，⬚ ⬚ some tree ⬚ ⬚ the pond. の空欄に，There are, around を入れて，「何本かの木がある」「池の周りに」と表せるように，Formに目を向けて音読することになる。また，treeの後に複数を示す形態素の"s"にも意識が向くようにする。

穴埋めリーディング③

Taku：Tina?　　　I'm lost!　　　　I ‗‗‗‗‗‗‗‗‗ .
　　　　ティナ？　道に迷ったよ。　君の助けが必要だ。
Tina：OK.　　　Don't worry.　　　I'll ‗‗‗‗‗‗ .　　What ‗‗‗‗‗‗‗‗‗‗‗‗‗ ?
　　　　わかった。心配しないで。見つけてあげる。あなたのまわりに何が見える？
Taku：Well, ‗‗‗‗‗‗‗‗‗‗‗‗‗ .
　　　　う～ん，僕の前に池があるよ。
Tina：Anything else?
　　　　他には？
Taku：There ‗‗‗‗‗‗‗‗‗‗‗‗‗ .
　　　　池の周りに木が何本かあるよ。
　　　　［中略］
Taku：Tina!
　　　　ティナ！
Tina：Hi.　　　　You ‗‗‗‗‗‗‗‗‗‗‗‗‗ .
　　　　こんにちは。走らなくてもいいよ，タク。
　　　　The ‗‗‗‗‗‗‗‗‗‗‗ .
　　　　コンサートは 6 時まで始まらないから。
Taku：Boy, ‗‗‗‗‗‗‗‗‗‗ !
　　　　ああ，セントラルパークは大きい！
　　　　And ‗‗‗‗‗‗‗‗‗‗‗‗‗ .
　　　　そしてニューヨークの人々はとても優しくて助けになるよ。

図 3.3-4　Form と Meaning に焦点を置いた音読ワークシート

　最後の図 3.3-4 のワークシート「穴埋めリーディング③」では，①と②での練習が進んだところで試すように，文の最初の単語のみが与えられ，他は空欄になっている。これによって，生徒は，文の Form と Meaning の両方に焦点を当てることになり，文を創り出す土台を築くことになる。

　図 3.3-2 から図 3.3-4 では，ワークシートが順番に示されているが，生徒の学習状況によっては，①と②を交互に繰り返し行なってから③を試したり，③を行なってから，状況に応じて，①と②を再び行なったりすることも可能である。また，音読練習の際に，単に声を出して読むことに留まらず，本文の場面や文脈，登場人物の心情を意識することで，Use への意識も高まると考えられる。

3.3.1.3　Form, Meaning に Use を関連付ける活動の重要性

　次の段階では，生徒が穴埋め形式の音読によって獲得した言語知識を活用し，ペアやグループで，生徒自身の日常生活について伝え合う活動を行なう。教科書本文では，新出の文法事項の他に，既習の文法事項も使われていることから，文法知識は，繰り返し活用されることになる。

先に行なった音読練習で慣れ親しんだ表現を生徒自身の日常生活に重ね合わせることによって，Use への意識がさらに高まることになる。例えば，新しく来校する ALT に，生徒の通う中学校の場所の特徴を知らせるために，教師は，"Can you tell me about things near our school?" と尋ね，生徒は，"There is a big shopping mall near our school." や "There are some temples near our school." などと表現することが期待される。これは，生徒が教科書本文の There are some trees around the pond. を音読練習して身に付けた，Form と Meaning の結びつきを活用して，提示された話題について発信し，Use への意識を高めたものであると考えられる。

目標の言語活動であるタスク活動では，目標文法事項が前置詞句を用いた後置修飾であるため，音読練習で慣れ親しんだ文，the people in New York are so kind (and helpful). を基礎に，教師は，"How about the people in Japan?" や "How about the students in our school?" などと尋ね，生徒は，"The people in Japan are …" や "The students in our school are …" と発して，前置詞句の後置修飾を意識する機会をもつとよい。後置修飾自体は，通常 1 年次と 2 年次（to 不定詞の形容詞的用法を除く）では，新出の文法事項として取り扱われない。そのため，早期に（1.8 参照），日本語の構造と異なる英語特有の構造に慣れさせておくと，後の学習に効果をもたらすと考えられる（奥村，2017）[5]。とりわけ，後置修飾を伴う「名詞句が主語になる文」は，教科書本文に出現する回数が少ない[6]上，主部が長くなることから，処理が複雑になる。And the people in New York are so kind and helpful. の意味を「ニューヨークの人々は，とても親切で助けとなる」と解釈できても，生徒がその意味内容の文を，テストで，And〔so kind and helpful / the people / in / are / New York〕を並べ替えてつくる場合，And the people are so kind and helpful in New York. や And New York in the people are so kind and helpful. と解答することがある。主語の the people と in New York が，1つの名詞句になるには，さまざまな人々がいる中でも，「ニューヨークにいる人々」と限定をしていることを理解した上で，the people の後に in New York が来ていることや，語順や構造が異なると，「ニューヨークでは人々がとても

5　2 年次に前置詞句の後置修飾を伴う文の練習とタスク活動を組み合わせた授業を行なった生徒は，授業を行なわなかった生徒に比べ，3 年次における前置詞句と分詞による後置修飾を伴う文の Form と Meaning の理解度が有意に高かった（Okumura, 2019）。

6　前置詞句による後置修飾が主語の位置にくる文は，平成 28 年度版の 6 社の検定教科書によっては，1 年次から 3 年次まで最少で 3 回，最多で 14 回の出現数である（Okumura, 2019）。

親切で助けとなる」や「人々の中のニューヨークはとても親切で助けとなる」というような意味に変わってしまうことを理解させる必要がある。

3.3.1.4　タスク活動につながる練習

　前置詞句による後置修飾の文が，検定教科書では新出の文法事項として取り上げられないため，語順や構造を理解するための練習を意図的に組み入れる必要がある。そこで，赤・青・黄・緑の4色のカードを使って，ゲーム形式で生徒同士がやり取りを行なう活動を提案する。この活動では，card, on, under, red, blue, yellow, green の単語を使用し，ペアでそのカードをめくり合って勝敗を決める（奥村，2018）。活動の手順は以下の通りである。

　○4色のカードを4枚ずつ計16枚用意し，その裏には，スマイル（13枚程度）とドクロ（3枚程度）のマークを入れておく。

　○2枚の異なる色のカードを図3.3-5のように重ね，8セット並べる。

　○ペアで向かい合って交互に，"Please open the yellow card on/under the blue card." と指示し合い，カードをめくってもらう。

　○めくられたカードが，スマイルであればゲームは続行され，ドクロが出た時点で指示をした人が負けとなる。

　この活動では，the yellow card on the blue card と the blue card on the yellow card の意味の違いと語順の違いを区別するよう仕掛けが施されている[7]。指示を出す際に，選択した色のカードの上下関係を正確に示さないと，指示を聞いた相手が誤ったカードをめくることになる[8]。また，カードをめくる相手も，単に選択された色のみを聞き取れても，カードの上下関係も理解できていないと指示されたカードをめくることができないので，互いに文の意味と形式の結

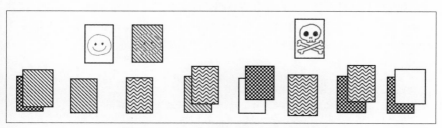

図3.3-5　カードの並べ方とゲームの進行

7　I think <u>the yellow card on the blue card</u> is 'smile'. のように，下線部の後置修飾を伴う名詞句が主語の位置になる文構造でやり取りすることも可能である。また，最初はカードを重ねずに，後置修飾を伴わずにやり取りさせてからカードを重ねると，後置修飾を用いる必然性が高くなる。

びつきを理解することが重要となる。こうした活動には，先述 3.3.1.3 のように事前にさまざまな例を提示して練習しておくとより効果的である。

3.3.1.5　タスク活動の実際

　タスク活動は，図 3.3-6 と図 3.3-7 で示すように 2 種類のワークシートを用いてペアでやり取りを行なって，与えられた課題（タスク）を解決する言語活動である（1.3 参照）。この活動では，生徒は，2 つの店（エッフェルとコンコルド）に売っているお土産の値段と状態を比較して，どちらの店でお土産を買うか，ペアでやり取りを行なって決めるという課題が与えられている。ワークシートは Sheet A と Sheet B に分かれており，段階的に課題解決に向かうよう，日本語による指示が与えられている。生徒は課題・場面・伝えるべき内容に応じて，相手にメッセージを伝える時，即時的に文法事項（この活動では前置詞句による後置修飾）を選択することになる。日本語の指示には，後置修飾の文を使う旨は伝えられていないので，自らその文法事項を言語知識から取捨選択する力（思考力・判断力）が求められる。実際の活動では，2 つのお土産店のうち，どの店の品物かを区別して伝えるためには，どのように表現したらよいかを考えることになる。

　前置詞句による後置修飾の文は，エッフェルという店で売られているものの値段について，例えば，The T-shirts in Eiffel were 15 euros. という表現が期待される。活動中，生徒は，"The T-shirts were 15 euros in Eiffel." と言ってみたり，"Eiffel's T-shirts were 15 euros." と言ってみたりするが，活動を一旦終えた後で，フィードバックとしてより適切な構造を用いるよう生徒に勧め，表現の違いに気付かせることが大切である[9]。たとえ互いに意味理解ができて課題が解決されても，母語（日本語）とは異なる英語の構造を意識させ，自らその違いに気付き，修正した知識を活用できる力を身に付けさせたい。同時に，やり取りを円滑にするためのあいづちや応答の表現も使用することを意識させたい。

8　Okumura（2019）では，公立中学校 2 年生が，この活動を通じて，日本語の「A の中の B」が英語では B in A となることが正確に理解でき，それが 1 つの意味のかたまりとして文の中に存在していることも理解できるようになった。

9　より適切な表現を共有するためのフィードバックの与え方として，活動中の発話文を聞き取って黒板に示す方法や，モデルダイアローグを配布して確認する方法の他，いくつかのペアに発表してもらう方法が考えられる。いずれの方法でも，再度，活動を行なって，より適切な文を使ってみる機会を与えたい（2.3.2.4 参照）。

「海外で買い物上手になろう！」 TA
Sheet A

あなたは，これからヨーロッパの旅行先でスノードームとスマートフォンケースをおみやげに買おうとしています。昨日はエッフェルという店を下見してきました。友達も別の店を下見してきたようです。下見で見つけたものを伝え合い，良いものを安く買えるよう，どちらの店で買うか決めましょう。
※金額の単位はユーロ（euro）です。

（➡のついた番号では，あなたから話し始めます。）

➡1. あなたがおみやげで買いたいものを友達に伝えましょう。

2. 友達が昨日ある店に行ってきたことを伝えてきます。あなたはエッフェルに行ってきたことを伝え，互いにスノードームとスマートフォンケースの見た感じと値段を伝え合いましょう。

エッフェルのおみやげ

snow domes　　　smartphone cases　　　T-shirts　　　eco-bags

	snow domes	smartphone cases	T-shirts	eco-bags
あなたが見た感じ	big	nice	cool	useful
エッフェルでの値段	10 euros	20 euros	15 euros	8 euros
友達が見た感じ				
コンコルドでの値段	euros	euros		

➡3. あなたが買いたいおみやげをどちらの店で買いたいか友達に伝えましょう。

4. 友達が買いたいおみやげについて伝えてきます。エッフェルで見たおみやげの見た感じと値段を伝えましょう。

5. 最後にどちらの店で何を買うか表に○をつけましょう。

	snow domes	smartphone cases
エッフェル		
コンコルド		

図 3.3-6　後置修飾のためのタスク活動ワークシート（Sheet A）

あなたは，これからヨーロッパの旅行先でＴシャツとエコバッグをおみやげに買おうとしています。昨日はコンコルドという店を下見してきました。友達も別の店を下見してきたようです。下見で見つけたものを伝え合い，良いものを安く買えるよう，どちらの店で買うか決めましょう。
※金額の単位はユーロ（euro）です。
（➡のついた番号では，あなたから話し始めます。）

1. 友達が買いたいおみやげを伝えてきます。

➡2. あなたは昨日コンコルドに行っておみやげを見てきたことを伝えましょう。

3. 友達は昨日見てきた店について伝えてきます。あなたはコンコルドで見たスノードームとスマートフォンケースの<u>見た感じ</u>と<u>値段</u>を伝えましょう。

コンコルドのおみやげ

| snow domes | smartphone cases | T-shirts | eco-bags |

	snow domes	smartphone cases	T-shirts	eco-bags
あなたが見た感じ	beautiful	cool	nice	cute
コンコルドでの値段	10 euros	15 euros	20 euros	5 euros
友達が見た感じ				
エッフェルでの値段			euros	euros

➡4. あなたが買いたいおみやげは何かを伝え，さらにコンコルドで見た<u>感じ</u>と<u>値段</u>を友達に伝えましょう。

5. 友達が，エッフェルにあるおみやげの見た感じと値段を伝えてきます。あなたが買いたいおみやげをどちらの店で買いたいか友達に伝えましょう。

6. 最後にどちらの店で何を買うか表に○をつけましょう。

	T-shirts	eco-bags
エッフェル		
コンコルド		

図 3.3-7　後置修飾のためのタスク活動ワークシート（Sheet B）

＜モデルダイアローグ＞

(A: Sheet A の生徒の発話　B: Sheet B の生徒の発話)

1. A: I want to buy some snow domes and smartphone cases.

2. B: Yesterday I went to Concorde and saw some.

   A: Oh, did you? I went to Eiffel yesterday. The snow domes were big. How about at Concorde?

   B: I don't think they were big, but they were beautiful.

   A: How much were they?

   B: They were 10 euros.

3. A: Oh, really? <u>The snow domes at Eiffel</u> were 10 euros, too. I want to buy some big snow domes at Eiffel.

   B: How about smartphone cases? <u>The smartphone cases at Concorde</u> were cheap. They were 15 euros.

   A: <u>The smartphone cases at Eiffel</u> were 20 euros, but they were cool, I think.

   B: I think <u>the smartphone cases at Concorde</u> were cool, too.

   A: OK. I will buy smartphone cases at Concorde. What do you want to buy?

4. B: I want to buy T-shirts and eco-bags. The <u>T-shirts at Concorde</u> were cool. They were 20 euros. How about at Eiffel?

   A: <u>The T-shirts at Eiffel</u> were 15 euros. They were cool, too.

5. B: That's cheap. I want to buy T-shirts at Eiffel. How about the eco-bags there?

   A: They were cute. They were 8 euros.

   B: Oh, really? <u>The eco-bags at Concorde</u> were cute, too, but they were 5 euros. So, I want to buy eco-bags at Concorde.

   A: I see. Let's go to Concorde and Eiffel to buy some T-shirts and eco-bags together.

   B: OK.

   ※下線部は目標構造を示し，番号はワークシートの番号に対応する。

3.3.1.6　タスク活動後の文法指導

　タスク活動を行なった後に，生徒の言語使用に対し，フィードバックを与えることは，「「フォーカス・オン・フォーム」アプローチ」の「フィードバックとしての文法説明＋プラクティス」によって，目標文法事項について理解することにつながる。この文法説明では，とりわけ後置修飾の場合，単に修飾の概

the book on the chair　　　　　　　the chair on the book

図 3.3-8　語順の違いによる意味の違いに気付かせる例

念をことばで説明するだけでは，構造を理解して即時的かつ正確に発話することにつながりにくいため，図 3.3-8 のような写真を例示して，「語順が変われば，伝わる内容が変わる」ことを提示することで，理解を深められる。また，後置修飾の機能は，ある名詞を単に詳しく説明しているだけではなく，複数ある同じものでもその中のどれを指しているかを限定することも理解させる必要がある。

　授業では，図 3.3-8 の例に加え，さらに，次のような生徒と教師のやり取りが考えられ，「フィードバックとしての文法説明」に加えた「プラクティス」を行なうことができる。(T：教師　S：生徒)

> T: There are six cat key chains. Some cats are in the sweets, and some cats are on the sweets.
> S1: I like the white cat.
> T: Which white cat?
> S1: The white cat in the *dorayaki*.
> S2: I like the cat on the *roru-keki*（Swiss roll）.
> T: How about you, S3?
> S3: I like the cat in the *sakuramochi*.
> T: There are two kinds of cats in the *sakuramochi*. Which do you like better?
> S3: I like the brown cat in the *sakuramochi* better.

図 3.3-9　黒板やモニターに提示したイラスト

　このようなやり取りを行なった後で,「名詞＋前置詞句」の後置修飾によっ
て名詞句(意味のかたまり)ができていることを確認させ,その機能が,複数
の同じもの(例えば,猫)をどのように限定する(絞り込む)かを具体的に提
示できる。たとえ,このやり取りの中で,"I like *ammitsu*."と伝え,文脈的に
意味が伝わったとしても,より正確な情報を伝えるための適切な表現を理解さ
せることを目的とするならば,"I like the cat in the *ammitsu*."とすべきである。
さらに,この活動には,桜餅のキーホルダーが 2 種類あり,猫が茶色なのか白
なのかも限定する必要があることから,英語には the brown cat や the white cat
のように,ものごと(名詞)を前から限定したり,説明したりする前置修飾も
あることも確認できる。

　生徒には,ものごとの状況を説明したり,同種のものを特定したりする場合
には 2 つの方法があることを伝えるとよい。1 つは,日本語のように,先に言っ
て徐々に決めていく方法(前置修飾)で,例えば,「茶色の猫(the brown cat)」
といった表現。これに対して,日本語とは異なり,後に情報を追加して説明し
たり,特定する方法(後置修飾)で,例えば,「桜餅の中の猫(the cat in the
sakuramochi)」といった表現。こうして,日本語は,ものごとの状況を前から
追加する仕組みをもち,英語の仕組みと異なるが,多くの文に触れることで英
語と日本語との違いに慣れていくのがよいことを伝えたい。

3.3.2　タスク活動に対する評価

　タスク活動「海外で買い物上手になろう」に対する評価は,「タスク活動に
関連する評価規準」(表3.3-1)に基づいて行なわれ,評価規準については,言
語の特徴や決まりに関する事項(言語材料),コミュニケーションを行なう目
的や場面,状況,取り扱う話題などに即して設定している。取り扱う技能に関
しては,「聞くこと」と「話すこと[やり取り]」の評価規準として設定してい
る。

　総括的な評価では,「知識・技能」や「思考・判断・表現」については,定

期試験などのペーパーテストやパフォーマンステストで行ない，「主体的に学習に取り組む態度」については，生徒の活動状況を教師が観察する等の方法で行なう。特にペーパーテストでは，タスク活動で使用した言語表現を聞き取りで用いて，情報を正しく捉えられるか問うことが考えられたり，目標文法事項を用いた文を書いて表現できるか，語句の並べ替えや作文等で問うことが考えられたりする。また，パフォーマンステストでは，個別に ALT を相手[10]に，活動した内容に即した内容でのやり取りの過程を正確性（知識・技能）と適切性（思考・判断・表現）の観点で問うことが考えられる。採点の基準については，指導した内容を踏まえて，表3.3-2 のように設定し，a, b, c で評価する（国立教育政策研究所教育課程研究センター，2020b: 52）。

　形成的評価では，生徒の取り組む姿勢やパフォーマンスについて，個々にフィードバックを与えることによって，学びが継続していくように，学習意欲

表 3.3-1　タスク活動に関連する評価規準

観点／領域	知識・技能	思考・判断・表現	主体的に学習に取り組む態度
聞くこと	・前置詞句による後置修飾の構造と意味の結びつきや働きを理解している。 ・海外旅行で購入するお土産の値段や特徴について，捉える技能を身に付けている。	・海外旅行先でよりよいお土産を選択し，決められるよう，その値段や特徴に応じて，購入するお土産をどれにするか決定するために必要な情報を捉えている。	・海外旅行先でよりよいお土産を選択し，決められるよう，値段や特徴に応じて，購入するお土産をどれにするか決定するために必要な情報を捉えようとしている。
話すこと［やり取り］	・前置詞句による後置修飾の構造と意味の結びつきや働きを理解している。 ・海外旅行で購入するお土産について，前置詞句による後置修飾を伴う文を用いて，値段や特徴を即興で伝え合う技能を身に付けている。	・海外旅行先でよりよいお土産を選択し，決められるよう，学習した語句や文を用いて，値段や特徴について即興で伝え合ったり，質問し合ったりして，その情報に応じて，購入するお土産をどれにするか伝え合っている。	・海外旅行先でよりよいお土産を選択し，決められるよう，学習した語句や文を用いて，値段や特徴について即興で伝え合ったり，質問し合ったりして，その情報に応じて，購入するお土産をどれにするか伝え合おうとしている。

10　国立教育政策研究所教育課程研究センター(2020b) では，パフォーマンステストでのやり取りの形態が，生徒2人のペアや教師が加わり3人と考えられているが，本来もっている知識・技能が一貫して発揮されるよう ALT との1対1で行なうことを配慮したい。

表 3.3-2　パフォーマンステストの採点基準

評価＼観点	知識・技能	思考・判断・表現
a	正確な英文で話すことができる。	適切な語彙や文法知識の選択ができ，与えられた情報によって，自分の考えを詳しく述べることができる。加えて必要な情報を得るために質問をして課題解決を効果的に図るよう，適切にやり取りしている。
b	語彙や文法知識の正確さに一部欠けるが，コミュニケーションに支障のない程度の英文を用いて話すことができる。	語彙や文法知識の選択の適切さに一部欠けるが，与えられた情報によって，自分の考えを述べ，課題解決に向け，やり取りしている。
c	語彙や文法知識の不足などによりコミュニケーションに支障をきたしている。	語彙や文法知識を適切に選択できず，課題解決に至っていない。

を維持したり，高めたりするように努めることになる（3.3.1.5参照）。例えば，生徒の発話に対して，教師は，Formに注意を向けさせ，より適切なパフォーマンスに導き，学びが十分に深まったところで総括的に評価することが求められる。そのため，総括的評価を活動直後に行なうのではなく，教師は，生徒が何をどのように学んだかを見極めた上で行なうことが重要となる。

3.3.3　タスク活動実施の留意点と展望

　中学校におけるタスク活動実施のタイミングは，複数の単元のまとまりごとに計画され，日常の学習活動のゴールの1つと見据えると，教科書の何をどのように活用するかが絞られる。ワークシート作成にあたっては，英語使用の場面や必然性を想定し，解決すべき課題を，生徒の日常生活や将来起きそうな事柄から設定することが望ましい。また，生徒の何気ない会話から，生徒の思考に合致したやり取りやそれを行なうための文法事項を選択することになる。その際，取り上げる文法事項が，日本語の構造と異なるか，形式的に似た構造のために，生徒にとって区別がつきにくくないか検討することが必要となる[11]。

　実施の利点は，生徒は，課題解決に向けて意図されたやり取りを行なうよう仕向けられ，必然的に自らの知識・技能を活用しようとすることである。その

11　タスク活動のアイディアは，髙島（2000，2005，2011a）と今井・髙島（2015）に，取り扱う文法事項別に，あるいは技能別に，難易度別に掲載されている。

際，課題に取り組む集中力や課題達成の成就感が高まっていることが感じられ，実際に，「これは楽しい」や「少し難しいけれど面白い」という声も聞こえるほど，日頃の学習で積み重ねられた知識・技能が，課題解決のために役立ち，やり取りが充実したことがうかがえる[12]。たとえ，教科書本文の音読に不安な生徒でも，会話を継続させようとしている姿も見られ，活動中に流暢さに欠ける発話があっても，相手が懸命に聞き取ったり，ことばを補ったりするなど，相手の心情を配慮しながら教え合いや学び合いが起こっていることも分かる。

　以上のように，授業のゴールの1つをタスク活動に位置付けると，「知識及び技能」と「思考力・判断力・表現力等」の資質に加え，生徒は，主体的な学習に向かうと共に，多様性を尊重する態度と互いのよさを生かして協働する力といった，「学びに向かう力，人間性等」の資質を育むことになる。こうしたことから，学期に数回でもタスク活動を体験し，対話的で深い学びを実現させることは，高等学校以降のより自由な言語活動への持続した動機にもつながる。

12　3.7.5「英語劇プロジェクトの成果」の「楽しさと達成感」参照。

3.4　高等学校における課題解決型プロジェクト

　2018（平成30）年に公示された高等学校学習指導要領の前文では「持続可能な社会の創り手」という言葉が初めて盛り込まれ，その育成が強調されている（文部科学省，2019a: 1）。本節では，神戸の「災害に強い持続可能なまちづくり」という地域的課題に関連した課題解決型プロジェクト学習の一例を紹介する。社会や世界の状況を幅広く視野に入れた社会に開かれたカリキュラム・マネジメント[1]が強調されている学習指導要領の方向性も踏まえ，高校1年生の英語授業における国連SDGs[2]の「持続可能なまちづくり」の達成に向けたプロジェクト[3]である。特に，神戸を災害に強いまちにするための防災公園を英語で提案するタスクに焦点を当て，実践上の工夫や留意点について述べる。

3.4.1　神戸の復興からResilient Communityを目指すプロジェクト
3.4.1.1　プロジェクトの背景と概要

　本実践の対象となった学校が位置する神戸市は，1995年の阪神淡路大震災から着実に復興を遂げてきた。その復興の過程には，災害に強い持続可能なまちづくりの工夫や努力があり，震災を経験していない生徒達がそこから学ぶものは多い。現在，神戸市では2025年を目標年次として「KOBEパークリノベーション計画」が進行中である。この計画では，神戸の未来を創造する身近な公園の再生を実現するには，市民の参画が不可欠であると述べられている（神戸市建設局公園部計画課，2017）。

　この実践では，生徒が神戸の復興過程でどのような工夫がなされてきたかについて英語で学び，得られた知識を基にコミュニティの一員として「防災公園」[4]を企画し行政に提案するタスクに取り組む。このような疑似体験をすることで，SDGs「目標11：都市と人間の居住地を包括的，安全，レジリエント

1　カリキュラム・マネジメントは，教育課程の全体像，教科の年間計画，単元構成や1時間の授業など，さまざまなレベルで取り組む必要がある（文部科学省，2015a）。

2　SDGs（Sustainable Development Goals）：持続可能な世界を実現するための17のゴール・169のターゲットから構成され，地球上の「誰一人取り残さない」ことを誓っている（外務省，発行年不明）。

3　プロジェクトやタスクの定義は，今井・髙島（2015）に則り，「プロジェクト」は，各授業内で行なわれる課題解決型の「タスク」の集合体と考えている。「防災公園の提案」は授業内のタスクの一例であり，各授業におけるタスクの集合体が神戸の復興からResilient Communityを目指すプロジェクトを構成していることになる。

かつ持続可能にする」を達成するために自分達に何ができるかについて考えさせる。

3.4.1.2　プロジェクトの位置付けと教材・タスク

　実践校（中等教育学校）ではテーマ単元学習を行なっており，4年生（高校1年生）から6年生（高校3年生）にかけて，「自分自身」，「自分の地域や国（日本）」，「世界」へと視点が広がるように単元を設定している。4年生では年度当初にロールモデルとなる人物を教材として扱い，自分と関連付けながら「自分自身」の目標や生き方について考えた。次に，日本文化や日本の革新技術を扱った教材を読むことで「日本」を見つめ直し，そこで学んだ日本に関する事柄を英語で発信できるようにした。そして，4年生の最終段階に，阪神淡路大震災とそこからの復興を通して地元神戸を見つめ，「持続可能なまちづくり」へと発展的に学ばせる単元を課題解決型プロジェクトとして配置した。

　本プロジェクトでは，特定の地域（神戸）を扱うことから，英文テキストは教科書以外の書籍やインターネット上の英文を検索し，適切なものをいくつか選んで作成した（表3.4-1参照）。そして生徒達が阪神淡路大震災の事実を知り，神戸の復興過程から次の災害への備えや課題を発見し，その課題解決について考察していけるよう教材やタスクを配列した。またテーマについて，思考を深めながら英語力も高めていけるようにワークシートやタスクを工夫した。

　例えば，第一次でボランティア活動について考察した際には，さまざまな活動を ① Things which victims and volunteers want. ② Things which victims don't want but volunteers do. ③ Things which victims want but volunteers don't want. ④ Things which neither victims nor volunteers want. の4つに分けて理由を述べるというタスクに取り組み，被災者を支援する際に気をつけなければならない点について英語で議論を深めた。正しい答えが存在するわけではないが，その議論を通して生徒間で多くの気付きがあり，思考を深めることができた。

　3.4.2では，第二次7時間目（表3.4-1）で実施した「防災公園」を英語で提案するタスクを取り上げ，生徒達がそれまでの授業で学んだ知識を再構築して思考を深め，英語で自己表現する様子を詳しく紹介する。

4　地震やそれに伴って火災が発生した際に，住民の命や財産を守るために防災機能を発揮し，避難地，避難路，防災拠点などの役割をもつ都市公園や緩衝緑地のことである（Bousai Tech, 2018）。

表 3.4-1　単元の展開（全 18 時間）

	時間	主題	使用テキスト	目標
第一次	1 時〜5 時	阪神淡路大震災から神戸の復興までの過程	"Reality of the Earthquake"[5] "Stand Close to People's Heart"	・阪神淡路大震災の事実と，神戸の人々が，そこからどのように立ち上がってきたかを理解する。 ・ボランティア活動や支援を行なうとき気をつけなければならないことは何かを考える。
第二次	1 時〜6 時	神戸の復興の成果を振り返る	"The Hidden Signs of Kobe's Post-Earthquake Resurrection"[6]	・神戸の復興の成果を理解する。 ・神戸の復興の成果が，いかに神戸を災害に強いまちにしているかを考える。
	7 時（本時）			・**災害に強いまちにするために，どのような公園を作ればよいか考え，根拠や理由を明確にしたうえで提案する。**
第三次	1 時〜3 時	神戸の復興の成果と知識を未来へつなぐ	"What a researcher in the field of disaster risk reduction learned when he became a disaster victim."[7]	・「被災地責任」を果たす必要性や，「災害に強いまち」についての筆者の主張を理解する。 ・災害に強いまちづくりのために何が必要か，何をすべきかを考える。
第四次	1 時〜3 時	リサーチとプレゼンテーション	（グループごとに別の教材を使用）	・各グループで「災害と復興」，「防災」について調べ，英語でまとめて発表する。 ・災害に強いまちづくりのために，自分達は何をしていくべきかを考える。

3.4.1.3　学習者について

　本実践の対象者である学習者は，兵庫県神戸市にある中等教育学校 4 年生（高校 1 年生）5 クラス 185 名である。この単元に入る前に 1 クラス 24 名を対象に行なったアンケート調査で，多くの生徒達が「神戸（兵庫）は十分に復興を遂げた（96%）」，「神戸は災害に強い都市である（83%）」と回答した。また，4 年生全員（185 名）に「阪神淡路大震災の後，神戸は災害に強いまち（disaster-resilient community）になったと思うか」という質問に対する答えと根拠を 100 語程度の英語で書かせたところ，大半の生徒（94%）が「そう思う」という意見であった。しかし，そのうちのほぼ全員が，その根拠として建造物の構造の強化や防災センターの設立など目に見えるものを挙げていた。生徒達は，建造物など見かけの様子から判断して「神戸はほぼ復興している」との印象をもっているようであった。

5　この 2 話は防災教育副読本『幸せ運ぼう』（中学生用）（神戸市教育委員会，2013）を英訳したもの。
6　インターネット上の記事（Laskow, 2016）を平易な英語にリライトしたもの。
7　インターネット上の記事（Murosaki, 2016）を平易な英語にリライトしたもの。

3.4.1.4　プロジェクトのねらい

建物など，見かけの様子のみで表面的に神戸の復興を捉えている生徒達に対し，内面的なものや自分達が気付いていないものにも注意を促して，「災害に強いまち」とは何かについて思考を深めさせたいと考え，以下のねらいを設定した。

第1に，阪神淡路大震災の事実と神戸の人々がいかに立ち上がってきたかを理解させる。第2に，神戸の復興の成果，災害に強いまちづくりのためにどのような工夫や努力がなされてきたかを学び，自分達の課題は何かについて考えさせる。第3に，被災地神戸で復興と共に成長してきた者として「被災地責任」[8]を果たしていくことができる生徒を育成する。

言語活動に関しては，被災地神戸に生まれ育った自分達がすべきことについて自分の意見を英語で積極的に発信することができることを目指す。そのために，第1に，英文内容を自分の言葉で要約することができ，第2に，神戸の復興について学んだことや自分の考えを英語で論理的に伝えることができるようにさせる。

3.4.1.5　授業形態について

授業はコミュニケーション英語Ⅰ（週3単位：1単位は50分，2クラス3展開または1クラス2展開の少人数クラス編成）で行ない，日本人教師（JTE）が週2単位を単独で指導し，1単位はアメリカ人英語指導助手（ALT）とのティーム・ティーチングで指導した。後期（10月以降）より英語の習熟度に応じて Advanced と Standard の2つのレベルに分け，Advanced クラスではより発展的な教材と活動を導入した。

授業の指導は，全て英語を用いて行なった。4人の生徒から成るグループを作り，各グループに英語を得意とするリーダーを配置した。このグループでの英語での話し合いや活動を多く取り入れることで，生徒自身も主体的な「言語使用者」（今井・髙島，2015: 18）になるように促した。

震災や復興についての理解を助けるために，震災の映像を英語の解説付きで見せ，プレゼンテーションソフトを用いて震災前と復興後の神戸のさまざまな

8　①被災体験をバネにしてすばらしい社会をつくり，そのすばらしさを世界に発信するということ，②世界のどこかで災害が起きたときに復興時に助けてもらった恩返しをするということである（Murosaki, 2016）。

写真を提示した。生徒はそれらを見ながら，震災前と復興後の神戸を比較し，教師の投げかける質問に対して，個人の思考をペア→グループ→クラス全体で共有した。

また，地域機関（MERCY Malaysia[9]及び兵庫県立大学大学院復興政策研究科）から講師を招いて災害弱者，ボランティアなどについての講演会も実施した。教育内容と，教育活動に必要な人的・物的資源等を，地域等の外部の資源も含めて活用しながら効果的に組み合わせることが重要である（文部科学省，2015a）との理由からである。

このような活動を通して，生徒達は徐々に復興過程で築かれた次の災害に対する備えと課題を発見していった。これらの積み重ねが，以下に紹介する「防災公園」提案のタスクに取り組むときの基礎知識や判断材料となった。

3.4.2　タスク：「防災公園」の提案

本項では "The Hidden Signs of Kobe's Post-Earthquake Resurrection"（Lascow, 2016）を読んだ後に，公開研究授業（第二次7時間目（表 3.4-1），Advanced クラス 24 名対象）[10] で実施した英語で防災公園を提案するタスクについて具体的に紹介する。

3.4.2.1　「防災公園」提案のタスクまでの第二次の授業

英文テキスト "The Hidden Signs of Kobe's Post-Earthquake Resurrection" を4つのパートに分け，ワークシートを使いながら，各パートの内容を把握し，音読や英語による口頭要約を行なった後，自分の意見を述べ，それを全体で共有または討論するという流れで授業を進めた。

各パートで，生徒達は，表 3.4-2 に示したような課題について考え，他の生徒と意見を交換することを通して，徐々に「災害に強いまち」，「防災公園」，「コミュニティのあり方」などについて理解し，自分自身の意見を構築した。また同時にそれを英語で表現する力も身に付けていった。

9　危機と非危機の両方の状況で，脆弱な地域社会に医療的救済，持続可能な健康関連開発，リスク低減活動を提供することに焦点を当てた国際的非営利団体（MERCY Malaysia ホームページ：https://www.mercy.org.my/）。

10　2018 年 2 月 10 日に神戸大学附属中等教育学校において編著者の髙島英幸氏を指導助言者として公開した授業である。

3.4.2.2　タスクの概要

「まちづくり委員会」として［Ⅰ］コミュニティのどこに防災公園を作るか，［Ⅱ］その公園には何を設置するか，を各グループで話し合って決定し，他グループの行政担当者役の生徒に地図を示しながら提案する。コミュニティの地図は教師が作成したもので，他のグループの生徒を説得するために，前時までに学習した神戸の復興の成果，災害に強いまちにするための工夫や努力についての知識を用いて論証的に説明しなければならない仕掛けが組み込まれている（図3.4-1参照）。

表 3.4-2　ワークシート内の課題（一部抜粋）

Part	内容	課題
全 Part 共通		(1)　Answer the TF questions. (2)　Guess the meaning of the following words from the context. (3)　Answer the questions. (4)　Target Sentences 　　　＊難解な文はピックアップして解説し，暗唱させる。 (5)　Read aloud.
Part 1	阪神淡路大震災の被害状況	- Describe the Great Hanshin Earthquake using the following numbers and words. 　　January 17,　1995 / collapse / fire / 7.3 / 6,400 / 530,000 / 100,000
Part 2	神戸の復興の成果と課題	- Explain the term 'resiliency' in your own words. - Describe Kobe today, using the following words. 　　the Great Hanshin-Awaji Earthquake Memorial / tree / vacant / lights / 　　one of six examples - Think of some examples of measures to improve 'resiliency' in Kobe or Hyogo.
Part 3	震災前と現在の比較 防災公園について	- Describe 'intimate and charming places to live' in your own words. - Describe how Shin-Nagata has changed, compared with how it was before, using the following words. 　　industrial / destroy / transform / park - Describe 'disaster prevention parks' using the following words. 　What measures are hidden in them to improve resiliency? 　　space / fire / structure / fit / water / supply - Introduce some other measures 'disaster prevention parks' have, beyond what the author mentioned.
Part 4	コミュニティについて	- Describe the role of 'machizukuri' in the development of Kobe. - Imagine an ideal community. 　・What does your ideal, resilient community look like? 　・How should people act in order to make the community resilient? 　・Does your current community reflect your ideal? 　　Yes. → What is the key to success? 　　No. → What are some of the problems?

3.4.2.3 タスクの手順（④以降の活動はすべて英語で行なう）

① 4人組のグループで地図上のA～Dのゾーンの中にある@～@から公園の設置場所を決定し，地図上に公園サイズ大の付箋を貼る（図3.4-1）。相手グループを説得できるようその根拠を考える。

② 公園に設置するもの4つを決定し，図を描く（図3.4-2）。相手グループを説得できるようその根拠を考える。

③ グループ全員で相手グループから尋ねられる可能性のある質問に対する答えと相手グループに尋ねる質問を考えておく。

④ 第1ラウンドでは，各グループから2名がまちづくり委員会役となり他のグループの行政担当者役の生徒2名のもとに出向いて，防災公園設置場所を提案し，質問に答える。提案と質問時間はそれぞれ2分間とする（図3.4-3）。

⑤ 第2ラウンドでは，各グループの別の2名がまちづくり委員会役となり他のグループの行政担当者役の生徒2名のもとに出向いて，公園に設置するもの4つを提案し，質問に答える。

⑥ 各ラウンドで，聞き手の行政担当者役の生徒は質問するだけでなくチェックシート（図3.4-5）で話し手のプレゼンテーションを評価する。

⑦ いくつかのグループの提案をクラス全体で共有する（図3.4-4）。

すべてのグループで質問と答えのやり取りが最低1回はできるように，事前に教師が各ラウンドで必ず尋ねなければならない質問を与えた。また，あらかじめどのグループがどの候補地を選んでいるかを確認し，同じ候補地を選んでいるグループ同士が組むことがないように配慮した。

3.4.2.4 実際のプレゼンテーションとやり取り

各グループのプレゼンテーションと質疑応答におけるやり取りを机間指導による観察やICレコーダーの記録[11]を基に確認した。表3.4-3は，その抜粋である。

生徒達は，これまでに学んだevacuate, collapsed buildings, shelter, disasterなどの災害や防災に関連のある英語を使いながら，原稿を見ずに自分達の意見を

---

11 同時に6班がプレゼンテーションを行なうため，教師は一度にその内容を把握することはできないので，各グループのプレゼンテーションとやり取りの様子をICレコーダーに録音させておき，後で確認した。スピーキングやプレゼンテーションのパフォーマンス評価は別の授業内で随時実施した。

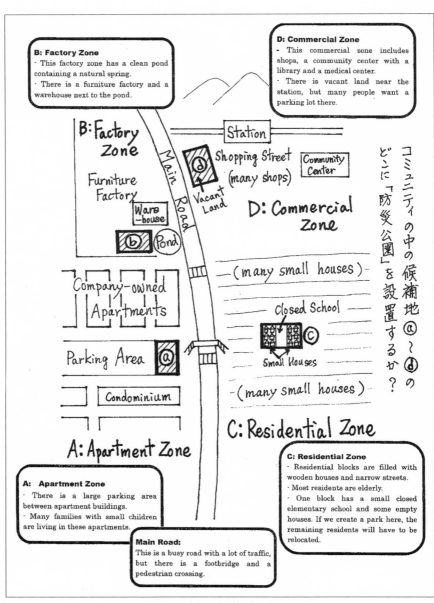

B: Factory Zone
- This factory zone has a clean pond containing a natural spring.
- There is a furniture factory and a warehouse next to the pond.

D: Commercial Zone
- This commercial zone includes shops, a community center with a library and a medical center.
- There is vacant land near the station, but many people want a parking lot there.

A: Apartment Zone
- There is a large parking area between apartment buildings.
- Many families with small children are living in these apartments.

Main Road:
This is a busy road with a lot of traffic, but there is a footbridge and a pedestrian crossing.

C: Residential Zone
- Residential blocks are filled with wooden houses and narrow streets.
- Most residents are elderly.
- One block has a small closed elementary school and some empty houses. If we create a park here, the remaining residents will have to be relocated.

図 3.4-1　防災公園の位置を表す地図

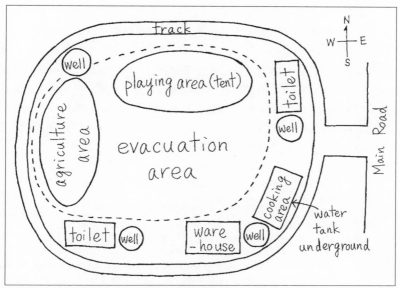

図 3.4-2　生徒が描いた防災公園プラン（例）

図 3.4-3　ペアで提案

図 3.4-4　クラス全体で共有

チェックシート（　　　）班		by（　　　）班
チェック項目		○ or ×
English	はっきり正しい英語を話そうとしており，十分理解できた。	
Content	主張をサポートする根拠や理由があった。	
Delivery	英語で伝えようとする熱意があった。	
Teamwork	2 人が同じくらい参加していた。	
Interaction	質問にきちんと答えることができていた。	
	○の数	

図 3.4-5　聞き手が評価するためのチェックシート

発信し，活発なやり取りを行なっていた。それ以前の授業での活動を通して，徐々にテーマに関連した語彙を定着させ，それらを活用できている様子がうかがえた。また，内容面についても，随所に前時までに学習した災害に強いまちづくりのための工夫や努力についての知識が活用されていた。このタスクに取り組む際には，生徒達は過去の教材を読み返しており，プレゼンテーション以前の授業で扱った内容（表3.4-2）が盛り込まれていたり，「震災の被害」，「防災公園」，「コミュニティ」など授業ごとに別々に取り扱っていた内容が，このタスクを通して統合されたりする様子がみられた（表3.4-3 参照）。

表3.4-3　各グループのプレゼンテーションからの抜粋

観点	プレゼンテーションからの抜粋
防災公園が災害時にコミュニティの避難所になる	・People who are living around here can evacuate very easily because this is near the apartment zone and residential zone.（公園設置場所として@を選ぶことで高齢者も若い世代も居住地から近く避難しやすい） ・This park is next to the main road, so people can run into the park quickly. This main road is wider than other streets. Along this road here, there are no big buildings, so we don't have to think about collapsed buildings.（公園設置場所として@を選択，避難時の安全性を確保する） ・Playground equipment can be a shelter. If we put cloth on pillars and supports of playground equipment, then we can make a shelter.（非常時にシェルターに変わる遊具を設置する）
防災公園に災害時のために水源を確保したり飲料水や食糧を備蓄したりしておく必要がある	・There is a warehouse. We can put some supplies in this warehouse.（公園設置場所として@を選び，すでにある工場の倉庫を備蓄庫として利用する） ・When a disaster happens, we need water not only for drinking but also putting out fire. The well can supply water.（公園に井戸を設置する）
災害に強いまちづくりのためには人と人のつながりが大切である	・It's close to the residential zone, too, so many elderly people also can come as well as people who live in this apartment.（公園設置場所として@を選ぶことで高齢者も若い世代も同じ公園にやってきて交流することが可能になる） ・The community holds several events or meetings at the community center in the park.（公園内にコミュニティセンターを設置して人の交流を図る）

多面的なものの見方・考え方に関しては，防災公園設置場所の候補地が異なるグループ同士を組み合わせたことで，「防災公園はメインロードに面していないと緊急車両が入ってこられないのではないか」，「逆にメインロード沿いにあると普段子供が遊ぶ時に危険ではないか」など，相手グループの主張を揺さぶるような質問が投げかけられていた。予期せぬ質問をされた生徒達は，答え

に窮しながらも思考をフル回転させて懸命に対応していた。

3.4.3　タスク実施の際の留意点

　以下の6点をタスク実施上留意している。

(1)　基本的な文構造理解から自己表現へ

　読んだり聞いたりした英語の内容を理解した後に，音読活動などで定着を図り，英文の内在化を促す。最後に自分の考えをスピーキングやライティングで発信する自己表現活動を行なうことで，発信力・対話力の育成を心がける。タスクを遂行するためには，事前に必要となる英語の語彙やフレーズ，文の定着を図ることが必要である。そのためタスク実施前の英文読解では，さまざまな音読（Read and Look up や穴埋め音読（3.3.1.2 参照）など），口頭による英問英答（Fact-finding Questions, Inference Questions）やサマリーなどを繰り返し練習することによって，タスクを行なう際に自分の言葉でその内容について説明できるようにしておく。

(2)　オーセンティックなインターアクション

　学習者が課題を自分に引き寄せて考え（自己関連性），自分の考えを表現できる（自己表現）こと，つまり，Ellis（Special Feature 2）で示されている現実の場面で起こり得るインターアクション（interactional authenticity）が生じるようなタスクを設定することが重要である。本稿で紹介した防災公園を提案するタスクでは，生徒にコミュニティの一員として防災公園の設置を企画し，行政役の生徒に対してプレゼンテーションを行なわせた。その後，即興のやり取りが生じるように質疑応答の時間を設けた。

(3)　協働学習の導入

　全員が発話しなければならない状況を生み出すために，全授業を通して協働学習を取り入れている。4人組（生徒A〜D）のグループを編成し，各グループに英語の得意なリーダーを配置しておく。グループ内の誰が発言するかは教師が「各グループのA」というように指名して発話量が偏らないようにする。指名された生徒が答えるとき，グループで教え合い，英語が苦手な生徒でも発言できる環境をつくると同時に，グループの代表として発言する責任感をもたせるようにする。

防災公園を提案するタスクでは，グループで公園の企画や質問を考えたり，考えの異なる他のグループと意見を交わしたりするなど，生徒同士が主体的に助け合い学び合いながら対話的に問題を解決する場面を設定した。また，プレゼンテーションを行なう2名が平等に発話するように，聞き手のチェックシート（図3.4-5）には「Teamwork：2人が同じくらい参加していた」という項目を付加した。

(4)　協働から生まれる自己効力感

　活動後に学習者に自信と達成感を与えるのがタスクの特徴であるが，協働学習によって自分一人ではできなかった課題を達成させることができ，より自己効力感をもたせることが可能になる（3.6参照）。それぞれのタスクでは，学習者が1人で解決できなくても仲間や指導者の手助けがあれば解決可能な領域（発達最近接領域（ZPD)[12]）を意識して課題を設定している。

　防災公園を提案するタスクでは，話し合いはグループの4人で，プレゼンテーションは2人で行なうことで，生徒同士の助け合いを可能にした。また教師から必ず尋ねなければならない質問を1つあらかじめ提示しておき，事前にグループで答えを準備させることで，全員が質疑応答に参加できるようにした。聞き手にチェックシート（図3.4-5）を記入させて相互評価を行なわせるが，その結果を生徒に提示することによって達成度を可視化させ，各生徒に「できた」という自己効力感を実感させることができた。

(5)　主張を支える根拠や理由に焦点を当てた論理的思考力の育成

　タスクを通して論理的思考力を育成したいと考える時，まず論理的思考力という抽象的概念を定義し，授業者と学習者間でそれを共有する必要がある。このプロジェクトにおいては，事前アンケートの結果から，論理的思考力の捉え方が生徒間で異なっていることが明らかとなった。そのため，論理的思考力という抽象的な概念を「自分の主張とその主張を支える根拠や理由が述べられる」という定義で生徒と共有した。

12　Zone of Proximal Development: 'the distance between the actual developmental level as determined by the independent problem solving and the level of potential development as determined through problem solving under adult guidance or in collaboration with more capable peers' (Vygotsky, 1978: 86). つまり，大人や自分より能力の高い仲間に教えてもらい問題解決できるレベルと1人で問題解決できるレベル間の領域のことである。

防災公園を提案するタスクでは，準備段階で，必ず主張と説得力のある根拠や理由を入れるように指導し，その項目を聞き手のチェックシート（図 3.4-5）に加えることで教師と生徒の論理性についての意識の統一を図った。聞き手側の生徒は，それに基づいてプレゼンテーションが論理的であるかどうかを評価した。

(6)　知識の再構築

　タスクをデザインする際に留意すべきことは，学習者がそのタスクを達成するためにそれまでの授業で得たテーマに関する背景知識と英語（語彙・文法・表現）を振り返り，それらを総動員できる内容にすること，そして，迷いや葛藤などにチャレンジさせるようにすることである。学習者はさまざまな知識を再構築することにより，学んだ英語を定着させ論理的思考力や多面的なものの見方も身に付けていく。

　3.4.2 で述べたとおり，防災公園を提案するタスクでは，コミュニティ内の4 つの候補地から防災公園設置場所を決定させる際に，それぞれの候補地に，防災公園を設置すべき特徴（子供や高齢者が多く住んでいる，近くに池があるので水が手に入りやすい，木造家屋が密集している，工場の倉庫があり，非常食などの備蓄が可能である，空き地があるなど）を意図的に盛り込んだ（図3.4-1）。それにより，生徒はどの要素を優先するか考え，防災に関してこれまで学んだ内容（神戸の復興の成果や災害に強いまちづくりのための工夫や努力についての知識）を，相手を説得する根拠として挙げることができていた。

3.4.4　プロジェクト実践の振り返り

　ここまで，英語の授業を通して「持続可能な社会の創り手」を育成する課題解決型のプロジェクトを提案してきた。生徒が「災害に強いまちづくり」という地域の課題を自分に引き寄せ，主体的に仲間と対話を行ないながら学びを深めていけるようスモールステップとなるタスクを配列した（表 3.4-1，表 3.4-2参照）。

　各タスクにおいて生徒がこれまでに学んだ災害・防災や持続可能な社会に関連のある比較的難解な英語（例えば，devastating, collapse, take measures, resurrection, vulnerable, disaster prevention, be equipped with 〜）をスピーキングにおいてもライティングにおいても，随所で活用して自分の意見を述べる様子が見受けられた。

内容面において，3.4.1.3 で述べたように，事前に行なったライティングでは多くの生徒が，神戸が災害に強いまちになった根拠として建造物など表面的なものを列挙していたが，事後のライティングでは「ハード面では強化されたがソフト面は不十分である」などの記述が多く見られ（74%），その根拠として「人の知識」，「人間関係」，「コミュニティのあり方」などについて言及していた。

　論理的思考力に関しては，事前ライティングとタスク直後のライティングを「内容」，「首尾一貫性」，「結束性」，「語彙・文法」の観点でルーブリック（表3.4-4）に基づいて 5 段階の 20 点満点で評価した。無作為に抽出した 7 名の事前・事後の平均を比較した結果，「内容」だけでなく，「首尾一貫性」，「結束性」の観点においても成績が上昇していることが分かった。

　以上のことから，課題解決型プロジェクトの実践は，英語の定着と活用にとどまらず，「災害に強いまちづくり」についての知識の獲得及び論理的思考力の育成に効果的であったと考えられる。また，生徒達は他者との対話を通して多面的なものの見方・考え方を身に付け，協働学習を通して自己効力感を高めることもできたと思われる。

表3.4-4　ライティングのルーブリック

(ESL Composition Profile (Jacobs ほか, 1981) と Elk Grove Unified School District Writing Rubrics (EGUSD, n.d.) を参考に作成)

Rubric for Writing

	5	4	3	2	1
Content (内容)	- Student shows **deep knowledge** of the topic. - Student has a **well-developed idea**.	- Student shows **some significant knowledge** of the topic. - Student has a **developed idea**.	- Student shows **basic** knowledge of the topic. - Student has a **mostly developed idea**.	- Student shows **limited knowledge** of the topic. - Student has a **poorly developed idea**.	- Student shows **no knowledge** of the topic. - **No ideas.**
Coherence (首尾一貫性)	- The student's ideas are **clearly stated**. - Ideas are **strongly supported**. - **Thesis is maintained** throughout the essay.	- **Most** of the student's ideas are **clearly stated**. - Ideas are **supported**. - **Thesis is mostly maintained** throughout the essay.	- **A few** of the student's ideas are **clearly stated**. - Ideas are **somewhat supported**. - **Thesis is not maintained** throughout the essay.	- Student's ideas are **unclearly stated**. - Ideas are **weakly supported**. - Thesis is stated but **off topic**.	- Ideas are **not stated**. - Ideas are **not supported**. - **No thesis.**
Cohesion (結束性)	- Paragraphs show **clear unity**. - Student creates cohesion through **skillful use of linking** words, phrases, and clauses within and between paragraphs.	- Paragraphs show **unity**. - Student creates cohesion through **linking** words, phrases, and clauses within and between paragraphs.	- Paragraphs have **a few organizational errors**. - Student creates some cohesion through **basic linking** words, phrases, and/or clauses within or between paragraphs.	- Paragraphs have **many organizational errors**. - Student uses **limited and/or inappropriate linking** words, phrases, or clauses.	- Paragraphs have **limited to no cohesion**. - Student uses **few or no linking** words, phrases, or clauses.
Language (語彙、文法)	- Includes **a variety of sentence structures**. - **Skillful** word choice. - **Few to no** errors.	- Includes **some sentence structures**. - **Appropriate** word choice. - **Some** errors.	- Includes **some basic structures**. - **Limited** vocabulary usage. - **Some grammatical/tense** issues.	- Includes **limited and basic tructures**. - **Simple and/or mistaken** vocabulary usage. - **Many grammatical** issues.	- Includes **few to no sentence structures**. - **Overly simple and/or mistaken** vocabulary usage. - **Predominantly incorrect** grammar.

(評価者が評価をする際に分かりやすいように各レベルの文言の違う箇所を太字にしている。)

3.5　大学におけるスピーキング力を育む TBLT の実践と評価

　外国語学習者にとって，学習している言語を場面や相手に応じて適切に使えるようになることは究極の目標である。高等学校までの英語教育で，英語を使用する，特に「話すこと」に関する力を十分に培うことができなかった多くの学生にとって，大学の英語科で学ぶ最も大切な目的の１つは，英語でコミュニケーションができる力をつけることである。本節では大学において英語を専攻する学生を対象とした，Task-Based Language Teaching（以下，TBLT）の枠組（Willis，1996）[1] の考えを取り入れた授業実践を示し，タスクが英語学習・習得にどのように資するかを明らかにする。また，タスクを使ったパフォーマンス評価の方法を紹介する。

3.5.1　学習指導要領にみる日本の英語教育の指針

　高等学校学習指導要領解説（文部科学省，2019b）では，改訂の趣旨として，依然として外国語によるコミュニケーション能力の育成を意識した取り組み，特に「話すこと」，および「書くこと」などの言語活動が適切に行なわれておらず，「やり取り」や「即興性」のある言語活動が十分ではないことが課題であると述べられている（p. 7）。高等学校修了時に目指すとされる CEFR の B1 レベルの CAN-DO は，「話すこと［やり取り］」は「身近な話題や知識のある話題について，平易な英語を用いて情報や意見を交換することができる」とあり，「話すこと［発表］」については，「時事問題や社会問題について，具体的に説明するとともに，自分の意見を加えて話すことができる」のように達成目標としての記述となっている。［やり取り］はもとより，［発表］についても，準備して暗記したことを発表するのではなく，即時的に英語を話す力の育成が求められている。

　これを可能とするためには，従来の教師が表現や文法をはじめに提示（Presentation）し，次にその表現を練習（Practice）させ，最後に自由度の高い活動でその表現を使わせる（Production），いわゆる PPP 型の授業（2.1 参照）では達成が極めて困難であることは，これまでの英語教育の結果，英語を使用

1　Willis（1996）では TBL framework という用語を使用しているが，現在では TBL よりも TBLT の方が一般的に使われているため，本文中および Willis の枠組について言及する場合も TBLT を用いる。

できる学習者が十分に育っていない現状[2]を見れば明らかである。PPP型指導では，最終段階のP（Production）で行なわれる活動は練習より自由度が高く，一見すると学習者は活発にコミュニケーションをしているように見える。しかし，場面設定がなく，学習者は何のためにその表現を使っているのかを理解しないまま活動を行なっていることが多く，実際の場面で使えるまでには至っていないのが現状であると考えられる[3]。

　TBLTは，自らの英語力を駆使してコミュニケーションを行なう中で言葉の使い方を体得していくという考え方に基づき，これを具現化する言語活動であるタスクを中心として授業を組み立てる指導法である。これは，高等学校学習指導要領（文部科学省，2018e）で示されている，知識・技能を活用してコミュニケーションを行ない，「思考・判断・表現」することを求める指導と方向性を共有していることから，2022（令和4）年以降の高等学校の外国語（英語）科で求められる指導とTBLTとは親和性が高いと考えられる。特に「話すこと［やり取り］」の指導においては，タスクを授業に取り入れない限り，即時的に英語を使って表現する力を育成することが極めて困難であることは明白である。今後の英語の授業においては，授業でタスクを実施し，言語およびコミュニケーションの観点から適切なフィードバックを提供し，指導したことが使える状態になっているかをパフォーマンス評価で測るという一連の指導手順が必須となる。

3.5.2　TBLTの授業構成

　TBLTで外国語の文法や表現を教える際，意味のあるコミュニケーションを行なわせる中で言語形式に学習者の注意を向けさせるフォーカス・オン・フォーム（以下，FonF）の手法[4]が使われる。FonFには，学習者が言ったことや書いたことに対してフィードバックする随時的なものと，学習者が言語の形式と意味のつながりを文脈の中で理解できるような言語活動に取り組ませる計画的なものに大別される。「計画的な」FonF手法の1つがタスクと呼ばれる言語活動である。

2　Negishiほか（2012）は，日本人のCEFRレベルを調査した結果，日本人学習者の英語力は8割程度がAレベル，2割程度がBレベルで，Cレベルはほとんどいなかったと報告している。

3　PPP型指導とFonFアプローチ（TBLTを基盤としてタスクを授業で行なう指導）の効果を比較した研究（髙島ほか，2019）では，PPPグループが指導した文法構造を使えるようにならなかった結果について，学習者は英語を使ってみる操作に止まり，言語形式と意味を結びつける認知的な理解の深まりがなかったことが原因であるとしている。

4　FonFの考え方と種類（手法）については，髙島（2011a）の第2章を参照。

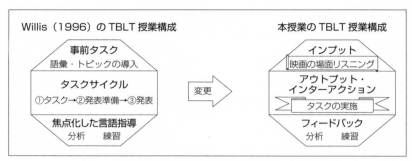

図 3.5-1　TBLT 授業の枠組

　タスクが言語学習・習得に有用であるのは，タスクに取り組むことで学習者は実際のコミュニケーションで行なうのと同質のやり取り[5]を体験することになるからである。教室環境において，タスクを中心として指導する TBLT（Long, 1991, 1996, 2015）は，この点で効果的な外国語指導法であると考えられる。

　図 3.5-1 の左側（Willis, 1996）は，TBLT の典型的な授業の流れである。授業はタスクを核として組み立てられ，まず，事前タスクでタスクのトピックを導入し，使われる語彙を確認する。次にタスクサイクルと呼ばれる段階では，①タスクを行ない，②タスクの結果を報告する準備を行ない，③グループまたは個人でクラスの前で発表をする。最後の「焦点化した言語指導」の段階では，学習者は発表原稿や発表の録音を分析し，最後に教師主導で語や表現の練習を行なう。この枠組で一連の授業を構成し，このような単元の集合体で成り立つのが TBLT のカリキュラムである。

　このように，TBLT の授業は，練習がタスクという言語活動の後に来るという点で PPP 型の授業と異なっている。TBLT の理論的背景には，対話者間の「意味のやり取り（negotiation of meaning）」や「形式のやり取り（negotiation of form）」[6]を含むインターアクションが言語習得に寄与するとする考え方がある。まず学習者をタスクに取り組ませて学習者が十分に習得できていない言語形式を見定め，それに焦点を当てて練習させる形態をとる。より正確には，活動の

5　これは interactional authenticity（Ellis, 2003, Special Feature 2）と呼ばれ，状況の真実性（situational authenticity）と区別される。

6　相手が言った意味が分からない場合，相手が説明・言い換えるように働きかけてやり取りをするのが「意味のやり取り」で，意味はわかるが形式が誤っている場合に，相手に形式に意識を向けさせて修正させるのが「形式のやり取り」である。具体例については，村上・髙島（2004）参照。

順序というよりも，モデルダイアローグにあてはめてロールプレイをするのではなく，伝えたい内容を自らの言語能力で産出する過程が重視される[7]。

　TBLT を実践する際に注意したいのは，TBLT の授業では，教師と学習者の双方が英語を使用してすべての活動を行なうことが前提とされていることである。授業を目標言語で行なうためには，教師に相応の英語力が必要であり，タスクのような言語活動を行なうには学習者にも一定の英語力が必要である。さらに，タスクを中心とした授業構成は，文法シラバスに基づく検定教科書を中心とした授業で構成される PPP 型の授業とは相入れないものがあり，そのままの形では実施が困難である。そこで，日本の英語教育に適合するものとして，PPP の最後の P の段階で，学習者が活動に取り組みやすいように段階を設けたタスク活動（髙島，2000，2005）に取り組む「フォーカス・オン・フォーム」アプローチ（髙島，2011a）が提唱されている。Ellis（2003）では，この指導形態は Task-Supported Language Teaching（TSLT）と呼ばれている。

3.5.3　TBLT 授業の策定

　大学の英語の授業では，前項で述べた TBLT 実施に際しての課題は，ある程度解消していることが多い。つまり，学生は高等学校までの英語教育で文法事項は一通り学習済みであり，シラバスは教員に任され科目によっては教科書の使用は任意の場合もある。しかし，図 3.5-1 の左側のタスクサイクルの②発表準備で学生たちが英語で話し合うことは現実的ではなく，③の発表も必要とは限らない。また，高等学校までの英語の授業とは異なり，1 つの科目は，週に1 時間，90 分が単位時間の授業が前期と後期の半期でそれぞれ15 回行なわれる[8]。

　本節で紹介する授業は，「TBLT によるスピーキング力向上ゼミ」として2015 年度から 3・4 年生の学生を対象に開講しているものである[9]。導入当初は，1 回の授業（90 分）で事前タスクとしてトピックの導入を行なった後，スピーキングタスクに取り組ませ，次回の授業でフィードバックする流れを基本形とした。タスク中に学生は発話を録音し，自分の発話を書き起こして音声ファイ

7　産出（アウトプット）が第二言語習得に果たす役割に関する研究成果と，教室において産出をさせる指導技術については，村上（2011）を参照。

8　セメスター制を採択している大学ではこの限りではなく，また，1 時間の授業時間も 90 分ではなく，同じ科目の授業が週に複数回行なわれる大学もある。

9　3 年生，4 年生合計約 180 名が 9 クラス（ゼミ）に分かれて履修する選択必修の授業で，本節執筆者のゼミは例年 20 名前後で留学経験者が多く受講している。TOEIC の得点は 450～870 まで幅がある。

ルと共に教師に提出する。書き起こしたものには，言いたかったが言えなかった表現や質問，感想を書かせ，1組の活動状況を録画したものを次時に視聴して，クラス全体にフィードバックを行なう。教師も学生も授業では原則として英語でやり取りをする。学生のほぼ全員が自分自身の英語の発話を聞く経験は初めてであり，書き起こすことで自分の英語使用が正確性を欠いていることに気付き，他学生のタスクの取り組みを視聴することでコミュニケーションのスタイルの違いや，同じタスクを達成する過程で異なる表現が可能であることを学ぶ。2015年度は1年間30回の授業で14種類のタスクを行なった。

　しかし，この2回の授業を1セットとするTBLTは，さまざまなタスクに取り組める利点はあるものの，「いつも同じ相槌ばかりになってしまう」など，発話内容がマンネリ化する現象が見られ，加えて，タスク実施の際に，語彙等のインプットが不足している実態が見えてきた。そこで，2016年度からは，タスクを行なう前にインプットを強化するために，映画の場面を使ったリスニング活動を行ない，その後のタスクとトピックで緩く関連させる形態に変更した（図3.5-1右側参照）。改善の結果，半期15回の授業でこのTBLTサイクルを図3.5-2の左側のように4セット行ない，半期で4つのスピーキングタスクを実施することにしている。

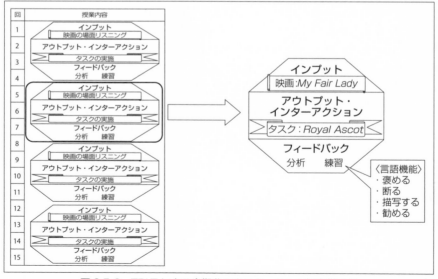

図3.5-2　TBLTによる半期分のカリキュラムと授業構成例

大学生は，高等学校までに，基本的な英語の文法構造は一通り学習済みである。しかし，Larsen-Freeman が本書において指摘しているように，Form（形式）と Meaning（意味）の学習に終始し，Use（使われ方）が十分に理解されていない現実がある。この Use の部分を教えるには 2 つの方法があると考えられる。1 つは，文法説明でその文法構造がどのような場面で使用されるのかを，看板の英語を見せたり，映画やドラマで登場人物がその表現を使用しているシーンを視聴させたりする方法である。そしてもう 1 つが，学習者に Focused Task[10] に授業で取り組ませることである。本節で紹介する TBLT の授業では，インプットで使用場面を理解させるために映画やドラマのシーンを聞き取る活動を行ない，アウトプット・インターアクションでタスクに取り組ませて，使用場面を体験させている。

3.5.4　TBLT 授業の実践例

本項では，映画 *My Fair Lady*[11] で始める TBLT サイクル（図 3.5-2 右側）を例として取り上げて，内容を詳しく紹介する。

まず，インプットとして，映画 *My Fair Lady* の背景知識（コックニー英語，イギリスの階級社会，社交界の概念，アスコット競馬）を与え，数場面での聞き取り練習を行なった。映画を聞き取り教材とする場合に心掛けている点は，学生たちが知っている英語の表現が，実際にどのように使われているか，つまり，Use が分かるシーンを選ぶことである。また，その映画での有名なセリフを聞き取らせることで，学生の学びに対する満足度は上がるようである。例えば，*My Fair Lady* では，コックニー訛りがひどい花売りの娘イライザが，RP（容認発音）[12] の英語や立ち居振る舞いなどを身に付け「レディ (lady)」に変身するが，終盤で，音声指導をした教授に，"The difference between a lady and a flower girl is <u>not</u> how she behaves <u>but</u> how she is treated." と主張する。このセリフは，おそらくこの映画で最も有名である[13]。下線部の not ... but ～（…ではなく

10　タスクと呼ばれる言語活動には，活動の際に用いられる文法形式が焦点化され（focused），当該形式（Form）が使用されやすくなるように仕組まれた focused task と，そのような作成者の意図はなく意味伝達に焦点化された unfocused task がある。

11　1964 年公開のアカデミー作品賞ほか 8 部門を受賞したミュージカル映画で，主演はオードリー・ヘプバーン。ジョージ・バーナード・ショーの戯曲『ピグマリオン』（1912）に基づき制作された。

12　RP（Received Pronunciation：容認発音）とは，イギリス英語の伝統的な標準発音である。イングランド南部の王族をはじめとする教養のある階層の発音，公共放送・BBC のアナウンサーの発音がその好例とされる。

Sheet A

Royal Ascot

★あなたは，ロンドンに留学中の学生で，英国王室主催のアスコット競馬に招待されました。これは一大社交行事で，ドレスアップして出かける必要があります。特に帽子は必須アイテムです。素敵な帽子をデザイナーに作ってもらいましょう。

＜番号が□で囲まれている場面は，あなたから話しかけます。＞

1. 敷居の高い「帽子の達人」の店に入ります。ちょっと気後れしていますが，挨拶しましょう。この店については父親の知り合いの日本人デザイナー，Yamamoto Kanto に紹介されました。

2. どんな帽子でも合うように，当日の衣装は白を基調にしたシンプルなドレス / スーツです。どんな種類があるのか聞いて，好みのデザインを依頼しましょう。

＜あなたが欲しい帽子のイメージイラスト＞

＊色・・・

＊スタイル・・・

＊大きさ・・・

3. なんだかとっても大きな帽子になりそうです。車に乗るにもイベント後の保管にも苦労しそうです。これなら大丈夫というサイズを決めましょう。

図 3.5-3　スピーキングタスク Royal Ascot シート A

Sheet B

Royal Ascot

★あなたは，英国王室御用達の 17 世紀から続く老舗帽子ショップのデザイナーで，毎年，アスコット競馬に出かける紳士，淑女の帽子をデザインしています。あなたの職人歴は 10 年で斬新なデザインが売りです。

＜番号が□で囲まれている場面は，あなたから話しかけます。＞

1．先ほどから店の前を行ったり来たりしているアジア系の若者が店に入ってきました。店の方針で「一見さんお断り」で紹介者のいない客は受け付けることができません。

2．どうしてロンドンで帽子を買おうとしているのか聞いて，これまでにあなたがデザインした帽子の写真を見せながら，相手の好みのもの，もしくは出身国の名物を載せたスタイルを提案しましょう。

＜あなたの作品＞

＊色・・・・・・白黒　鮮やかな色　パステル調

＊スタイル・・・花　リボン　オブジェ　動物

＊大きさ・・・・つば広　縦長　円盤型

＜帽子のデザイン画＞

図 3.5-4　スピーキングタスク Royal Ascot シート B

〜）の but の用法は汎用性の高い表現であり，この授業で次に学生が取り組むタスクの中でも，"I'd like a hat, <u>not</u> a fancy one <u>but</u> a simple one." などのように使用することも可能である。

　次に，アウトプット・インターアクションの段階では，図 3.5-3，3.5-4 のタスクシートを用いて *Royal Ascot* を実施した[14]。タスクはペアで行ない，活動中の発話は各自が CALL 教室のシステムで録音し，1 組については撮影も行なった。学生はタスクを終了すると，随時録音した自分の発話を書き起こし，気付いた適切ではなかった表現を修正し，どのように表現するのが適切であったか分からなかった表現，質問，コメントを書き出し，タスクシートと音声を教師に提出する。

　このタスクの目的は，学習者が図 3.5-3 のシート A の上部枠内に書かれた役割（アスコット競馬に招かれたアジアの若者）と図 3.5-4 のシート B の上部枠内に書かれた役割（ロンドンにある由緒ある店の新進気鋭の帽子デザイナー）を演じて英語で話し合い，アスコット用の帽子をデザインすることである。シートに示された希望や考え（図 3.5-3 シート A の 2 および 3，図 3.5-4 シート B の 2）を自分の持つ英語力を駆使して伝え合い，帽子のデザイン画を作成すること（図 3.5-4 シート B の右下の枠内に描く）を「言語を使うコミュニケーション上の目的」としている。

　活動中に話された内容がペアによって異なることは，出来上がった帽子のデザイン画がさまざまであることからも明らかである（図 3.5-5 参照）。このタスクでは，シート A を持つ注文客は簡素な帽子を希望し，シート B を持つ帽子デザイナーは独創的な帽子を勧めることになっているので，話し合った結果を表す帽子のデザイン画を見ると，A と B のどちらが自分の意向をより実現できたかが分かる。図 3.5-5 の 5 つの帽子（5 つのペアのシート B に描かれた帽子のデザイン画）は，左側のものほど A の意向が，右側のものほど B の意向が反映されていると考えられる。

　あるペアは，話し合いが決裂して，A の "I don't think there's a hat I would

13　この映画の舞台となったロンドンのコベント・ガーデンは，今では青果市場ではなくショッピングモールとなっている。筆者が 2014 年に訪れた際，店先にこのセリフが書かれた看板が色とりどりの花に囲まれて置いてあった。映画の公開から半世紀以上が経過してもこのセリフは生き続けている。

14　実際に授業で使用したタスクでは，アスコット競馬を観戦した故ダイアナ妃，キャサリン妃，様々な帽子をかぶった人々の写真を使用した。実際の写真を使用することで，アスコット競馬について驚きとともに理解が深まった。

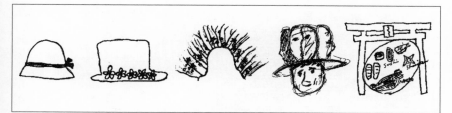

図 3.5-5　5 つのペアによる帽子のデザイン画

like to buy from your store.　I'm going to try another store, thank you!" と B の
"O.K. Good bye." で終了し，帽子のデザイン画は完成しなかった。この場合で
あっても，タスク自体は完結したとみなした。このペアのようなやり取りや結
末は現実に起こり得ることであると考えられ，タスクは教室内で真実味のある
コミュニケーションを行なわせる仕掛けに過ぎないからである。帽子を注文す
る役であった A の学生のシートには，"I was so shocked to see the hats the
designer showed me. But I'm afraid that I was rude to say too straight. I need to learn
how to reject politely." と記されていた。この学生にとって自らの言語使用の「適
切さ」の不足を感じ取ることができたことは，このタスクを実施した意義のひ
とつであると考えられる。

　このように，コミュニケーションの目的，場面，相手が設定されたタスクは，
相手や状況によって適切に語彙や表現を選択して使用できるコミュニケーショ
ン能力[15] を育むことができる。提示されたモデルダイアローグにあてはめて英
語を言ってみる練習と違い，タスクでは，学習者は自らどのような表現が適切
かを考え，判断し，使う経験をすることになる。

　フィードバックの「分析」では，まず，各ペアが描いたデザイン画や他のペ
アの会話や感想を紹介し，すべてのペアがタスクを完結する英語力があったこ
とを褒めた。次に，録画した 1 組のパフォーマンスをクラス全体で視聴しなが
ら，「言いたかったが言えなかった表現」や「使い方が不安な表現や語句」な
どについて，教師が個々の学生に意図を確認しながら訂正フィードバックを行
なった。他の学生たちには，自分たちが使った表現や話の進め方などで異なる

15　コミュニケーション能力は，文法能力，談話能力，社会言語能力，方略能力で構成されている
　　（Canale, 1983）。本節で紹介しているタスクは，立場や状況を考慮した適切な言語使用，つまり，
　　社会言語能力の伸長に特に役に立つと考えられる。

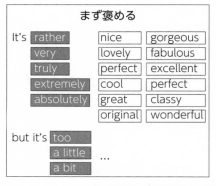

まず褒める

It's rather | nice | gorgeous
very | lovely | fabulous
truly | perfect | excellent
extremely | cool | perfect
absolutely | great | classy
| original | wonderful

but it's too
a little ...
a bit

勧める

・This looks ～ on you.

・This is just right for you.

・This color/design/shape suits you.

・This is my masterpiece.

・This is divine.

・You were born to wear this.

・It works.

図 3.5-6　タスク *Royal Ascot* 後のフィードバック

点を考えさせて発言させた。会話のスピード，ポーズの長さの他にも，「聞き返す」，「相槌を打つ」，「相手の発話の一部を繰り返す」などさまざまなコミュニケーションの技術についての気付きが見られた。

　その後，このタスクで使用しなければならない，「褒める」，「断る」，「描写する」，「勧める」の機能について，相手の気持ちを傷つけないように断る方法として，まず描写して褒めてから断ることを推奨し，勧める表現についても併せて提示した（図 3.5-6）。

　次にスライド（図 3.5-7）を使用しながら「練習」を行なった。練習のためのスライドの数は必要に応じて 10 枚前後用意するとよい。実際のタスクのパフォーマンスでは，"No." "No, thank you." "It's too big." "Impossible!" などと

コメントしよう①

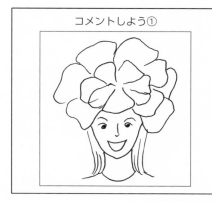

コメントしよう⑩

図 3.5-7　練習のスライド例

言っていた学生も，フィードバックの後は，褒めてから断ることを試みるようになり，発話量が増えた。この「練習」の時間では，色々な内容を扱うことが可能である。例えば，図3.5-7の2枚の絵はどちらも花のついた大きな帽子だが，左のものは "It's too big."，右のものは "It has too many flowers." と描写することができる。また，huge, gigantic, enormous といった語も併せて教えることも可能である。このように，先にタスクを行ない，学習者が十分に使いこなしたり，使い分けたりすることができていない表現等を補完するように練習すると，色々な状況に対応することができるようになり，学習効果が高まるように見受けられる。

3.5.5 パフォーマンス評価

　この授業では，図3.5-2で示したように半期15回の授業でTBLTサイクルを4回実施する。つまり，半期で4つのスピーキングタスクを行なうことになる。一連の授業の最後に，学生が十分に習得できていない表現や文法について整理して練習を行なうが，この授業構成は，学生にとっても理解しやすいようである。授業評価アンケートや次年度のゼミ希望調査票に書かれた「ゼミ選択の理由」には，「この授業では，英語を話す機会があり，分からない表現とそれ以上に多くの事を次の時間にフィードバックしてもらえるのがとても役立つ」とする意見が数多く見られる。

　各タスクのパフォーマンスの音声と書き起こしは，毎回提出させる。このデータは，学期末のスピーキングテストと照らし合わせて評価の対象とする。スピーキングテストでは，その学期に行なったタスクからいくつかの場面を抜き出して，期待される応答ができるかどうかを測る。図3.5-8は，本稿で紹介

6. ありえない帽子	7. コメントしよう
★アスコット用に帽子デザイナーが勧めてくれた帽子（写真）はあまりにも斬新。丁寧にお断りしよう。 	★アスコットの会場で，知り合いに出会いました。相手の帽子についてコメントしましょう。 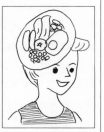

図3.5-8　スピーキングテストの問題例

した帽子をデザインするタスクから出題したものである。

　このスピーキングテストでは，教師の発話を合図として，それに対して学生はスライドに書かれている内容を英語で応答する形で伝える。問題6では，教師は，"This is very special. You'll look absolutely fantastic.", 問題7では，"How lovely to meet you here at Ascot." と話しかけた。テストの解答は，普段タスクを行なう時と同様に録音させ音声を提出させる。教師は，音声を聞いて，それぞれの問題について，A：適切な表現で伝えている，B：何とか伝えている，C：沈黙，または語の選択ミスが多く言語機能を達成することができない，の3段階で評価し採点した。結果は，両問題とも全員がA評価を達成した。解答時間はそれぞれ20秒であったが，多くの学生が制限時間一杯話し続けたこともTBLTの効果であると考えられる。

3.5.6　TBLTの実践からの示唆

　本節では，大学の英語の授業でのTBLTの実践例を紹介した。*Royal Ascot* という帽子のタスクの本質は，自分の希望・意向を的確かつ適切に相手に伝えることである。このタスクは，筆者がフランスに滞在した時，美容院へ行って髪の毛を切ってもらった際に，言葉が通じずに自分が望んだ髪型にしてもらえなかった経験を基に作成したヘアデザインタスクが原形で，本授業で視聴する映画の内容に関連した帽子に応用した。このように，タスクを作成する際には，ことばが不自由なために不利益を被る可能性がある設定にすると，学習者をタスクに取り組ませるための説得力が増す。

　また，「このような場面で英語を適切かつ的確に使えることは自分にとって役に立つ」と学習者が感じるような設定を考えるとよい。本節では詳細は割愛するが，映画 *The View from the Top*（邦題：ハッピーフライト）の後に行なう，空港の税関で手荷物として所持していた箸を武器と見なされ没収されそうになるのを阻止するタスクもこの種類である。また，映画 *Notting Hill*（邦題：ノッティングヒルの恋人）の後に行なう，*Finding Mr. Right/Ms. Right* という，自分の理想の結婚相手について語る自己関与感が強い内容の活動も大変盛り上がる。上記の例は，インプットで使用する映画のトピックに関連したものではあるが，指導しようとする文法構造をもたないタスク（unfocused task）である。この種のタスクでは，学習者が使用する英語の文法構造を予測することはできないが，より自然な表現方法をフィードバックすることで，学生に使えるようになってもらいたい英語の表現を教えることができる。「どのように言えばもっ

とうまく自分が言いたいことが伝わったのだろう」という学生の疑問に直接，タイミングよく答える形で指導することで，英語学習は効率的に促進される。いつか使うかもしれない重要表現を暗記するのではなく，タスクという言語活動でまず使ってみて，学習者自身が「言いたかったこと」と「実際に自分が言えたこと」との差に気付き，その差を埋めようとする，つまり学習へと導くのがTBLTの授業である。

　本授業の受講生は毎年全員が，「スピーキングタスクは，英語を話す力を伸長させるのに役立った」と回答している。ある学生は次のように記した。

"Through this seminar, I thought a lot about the communications/communication in English, and I learned that good communication consists of all the speakers. Even if it's very hard to keep a conversation going, just giving nods, asking some questions and trying to understand what others are saying are going to help to have good conversations."

英語の表現や使い方の学習の枠を越え，コミュニケーションのあり方まで考えていることが分かる。このように，TBLTは，自分がどのように行動すればよい英語使用者になれるのかを考える契機を与える指導法でもある。今後，英語の「話すこと［やり取り］」を指導していく中で，髙島（2011a）が推奨するように，教室内でタスク（活動）を通して英語を使う体験をさせ，教室外での使用へと広げていくTBLTを実践することが，これからの英語教育の鍵を握ると考える。

3.6　タスクで変える英語に対する苦手意識 ──大学の事例

英語が国際的に使用される中，英語を使う力を身に付けて社会に出ていくことは，現代の大学生にとって将来の進路選択の可能性を広げる意味で大切なことである。ただ，英語に苦手意識をもつ大学生もおり，そういった学生が英語学習に対する意欲を失った理由として挙げるのは，「英語の文法が難しく授業についていけなくなった」，「暗記すべき英単語や表現が多くなった」，「文法の説明やドリルが増えた」といったものである（Kiyota, 2009: 176）。このように英語に苦手意識をもつ学生が，大学で英語の力を身に付けていくためにはどのような授業が必要であろうか。

本節では，大学生の英語学習に対する捉え方を変化させるためには，大学生のニーズに応じたタスク（1.3 参照）を授業に採り入れることが必要であることを論じる。特に，タスクを授業に採り入れることで英語使用の成功体験を積ませ，大学生の英語学習への取り組み方を変えていく具体的な方法を提示する。また，改善が必要な例も記載し，改善案を提示する。

3.6.1　大学で育成する深い学び

高等学校学習指導要領の改訂のポイントは，「主体的・対話的で深い学び」を目指すことであり，「どのような視点で物事を捉え，どのような考え方で思考していくのか」が授業改善の鍵となっている（文部科学省, 2019b: 4）。大学での英語学習においても，学びをより深めることができるよう，単に機械的な言語の練習に終わらない言語活動であるタスクの実施が不可欠である。中・高等学校で英語に対する苦手意識をもち大学に進学してきた学生に，経験してきたものと同じ方法を用いて英語を指導し，学習意欲を持続させることは難しいと考えられる（酒井, 2011）。つまり，学生が苦手意識を感じ体験してきた授業とは質的に異なる英語の授業を体験させる必要がある（牧野, 2013）。

古家・櫻井（2014）は大学の新入生を対象にした英語に対する意識調査を実施しているが，その結果からは，学生の多くが英語習熟度に関わらず，英語を使ってコミュニケーションをとりたいと希望していることが報告されている。また，大学生の英語学習に対する捉え方について調査した杉浦（2017）では，高校から大学での英語学習に移行する中で，大学生自身が英語力の不足を認識し，目標とする力を身に付けるための学習方法を模索しながら自律した言語使

用者になろうとしている様子が示されている[1]。この研究結果は，大学入学後に，主体的に参加できる言語活動を経験することで，自らの英語運用力が不足していると認識し，学生自身が効果的な学習方法を考えるようになったことを示している。言い換えれば，本節で提案するような課題解決型の言語活動で英語を使用する経験を通して，英語を学ぶ方法を掴んでいったと言える。

　これらのことから，基礎的な英語力が不十分な学生であっても，言語形式に特化した機械的な暗記や教師の一方的な説明によって，中学校や高校の学習内容を復習するのではなく，タスクを採り入れ，課題を達成できたという成功体験を積ませていくことが，英語に対する苦手意識の軽減につながることと思われる。次項では，英語の言語的な学習だけでなく，学習の際の思考のプロセスを考慮したタスクの例を提案する。

3.6.2　タスクを採り入れた授業

　中学校や高等学校で既に扱われた英語の言語材料を，大学の英語教育で再度取り上げる場合，学生に新たな知的好奇心を抱かせるきっかけを与える必要がある。英語の Form（形式）と Meaning（意味）のみを学習するのではなく，自分自身が住む世界と関連付けて学んだり，自らの意見をまとめたり，何らかの課題に対して解決策を提案するような活動に取り組んだりすることで，不足している英語力を補おうという意欲が大学生に芽生えるのではないかと思われる。

　大学の授業でタスクを採り入れることにより，学生が実際のコミュニケーションを想定して英語を使用する機会を作ることができる。タスクをより効果的に実施するためには，課題の設定を工夫し，一人ひとりの学生の興味と関心を重視することが大切である。Anderson ほか（2001）は，Bloom（1956）が提案した教育目標とする学習者の認知プロセスを，6 つの思考力に分類する枠組みとして改訂し，提案している。例えば，記憶する，理解する，応用するといった思考力は，より「低次の思考力（lower-order thinking skills: LOTS）」，分析する，評価する，創造するといった思考力は，より「高次の思考力（higher-order thinking skills: HOTS）」であると分類される（Coyle, Hood & Marsh, 2010: 30-31,

---

1　この研究では，大学生 37 名がナラティブフレームに記述した内容を分析した。ナラティブフレームとは，あらかじめ不完全な文とさまざまな長さの空欄を並べ，1 つのストーリーとなるように構成した書式を指す（Barkhuizen, Benson, & Chik, 2014）。杉浦（2017）では「私と英語」というテーマで 1 つのストーリーになるような文章の枠組みを提示し，高校と大学での英語授業や学習方法について，大学生に自身の経験や考えを空欄に記入させた。

58；池田，2011: 7-8）。これらの分類は，思考の難易度によるものであり，授業で与える課題の認知的負荷の程度を考え，思考力を伸ばすための活動をバランスよく採り入れる際の参考にできる（池田，2011）。

　低次の思考力を用いた活動には，「ピタゴラスの定理を言いなさい（記憶する）」や「スコットランドのメアリー女王について説明しなさい（理解する）」，「AIDS に関するこのグラフが示す意味はどのようなことか答えなさい（応用する）」といったものがある[2]。一方，より高次の思考力を要する活動としては，「生産と消費の関係はどのようなものか考えなさい（分析する）」，「今回の実験を向上させるための最も重要な点を説明しなさい（評価する）」，「温室のために日の出に点灯し，日の入りに消える電気回路を作りなさい（創造する）」といったものがある。認知的に発達している大学生を対象とした授業では，英語のスキルのみに焦点を当てるのではなく，このような思考と活動の関係性を考慮し，授業を組み立てていくように留意すべきである。

　例えば，改善が必要な活動１の例として，大学１年生を対象とした授業で，海外の観光名所が各ユニットで紹介されている英語テキストを学習した後，学期の最終課題として実施した活動を基にした活動を考えてみる（図 3.6-1 参照）。

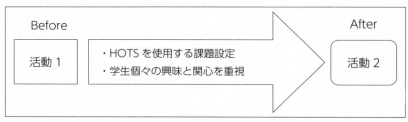

図 3.6-1　タスク（活動１）を改善する際の工夫

【活動１：改善が必要な例】
　課題：海外から来た留学生に大学周辺のお勧めの場所をグループで紹介しよう。
　手順：（1）友達と相談し，アイディアを書き出す。市（地域）の見どころや，体験できることなど，留学生に勧めたい情報を入れる。
　　　　（2）3分以上4分以内で発表できるよう，英語の原稿を作成する。

2　ここで紹介している低次と高次の思考力の活動例は Dale & Tanner（2012: 32-33）で挙げられているものである。

上記の活動では，活動が効果的に進まない原因がいくつかあると考えられる。その１つは，発表する内容がどのグループも類似のものになる傾向があり，独自性をもたせることができない点である。テーマで指定している市（地域）は学生が共通で知っている場所であり，十分内容を掘り下げて調べる時間を確保できない場合は，聞き手が既に知っている内容になってしまう。その場合，タスクの特徴の１つである「話し手と聞き手の間に情報の差がある」という点が機能しなくなり，単に英語を使うことが発表の目的となってしまう（1.3 参照）。

　活動１のようなプレゼンテーション型のタスクを効果的に授業に採り入れるためには，発表内容に自由度を与え，いかに学生が提示する情報に独自性をもたせるかということが鍵になる。また，より深く考えて準備することができるように，学習の際の思考のプロセスを考慮し，発表内容を調べる手順を指示しておくことが必要である。

　前述の活動１の「紹介しよう」という課題は，Anderson ほか（2001）の分類では，情報をまとめて提示することに留まるので，「理解する」にあたると考えられる。そのため，大学生のタスクとしては，以下に示している活動２のように，情報を調べた上で「企画する（創造する）」という高次の思考力を必要とする課題を設定するとよい。活動２の課題を達成するために，学生は，訪問先の場所までの交通手段，費用，食事についてなど詳細な情報を調べる必要がある。単に調べた内容をまとめるだけではなく，与えられた条件の中で課題を達成するために，調べた情報を比較したり，自らのアイディアを出したりする学生独自の創造性が求められる。

【活動２：活動１を改善した例】
　課題：１人１万円で可能な札幌の１日ツアーを企画し，大学の留学生受け
　　　　入れプログラムに採用してもらうための提案をしよう。
【ツアー企画に際しての情報】
　　・留学生の人数：６人
　　・大学近辺と札幌駅は，既に訪問済み
　　・昼食と夕食をツアーに含む
　　・移動は，公共交通機関を使用

　次に，授業の最終課題を英語によるプレゼンテーションとし，テーマを「オーストラリアの文化」とした場合を例に，タスクを用いた授業の枠組みを

提案したい[3]。例えば，オーストラリアのカフェ文化を学習した場合の，授業におけるLOTSからHOTSを要する活動への展開例をまとめると図3.6-2のようになる。

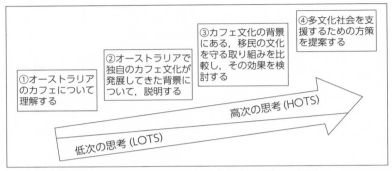

図3.6-2　LOTSからHOTSを要する活動への展開

　具体的には，「多文化社会を支援するための方策を提案する（図3.6-2の④）」というプレゼンテーションに至るまでの授業では，まず，テーマに関する語彙を学習し，英文を読んだり，映像を見たりするなどして「理解する」という低次の思考力を要する活動（図3.6-2の①）を多く行なう。その際，ペアやグループで理解度を確認させる活動を多用することで，理解を深めさせる。

　例えば，英文を読ませる際には，学生を4人グループに分け，各グループにそれぞれ4つの異なる英文を読ませ，グループ内で内容を確認しメモをとるように指示する[4]。その後，各グループの4人が別のグループになるように新たなグループを編成し，理解度や意見を問う質問事項に各グループで協力して答えさせるといった活動が可能である。最初のグループで英文を理解しなければ，新しいグループで質問に答えることができないため，必然的にグループで協力する活動となる。

　別の例として，各グループが異なる内容の英文を読み，その内容について模造紙に図，イラスト，簡単な英語等でまとめ，他のグループが理解できるように発表するという活動がある。このような活動では，英語が苦手な学生が図や

3　ここでの提案は，英語を用いてオーストラリアについて学ぶ科目における実践を基に改善を加えたものである。14回の授業のうち，1回あるいは複数回を用いて「オーストラリアの歴史」や「オーストラリア先住民の文化」などのテーマを学習していく授業計画である。

4　この英文読解活動の実施手順はDale & Tanner（2012: 113）のExpert groupsを参考にしている。

イラストでまとめる際に活躍したり，背景知識に詳しい学生が他の学生の理解を助けたりする場合もあり，学生同士が互いの力を認め合うことが可能である。

　最終的にクラス全員の前でプレゼンテーションをするという課題が設定されている場合は，グループ活動の際，可能な限り毎回異なるメンバーになるように，活動に応じて教師が指示するとよい。学生間の信頼関係を作り，学生にとっては緊張を強いられる場面で安心して発表ができる環境を作っておくためである。グループの中に，さまざまな学年の学生がいるように，部活動などが同じ学生が固まらないようになど，学生が納得できるような公平な理由を提示する。また，リーダーシップをとることができる学生を各グループに配置するなど，活動に応じて配慮することも重要である。協力して取り組む学習を多用することで，ペアやグループでのインターアクションの機会を多くし，相手に尋ねたり，意見を促したりするといった基本的対人伝達能力（BICS）を身に付けさせることもねらいの1つである[5]。

　低次の活動の後は段階的に，「説明する」，「比較する」，「（自ら考えた方策を）提案する」といった，より高次の思考力を要する活動を授業に採り入れていく。最終の「提案する」段階では，ペアやグループではなく個人に英語でレポートを書かせ，その内容を英語で発表させることで，認知・学習言語能力（CALP）を育成することが可能である。図3.6-3で示しているように，最終的に個人で課題を達成させる機会を設けることも大切である。協働学習によって，自分一人ではできなかった課題を達成する経験をし，そこで身に付けた力を発揮して個人でも課題を達成することで，自分の力でできるという自信をもたせるためである。

　前述の図3.6-2で示したような最終課題のプレゼンテーションに，学生が意欲的に取り組めるかどうかの1つの鍵は，各学生の「独自の」研究結果や見解を発表することができるかである。発表する学生のみが知っている内容を発表する場合，聞き手の学生も興味をもち聞くことにつながる。発表内容に自由度

5　言語習得について検討する際には，学習者のどのような能力を育成するのかを検討しておくことが必要である。Cummins（1980）は，言語には「基本的対人伝達能力（Basic Interpersonal Communication Skills, BICS）」と「認知・学習言語能力（Cognitive Academic Language Proficiency, CALP）」という2つの構成概念があると述べている（白畑ほか，1999: 45）。BICSは，日常会話で用いるような基本的な言語を運用する力を指し，CALPは学校の授業やフォーマルな場面で必要な読み書き能力に関係した言語を指す。CALPの習得は認知能力と関係しており，年齢が高く認知能力が発達している学習者のほうが習得に有利であると考えられている（Cummins, 1980, 1981）。

があることで，内容に学生の個性が発揮され，英語の言語的な面だけでなく学生のリサーチ能力や内容に関わる知識が，他の学生に認められることになる。

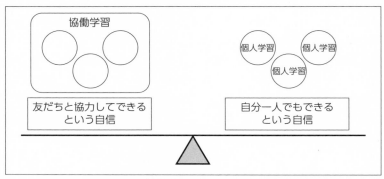

図 3.6-3　協働学習と個人学習のバランス

　聞き手には，表 3.6-1 のようなワークシートを配布し，プレゼンテーションを聞いて考えたこと，疑問に感じたことを日本語あるいは英語でメモし，発表後に質問やコメントをした回数を記録するように指示する。プレゼンテーションの後の質疑応答の時間を確保し，どの学生も授業中に必ず何らかのコメントあるいは質問をするよう促す。質問やコメントを受けるということは，聞き手に発表者のメッセージが伝わったという証拠であり，発表者は，英語で伝えることができた，という成功体験を得ることができる。同時に，聞き手には質問やコメントをしようという姿勢をもたせることで，聞く態度を養うことができると考えられる。

表 3.6-1　発表を聞く際のワークシート

No.	Presenter's name	Comments or questions, either in Japanese or English	How many times did you give comments or ask questions?
1	（例）*Aya*	（例）*提案を実現するのは難しそう* *What is the biggest obstacle to accomplishing your goal?*	（例）2
2			

　Ellis（Special Feature 2）が述べているように，タスクには，現実社会の場面を複製するという意味で真正性（situational authenticity）をもつタスクと，現実社会の場面で起こる活動そのものではないが，現実社会で起こるインターア

クションを含むという意味で真正性（interactional authenticity）をもつタスクとがある。ここで紹介している質疑応答のやり取りは，大学生が海外に留学したり，社会で英語を用いたりする際に想定されるインターアクションであり，タスクの真正性を備えていると言える。

　プレゼンテーションの評価に関して言えば，英語そのものの正確さや流暢さに加えて，内容も評価対象の要素とする場合，ルーブリックを活用することが有効であると考えられる。ルーブリックとは，「評定尺度（基準）とその内容を記述する指標（評価規準）を縦軸と横軸とにもつチェックリストのような形式の評価シート」（髙島，2005: 36）である。英語の正確さだけではなく，研究テーマの内容も評価の要素として重視されているということを，事前にルーブリックで提示することで，学生にとって課題の目標が明確になり，英語が苦手であっても内容で高い評価を得ようと意欲をもつ学生も出てくる。ルーブリックでは教師自身が強調した要素に，より比重を置いて採点する「加重化」という方法も可能であり（国際文化フォーラム，2013: 69-70），学生に何を重点的に評価しているかを示すこともできる。例えば，表 3.6-2 に示しているように「内容×2」と設定すれば，内容が英文原稿や発表と比較して 2 倍に加算されて採点されることになる。ここで提示しているルーブリックは，図 3.6-2 で提示し

表 3.6-2　ルーブリックの例

基準 / 要素	4（すばらしい）	3（目標達成）	2（もう少し）	1（改善が必要）
内容（×2）	多文化社会における課題を自ら考え，詳細かつ正確に調査し，自らの興味深い考察を加え独自性かつ実現性がある。	多文化社会における課題を自ら考え，詳細に調査し，まとめている。自らの考察を加え独自性がある。	多文化社会における課題を自ら考え，調査し，まとめている。事実を調べるに留まっている。	提示された課題をある程度調査し，まとめている。
英文原稿（×1）	語彙や文法の細かな誤りはあるが，内容を伝えることに問題はない。構成も理解されやすい。	語彙や文法の細かな誤りはあるが，内容を誤解なく伝えることができている。	語彙や文法の誤りがあり，他者に伝わりにくいことがあるが，おおよその意味は伝えることができている。	語彙や文法の重大な誤りが多いため，他者が理解できないところが多い。
英語による発表（×1）	他者に分かりやすい発音・声量で，聞き手を惹きつける発表である。	他者に分かりやすい発音・声量である。	発音が不明瞭であり，声が小さすぎる箇所が稀にある。	他者が理解できない発音や声量である場合がしばしばある。

た「多文化社会を支援するための方策を提案する」というプレゼンテーションを評価する際に用いた場合の例である。

　英語の授業で，英語の言語面のみを重視するのではなく，伝える内容や伝え方も重視することで，一人ひとりの思いと心を伝える「ことば」として英語が捉えられると思われる。

3.6.3　タスクを用いた基礎的な英語の復習

　ここまで述べてきたように，高次の思考力（HOTS）を要するタスクを実施し，英語の語彙や文法そのものだけでなく，英語で「何をどのように伝え合うか」を重視することが，英語学習に対して学生を動機付けるために大切である。英語が苦手な学生であっても，自分が興味をもつ内容であれば，タスクに取り組もうという意欲をもたせることができる。その一方で，基礎的な英語を身に付ける練習をすることも，必要なことである。

　ただ，基本的な文法は既に知識としては学んだことがある場合が多いため，文法説明を再び行なっても，学習に対する動機を維持することが難しい場合がある。英語の構文を見たり，文法と聞いたりしただけで意欲を削がれてしまう者もいるためである。そういった場合には，Ellis（Special Feature 2）が提案しているように，まずタスクを実施し，その後にタスクで必要となった文法や語句に焦点を当て，学習者の意識を向けさせる（fluency-first-accuracy-later approach）ということが有効であると考えられる。

　タスクをより効果的に実施するためには，図 3.6-4 で示しているように，情報交換をしなければ課題が達成できないように課題の設定を工夫し，前述のように HOTS を使用することが大切である。また，活動後に文法に焦点を当てたフィードバックをすることも必要である。

　例えば，以下の活動 3 を例として取り上げ，改善点を考えてみたい。

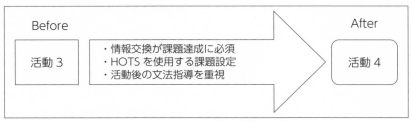

図 3.6-4　タスク（活動 3）を改善する際の工夫

【活動 3：改善が必要な例】

課題：留学生に日本文化を英語で説明しよう。

手順：（1）ペアで活動を行なう。「牛丼」，「すきやき」，「雑煮」，「七五三」などが書かれたカードをペアに配布し，日本人役の学生がカードに書かれた日本のものを英語で説明する。

　　　（2）留学生役の学生は，説明されたものについてメモとイラストを描く。

想定される会話：

学生 A: I want to introduce beef rice.

学生 B: Beef rice?

学生 A: Yes. Rice and beef. Rice on beef.

学生 B: Rice on beef? Isn't it beef on rice?

学生 A: Yes. Beef on rice.

　例えば，上記の会話例のように前置詞の on, in, at などの意味は知っていても，コミュニケーションの場面で即座に使用することはできない場合がある。そこで，タスクを採り入れインターアクションの機会を作ることで，基本的な英語の構造に意識を向けさせることができる。既に知っている英単語の意味や語順を説明されるのではなく，実際に使ってみて，うまく伝えることができなかった場合に，振り返りという形で教師から個別にフィードバックを与える，あるいは全体で確認をするのである。

　インターアクションについては，言語習得の促進には，「意味のやり取り（negotiation of meaning）」が必要であるとされ，その後，多くの実証的研究が行なわれている（Long, 1996）。意味のやり取りとは，対話者間で伝えようとする意図がうまく伝わらない場合に，聞き返したり，修正したりして再度言い直すことを要求することなどを指しており，そういったやり取りを通して，学習者は言語を習得していくと考えられている（髙島, 2005, 2011b）。また，タスクを授業に採り入れることで，そういったインターアクションの機会を作ることができる。

　ただし，活動 3 の例では，会話が単語レベルのものに留まってしまう可能性が高く，学生の英語力を十分に伸ばすようなインターアクションは期待できないことが問題である。改善点として，活動 4 のようにペアで情報の交換をしな

ければ，課題を解決することができない工夫をしたタスク活動（2.3 参照）を
実施するとよい。また，活動では海外で成功している例を見て，なぜ，どのような点が成功しているのかを「分析」し「評価」するというように，より高次の思考力を要する活動とすることも大切である。

【活動4：活動3を改善した例】
　課題：ハワイに新しく出店する日本食レストランで出すメニューを決定しよう。
　手順：(1) ハワイで成功している日本食レストラン「うどん屋」と，「牛丼屋」のメニューを提示する。ワークシートの情報はペアで異なる。
　　　　(2) 互いに情報を交換し，人気メニューの共通点を分析して独自の商品を準備する。

　活動のモデルダイアローグとワークシート（図3.6-5, 図3.6-6）は，以下のようなものである。

＜モデルダイアローグ＞

1. A: Let me tell you the top three dishes at Udon-ya in Hawaii. Beef, avocado, and tomato noodles are the best. This dish tastes like a salad, and it is served with a drink. The second most popular dish is spicy chicken curry noodles. Chicken curry is very popular, and it is very spicy. The third is spicy steak and vegetable noodles. The noodles are topped with boiled broccoli and cauliflower.

2. B: I see. I will tell you about the top three dishes at Gyudon-ya in Hawaii. The most popular dish is the beef, egg, and rice bowl. Many customers order the large size and also get a drink with it. The spicy steak and rice bowl is the second best. It is a very hot dish and comes with a fresh salad.

   A: Do you mean very spicy?

   B: Yes. The third most popular dish is the boiled vegetable, chicken, and rice bowl. This is rice with boiled broccoli and teriyaki chicken on it.

3. A: Let's find out what the most popular dishes in Hawaii have in common. The most popular dish at Udon-ya is beef, avocado, and tomato noodles.

   B: Yes. At Gyudon-ya, the beef, egg, and rice bowl is number one.

海外でレストランを出店しよう　　　　〈Sheet A〉

あなたとパートナーは，ハワイに新しく日本食レストランを出店すること
になりました。あなたは，ハワイで成功しているうどん屋の人気メニュー
を参考にしたいと考えています。パートナーと相談して，あなたたちのレ
ストランのオリジナルメニューを1つ考えましょう。

（→の部分はあなたから話し始めます。）

→ 1.　パートナーに「うどん屋（ハワイ店）」の人気メニューを
　　伝えましょう。

うどん屋（ハワイ店）人気メニュー ベスト3

	メニュー	説明
1	牛肉アボカドトマトうどん	・サラダ感覚が人気　　　　・飲み物つき
2	スパイシーチキンカレーうどん	・カレー味のチキンが好評　　　・激辛
3	スパイシーステーキ野菜うどん	・ゆでたブロッコリーとカリフラワーのトッピング

2.　パートナーから「牛丼屋（ハワイ店）」の人気メニューを聞きましょう。

牛丼屋（ハワイ店）人気メニュー ベスト3

	メニュー	説明
1		
2		
3		

→ 3.　うどん屋と牛丼屋の人気メニューで，共通している点をパートナーと分析
　　し，3点挙げましょう。

4.　3.で挙げた3つの共通点を採り入れた，独自の商品を1つ作りましょう。

図 3.6-5　活動4のためのワークシート（Sheet A）

海外でレストランを出店しよう 〈Sheet B〉

あなたとパートナーは，ハワイに新しく日本食レストランを出店すること
になりました。あなたは，ハワイで成功している牛丼屋の人気メニューを
参考にしたいと考えています。パートナーと相談して，あなたたちのレス
トランのオリジナルメニューを１つ考えましょう。

（→の部分はあなたから話し始めます。）

1. パートナーから「うどん屋（ハワイ店）」の人気メニュー
   を聞きましょう。

うどん屋（ハワイ店）人気メニュー ベスト 3

	メニュー	説明
1		
2		
3		

→ 2. パートナーに「牛丼屋（ハワイ店）」の人気メニューを伝えましょう。

牛丼屋（ハワイ店）人気メニュー ベスト 3

	メニュー	説明
1	牛温玉丼	・特盛サイズが人気　　・飲み物つき
2	スパイシーステーキ丼	・辛さが特徴　　・生野菜サラダつき
3	温野菜チキン丼	・ゆでたブロッコリーと照り焼きチキン

3. うどん屋と牛丼屋の人気メニューで，共通している点をパートナーと分析
   し，3 点挙げましょう。

→ 4. 3. で挙げた 3 つの共通点を採り入れた，独自の商品を 1 つ作りましょう。

図 3.6-6　活動 4 のためのワークシート（Sheet B）

A: Both of them have beef.

B: Yes. I think beef is very popular. Also, spicy flavors and vegetables are popular.

4. B: So, how about putting spicy beef on rice?

A: OK, and we should also add boiled vegetables on rice, because customers seem to like healthy food.

B: Sounds good. Why don't we include a free drink with it?

A: OK. Let's do it.

　改善が必要であった活動 3 での会話と比較すると，人気メニューで共通している点をパートナーと分析するために，情報をより正確に交換しなければ課題を達成できない。活動後は，会話の中で言いたくても言えなかった表現や文法的に適切ではない表現をしていた箇所について，フィードバックを与えるとよい。

3.6.4　タスクで軽減する英語への苦手意識

　ここまで，英語が苦手な大学生であっても，語句や文法の学習のみを繰り返し行なうだけでなく，メッセージの授受を重視するタスクを実施することで，英語を使ってみようという意欲を高め，英語を使って伝えることができたという達成感をもたせることが大切であることを述べてきた。特に，改善が必要な例（活動 1，活動 3）を提示し，改善例（活動 2，活動 4）を紹介した。その改善点として，①高次の思考力（HOTS）を要する活動にする，②学生個々人の興味・関心を活かし，情報交換したいと感じる内容を扱う，③使いたくても正しく使うことができなかった文法や語句に，タスク実施後に焦点を当てる（2.3 参照），といったことが必要であることを述べた。

　タスクを授業に採り入れる利点は，英語を自らが伝えたい内容を表すために使う経験を積ませることができる点である。大学生という認知的な発達段階に合わせた課題を設定することで，学生にタスクに取り組んでみようという気持ちをもたせるきっかけとなる。タスクを遂行する中で，英語でコミュニケーションができたという成功体験を積ませ，その上で基本的な語彙や文法指導を実施することが，英語に対する苦手意識を軽減する 1 つの方法であると考えられる。

3.7 プロジェクトから生まれる成功体験と充実感 ──短期大学の事例

　本節では，短期大学で行なった，英語絵本の内容を実演する英語劇プロジェクト[1]を紹介する。プロジェクトを取り入れた授業を行なうことで，生徒は英語を使用することの楽しさや面白さを感じ，英語を話すことへの自信を高め，英語学習に対する苦手意識が軽減される。さらに，英語劇を活用することで，現実的な状況の中で言語を使用する機会を与えることができ，英語への学習意欲を高め，心理的な不安を減らすこともできる。

3.7.1　英語劇プロジェクトの意義

　英語劇のように，外国語の教室で劇やドラマのような活動を取り入れる教授方法はドラマ・メソッド（Drama Method）や劇化（dramatization）などと呼ばれる。その利点は，以下の4点にまとめることができる。

（1）　現実的な場面での言語使用

　学習者に現実的な状況の中で言語を使用する機会を与えることができる（白畑ほか，2009）。言語を使う楽しさを体感することができ，学習者の記憶にも定着しやすくなる。

（2）　発音・イントネーション・語感の形成

　基本となる発音やイントネーションが自然と身に付く（森友，2015）。単に単語や表現を繰り返し発音して覚えるのとは質的に異なる体験であり，体を動かしながら役の感情を追体験することで，身体感覚としての語感の形成に結びつけることができる（川上，2008）。

（3）　達成感と自信

　皆の前で演じた達成感は，英語を使って異国の人々と交わっていく楽しさと自信を与え，皆で作り上げる喜びを感じさせる（森友，2015）。

（4）　学習意欲の向上と不安の軽減

　学習者の学習意欲を高め，心理的な不安を減らすことができる（Galante, 2018）。役を演じることによって，学習者が自分の性格的・文化的制約から離

1　東野・髙島（2007, 2011）や本書3.1では，プロジェクトを「絵本型プロジェクト」，「発表・発信型プロジェクト」，「相互交流型プロジェクト」の3つの型に分類しているが，本英語劇プロジェクトは「絵本型プロジェクト」の1つとして位置付けられる。

れて言語活動に参加できる（白畑ほか，2009）。

　英語授業で英語劇を取り入れる試みは数多く報告されており，小学校から大学まで幅広く実践されている（西崎，2012; 丹羽，2012など）。海外でも，香港の中等教育学校のように，ドラマを授業として取り入れていたり，授業外でもミュージカルなどの英語を使うイベントを各学校や学校間の行事として実施しているところもある（村上・髙島ほか，2012; 村上・桐生ほか，2013）。英語劇では，登場人物の気持ちや場面・セリフに応じた演技の工夫などを考えて練習する必要があるものの，台本通りにセリフを話しながらそれぞれの役割を演じることから，自ら考えて話す必要がある現実のコミュニケーション場面よりも，安心してかつ自信をもって話すことが可能となる。

　英語劇プロジェクトのように，プロジェクトを取り入れた授業を行なうことの効果の1つに，学習者の言語学習に対するやる気を高める，つまり動機を高め学習への意欲を喚起・維持できることが挙げられる（具体例は今井・髙島，2015; 髙島，2011a，2014; 東野・髙島，2007，2011参照）。たとえ英語学習で苦手意識をもってしまった学習者であっても，プロジェクトを通じてグループ学習を進めていく中で，英語を使用することの楽しさや面白さを感じ，英語を話すことへの自信を高め，英語学習への意識が変化していく可能性を秘めている。Task-Based Language Teaching（TBLT）では，学習者が外国語を単なる学習対象と捉えるのではなく，意味を伝えるための手段として捉えることができ，コミュニケーション能力を高めることができる（Ellis, Special Feature 2）。プロジェクトにおいても，明確な目標・ゴールが設定されており，個人，あるいはグループでお互いに協力しながら，最終的な成果を発表したり，成果物を作る（今井・髙島，2015）ことで同様の効果が期待される。教師の支援を得ながら，他の学習者と共に学び合いゴールに至る過程では，学習者の興味・関心に合わせて学習者が主体的に関わることができるような仕組みを取り入れることが可能となるからである。

3.7.2　英語絵本を活用した英語劇プロジェクト

　英語劇プロジェクトを活用した「英語コミュニケーション①」での実践を紹介する。「聞くこと」や「話すこと」を中心に，基礎的な英語コミュニケーション能力の向上を目標とした，短期大学1年生のほぼ全員が履修する科目である。学年全体を12分割して授業を実施しており，共通シラバスのもとで複数の教員が各クラスを担当している。1クラスの人数は約20〜25人である。学生の

多くは保育園や幼稚園への就職を考えており，音楽や工作などが得意で，子供に関心のある学生が大半を占めている。当該授業には，以下のような問題点がある。

(1)　英語力

　英語が得意な学生は一部である。英語が不得意な学生に対して，自分のことについて受け答えをするスピーキングテストを実施すると，質問されている英語が聞き取れなかったり，自己紹介の基本的な表現が言えないといった状況がある。高等学校で保育コースを選択した場合，英語の授業は週に2〜3時間のみ履修すればよいというケースがあり，学生全体の英語力の低さにつながっていると推察できる。

(2)　共通シラバスと共通の教科書

　全クラスで共通の教科書を使用して授業を行なっているが，この教科書を中心とした授業で学生の学習意欲を維持することは難しい。教科書にはさまざまな聞く活動や話す活動が含まれているものの，自己紹介や買い物などの基本的な内容が中心で，学生の興味を引くような内容は少なく，集中力も持続しにくい活動が多い。

　このような状況を踏まえ，授業の質の向上を目的とし，音楽や工作が得意で子供に関心があるという学生の興味・関心を生かした授業を行なうために，英語劇プロジェクトを取り入れた。英語劇プロジェクト以外の形で[2]プロジェクトを実施することは可能であるが，今回は，保育園や幼稚園の園児達や小学校の児童達の前で，何かを演じる自信を学生に深めてほしいと考えた。また，保育関係の専門科目で日本語の絵本を読む，あるいは読み聞かせの練習を行なう機会は多いが，英語絵本を読む機会があまりないという学生が多かった。そこで，英語絵本にも触れる機会を増やす取り組みの一環として英語劇プロジェクトを位置付けた。プロジェクトでは，複数の時間をまとめ取りすることが必要なため，当該授業で扱う教科書の活動を精選し，1単元分のテスト評価を本プロジェクトの発表による評価に置き換えることで時間を確保した。

3.7.3　英語劇プロジェクトの実施方法

　英語劇プロジェクトは5時間構成とし，2017年11月から2018年1月にか

2　例えば，オリジナルの絵本を作成して発表するプロジェクトや，ペープサート（人物などの絵を切り抜いて棒に貼り合わせ，背景の前で動かして演じる人形劇）を用いて絵本を紹介するプロジェクトなどが考えられる。

けて表 3.7-1 の手順で実施した。

　最初に，学生を 2～5 人程度のグループに分け，英語劇形式で英語絵本の内容を約 5 分実演することを伝えた。英語の絵本は，全体的に同じ英語の繰り返しが多い絵本や，一部の場面をカットしても全体のストーリーに影響しないような絵本を中心に選定[3] し，指定絵本として 7 冊を提示した（p. 215 資料 1 参照）。

表 3.7-1　プロジェクトの構成と学習活動（全 5 時間[4]）

時間	学習活動	準備物
1／5	・英語絵本の紹介や読み聞かせを聞く。 ・グループに分かれ，指定された絵本の中から 1 冊ずつ選ぶ。 ・選んだ絵本の英語を理解し，役割を決める。 ・内容を分かりやすく伝えるための工夫を考え，台本の案を練る。	英語絵本・台本
2／5	・必要に応じて，絵本に出てくる英語に修正を加えながら，台本を作成する。 ・お面，背景などの小物を作成する。	台本・画用紙・模造紙・輪ゴム・水性マーカー・ハサミ
3／5	・お面，背景などの小物を引き続き作成する。 ・英語の発音を練習する。	画用紙・模造紙・輪ゴム・水性マーカー・ハサミ
4／5	・リハーサルを行ない，セリフや動作の流れなどをグループごとに確認する。	
5／5	・英語劇の発表を行ない，最後に反省点などを振り返る。	マグネット

図 3.7-1　学生が作成した小物の例

3　絵本の選定基準については，東野・髙島（2007）や本書 3.1 で 6 つの基準が紹介されているが，本プロジェクトでは，そのうち，②「場面がわかりやすいもの」，⑥「基本表現の繰り返しとなっているもの」の 2 つの基準で絵本を選定している。
4　プロジェクトは全 5 時間構成であるが，一部で共通教科書を使用した時間もあった。

絵本によっては，書かれた英語をそのままセリフとして使うことができないものもあるため，自然な英語になるように表現を考えさせると共に，内容を分かりやすく伝えるための工夫も考えさせた。登場人物のセリフや動作・表現で工夫する点は台本としてまとめさせた上で，Word 形式のファイルで作成・提出させた。例えば，*Where's Spot?* の絵本を選んだグループは，動物達のセリフが少ないため，複数の場面がつながるように英語を追加していた（pp. 215-216 資料2参照）。お面，背景などの小物は，学生が得意な工作を作業の中に含めることで，英語学習にも楽しさが生まれ，苦手意識の軽減につながると考え，手作りさせた（図 3.7-1）。リハーサルでは，英語らしい発音の仕方や，聞き手を意識した声の強弱・イントネーションについて指導した。また，台本で動作や表現を工夫する点を書いていても，リハーサルで上手に表現できないこともあるため，ジェスチャー・表情などの演技指導も行なった。

3.7.4　英語劇プロジェクトの効果検証

　英語劇プロジェクトを行なった結果，学生がどのように感じたのか，どのような意識の変化があったのかなど，プロジェクトの効果を検証した。今回は，情意面からの検証として，石村（2014）が開発したフロー体験チェックリストや活動後の評価尺度を活用し，「目標への挑戦」や「能力への自信」などの7つの尺度[5]で構成された全22項目の「フロー体験アンケート」を作成した（尺度と項目の詳細は図 3.7-2 参照）。

　フローは「流れ」とも訳されるように，楽しい活動に没入している時に意識が自然に流れていく様子を表している。元々は，チクセントミハイが行なった幸せの体験に関する調査（Csikszentmihalyi, 1975/2000）の中で，多くの人が「流れているようだった」などと表現されたことに由来しており，フローは「その経験自体が楽しいので，純粋に多くの時間や労力を費やすような状態」を指している。活動に意識を集中しており，時間の感覚がなくなることもフローの特徴の1つである。フローを経験するかどうかは，個人がどのように自分の能力を判断し，活動の挑戦レベルを認識するのかによって変わる。フローが生じるためには以下の条件があるとされている[6]。

5　尺度とは，心理学で使用される心理測定尺度のことであり，個人の心理的傾向の程度を測定するために，関連する複数の項目から作られた1つの物差しのことを指す（堀・吉田・宮本，2011）。
6　フローとタスク（課題解決型言語活動）の関係については桐生（2011）や多良（2015）参照。

（1）挑戦と能力のバランスがとれていること。

（2）明確な目標が含まれた行為であること。

（3）明確で即時的なフィードバックがあること。

（Csikszentmihalyi, Abuhamdeh & Nakamura, 2014）

　学生[7]は，発表を終えた後の振り返りの一環として，7段階（1＝全くあてはまらない，7＝非常にあてはまる）でアンケートの各項目に回答した。7つの尺度と22項目を比較した平均値のグラフを図3.7-2に示す。

　「目標への挑戦」，「能力への自信」，「肯定的感情と没入による意識経験」の3つの尺度に含まれる10項目は，フロー体験を内容的に代表する項目であり，「自己成長と意欲」，「快感情と動機づけ」，「充実感」，「不快感情と自己嫌悪」の4つの尺度に含まれる12項目は動機づけや自己成長・自己嫌悪に関する項目である。各項目の最大値は7，最小値は1，中央値は4である。

　各項目の平均値[8]を見ると，最も高いのは「22. うまくこなしたいと思った」（$m = 6.11$）であり，「15. 楽しかった」（$m = 6.02$），「10. 楽しんでいる」（$m = 6.00$）の順に続く。尺度得点の平均値[9]でも，「自己成長と意欲」（$M = 5.50$）が最も高く，「充実感」（$M = 5.47$）も高いことから，今回の課題に意欲的に取り組み，自分の成長につながったと感じた学生が多かった。反対に，最も低いのは「16. 自己嫌悪になった」（$m = 3.40$）であり，「20. 落ち込んだ」（$m = 3.68$），「12. 後悔した」（$m = 3.83$）の順に続く。尺度得点の平均値でも，「不快感情と自己嫌悪」（$M = 3.64$）が最も低く，発表後に否定的な感情を抱いた学生が少なかった。

　先に述べたように，フローが生じるための条件として「挑戦と能力のバランスがとれている」必要がある。学生がフロー状態であったかどうかの判定は，「目標への挑戦」と「能力への自信」の平均値を基準として，集団における「挑戦と能力のバランス」の平均値を算出した。挑戦と能力共に平均値よりも低い場合は「無関心」，挑戦が高くて能力が低い場合は「不安」，挑戦が低くて能力が高い場合は「退屈」，挑戦と能力共に高い場合は「フロー」と判別し，図3.7-3のように4種類の心理状態[10]に分類した[11]。「フロー体験アンケート」では，

7　本実践を行なった3クラスの学生のうち，計53名が本研究への参加に同意した。

8　各項目の平均値を小文字の m で，尺度の平均値を大文字の M で示している。各項目の番号は，実際のアンケート項目の並び順である。

9　尺度得点の平均値は，尺度内の項目を合計して項目数で割った数値である。

10　フロー（flow），不安（anxiety），退屈（boredom），無関心（apathy）の4種類の心理状態については，石村（2014），今井・髙島（2015）参照。

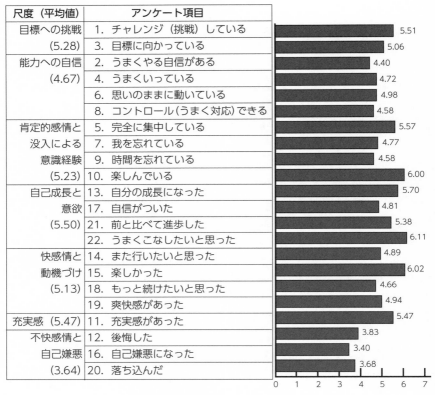

尺度（平均値）	アンケート項目	
目標への挑戦	1. チャレンジ（挑戦）している	5.51
(5.28)	3. 目標に向かっている	5.06
能力への自信	2. うまくやる自信がある	4.40
(4.67)	4. うまくいっている	4.72
	6. 思いのままに動いている	4.98
	8. コントロール（うまく対応）できる	4.58
肯定的感情と	5. 完全に集中している	5.57
没入による	7. 我を忘れている	4.77
意識経験	9. 時間を忘れている	4.58
(5.23)	10. 楽しんでいる	6.00
自己成長と	13. 自分の成長になった	5.70
意欲	17. 自信がついた	4.81
(5.50)	21. 前と比べて進歩した	5.38
	22. うまくこなしたいと思った	6.11
快感情と	14. また行いたいと思った	4.89
動機づけ	15. 楽しかった	6.02
(5.13)	18. もっと続けたいと思った	4.66
	19. 爽快感があった	4.94
充実感 (5.47)	11. 充実感があった	5.47
不快感情と	12. 後悔した	3.83
自己嫌悪	16. 自己嫌悪になった	3.40
(3.64)	20. 落ち込んだ	3.68

図 3.7-2　7 つの尺度とアンケート各項目の平均値

「目標への挑戦」の 2 項目と「能力への自信」の 4 項目をそれぞれ合計した尺度得点の平均値が基準となる。「目標への挑戦」（$M = 5.28$），「能力への自信」（$M = 4.67$）のいずれも中央値（4）よりも高いことから，今回の課題が適した「挑戦と能力のバランス」であったと考えられる。

　最後に，「フロー」グループと「無関心」グループ間での活動後の評価の違いを見るために，5 つの尺度（「肯定的感情と没入による意識経験」，「自己成長と意欲」，「快感情と動機づけ」，「充実感」，「不快感情と自己嫌悪」）の尺度

11　フロー状態であるかどうか判定する方法には，挑戦レベルと能力レベルが各個人の 1 週間の平均値を基準とする方法と，集団の平均値を基準とする方法の 2 種類がある（今井・浅川，2003）が，今回は英語劇を 1 つのまとまりとして捉えた研究であるため，後者の方法を採用した。

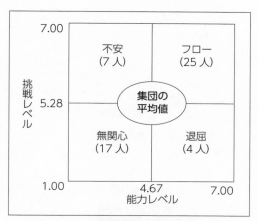

図 3.7-3　4 種類の心理状態の判定結果

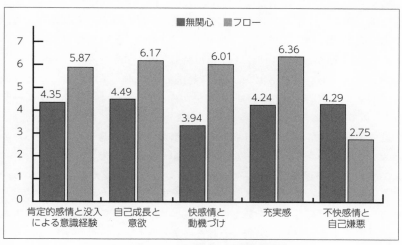

図 3.7-4　5 つの尺度と活動後の評価

得点の平均値を t 検定で比較した結果，いずれの尺度でも 1 % 水準で有意であった（図 3.7-4，p. 216 資料 3 参照）。このことから，逆転項目（否定的感情を含む項目）である「不快感情と自己嫌悪」は「無関心」グループの方が高く，それ以外は「フロー」グループの方が高いことが示された。

3.7.5　英語劇プロジェクトの成果

これらの分析から，次のような成果が導き出された。

（1）　主体的な練習の促進

図 3.7-2 の結果から，「うまくこなしたいと思った」学生が最も多かった。振り返りの感想の中には，「自分の練習不足で相手に迷惑かけることのないようにたくさん練習をしたのでこのような授業のほうが英語を自らやろうっていう気持ちになると思いました。」という声があった。今回の課題に主体的に取り組む中で，学習意欲が高まったと考えられる。

（2）　楽しさと達成感

図 3.7-2 の結果から，「楽しかった」や「楽しんでいる」と感じた学生が多かった。図 3.7-4 の結果から，フロー状態を経験していたと考えられる「フロー」グループの方が，「無関心」グループよりも活動に集中していて楽しんでおり，活動に対する肯定的な評価をしていた。実際，振り返りでも楽しかったことを伝える声が多く，英語で劇をすることの大変さを感じながらも「終わった達成感があったので，練習して良かったと思いました。」といった声が聞かれた。図 3.7-2 で平均値が最も低い項目は「自己嫌悪になった」であり，尺度でも，「不快感情と自己嫌悪」が最も低かった。「無関心」グループ以外では，発表後に自分に対して否定的な感情を抱いた学生が少なかった。「無関心」グループや「退屈」グループにおいても，グループ内で協力する楽しさや，発表を終えた後の達成感を感じている学生がおり，必ずしも活動に興味をもてなかったわけではないことがわかる。「楽しくグループで行うことができてよかった」，「最後までできた時の達成感が嬉しかった」といった声が聞かれたことから，フローを経験しなかったグループでも一定の成果が出ていたと考えられる[12]。

一方で，英語劇の難しさを感じた学生もいた。「セリフを覚えるのが大変でした」，「緊張するとセリフが飛んでしまいました」といった声も聞かれた。英語劇では，場面と共に繰り返しセリフを声に出して練習することで，自然と表現を覚えていくものと考えられるが，十分に練習できなかった学生もいた。リハーサルの時間をグループでの練習時間に充てたが，「リハーサルをもう少し完成した状態で行いたかった」という意見もあった。グループごとに一緒に練習できる時間をリハーサルまでに確保していくことで，最後の発表が充実した

12　今回は集団における「挑戦と能力のバランス」の平均値が中央値よりも高かったことから，「フロー」グループ以外でも肯定的な感情をもった学生が少なくなかったと考えられる。

ものになると考える。

　英語が苦手な学生であっても，英語劇プロジェクトを活用した授業では，①学生自ら主体的に英語を練習しようとし，②発表を無事に終えることで得られる充実感から楽しさも感じることができ，③学生自身の英語への取り組み方が積極的になったことが明らかとなった。幼児教育を専門とする学生の興味・関心に合わせた授業を展開することで，英語学習の楽しさや達成感を学生が感じられる状況を生み出すことができた。このプロジェクトを体験したことで将来，学生が保育園や幼稚園などに就職した後，絵本の読み聞かせなどを行なう場面で自信をもって子供達の前に立つことができるようになることを期待したい。

【資料1】　提示した英語絵本の一覧

題名	作者・絵	年	出版社
Spot Goes to the Farm	Eric Hill	1987	Putnam
Where's Spot?	Eric Hill	2000	Puffin Books
Pal the Parrot	Mikiko Nakamoto & Ryoko Fujikawa	2000	APRICOT
Who Stole the Cookies?	Mikiko Nakamoto & Hideko Kakegawa	2000	APRICOT
Spot's First Easter	Eric Hill	2004	Puffin Books
Quin and Peep Play Hide and Seek	Momoko Kimoto	2005	R.I.C. Publications
Shark in the Park	Phil Roxbee Cox & Stephen Cartwright	2006	Usborne

【資料2】　学生が作成した台本（*Where's Spot?*）の例

役割	セリフ	動作・表現の工夫
母犬	That Spot! He hasn't eaten his supper. Where can he be? Is he behind the door?	あきれた感じで言う。探しながらドアを開けて。
動物（熊）	No. Try the clock.	はちみつを食べながら言う。
母犬	Is he inside the clock?	時計のドアを開けながら。
動物（へび）	No. Try the piano.	少し早口で。
母犬	Is he in the piano?	ピアノのふたを開けながら。

動物（カバ）	No. <u>Try the stairs.</u>	眠そうに言う。
母犬	Is he under the stairs?	階段の棚を開けながら。
動物（ライオン）	No. <u>Try the closet.</u>	勢いよく。
母犬	Is he in the closet?	クローゼットを開けながら。
動物（さる）	No. <u>Try the bed.</u>	楽しそうに。
母犬	Is he under the bed?	ベッドを覗き込みながら。
動物（ワニ）	No. <u>Try the box.</u>	のんびりと。
母犬	Is he in the box?	箱を覗きながら。
動物（ペンギン）	No. <u>Try the rug.</u>	高めの声で。
母犬	There's Spot! He's under the rug.	嬉しそうに。
動物（かめ）	Try the basket!	明るく。
母犬	Good boy, Spot!	とても嬉しそうに。

※ セリフのうち，下線部は学生が追加した部分。

【資料3】 5つの尺度と活動後の評価

グループ ＼ 尺度	肯定的感情と没入による意識経験	自己成長と意欲	快感情と動機づけ	充実感	不快感情と自己嫌悪
無関心	4.35	4.49	3.94	4.24	4.29
フロー	5.87	6.17	6.01	6.36	2.75
t	6.36**	6.91**	7.31**	6.68**	3.31**

$**p < .01$

3.8　Special Feature 2 の概要：
アジアの小学校におけるTBLT の導入[1]

　世界的に英語が重視される中，早期の英語教育により高い英語能力が身に付くという証拠はない。しかし，アジアのいくつかの国では小学校に英語を導入し，これらの国々の教育行政は，コミュニケーションの言語教育と言われる「コミュニカティブ・ランゲージ・ティーチング」，中でもタスクを基盤とした言語教育（Task-Based Language Teaching; 以下，TBLT）による指導を義務付けている[2]。TBLT は，さまざまなタスクを通して学習者の第二言語（L2）能力の伸長を目指すアプローチである。その「タスク」は以下のように定義される[3]。

(1) 意味の伝達に最も焦点が置かれる。

(2) 言語を使用するための何らかのインフォメーション・ギャップがある。

(3) 学習者は，獲得した言語・非言語の知識を自身で駆使し，タスクを遂行することが求められる。

(4) 学習者は，言語を正しく使用することより，コミュニケーションを通してタスクを達成し結果（結論）を出すことが主な関心事となる。

　本稿では，まず，アジアの小学校における言語政策を概観し，年齢と第二言語習得の関係性に触れ，日本の小学校で英語を導入するのであれば，TBLT の導入が不可欠であると考える。早期の英語教育が有効であることを示すには，英語で自信を持ってコミュニケーションを図る能力を伸長する TBLT が最も適切な指導法である。次に，TBLT に向けられている誤解に基づく批判に触れ，最後に日本のように小学校に TBLT を導入することの妨げとなっている実践的・構造的な問題を取り上げる。

3.8.1　アジアの小学校における言語政策

　アジアの国々では，主要な外国語，あるいは第二言語（L2）として英語が

1　本節は Ellis 氏の論考の内容をまとめたものである。なお，脚注は概要の理解促進のために要約者が付けたものである。

2　論考で Communicative Language Teaching には，強いバージョン（strong version）と弱いバージョン（weak version）に言及されている。前者は TBLT が言語習得を促進し，後者は TBLT が言語習得の促進に役立つという考え方である。

3　1.4 参照。

小学校に導入されている。例えば，香港では1997年に小学校でTBLTを正式に採用し，中国では，2001年に『英語課程基準』が出され第3学年で英語の授業が開始[4]された。香港，中国，韓国では英語が教科として導入されたのに対し，マレーシアやフィリピンでは，英語が教科を教える「媒介言語」として導入された。日本では，2002年に全面実施された小学校学習指導要領では，国際理解の一環として「英会話等」ができることになり，2006年3月の中央教育審議会（CCE）で，第5・6学年に週1時間必修とすることが答申され，さらに，2020年からは，第5・6学年では，週2時間の教科として第3・4学年では週1時間の外国語活動が必修となる。

　これらの小学校への英語導入の理由として4つ考えられる。

　　①　英語は，ビジネス，国際関係，インターネットを基盤とした情報システムのグローバルコミュニケーションの言語として機能しているとの認識がある。

　　②　日本が「国際化」と呼んでいる，児童に異文化への意識を高めたり理解を深めたりさせようとする目的がある。

　　③　多くの親が子供の将来のキャリアのために英語力の伸張が重要であり，早期英語教育がこのことに役立つと認識している。

　　④　外国語は青年や成人よりも子供の方が容易に学べると信じられている。

　ただ，小学校への英語教育導入の決定には，L2学習における年齢の影響や他国の初等教育における英語教育に関する研究の成果をほとんど考慮していない。

3.8.2　年齢とL2学習

　L2の習得と年齢の関係の研究によると，成人および年長の子供は，幼い子供よりも学習が早いが，多くの場合，最終的には，幼い子供の方がより高いレベルに到達することが分かっている。確かに，L2の学習には臨界期があり，（Abrahamsson & Hyltenstam, 2009; Long, 2013），臨界期を超えたL2学習では母語話者のような能力に達することは困難である。これが早期に英語学習を開始させようとする動機となるが，早期に開始することによる究極の効果は，学習者がESL環境のようにL2に十分に触れる状況がある限り成立する。英語を週に

4　瀋陽市では，2000年度から第3学年で週3時間，北京市では2005年度から全学年で週2から3時間英語を学習している。詳細は，村上・東野ほか（2008: 43-76）参照。

数時間しか学習しない日本などでは，子供が成人または年長の学習者より優位に立つことはない。中国，韓国，日本のような国での早期英語教育は期待するほどの効果はない。

早期に小学校で英語学習を開始したことによる効果を示すことができなかった例を2つ示す。

① Barcelona Age Factor Project（Muñoz, 2006）は，EFL環境であるスペイン・カタルーニャ州で，教室外での英語の量は一定にし，教室環境で8，11，14歳で英語学習を開始した児童・生徒の学習状況を調査した。200時間，416時間，726時間の指導後のL2の暗示的知識と明示的知識を測定し，3グループを比較した。結果は，文法知識に関して年上の学習者が幼い学習者よりも学習効果があり持続的であった。ただ，音の認識や聞き取り，話す際の流暢さには幼い子供たちに比べて差は見られたが，最終的には両群には差がなかった。

② Larson-Hall（2008）は，日本の大学生を対象に，3歳から12歳の間に英語を学び始めた学生グループと12歳か13歳で学び始めた学生グループに分け調査した。文法知識において両群に差はなかったが，早く始めた学生グループは，日本人学習者にとって難しい2つの音（/l/ と /w/）を区別することができていた。

このような研究は，年上の学習者が認知的に発達しており，文法学習は言語について学ぶことを目的としていることから明示的知識を得て，文法テストでは優位になる。一方，発音や口頭でのコミュニケーションスキルで暗示的な知識を必要とすることから，幼い学習者が有利となる。暗示的な学習は，長い時間を費やすゆっくりとしたプロセスであるが，長期的には明示的な学習よりも高いレベルのコミュニケーション能力につながる。

幼い学習者が暗示的な学習で効果を上げるためには，どのような指導法で学習するのかが影響する。正確性を重視した文法テストなどに対応できる伝統的な教育概念に基づくアプローチでは，日常会話に必要な暗示的学習となることはない。この暗示的な知識を付けるためには，小学校ではコミュニケーションを活発に行なうアプローチ，TBLT を取り入れることが必要となる。

3.8.3　英語教育に対するコミュニカティブ・アプローチ

小学校への英語教育が導入されるのであれば，何らかのコミュニカティブな言語教育（CLT）を行なうことを国家の教育政策決定機関は推奨している。多

くの国々では，教師中心で正確さや書くことを重視する教育から，児童中心で流暢さや話すことに指導の焦点を置くことへの転換が，コミュニケーションのスキルを身に付けるために必要であると考えている。

アジアの7つの国での教育政策と実施に関する調査によると（Nunan, 2003），TBLT の導入が奨励されている。その他の国でも，タスクを活用した学習（learning through tasks）が重要であると考えられている（Littlewood, 2007）。

しかし，言語を使うスキルを伸長することよりも，知識を身に付けさせようととする伝統的な教師中心の英語教育がなされているアジア諸国には TBLT は不向きであると，その導入が妨げられている現実もある。教員からは，入試に役立たないという不平が出ており，また，経験的な根拠に基づく実証研究（empirical research）から派生した理論ではないとの批判もある（Swan, 2005）[5]。

今後も小学校での英語教育が継続されるならば，TBLT のようなコミュニカティブな言語教育の指導方法が好ましいか否かを考える必要がある。ここで3つの立場を考えてみる。

(1) TBLT はアジア圏における英語教育環境には適していないことを認め，伝統的な指導法の方が適していると考え（TBLT の導入をしない）。

(2) タスクに加え多様な伝統的タイプの活動を組み込んだ幅の広い指導法となるように TBLT を修正し，コミュニケーション志向のアプローチ（Littlewood, 2014）とする。

(3) TBLT を継続的に実践しながら，体系的に実施上の問題に対処していく。

上記の (1) は問題の解決にはならない。アジアの教育制度の中で伝統的に1つ1つ項目ごとに正確性を求めるアプローチによりよい成績をとっても，長い年月の学習にも関わらず英語を効果的に話したり読んだりする能力が育成されていない。小学校で英語が導入されるのであれば，子供は，自然に自分なりの意味を見出す[6]ので，英語について学ぶのではなく，英語をコミュニケーションの手段として学ぶべきである。このように学習して初めて英語を用いるスキルや自信が付くからである。

(2) は (1) よりはよく，英語による効果的なコミュニケーション能力に必

5　1.8 のタスク活動（図 1-7，図 1-8）や 3.5.4 のスピーキングタスク Royal Ascot などは，TBLT の弱いバージョンを支持する実証研究である。

6　ここでは，children are natural meaning-makers. とあり，授業で文法指導を受けたり練習したりするのとは異なり，子供はコミュニケーションを通して文脈の中での意味を理解（しようと）する。Ellis は，このことを根拠に，小学校ではインプット中心の授業を推奨している。

須の暗示的知識（implicit knowledge）を身に付けるための活動と，暗示的知識の伸長を担う明示的知識（explicit knowledge）のための活動のバランスのよいカリキュラムが大切であると考える。しかし，PPP の授業の最後の段階の Produce（Production）段階に「タスク」を実施することには賛成しない。理由は，ことばについて学ぶことが主な「目的」となる恐れがあり，幼い学習者には適さないからである[7]。タスクを初期段階より主に取り入れたモジュール化されたシラバス，つまり，カリキュラムの初期段階から学習者が「課題」を理解し，基本的なコミュニケーション能力を確立したときに，学習上困難を感じると思われる文法項目に，練習として正確性を求める活動を補うことがよいと提案したい。まず，流暢さ（fluency）を，後に正確さ（accuracy）を求めるアプローチがよいと考える。こう考えると（3）の立場は，日本の小学校で多くの教師によって実践されている体験的な学習と TBLT による指導法が合致し小学生に適したアプローチとなると思われる。

　ここで TBLT に関するいくつかの一般的な誤解について言及する。

3.8.4　TBLT に関する誤解

　TBLT に関する誤解は次の 8 点にまとめられる。

1. 唯一の目的はコミュニケーションの流暢さを伸長することで，言語的な正確さの伸長を目的としていない。
2. 言語形式に指導の焦点を置かない。
3. 口頭のスキル，特に話すことだけに焦点を置く。
4. グループ活動を幅広く用いることが求められている。
5. 教師の役割は，児童・生徒がタスクを指示通りに行なっているかを確認する（見極める）ことである。
6. 教師と生徒が常に英語を使用することになる。

---

[7] 要約者の考えは，この点で，Ellis とは異なる。日本のような 30 人強の人数の教室で一斉に週 1～3 時間英語を学習する EFL 環境では，ジェスチャーなどの言語外の手段をインプットとして与えても何も理解できない児童が多いと思われる。英語学習（活動）を始めたばかりの児童は，英語に関する知識はほとんどなく，真似をすることはできても，全員が意味を理解し，発音できる保証はない。インプットを中心とした課題解決的なタスクをする前には，活動で使うことばや表現を学習したり，理解を助けたりするために絵カードや写真など使って練習する手立てが必要である。つまり，極めて初期の段階では英語は学ぶ「対象」とならざるを得ず，課題解決型の活動を進める中で，英語が「手段」となっていくようにするのである。小学校においても導入時には表現の提示や練習が課題解決型の授業の基礎として必要である（注 9 参照）。

7. 行なうタスクはすべて現実的な場面でのものでなくてはならない。

8. EFL環境ではなくESL環境に適している。

　第1の誤解に関連して，TBLTは学習者が実生活で経験するのと類似した条件でコミュニケーションをしようとすることでコミュニケーションが流暢になると考えられる。しかし，TBLTでは，新しい語彙や文法構造を習得したり，不完全に学習していた言語機能を徐々に使えたりするようになる場面を設定している。このことが可能となるために，伝統的言語教育における意図的な学習とは異なる，「偶発的な習得（incidental learning）」[8]が生じることを目的としている。TBLTは，L1における言語習得とほぼ同じ方法で，流暢さと正確さが徐々に伸張するようにL2が習得されることを前提としている。

　第2の誤解に関しては，TBLTは「フォーカス・オン・フォーム（focus on form）」（Long, 1991）と言われているように，学習者がタスクを実行し，誤ったり，問題が生じたことに気付いたりしたときの言語形式への注意を払うことになる。具体的には，例えば，学習者にプレタスクとして実際にタスクを行なう前に計画する機会を与えることで，タスクを行なう際に必要な言語に注意を向けるようになり，タスクを実際に行なってみると言語的複雑性，時には，正確性が高まっていたのである。また，ポストタスクとして，タスクを行なったときの言語上のつまずきを取り上げることなどで形式に焦点を当てているのである。プレタスク，タスク，ポストタスクの各段階で，形式に焦点を当てる機会がある。

　第3の誤解はTBLTにおけるタスクは，必ず話すことが含まれるということである。このことから，能力が十分でない学習者には不可能，または，非常に困難であるとされる。しかし，実際には，タスクは4技能のいずれにも関わる。第3章Special Feature 2のAppendix A（p. 246）は1990年代に日本で用いた「聞いて行なう（listen-and-do）」タスクである。例えば，このタスクは完全にインプットベースであり，教師によって指示されたキッチンの場所と用具とを線でつなぐものである。「読んで行なう（read and do）」タスクでは，例えば，紙のボートを作る方法が書かれた指示を読んでボートを折ることもできる。このよ

8　偶発的な学習が可能となるためには，相当量のインプット，やり取りやフィードバックが必要とされると思われる。この点で，週1〜2時間程度の授業で最大限に英語を使ったとしてもEFLの学習環境ではTBLTではなくPPPの最後の段階のPを充実させるためにタスクを置き，このタスクが可能となるための最初の2つのPを充実させる指導法が日本の公立小学校では実現可能性が高いと考えられる。

うなインプットベースのタスクは，インプットの難度を変えることで，学習者の言語能力に合わせることができることから，スピーキング能力が十分でない初心者に最適である[9]。また，複数の言語スキルによる「統合的」な活動は，より複雑なタスクとなる。「誰に心臓移植を行なうか」などの意思決定タスク（decision-making tasks）では，読むこと（心臓手術を受ける患者の候補者についての情報を得る），話すこと・聞くこと（誰が手術を受けるのに最も適しているのかについてグループで議論），書くこと（個人別，またはグループで，決定結果や理由についてレポートするための準備）を使う[10]。タスクが話すことだけを扱うということや，初心者レベルの学習には適していないことからTBLTを批判することは根本的に間違っている。

　第4の誤解は，TBLTでは学習者が少人数のグループでの活動が基本であるという内容である。多くのタスクは，インプット中心であり，教員がクラス全体とやり取りをすることもある。2枚の絵の違いを探すようなSpot the Differenceのような活動では教師が一方の絵を持ちクラス全体とやり取りをすることが可能である。グループ活動では十分なやり取りができないと言われるが，学習者に適切なタスクを与えたり，効果的なコラボレーションの原理（Jacobs, 1998）に従ったりすることで，グループ内での活発な話し合いは可能となる。

　第5の誤解はSwan（2005）からのもので，タスクを基盤とした言語教育は「教師は新しい言語を与える源泉ではなく，コミュニケーション活動の支援者やファシリテーターの役割を果たす」というものである。しかし，TBLTは必ずしも「学習者中心」ではなく，教師が果たす役割は数多くある。クラス全体が活動をする場合には，グループ内でのコミュニケーションが円滑になるような役割を果たすことがある。例えば，「聞いて行なう（listen-and-do）」タスクなどでは，教師とクラス全体との活動では，教員は新しい言語を与える源泉としての役割を果たすことになる。教師とクラス全体との対話型のタスクの場合には，教師はタスクが適切になされているかを観察したり，タスクを行なう前に

9　要約者は，日本のようなEFL環境でまったくの初心者レベルの場合，事前に語彙の発音や意味などを聞いて学習しておく必要があると考える。単語や基本的な文の意味さえわからない初心者に，タスクから新しい語彙や文法を学ぶことはできないと考える。

10　Ellisがよく引用する「患者のうち，誰に心臓移植をするのが最もよいか」というタスクである。外科手術という背景知識のみならず，国や個人によって生命に関わる様々な考えや法律が異なる中，日本の学習環境では実施が困難なタスクであると考える。

指導したり（pre-emptively），タスク実施後にフィードバックを与えたり（reactively）することで，特定の文法形式に学習者の注意を向けさせることができる。ポストタスクでは，従来の正確性重視の文法指導を行なうことも可能であり，TBLT の言語教育は他のアプローチと同様に，学習者中心の授業形式でも教師中心の授業形式にも成り得る。

　第6の誤解は，TBLT は教師と児童は母語（L1）を排除して，常に英語を使用する必要があるという内容である。TBLT では社会文化理論でも言われているように，L1 は L2 による発話のための足場かけ（scaffolding）に有効な認知的，かつ，個人内言語（inner speech）を図る道具なのである。L2 の動機付けの理論でも，L1 の使用は，学習者の不安を軽減し教室におけるよい人間関係（rapport）を築く手段となる。時には，タスクの目標を設定したりどのように課題解決するかの手順を確立したりするために L1 を使用することが合理的なことがある。Edstrom（2006）によれば，教師が完全に L1 を排除する存在（virtual position）であっても，学習者のコミュニケーション上の問題が生じた場合には L1 の使用に頼ることもあるとのことである。TBLT では，教師は最大限英語（L2）を用いる（maximal position）という姿勢でよい。

　第7の誤解は，タスクは「オーセンティック（現実的）」でなければならないと言われていることである。現実的なもの（例えば，オンラインカタログからおもちゃを選択する）は母語話者が想定されているので，小学生の言語能力では，その達成は，かなりの困難を伴う。先に示した，英語でやり取りをしながら2枚の絵の違いを探すタスクである Spot the Difference であれば自然な会話とはなるが，現実世界で絵の違いを互いに探すような場面はあり得ない。TBLT が小学校で求めるのは，やり取りが自然に行なわれるような（interactionally authentic）場面を設定することである[11]。小学生のような幼い学習者のための TBLT の目的は，言語能力に合わせて慎重に調整されたタスクを使用して，「相互作用の真正性（interactional authenticity）」の内容とすることである。

　最後の第8の誤解は，Swan（2005）の主張によるもので，TBLT は目標言語に多く触れることができる言語習得に有利な（acquisition-rich）環境に適する指導法であり，コミュニケーションのための文法学習が中心となり，目標言語

11　本書の「はしがき」や第1章で言及されている「必然的に言語使用がなされる場面設定」と同義である。

が外国語として教育され，教室以外で目標言語に触れる機会が少ない言語習得には不向きな（acquisition-poor）環境にはそぐわないというものである。私の考えは全く逆である。英語使用の機会が教室外で自然にある ESL 環境とは異なり，外国語学習（EFL）の環境では，教室でこそ児童・生徒がコミュニケーションを体験的に学ぶ必要のある場であると考えるからである。私たちの常識として，L2 習得の初期段階は文法を中心として行なわれることはないということがある（Ellis, 2008; 第 3 章）。文法は学習者のコミュニケーションのニーズに応じて，ゆっくりと体系的に発達していくものである。TBLT は，多くのアジアの国々の acquisition-poor な環境にこそ適していると言える。

　以上のような誤解が解けない限り TBLT が教室で効果的に導入される可能性はほとんどない。教員研修プログラムがあれば，そこで教師が TBLT についてどのような知識をもっているのかを確認し，必要に応じて，誤解に対処すべきである。このための方法の 1 つに，プログラム開始時に第 3 章 Special Feature 2 の Appendix B（p. 247）のようなアンケートを取り，TBLT の正確な理解ができる内容の研修プログラムを実施することである。

3.8.5　TBLT 導入に関わる問題点

　前述の誤解が解決されたとしても，アジアの小学校で TBLT を実施する上には現実的な問題がある。これらの問題は TBLT に限定されるものではないが，問題は「教師に関わる問題」，「児童に関わる問題」，「教育制度内の構造的な問題」に分類することができる。

3.8.5.1　教師に関わること

　第 1 点目は，教員が英語の授業を行なうための十分な英語力がなかったり英語力に自信がなかったりすることである。しかし，特に学級担任の教師が英語を教える場合，英語力が限られているのであれば，教師も児童と同じように必死でコミュニケーションをしようとする状況にいることを TBLT は利点と見なす。TBLT では，教師は言語を教える「知識者」ではなく，児童とタスクを一緒に行なう「参加者」であり，タスクを達成して結果を出せるようにする児童の「ガイド役」でもある。

　教師の自信は，実際にタスクを経験することや，英語力を付ける教員研修を通して高まる。もちろん，長期的な解決策は，英語能力を向上させる現役教員養成プログラムであるが，教師が自分の英語を上達させるひとつの方法として

TBLT を活用することである。

　2点目は，TBLT における言語の教師の役割とは何かということである。ここでは，教師は「知識者」，「知識の発信者」という伝統的な役割を放棄し，「参加者」，「共同学習者」，「ファシリテーター（facilitator）」の役割を担うと考えるべきである。コミュニケーション能力は，教師が知識の伝達者となり，伝統的な正確性指向の指導より伸張できるものではないことから，教師の役割を変えなければならない。ただ，TBLT は従来型の教師の役割を完全否定しているのではなく，たとえば，ポストタスクでは，より伝統的な教育アプローチの機会が与えられる。やはり，教員研修により，活動の目的に応じて教師の役割が変化できるような支援をしていく必要がある。

　3点目の問題は，教師が「タスク」の構成要素を十分理解していないことにある。例えば，Littlewood（2007）は，「タスク」と「練習」を2つに分けるのではなく一連の連続性のある活動であると考えている。ここでも教員研修で当該活動が「タスク」であるかどうかを検討する機会をもつ必要がある。冒頭で示したように「タスク」は明確に4つの基準で定義可能であり，「タスク」と「練習」は区別できる。タスクの理解は，教師自身でタスクをデザインし評価することで深まる。Erlam（2016）によると，タスクの構成要素基準で理解し難いのは3つ目の「学習者は，獲得した言語・非言語の知識を自身で駆使する」という点であり，この点に焦点を置くべきだと考えられる。

　次に教師がタスクベースの授業をする際に抱える問題は，児童が少人数でグループ活動する場合に，活動がうまくいくかをいかに支援できるかである。Carless（2004）は香港の小学校の教師が TBLT では騒がしくなることと規律に問題があることを懸念しているが，これは TBLT の問題に限らず，グループ活動の進め方の指導の問題であり，それは児童にグループ活動のやり方を練習させることで解決できる。しかし，TBLT はグループ活動を必ずしも必要としない。児童がタスクに慣れていない場合には，クラス全体でインプットを中心としたタスクから始めるとよい。

　最後の問題は，日本，韓国，中国などで行なわれている異文化間のティーム・ティーチングである。教師と共に働く英語の母語話者の役割分担が不明瞭で，Aline & Hosoda（2006）は，日本の小学校の学級担任教師が，他の教師とティーム・ティーチングを行なう際に，「傍観者」，「翻訳者」，「共同学習者」など，非常に多様な参加パターンをとると報告している。理想的には，日本人教師と母語話者の両方が協力して「教師」としての役割を果たすのがよい。

Carless（2006）は，ティーム・ティーチングが効果的になるために，教育，管理や協力に関わる条件（例えば，ティーム・ティーチングに特有のスキルに関する研修，授業計画や準備時間の確保など）が満たされなければならないと述べている。これらの条件が満たされない場合には，政府は母語話者を雇う費用を，日本人教師がTBLTの研修プログラムを受けるために費やす方が良いかもしれない。

3.8.5.2 児童に関わること

　アジア諸国でTBLT導入に関して直面している大きな問題は，児童が言語を「手段」としてではなく「対象」と見なすことに慣れており，意図的（intentional）ではなく偶発的な学習（incidental learning）が生じるタスクの良さを理解していないという点である。この問題は年齢の高い学習者に起こる可能性が高い。幼い学習者は，自然に自分なりの意味を見出すための「手段」として言語を扱う。児童にタスク実施後に新しく知り得たことばを書き出すなどさせて，タスクを実践した結果学べたことを理解させることでタスクに親しませることがよいかもしれない。

　初級段階の児童を指導する教師からよく聞くのは，コミュニケーションに必要な英語力がないことから，児童はタスクが達成できないという問題である。TBLTは「話すこと」に限定されており，初心者には不向きであるという誤った考え方からきたものである。確かに，英語を知らなければ英語で話すことができないが，繰り返しになるが，インプット中心のタスクであれば全くの初心者でも可能なのである。幼い学習者は文脈で意味を理解する。L1の獲得と同様に，学習者は話すことができるようになるまで，リスニングを通じて能力を高めることができる。

　一般的な問題として，英語で分からない問題に出くわした場合に，子供たちはL1を使用し，これがTBLTの教室においてL1の過剰使用につながることがある（Carless, 2004）。先に，L1を子供たちが用いるには正当な理由があることを教師は認識する必要はあると述べたが，L1の過剰使用はTBLTの目的を阻害する。これに対して，教師は次の3つの策を取ることができる。

① 教師が活動で使用することばの制限が最大限にできるように，クラス全体でタスクを実行すること。
② タスクのレベルを児童にとって適度な挑戦となるように調整すること。タスクが難しすぎるとL1の過剰使用となるからである。

③　児童がグループでタスクを実行する前に，計画する時間（planning time）を与えること。タスクに慣れ，タスクの実行に自信をもつことで，L1 の使用は自然に減少する可能性がある。

　児童がタスク達成のみに集中すると，L2 知識を十分活用せず学習を促進するための言語の使用（例えば，pushed output）にはならないのではないかという誤解について先に述べた。解決策は効果的なタスクの設計と学習者がより複雑な発話を促すような方法論上での手順を考えることである。例えば，ペアまたはグループで活動する前に，教師はクラス全体で似たようなタスクを一度行なっておき，結果を児童に記録するように要求したり，同じタスクを繰り返しさせたりすることが考えられる。同一タスクの繰り返しによって，流暢さ，複雑さ，正確性に向上が見られるとの研究もある（Bygate，2018）。

3.8.5.3　教育制度内の構造に関わること

　教育制度内の構造的な問題は，外部の要因であり教師が容易に変えることはできない。このため，教師は，特定の語や文法に縛られないタスクではなく，学習すべき語彙や文法構造が記載されているシラバスに従って教えることになる。この問題に対処するには，2 つの方法が考えられる。1 つは，構造シラバスを学習者の能力に適したタスクを中心としたシラバスに置き換えること（Prabhu，1988），もう 1 つは，構造的なシラバスを維持し，特定の文法に焦点を当てた"focused tasks"（Ellis，2003）を実施することである。しかし，特定の文法構造の使用を必須とするタスクを作成することは極めて難しい（Loschky & Bley-Vroman, 1993）ことから，これは，学習者がある程度の言語能力や自信がありながら，ある特定の文法構造の使用に難点を改善するための活動とすることがよい。

　おそらく，小学校に TBLT を導入する上で大きな問題は試験文化であろう。TBLT の活用が求められているアジアの多くの国々では，学習を直接の言語使用によるテスト（direct performance tests）ではなく，間接的で明示的な知識の体系を正確性で測定するテスト（system-referenced tests（Baker，1989））で学習を評価し続けている。暗示的ではなく明示的知識を測定することから，教師は正確さに焦点を当て，文法的規則を確実に理解するような指導を展開していくことになる。これは，タスクの使用の弊害となる。

　この問題の解決策は，英語で何ができるのかを測定する「コミュニカティブ・テスト」の開発である。文部科学省（教育行政）がこのようなテストの開

発に遅れている理由の1つに，その種のテストはスピーキングに限られ，児童を個別にテストし評価することは非現実的であると考えていることである。しかし，タスクを取り入れたリスニング，リーディングやライティングは十分可能である。また，理想的には，TBLT を取り入れた授業でのテストは，総括的評価ではなく形成的評価となるべきである。教師が授業中で行なったタスクの評価を記録して把握しておけば，テストとして同一のタスクを評価としても使用できる。Weaver（2012）は大学生を対象とした TBLT の形成的評価のモデルを示している。一連の流れを繰り返す手順として，（1）タスクの選択，（2）タスク内容の記述，（3）タスクの実行方法とタスクの結果の両方に基づく評価規準の確立，（4）遂行されているタスクの観察，（5）評価規準の適用，（6）学生へのフィードバックを挙げ，これらは大学に限らずすべての校種で適用できると思われる。

3.8.6　結論

　アジア各国の教育行政は，小学校で英語教育を導入することを選択したが，早期に開始することが必ずしも高い言語能力に到達するわけではないことを考えると，この決定は精査されるべきである。アジア諸国の教育省（教育行政）は，Barcelona Age Factor Project（Muñoz, 2006）のように，小学校で英語を開始することでどの程度英語の習熟度が向上するのか，また，子供たちの学習到達度には差があることから，何が原因でそのような異なった結果が見られるのかを調査研究する必要がある。

　教育行政が，アジアの小学校での英語教育はコミュニケーション能力の伸張に焦点を置くべきと考えており，CLT，最近では，TBLT の使用を奨励している。英語が小学校に導入されるのであれば，幼い学習者に適した教育アプローチであり，コミュニケーション能力と自信を高める TBLT を導入することが不可欠である。確かに，この導入には多くの問題に直面しているが，一部は TBLT に関する誤解から生まれたものである。

　批判家は TBLT を十羽一絡げにして攻撃するが，TBLT は様々な体（てい）をなし，形式にも意味にも注意を向ける。教師にとっては，プリタスク，タスク，ポストタスクの段階でどのような活動を導入するかに関して広く自由裁量に任されているところがある（Ellis, 2003）。しかし，一貫して TBLT に共通な原則は，言語が使えるようになるには，学習者が言語を学習の「対象」としてではなく，意味をなす「手段」として扱う場合に最もよく習得されるというこ

とである。この点で，TBLT は幼い子供たちにとって言語を「手段」として扱うことから理想的なものである。

　確かに，TBLT を効果的に行なうにはさまざまな現実的な問題がある。しかし，それらのために TBLT を導入しないのではなく，策を講じて TBLT を採用することが大切であることを主張してきた。

Introduction

The global importance of English has led a number of Asian countries to introduce English in the elementary school, despite the fact that there is little evidence to show that an early start results in higher levels of English proficiency. At the same time, educational authorities in these countries have mandated the use of communicative language teaching, and, in particular, task-based language teaching (TBLT)—as the means for developing children's communicative skills. TBLT is an approach that seeks to develop second language (L2) learners' competence by engaging them in performing a variety of tasks, with 'task' defined as a pedagogic activity where:

(1) There is a primary focus on meaning;

(2) There is some kind of gap that motivates the attempt to use language communicatively;

(3) Learners are required to use their own linguistic and non-linguistic resources to perform the task;

(4) Learners are concerned primarily with achieving the communicative outcome of the task rather than with using the language correctly.

However, the introduction of TBLT has been resisted in some quarters and has also been subjected to considerable criticism.

I will begin by reviewing language policy in Asian elementary schools. Then, after reviewing research on the relationship between age and second language acquisition, I will argue that if English is to be introduced at the elementary level in Japan, it is essential that a strong communicative approach, as found in TBLT, be adopted. If an early start in teaching English is to prove worthwhile, TBLT is the approach most likely to develop a capacity to communicate confidently in English. I will also consider a number of misconceptions about TBLT that underlie the criticisms that have been directed at it. Finally, I will address a number of practical and structural problems that prevent the effective implementation of TBLT in elementary schools in countries such as Japan.

Language policy in Asian elementary schools

Globalization has led Asian countries to attach increasing importance to English in their educational systems, although this has not taken place without resistance in some countries. Tsui and Tollefeson (2007) point out that there is considerable diversity in both the motivating force behind the rise of English in Asian educational systems and the response to it:

> English may be linked with discourses of non-Western or anti-Western cultural identities (Japan), with global capitalism (Korea), with economic competiveness (Singapore), or with individual opportunity (Bangladesh). The learning of English may be constructed as part of a national program of economic, social and cultural renewal (Malaysia,

Brunei) or a mechanism for rejuvenating the study of local languages as part of nation-building and nation-preserving processes (Japan) (pp. 260⁻261).

Irrespective of this diversity of reasons for emphasizing English in Asian educational systems, English is now established as the principal foreign/second language in all countries mentioned by Tsui and Tollefeson.

Furthermore, in the last few decades just about all Asian countries where English was traditionally only taught at secondary school and university levels have elected to start teaching it in the elementary school. In Hong Kong, the adoption of TBLT at the elementary school level was made official in 1997. In China, a policy statement entitled "The Ministry of Education Guidelines for Vigorously Promoting the Teaching of English in Primary Schools" was issued on January 18, 2001. The policy required students to start learning English in the third grade rather than the first year of junior secondary school. With reference to policy implementation, a distinction was made between elementary schools located in country and city areas, with the former required to "gradually" implement the policy starting in the Fall of 2001, whereas the latter was required to do so starting in the Fall of 2002 (Hu, 2008). In Korea, The National Education Curriculum (NEC) has specified that students in elementary school should receive one hour of English instruction per week in Grades 3 and 4 and two hours in Grades 5 and 6 (*Korea Times*, 2009). It has also stipulated that elementary school English teachers should practise an 'English only' policy.

Whereas English has been introduced into the elementary school as a subject in Hong Kong, China and Korea, some countries have gone further and introduced it as a medium of instruction. In Malaysia, for example, a decision was taken in 2002 to introduce mixed-medium education in elementary schools, with English to be used for science and mathematics in 2002. This met with considerable resistance, however, and the Malaysian government subsequently decided to revert to a sole medium (Bahasa Malay) from 2012. In the Philippines, however, a mixed-medium policy has prevailed, with English used to teach science and technology, home economics and livelihood education.

Japan has been a little slower to introduce English at the elementary school level. The New Course of Study implemented in 2002 allowed individual elementary schools to introduce English through 'conversational activities' to promote 'international understanding' but not as an academic subject. Later, in March 2006, a panel consisting of members of the Ministry of Education, Culture, Science and Technology's Central Council for Education (CCE) proposed that English should be compulsory for 5th and 6th grade students (with students receiving one hour of instruction per week). From 2020, after a two-year transition period, English will be mandatory not just as a 'foreign language activity' but as a school subject with designated text books and formal grades and an increase in the number of classroom hours devoted to it (Aoki, 2016). In addition, foreign language activity classes will become mandatory in the 3rd and 4th grades.

As the quotation from Tsui and Tollefeson indicates, the drive to introduce English either as a subject or as the medium of instruction has been motivated by a number of factors.

Undoubtedly one of the main reasons is the recognition that English now functions as a language of global communication in business, international relations, and web-based information systems. A second reason is the desire to encourage students to develop awareness and understanding of a culture different from their own—what Japan has called 'internationalization'. A third reason is that many parents recognize the importance of developing proficiency in English for their children's future careers and believe that an early start will help to achieve this. A fourth reason is the conviction that foreign languages can be learned more easily by children than by adolescents or adults. However, the decision to introduce English in the elementary school has taken little account of the results of research into the effects of age on L2 learning or into the success of elementary English programs in other countries.

Age and L2 learning

Research into the effects of age on L2 acquisition show that adults (and older children) learn more rapidly than (younger) children but that, in many settings, younger children ultimately acquire higher levels of proficiency in the second language (L2). There is considerable evidence to support the existence of a Critical Period for learning a second language (e.g., Abrahamsson & Hyltenstam, 2009; Long, 2013), beyond which it is unlikely that learners will achieve native-like competence. This is the psycholinguistic justification often given for starting language instruction at a young age. However, the ultimate benefits of starting young only become evident in contexts where the learners have plentiful exposure to the L2 (e.g., in ESL settings). Where English is taught for just a few hours each week, the exposure is unlikely to be sufficient for the advantage that children have over adult or adolescent learners to emerge. In other words, starting English early in countries like China, Korea and Japan may not result in the benefits that policy makers often seem to expect.

Studies that have investigated the effect of introducing L2 instruction into elementary schools have frequently failed to show any clear advantage for an early start. The Barcelona Age Factor Project (Muñoz, 2006), for example, investigated the effects of age of onset in an instructed EFL setting. This project examined the acquisition of English by classroom learners of English in Catalonia (Spain), comparing students who began their study at the ages of 8, 11, and 14, and controlling for exposure to English outside the classroom. Data from a battery of tests providing measures of both implicit and explicit types of L2 knowledge were collected on three occasions—after 200 hours of instruction, 416 hours, and 726 hours. The main findings were that the older learners progressed faster than the younger learners, and that the younger learners did not catch up over time. However, there was evidence that age had a differential effect on the acquisition of different aspects of the L2. Thus, the advantage for the older learners was strong and durable on measures of grammar but least evident in the case of measures of speech perception, listening comprehension, and oral fluency. For the latter measures, no statistically significant differences between the young and older starters were evident on the final testing occasion.

Larson-Hall (2008) investigated Japanese college students, some of whom had started to learn English between the ages of 3 and 12 and others at 12 or 13. She found no advantage for the early starters in grammar, but did find they were better able to distinguish two sounds (/l/ and /w/) that are difficult for Japanese learners of English.

What do studies such as this tell us about the effects of starting L2 teaching in the elementary school? First, we can explain the advantage that older learners have, where learning grammar is concerned, in light of their greater cognitive development. This enables them to treat language as an object and engage in linguistic analysis, both of which are likely to assist the explicit learning of grammar. This is why late-starting learners do better on traditional grammar tests, as these are likely to tap explicit knowledge. However, on those aspects of language that are more likely to require implicit learning—e.g., pronunciation and oral communication skills—there is no clear advantage for the older learners and sometimes an advantage for younger learners. Implicit learning is a slow and laborious process but, in the long run, it leads to higher levels of communicative proficiency than explicit learning. However, the advantage that younger learners have in learning implicitly will depend on the instructional approach adopted. An approach based on traditional notions of teaching that emphasise accuracy and cater to performance in discrete-point tests is unlikely to result in the high levels of implicit knowledge needed, in particular, for everyday conversation. Policy makers have acknowledged this by promoting more communicative approaches to teaching English—in particular TBLT—in the elementary school. I will now turn to considering these.

Communicative approaches to teaching English

Concurrent with the introduction of English at the elementary level has been the advocacy of some form of communicative language teaching (CLT) by national policy-making bodies. As Kam (2003) noted, 'CLT has become a dominant theoretical model since the 1980s in this part of the world' (i.e., East Asia). Official policy in country after country has promoted a focus on developing communicative skills rather than emphasising linguistic accuracy and has acknowledged that to achieve this there needs to be a radical switch from a traditional approach that emphasizes teacher-centred language instruction, accuracy and the written medium to one that emphasizes the importance of a more learner-centred curriculum, fluency, and the oral medium.

In recent years a strong version of CLT—task-based language teaching—has attracted increasing attention from language educators and policy makers. Nunan's (2003) survey of the educational policies and practices of seven Asian countries found that teachers were being encouraged to introduce task-based language teaching. This development has continued since. As Littlewood (2007) noted, even in countries that had not officially adopted a task-based approach, emphasis is placed on 'learning through tasks'.

However, this development has not taken place without its critics. Kam commented, 'there is now much scepticism as to whether the kind of strategy advocated by CLT actually works in most East Asian classrooms' (p. 24). CLT (especially in its strong TBLT form) is seen by some educators as inappropriate in countries where education is traditionally teacher-centred and oriented towards acquiring knowledge rather than developing skills. Kam cited Rao (1996), who found that students in Mainland China judged CLT methods to be 'ridiculous and inappropriate' and refused to 'sit in a circle and speak English to each other' (p. 26). Teachers, too, have objected to TBLT on the grounds that it does not prepare students for the traditional, accuracy-oriented examinations that are still common in many countries (see, for example, Butler & Iino, 2005 and Chow & Mok-Cheung, 2004). There have also been theoretical objections to TBLT on the grounds that it is based on premises that have not been supported by empirical research (Swan, 2005).

There are also doubts about whether TBLT can be effectively put into practice; it is one thing to frame a policy in favour of TBLT and quite another to implement it. The literature is in fact replete with reports of the difficulties that teachers face (see, for example, Carless (2004), Lee (2005), Butler (2007) and Hu (2008) for studies that have examined the implementation of TBLT in Hong Kong, Korea, Japan and mainland China). Thus, it has been argued that TBLT is inappropriate in Asian contexts, because it cannot be implemented effectively.

Reviewing research that had investigated the implementation of communicative and task-based teaching in the Asia-Pacific region, Butler (2011) summarised three areas of concern. There are conceptual constraints arising because CLT conflicts with traditional (Confucian) views about teaching and learning, where knowledge is viewed as residing mainly in books and the emphasis is on literary education. There are classroom-level constraints to do with teachers' lack of confidence about their communicative English skills, problems with classroom management in communicative lessons and difficulty in implementing TBLT in large classes. Finally, there are societal-institutional levels of constraints such as discrete-point exams, very little opportunity for using English outside the classroom and the gap between top-down policy and actual teaching.

Assuming, then, that English in the elementary school is here to stay, the key question becomes whether some form of CLT (e.g., TBLT) should remain as the preferred methodology. There are three positions regarding this issue:

1. Acknowledge that TBLT is not suited to teaching in contexts such as those found in Asia, and that traditional approaches can function as well if not better in such contexts (see, for example, Bax, 2003).
2. Modify TBLT to allow for a more diversified approach to language teaching that incorporates a variety of traditional types of activities in addition to 'tasks'. Littlewood (2014) proposes an approach that he calls 'communication-oriented language teaching'.
3. Persevere with TBLT and systematically address the problems with its implementation.

I have little sympathy with the first solution. My own experience of many Asian educational systems where the traditional accuracy-oriented approach is entrenched is that students learn to do discrete-point language tests well enough but are often entirely lacking in the ability to speak or write English effectively, even after many years of schooling. Also, it would seem to me self-evident that if English is to be introduced effectively into the elementary school it is essential that young learners be encouraged to orientate to it as a 'tool' for making meaning rather than as an 'object' to be studied, because children are natural meaning-makers. Only if this happens are they likely to develop the ability and confidence to communicate in English.

I have somewhat more sympathy with the second solution. I have argued for a curriculum that balances the kinds of activities needed to develop the implicit knowledge needed for effective communication in English together with the explicit knowledge that can facilitate the processes responsible for the development of implicit knowledge (see, Ellis, 2002). I am not convinced, however, that the way to achieve this is some kind of present-practice-produce approach (PPP), where 'tasks' only figure in the 'produce' stage of a lesson, as Littlewood (2007, 2014) advocates. Such an approach always runs the risk of treating language primarily as an 'object' and is therefore not well-suited to young learners. My own proposal is for a modular syllabus, with 'tasks' figuring more or less exclusively in the early stages of a curriculum and accuracy-oriented activities (i.e., 'exercises') introduced once basic communicative abilities have been established, in order to address ongoing problems that learners are likely to have with difficult-to-acquire grammatical features. In other words, I favour a fluency-first-accuracy-later approach rather than the kind of 'accuracy-with-fluency' approach that PPP represents—see Ellis (2018) for a detailed proposal for a modular syllabus[1].

Where elementary school children are concerned, TBLT would seem the obvious approach, in that it conforms most closely with the kind of experiential approach to learning that is advocated by many elementary school educators and that can certainly be found in many elementary school classrooms in Japan. So the best solution for the elementary school is the third one—to work out ways in which the kinds of problems teachers face in implementing TBLT can be addressed. This is what I would like to try to do in the rest of this Section. First, though, it is necessary to deal with some common misconceptions about TBLT, as many of the practical problems of implementing it originate in these.

Misconceptions about TBLT

In Ellis (2009a) I identified a number of common misconceptions about TBLT[2]:

1. The sole aim of TBLT is to develop communicative fluency; it does not aim to contribute to the development of linguistic accuracy.

---

1 In the modular curriculum, a task-based approach would be used in the early stages of language learning, with more formal, traditional form-focused instruction introduced once a foundation of communicative ability has been established. Accordingly, the approach best suited to the elementary school is TBLT. In the secondary school, however, TBLT could be supplemented with form-focused instruction.

2 More recently, Long (2016) has identified a similar set of 'non-issues'.

2. There is no room for focusing on form in TBLT.

3. TBLT only focuses on oral skills, especially speaking.

4. TBLT requires teachers to make extensive use of group work.

5. The teacher's role is simply to manage students' performance of tasks.

6. TBLT requires teachers and students to use English all the time.

7. In TBLT all tasks should be 'situationally authentic'.

8. TBLT is suitable for ESL contexts but not EFL contexts.

I will briefly consider each of these misconceptions.

TBLT aims to develop communicative fluency. Indeed, one of the theoretical principles that informs TBLT is that learners will only succeed in developing communicative fluency if they engage with the struggle to communicate in similar conditions to those that they will experience in real life. However, TBLT aims to do more than this. It also seeks to provide a context where students can acquire new vocabulary and new grammatical structures and where they can gradually increase control over those linguistic features that they have partially acquired. It aims to do this by fostering incidental acquisition (i.e., the acquisition that takes place naturally when students are not directly focused on trying to learn). It is in this respect that TBLT differs most clearly from traditional language teaching, which caters to intentional learning. TBLT is premised on the assumption that learners can acquire implicit knowledge of an L2 incidentally in much the same way as they acquired it in their L1—by gradually developing communicative fluency and linguistic accuracy in tandem.

A corollary of this first misunderstanding is the second—namely, that TBLT allows for no attention to linguistic form. In fact, an essential principle of TBLT is that there needs to be a 'focus on form' (i.e., the attention to form that arises when learners are engaged in performing a communicative task—Long, 1991). This can be achieved in a number of ways. Ellis (2009b), for example, reviewed research that showed that providing learners with the opportunity for pre-task planning results in learners attending to the language they will need for the task and, when they perform it, in increased linguistic complexity and, sometimes, accuracy. Ellis also reported that online-planning (i.e., providing learners with an opportunity to plan while they performed the task) enhanced linguistic accuracy. Attention to form can also arise through the corrective feedback that occurs when learners make linguistic errors during the performance of a communicative task (see, for example, Ellis, Loewen & Erlam, 2006). Finally, there are various form-focused post-task activities that learners can undertake to address the linguistic problems they experienced when they performed a task. In short, there are opportunities for focusing on form in the pre-task, during-task and post-task phases of a task-based lesson.

A number of criticisms of TBLT derive from the assumption that tasks must necessarily involve speaking (see, for example, Littlewood's (2007) critique). The argument is that speaking tasks are impossible or at least very difficult for learners of low proficiency. In fact, tasks can involve any of the four skills. In research I carried out in the 1990s in Japan (e.g., Ellis, Tanaka & Yamazaki, 1994), I investigated what I call a 'listen-and-do' task. The materials for this task can be found in Appendix A. Such tasks are entirely input-based (i.e., the students listen to oral descriptions or instructions and demonstrate that they have successfully processed the input by performing some non-verbal action, such as drawing in the correct route on a map). It is also possible to design 'read-and-do' tasks. For example, students could be given a set of written instructions about how to make a paper boat and asked to try to make the boat.

Input-based tasks such as these can be tailored to the learners' linguistic proficiency by varying the complexity of the input. They are ideally suited to beginner-level learners who have not yet developed speaking ability. Input-based tasks can also expose learners to 'new' language as linguistic forms known to be novel can be embedded in the input of a task. Shintani (2016), for example, developed a set of tasks (e.g., Help the zoo) where very young Japanese learners of English listened to the teacher's instructions (e.g., *Take the crocodile to the zoo*) and tried to carry them out (e.g., by selecting the correct card from a set of animal cards and placing it in a picture of a zoo). Shintani was able to show that these beginner-level learners not only acquired the new vocabulary in her instructions (e.g., the names of the animals) but also grammar (e.g., they learned to distinguish singular and plural nouns)[3]. More complex tasks are often 'integrated' in the sense that they can involve multiple language skills. Decision-making tasks can involve reading (for example, when learners familiarise themselves with information about the candidates for a heart operation), speaking and listening (when the students discuss in groups which person should have the operation) and writing (when they individually, or in groups, prepare a written report of their decision and the reasons for it). It is fundamentally wrong to critique TBLT on the grounds that tasks only involve speaking or that they are not suitable for use with beginner-level learners.

Linked to the assumption that tasks necessarily involve speaking is another misconception —namely, that an essential feature of TBLT involves learners working together in small groups. Two of the problems mentioned by Littlewood (2007) relate to this misconception. Littlewood cites Carless (2004), who found that when introducing TBLT into elementary schools in Hong Kong 'many teachers had difficulty resolving the dilemma over the need for teacher control and the need to facilitate pupil-centred learning' (p. 656). Littlewood also suggests that group work results in minimal use of English, because students are so focused on achieving the task outcome that they resort to highly indexicalized speech consisting of sentence fragments—see Seedhouse (1999) for the same argument. In other words, it is claimed that group work based on tasks does not result in the 'pushed output' that has been hypothesized to promote language development. However, the idea that group work is an essential feature of TBLT is mistaken, as many tasks are input-based and involve the teacher working with the whole class. Even information gap tasks such as Spot the Difference can be performed in a whole class participatory structure (i.e., the teacher can hold one picture and

---

3   Further evidence of how input-based tasks can be used with low proficiency learners and result in successful L2 acquisition can be found in Erlam and Ellis (2018).

the individual students that make up the class the other). Also, group-work tasks need not result in minimal talk if tasks are designed at the right level of difficulty for the students and if they are carried out in accordance with the principles of effective collaboration (Jacobs, 1998).

According to Swan (2005), task-based language teaching promotes learner-centeredness at the expense of teacher-directed instruction. Swan comments, 'the thrust of TBLT is to cast the teacher in the role of manager and facilitator of communicative activity rather than an important source of new language'. However, it should be clear from the points already made that TBLT is not invariably 'learner-centred' and that there are a number of roles the teacher needs to play. Where TBLT involves group work, the teacher will need to play the role of manager and facilitator of communication, but where it involves whole-class interaction—as with listen-and-do tasks—the teacher serves as a source of new language. Also, if interactive tasks are performed with the whole class, the teacher can control how the task is performed and direct attention to linguistic form both pre-emptively and reactively. Post-task activities also afford the teacher a variety of roles, including those associated with traditional accuracy-focused work (e.g., provider of linguistic information and corrector of errors). TBLT—like any other approach to language teaching—can be both learner- and teacher-centred.

A further false assumption is that TBLT requires the teacher and the students to use English all the time. Acceptance of this assumption leads to two problems frequently mentioned by teachers, namely that students frequently resort to their L1 to address communication problems (Lee, 2005) and that teachers are concerned that their own lack of oral competence in the L2 will inhibit their ability to engage in communication and deal with students' problems (Ho, 2004). While these problems may be very real (and will be considered in the next section), the assumption itself is misplaced. There are clear grounds for the teacher's use of the L1 in TBLT. Sociocultural theory views the L1 as a useful cognitive tool for scaffolding L2 learner production and facilitating private speech (see, for example, Anton & DiCamilla, 1998). Theories of L2 motivation also lend support to the use of the L1 as a means of reducing learner anxiety and creating rapport in the classroom. There are also times when it is legitimate for students to use their L1, for example to establish the goals for a task and the procedures to be followed in tackling it. Research (e.g., Edstrom, 2006) has shown that even when teachers are committed to a 'virtual position' (i.e., total exclusion of the L1) they still resort to the use of the L1 at times (e.g., when addressing a communication problem). Teachers are better off adopting a 'maximal position' (i.e., using the L2 as much as possible). Rejection of the L2-only assumption will help teachers practising TBLT to feel easier about the use of the L1.

There is also a misconception about the nature of the tasks that figure in TBLT. It is frequently claimed that tasks must be 'authentic'. There is, however, considerable confusion about what 'authentic tasks' consist of. Bachman (1990) distinguished two senses of 'authenticity'—'situational authenticity' and 'interactional authenticity'. Tasks that are situationally authentic are those that replicate a real-world communicative context (e.g., for children, choosing a toy from an online catalogue). Such tasks often involve learners in processing language that is intended for native speakers, and for this reason are likely to be problematic if the learners have only limited L2 proficiency. Tasks that are interactionally authentic are those that result in the kinds of interaction that arise in the real world but do not necessarily involve real-world situations. An example of such a task is Spot the Difference (e.g., a task where students have to interact in order to find the differences in two pictures). This can result in the kinds of communication that occur naturally, but it is hardly situationally authentic, for when do two people describe pictures they have hidden from each other in order to locate differences in them? The misconception lies in the belief that TBLT must involve tasks that are situationally authentic. By and large, the aim of TBLT with elementary school young learners should be to create contexts that are interactionally authentic, using tasks that are carefully tailored to their linguistic ability. Situational authenticity is only desirable if students' target needs for English can be reliably specified, which is unlikely to be the case for elementary school children in Asia, and if the tasks do not place an undue burden on their L2 capacity.

The final misconception is one I find most puzzling. Swan (2005) has argued that TBLT is only suited to 'acquisition-rich' environments (e.g., where learners have access to the target language in the wider community) and is not suited to 'acquisition-poor' environments (such as many 'foreign' teaching contexts), where a more structured approach is required to ensure that learners develop the grammatical resources for communicating. It would seem to me, however, that the opposite is the case. TBLT is needed more in foreign-language contexts, because students will be reliant on the classroom for opportunities to experience communication. In contrast, learners in ESL contexts may be able to obtain such opportunities in the outside world. Also, everything that we know about the early stage of L2 acquisition is that it is not grammar-based (see Chapter 3 in Ellis, 2008). Grammar evolves gradually and organically in accordance with learners' communicative needs. It is quite wrong, therefore, to assume that learners need grammar before they can begin to communicate. TBLT is well-suited to 'acquisition-poor' environments of the kind found in many Asian countries.

These misconceptions are evident in the published literature on TBLT and are also common in the beliefs that teachers hold about TBLT. Clearly, there is little possibility of TBLT being effectively implemented if these misconceptions are not addressed. A key aim of any teacher education programme, then, should be to assist teachers to identify their existing beliefs about TBLT and, where necessary, to deal with any misunderstandings. One way to achieve this might be to ask the trainees to complete a questionnaire at the start of the programme (see Appendix B). This would provide the teacher educator with information about the teachers' existing beliefs about TBLT and indicate what issues the training programme needs to address.

Problems with implementing TBLT

However, even if these misconceptions are resolved, there are some very real problems in implementing TBLT in Asian elementary schools. Some of these were briefly mentioned in the preceding section. Here I will attempt to identify the main problems that have been identified in various evaluation studies and to suggest possible ways of tackling them. The problems can be grouped according to whether they concern the teacher, the students or structural issues within the education system. It is important to note, however, that many of these problems are not specific to TBLT but will be evident in whatever approach to teaching is adopted.

Problems involving teachers

One commonly noted problem is that teachers lack the proficiency in English (or lack of confidence in their proficiency) to conduct lessons in English (Butler, 2004). However, while this is a real problem, especially if home-room teachers are expected to become English teachers, it can be overstated. Limited proficiency in English can be seen as an advantage in TBLT in that it places the teacher in the same situation as the students—i.e., they will all need to struggle to communicate. In TBLT, the teacher is not a 'knower' who 'teaches' the language but is primarily a 'participant' in the performance of tasks and also a 'guide' who helps the students achieve the task outcomes. Teachers need to understand this. Thus, arguably, more important than sheer proficiency is teachers' 'confidence' to make use of the language that they know. This confidence can be promoted through training in which teachers experience performing tasks. The long-term solution, of course, is in-service teacher-training programmes that prioritize the development of English proficiency. This may be easier to fund if training is focused on specialist English teachers for the elementary school rather than on all-subject elementary school teachers (see Mikio's (2008) account of Korea's policy). It is also worth noting that one way that teachers can improve their own English is by using it in task-based teaching!

As I have already noted, a commonly cited problem concerns teachers' existing ideas about what it means to be a language teacher. TBLT requires teachers to abandon the traditional roles of 'knower' and 'transmitter of knowledge' and take on the roles of 'participator', 'co-learner' and 'facilitator'. This can be seen as an imposition of Western educational values on educational systems that are not culturally-suited to them—see, for example, Samimy & Kobayashi's (2004) claims about the cultural mismatch between CLT and the Japanese culture of learning. If the goal is to develop communicative ability, there must necessarily be a change in the roles that teachers traditionally perform. Communicative ability will not result from traditional, accuracy-oriented instruction, where the teacher functions primarily as knower and transmitter of knowledge about English. However, TBLT does not require a total abandonment of traditional roles. The post-task phase of a lesson, for example, affords opportunities for a more traditional approach to teaching. Teacher training needs to help teachers modify the roles they play according to the different purposes of instructional activities.

A third problem is that teachers are often unclear about what constitutes a 'task'. Littlewood (2007), for example, argued that the distinction between 'task' and 'exercise' constitutes a continuum rather than a dichotomy. Carless (2004) found that some of the elementary school teachers in Hong Kong he studied were very vague when asked to give a definition of a 'task'. One teacher, for example, commented that a task "mainly has objectives and it can link pupil ability and understanding, conceptualizing, that kind of communication" (p. 648). But addressing this problem is again, a matter of teacher-training. Teachers need the opportunity to evaluate a range of different instructional activities in terms of whether they constitute 'tasks'. In fact, there are relatively clear definitions of tasks (see the definition of 'task' in the opening paragraph of this Section). Such criteria could be used to distinguish a 'task' and an 'exercise', as Ellis (2003) showed. One way of helping teachers to develop a full understanding of a task is by asking them to design their own tasks and then evaluating what they come up with. Erlam (2016) reported a study in which she did this. Her study suggested that the criterion with which teachers have the greatest problem is (3) (i.e., learners should be required to make use of their own linguistic and non-linguistic resources rather than be taught what language to use), so this is perhaps what needs to be focused on.

Teachers experience problems in managing task-based lessons, especially when the students work in small groups. Carless (2004) found that elementary school teachers in Hong Kong were concerned that TBLT resulted in noise and discipline problems. However, this can be a problem with group work in general, not just with TBLT. It can be countered by providing students with training in collaborative group work (see, for example, Jacobs & Goh, 2007). Also, as I have already noted, TBLT does not necessitate group work. Where students are unused to performing tasks, it might be advisable to begin with input-based tasks with the whole class. Input-based tasks are the obvious way to start a task-based programme.

Finally, problems have arisen in intercultural team-teaching in countries such as Japan, Korea and China that have employed native-speaking English teachers to work alongside local teachers. In particular, the respective roles of the teachers involved are often ill-defined. Aline & Hosoda (2006), for example, reported that Japanese home-room teachers in elementary schools manifested highly variable participation patterns when team-teaching with a co-teacher (i.e., they functioned at different times as 'bystander', 'translator', and 'co-learner'). Ideally, both local teachers and native-speaking teachers need to be able to function together collaboratively as 'teachers'. Carless (2006) suggests that for team-teaching to be effective certain pedagogic, logistical and interpersonal conditions need to be met (e.g., training is provided in the specific skills of team-teaching; time is made available for planning and preparation; teachers have the ability to cooperate with their partner). If these conditions are not present, the money that governments invest in hiring native-speaking teachers might be better spent on in-service training programmes in TBLT for local teachers.

Problems involving students

The major problem facing the introduction of TBLT in Asian countries is that students may be used to treating language as an object rather than as a tool and so fail to see the point of performing tasks that cater to incidental rather than intentional language learning. However, this problem is more likely to arise with older learners than with elementary school children. Young learners naturally orientate to language as a tool for making meaning. However, it may be useful if teachers help students to see that they have learned some new language as the result of performing a task (e.g., by asking them to note down any new language at the end of a task or by administering occasional oral or written quizzes).

A problem that I often hear from teachers of beginner-level learners is that students cannot perform tasks unless they have already developed the English proficiency needed to communicate. In other words, teachers often believe that TBLT is inappropriate for beginner-level learners. However, this problem is perceived rather than real. It derives from the misconception that TBLT must necessarily involve 'speaking'. Clearly, students cannot speak in English if they don't know any English. But, as I have already noted, it is possible to use input-based tasks (e.g., listen-and-do tasks) with complete beginners. Young learners are adept at using context to help them understand. As in L1 acquisition, learners can build up competence through listening until they are ready to start speaking. Shintani (2016) provides detailed advice about how input-based tasks can be successfully used with complete beginners.

A commonly mentioned problem is that students resort to the use of the L1 when faced with communication problems that they cannot solve in English, and that this can lead to the overuse of the L1 in the TBLT classroom (Carless, 2004). Earlier I noted that there are legitimate uses of the L1 that teachers need to acknowledge. However, excessive use of the L1 will defeat the purpose of TBLT. Butler (2011) commented that it is not easy for teachers to make judgments about when and how much L1 use to allow. But there are some useful strategies that teachers can adopt. One is for the teacher to perform the task in a whole-class context, where the teacher can exert greater control over the choice of language. Another is to ensure that the task poses a reasonable level of challenge to the students. Overuse of the L1 is more likely if students find the task too demanding. A third is to allow the students planning time before they perform a task in groups. Also, use of the L1 is likely to decline naturally as students become familiar with tasks and more confident in performing them.

Earlier I commented on the misconception that if students focus only on achieving the outcome of the task, they will fail to exploit their full L2 resources, and thus the task will not result in the kinds of language use known to promote learning (e.g., 'pushed output'). But this problem will only arise when students are given a task that does not pose a sufficient linguistic challenge. The solution is again effective task design and the use of methodological procedures that push learners to produce more complex utterances. For example, the teachers can perform a similar task with the whole class before students work in pairs or groups, and they can require students to produce a written record of the task outcome, or they can repeat the same task, which research has shown can foster increased fluency, complexity and accuracy (Bygate, 2018).

Structural problems

Structural problems are problems that arise as a result of the external requirements imposed on teachers that they are relatively powerless to change. Thus, the onus on addressing these problems must rest with the educational authorities responsible for them.

Teachers may be required to teach to a syllabus that specifies what is to be learned in terms of lists of words and grammatical structures. As a result, they prefer to base their teaching directly on the items listed in the syllabus rather than on tasks that have only an indirect relationship to the linguistic content of the syllabus. There are two possible ways of addressing this problem. One is to replace the structural syllabus with a task-based syllabus (i.e., the content is specified in terms of the specific tasks to be taught at different proficiency levels—see, for example, Prabhu, 1987). The second is to keep the structural syllabus and implement it by means of 'focused tasks' (Ellis, 2003). However, such a solution is problematic, as it is very difficult to design tasks that make the use of predetermined linguistic features essential (Loschky & Bley-Vroman, 1993). Focused tasks are best used as a remedial back-up in a modular curriculum, when learners have already developed a basic competence and are confident in using English. That is, they are best reserved to a later stage in the language programme, when it becomes clear that students are experiencing specific linguistic problems.

Perhaps the major problem with introducing TBLT into the elementary school is the existing exam culture. As I noted earlier in this section, Special Feature 2(SF 2), many Asian countries that have mandated the use of TBLT continue to assess learning by means of indirect, system-referenced tests (Baker, 1989) that measure learners' linguistic accuracy in ways that encourage the use of explicit rather than implicit L2 knowledge. As a result, teachers feel the need to focus on accuracy and encourage students to develop an explicit understanding of grammatical rules. This leads to resistance to using tasks. Butler (2011) argued that "not only are changes in the exam system required, but also drastic changes toward learning and assessment in general in society are needed" (p. 46). The solution to this problem lies in the development of 'communicative tests' (i.e., direct, performance-referenced tests). One possible reason educational authorities have been slow to develop such tests is that they mistakenly believe that such tests must assess speaking and consider this impractical, as it would require testing students individually. However, it is possible to administer task-based listening, reading and writing tests without difficulty. Also, ideally, testing in a TBLT course should be formative rather than summative. The same tasks used for teaching can be used for assessment, if the teacher keeps a record of students' performance on the tasks. Weaver (2012) outlines a formative model of assessment in TBLT. He describes a cyclical process involving (1) task selection, (2) task description, (3) establishing assessment criteria based on both how the task is performed and the task outcome, (4) observing performance of the task, (5) applying the assessment criteria and (6) giving feedback to the students. Weaver utilized this model in a university task-based course, but it is applicable at all educational levels.

Conclusion

Educational authorities in countries throughout Asia have elected to introduce the teaching of English in elementary schools, although not without resistance in some quarters. I have suggested that this decision needs to be subjected to critical scrutiny, given that research has shown that starting earlier does not necessarily lead to higher levels of ultimate proficiency. There is a clear need for educational authorities in Asian countries to sponsor studies such as the Barcelona Age Factor Project to investigate the extent to which starting English in the elementary school results in enhanced proficiency and, also, where different learning outcomes are evident in different samples of young learners, to determine what factors are responsible for these differences.

Educational authorities have also mandated that English teaching in elementary schools should focus on the development of communicative skills. To this end, they have encouraged the use of CLT and, more recently, TBLT. I have argued that if English is to be introduced into the elementary school, it is essential that this be achieved using a teaching approach that is suitable for young learners and that is able to foster communicative ability and confidence —namely TBLT. I have acknowledged, however, that such an innovation faces a number of implementation problems. In part, these are the product of a number of misconceptions of what TBLT involves. Critics of TBLT have attempted to present it as unified and homogenous, but in fact there is considerable diversity in how it has been conceptualised and implemented. TBLT offers a wide range of practices, including those that involve attention to form as well as meaning. It allows teachers considerable leeway in planning the design of a lesson in terms of the options available for the pre-task phase, the during-task phase and the post-task phase (see Ellis, 2003). However, common to all of the different manifestations of TBLT is the fundamental principle that procedural ability in a language is best acquired when learners treat language as a tool for making meaning rather than as an object for study. It is in this respect that TBLT is ideal for young children, who naturally orientate to language as a tool rather than as an object.

There are, however, some practical problems that will need to be addressed if TBLT is to be implemented effectively. These problems centre on the teachers involved, their students, and also on structural issues in educational systems. It is very easy to conclude that these problems are of such a magnitude that TBLT should be abandoned in favour of more traditional approaches (Littlewood, 2007). But abandonment does not constitute a solution, as many of the problems will remain no matter what the approach. For both motivational and proficiency reasons, TBLT remains the best hope for achieving communicative ability where young learners are concerned. I am also doubtful about Littlewood's idea of substituting a 'task-oriented' approach, where tasks serve to practice pre-taught linguistic items, in place of a 'task-based' approach, especially for young learners. He suggests that learners should be induced to perform tasks by means of activities that lead them from traditional form-focused exercises through activities of an increasingly communicative nature. To my mind this is not an adaptation but a return to traditional methodology of the present-practice-produce (PPP) kind. In this Section, Special Feature 2, of the book, I have tried to argue that it would be better to adopt TBLT and set about addressing the problems that teachers and learners face in implementing it.

Appendix A (An example of an input-based task from Ellis, Tanaka, & Yamzaki, 1994)

Instruction: Listen to the teacher. The teacher will tell you where to place the objects shown in the pictures numbered (1) to (18) in the picture of the kitchen. Write the number of each object in the correct position in the picture of the kitchen.

Teacher's instructions (example):
Can you find the ladle? We use this for serving soup. Put the ladle in the sink.

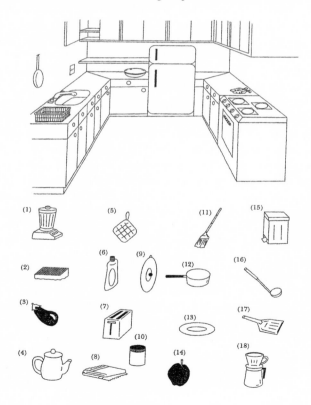

Appendix B

The following questionnaire is designed to help you think about task-based language teaching and to identify your own beliefs about what this approach to language teaching entails.

1. What is a 'task'? Please write a brief definition below.

---

2. Do you agree or disagree with each of these statements about task-based language teaching? Please write a brief comment about each statement explaining your view.

Statement	Agree/ disagree/ not sure?	Comment
TBLT aims to develop students' communicative fluency.		
TBLT also aims to help students acquire new language and improve their linguistic accuracy.		
There should not be any focus on linguistic form in task-based teaching.		
TBLT focuses on developing students' oral skills, not their reading or writing.		
TBLT requires students to work most of the time in pairs or groups.		
The teacher's role in TBLT is just to organise and manage students' performance of tasks.		
In TBLT the teacher and the students should only use the L2 (English). Use of the L1 should be avoided.		
Tasks should be situationally authentic (i.e., they must reflect the kinds of situations in which students will have to use English outside the classroom).		

第4章

タスク・プロジェクト型授業への転換

　本章では，諸外国での英語教育を概観し，コミュニケーション能力を伸長する授業と授業改善の鍵を握る教員研修について提言する。

　4.1 では，視察を行なった 19 か国（地域）から，韓国，ベトナム，オーストリア，アメリカの英語教育の動向を取り上げて考察を加え，日本における授業をタスク・プロジェクト型へと転換する必要性を示唆する。4.2 では，小学校における授業に関する校内研修の方法，中学校教員を対象とした教育委員会による研修体制の整備，高等学校における課題解決型の授業実践に向けた指導を例示する。

　Special Feature 3 では，Chang が，日本と同様に英語を外国語として学ぶ（English as a Foreign Language：EFL）環境にある台湾における英語教育の施策，現状および課題を明らかにする。4.3 は，その概要である。

　外国語学習の目的をコミュニケーション能力の伸長とする Communicative Language Teaching（以下，CLT）は，1970 年代から世界で広がりを見せた。CLT は，本書で Ellis が指摘しているように，国によって解釈や何をもってコミュニカティブとするかの基準が異なり，さまざまな形態で実施されている。学習者が英語を発して活発に活動しコミュニケーションが行なわれているように見える教室も，言語習得の観点から見れば，コミュニカティブとは言い難いこともある。日本の検定教科書にあるモデルダイアローグ中の一部の語を替えてペアで会話をする活動は，Task-Based Language Teaching（以下，TBLT）で定義されるタスク[1]ではなく，練習の域を出ない活動である。外国語学習において練習は必要不可欠なものであるが，伝えたい内容を英語ではどのように言ったり書いたりすればよいのかを考え，自らの知識を援用しながら表現してやり取りをし，うまく伝わらない場合は言い換えたり，相手に働きかけたりするといった真のコミュニケーションを経験することで言語習得は進むものと考えられる。このような経験を教室内で体験できる言語活動がタスクであり，真のコミュニケーションを学習者がする機会を提供する指導がコミュニカティブな指導，CLT である。

　外国語の指導をすべて目標言語で行なう直接教授法やカリキュラムをタスクで一貫させる TBLT が強いバージョンの CLT として挙げられるが，他の教授法と折衷する弱いバージョンの CLT の方が現実的な場合も多い[2]。本書の多くの実践例は，PPP という既存の指導法に TBLT の「タスク」を，日本の英語教育の実態に合う形に工夫し，実施可能にした TBLT の一形態「「フォーカス・オン・フォーム」アプローチ」（髙島，2011a）によるものである。

　本書の編著者をリーダーとする「チーム髙島」は，1998 年から 2019 年にかけて，表 4.1-1 の国・地域を訪れ，教育省や市の教育委員会で言語政策や教育改革についての話を聞き，小学校，中学校，高等学校の英語授業を視察した。それぞれの国や地域特有の事情があり，また，限られた時間での視察であるため一般化することは難しいが，様々な示唆を得ることができた。

1　タスクの定義については，1.3.2 参照。
2　CLT の強いバージョンと弱いバージョンについては，3.8 注 2 参照。

表 4.1-1　英語教育実施状況視察で訪問した国・地域

訪問年	国 / 地域（市）	環境*	訪問年	国 / 地域（市）	環境*
1998	韓国（大邱）	EFL	2009	ロシア（モスクワ）	EFL
1999	フィリピン（セブ）	ESL	2010	ニュージーランド（オークランド）	L1/ESL
2000	イギリス（ワットフォード）	L1/ESL			
2001	ドイツ（ローゼンハイム）	EFL	2011	中国（香港）	ESL
2002	オーストラリア（ブリスベン）	L1/ESL	2012	ベルギー（ブリュッセル）	EFL
2003	ノルウェー（オスロー）	EFL	2013	タイ（バンコク）	EFL
	オランダ（ナイメーヘン）	EFL	2014	アメリカ（オレゴン州セーレム）	L1/ESL
	韓国（大邱）	EFL			
2004	韓国（大邱）＜教員研修＞	EFL	2015	シンガポール	ESL
2005	フィンランド（ヘルシンキ）	EFL	2016	ベトナム（ハノイ）	EFL
2006	中国（瀋陽）	EFL	2017	ベトナム（ハノイ）	EFL
2007	中国（北京）	EFL	2018	オーストリア（インスブルック）	EFL
	スイス（バーゼル）	EFL			
2008	台湾（台北）	EFL	2019	韓国（大邱）	EFL

＊表中の「環境」は，英語学習環境を表す。EFL は English as a Foreign Language（英語を外国語として）学ぶ環境，ESL は English as a Second Language（英語を第二言語として）学ぶ環境を表す。L1 は，第一言語あるいは母語である。

　教育省や教育委員会等の行政側の人々から進行中の英語教育改革や指針について話を聞き，小学校，中学校，高等学校の英語の授業を参観すると，行政の説明通りに教育が行なわれている場合と，かけ離れている場合があった。実際に教育の現場に足を運んで自分の目で見ることが大切であることを学んだ。教室こそが児童・生徒がいて学びが起こっている場所である。改革・改善のための施策が絵に描いた餅で終わらないようにするためには，どうすればよいのか考えさせられた。

　次項より，①アジアの英語教育——韓国とベトナム，②ヨーロッパの英語教育——オーストリア，③英語を母語とする国の ESL 教育——アメリカ（オレゴン州）について TBLT がどの程度実践されているのかの視点から概観し，日本の英語教育への示唆とする[3]。

3　本項は，主に，村上・今井ほか（2013，2014），村上・杉浦ほか（2016），村上・東野ほか（2017，2018）の未発表報告書を総括した内容である。

4.1.1　アジアの英語教育──韓国とベトナム

　表中のほとんどの国の視察に関して，これまでに多方面で論考を掲載しているため（例えば，ベルギーに関しては，村上・東野ほか（2014）），ここでは，十数年ぶりに訪問した韓国とベトナムの英語教育についてまとめる。

＜韓国＞

　韓国は，大統領令により1997年にアジア諸国で先頭を切って小学校に英語教育を導入した。1997年には3年生，1998年には3・4年生，1999年には3〜5年生と順次導入され，2000年からは，3・4年生は週1時間，5・6年生は週2時間の英語授業を受けている。

　小学校での英語教育の導入に先立ち，当時の全小学校教員が120時間の研修を受け，学級担任教員が英語授業を担当することになった。第6次教育課程下の1998年，韓国の小学校における英語授業は，16種類の韓国文部省（MEHR）認定の教科書を学校裁量で選択して行なわれ，学習内容のばらつきや指導者の負担が指摘されていた。

　第7次教育課程が施行された2001年からは，政府の研究団体である，韓国教育課程・評価機構（KICE）が開発した *Elementary School English* という1種類の教科書が全国の小学校で使用されるようになった。教科書には教員用マニュアル，CD-ROMが添付されており，巻末には授業での活動に使用する絵カードがつけられていた。統一したカリキュラムや教材を完備することで，英語を専門としない教員であっても授業を進められるよう配慮し，一定水準の学習内容を保障しているものと考えられた。しかし，2003年に大邱市（テグ）を再訪した時に参観した授業では，この教科書に従って40分間の授業時間で8つの活動が次々と行なわれ，小学校の教員は「私はclick manに過ぎない」と自嘲気味であった。PC上の教材を「クリック」するだけの授業を行なっており，教えている感覚が希薄だという意味である。その一方で，授業者は約60%が担任ではなく英語専科教員となっていた[4]。

　1998年当時，大邱市では，中学校・高等学校の授業は繰り返しの多いオーディオ・リンガルメソッドと訳読式の折衷で，コミュニカティブとは言い難かった。指導言語が韓国語であったのも日本を除く他のアジア諸国とは違って

4　年度末に専科教員となるかどうかの希望を募り，希望者はさらに120時間の研修を受けて専科教員になるという方法を採用していた。

いた。2003年の再訪時も，小学校で扱われることが少なかった「読むこと」，「書くこと」に比重が置かれ，「聞くこと」や「話すこと」の活動は教科書を中心としたパターン・プラクティス的要素が強い活動に留まり，実際の言語運用に近い形での発展的な活動が不足していることが指摘されている（村上・杉浦ほか，2003）。週4時間という限られた授業時間数で，日本の教科書の約3倍もの量の内容を指導しなければならないため，コミュニカティブな活動を授業で行なうことが難しい現状であると分析されていた。

2004年には，小学校の教員研修の様子を視察した。英語の発音やゲームの方法のワークショップが主であった。小学校では音声を重視した授業が推進されていることがうかがえた。

最初の訪問から20年後の2019年に同じ大邱市を訪れた。小学校での教科書の数は6種類に増えており，参観した授業では教師は教科書通りの活動を行なうのではなく，教科書の Unit で扱われている *There is/are* 構文を含む8文をリズムをつけて読む活動を行なっていた。児童たちは，机を手で叩きながら始めはクラス全体で，次はグループで "This is Buckingham Palace. There are 240 bedrooms. There are 78 bathrooms. There are 92 offices. There is a kitchen. There is a library. There is a museum. What a nice house!" という8文を繰り返し練習していた。教室には ALT がいたが，はじめにモデルとしてこの8文を発音した後は，児童のグループを回り，一緒に机を叩きながら同じ文を繰り返していた。20年前には限定的であった ALT の雇用が拡大したことは評価できるが，英語母語話者を授業で活用する方法には改善が必要であると思われた。この授業は，練習の後は "Show Time" として，5グループが順に前に出てそれまで25分間練習した同じ文を暗唱した。コミュニカティブとは言えない授業で，児童も40分の授業時間を通して同じ英文を繰り返すことに飽きている様子であった。

大邱教育大学付属小学校では，*David Goes to School* という絵本を扱ったプロジェクト型の授業が行なわれていた。この絵本は，少年 David が，学校で色々な行動をする度に，"No, David! Don't push." "No, David! Don't run." などと禁止の命令文が使われるものである。教師は英語で児童とやり取りをしながら，前時に読んだこの絵本の内容を復習して読み聞かせをした。次に，児童に「やってはいけないこと」を付け加えてオリジナルな内容に書き直させた。最後は，ペアになった相手の児童がオリジナル絵本を読んでいるところをタブレットPC で録画し，後でそれを観るといった創造的な授業であった。児童は楽しみながら活動に取り組んでいる様子であった。教師は授業時間を通してほぼ英語

で授業を行ない，児童も英語で受け答えをしていた。

　中学校の授業は，変わらず韓国語で行なわれていた。同等比較表現（as 〜 as）を扱った授業で，まず，文法説明が韓国語であり，"Jeongmin teacher（授業者の教師）is as tall as Irene（ALT）.""Jeongmin can dance as well as Irene." などの例文が提示され，他の生徒の名前を使って同様の文を作って書く練習が行なわれた[5]。授業後の懇談では，授業者は十分な英語の運用能力があることがわかった。しかし，「この学校の児童・生徒のレベルでは，授業を英語で行なうと授業が成立しない」という説明であった。

　2019 年現在，実用的な英語を学ぶ施設として，小学生を対象とする「グローバル・ステーション」と，中学生を対象とする「グローバル教育センター」が大邱市によって経営されている。いずれの施設の講座も無償であることから人気が高く，受講枠は Web サイトの受付開始と同時に埋まってしまうほどである。「グローバル・ステーション」は，地下鉄の駅の地下道に，飛行機の客席やレストランなどの場面を作り込んだブースが設けられた施設で，児童は英語母語話者と具体的な場面設定で会話の練習ができる。英語でコミュニケーションができるようになりたいと思う子供達が多い一方で，学校ではコミュニケーションができるようになる授業が行なわれていない現実が見られた。さらに，「グローバル教育センター」には，Japan room, China room, Australia room など，国ごとの部屋があり，英語に限らず他言語にも対応したプログラムが用意されている。

　このような施設を開設した目的には，グローバル化に対応した教育の提供だけでなく，個々の家庭の教育に関わる出費の削減も挙げられている。学歴社会の韓国では，多くの家庭が子供達を塾に通わせ，経済的に恵まれない家庭の子供との学力格差が社会問題となっていることが背景にあると考えられる。

＜ベトナム＞

　ベトナムでは，2008 年に教育訓練省が『国家外国語プロジェクト 2020』（National Foreign Languages 2020 Project）を示し，外国語教育を改革する新しい方策を模索するとした。このプロジェクトは，2020 年までに中・高等教育を修了したほとんどのベトナム人が，日常に外国語を自信をもって使え，多文

5　この授業では，名前の後に teacher をつけて Jeongmin 先生とする，英語としては適切ではない表記をしていたり，生徒を比較対象としたりしており，配慮が必要ではないかと感じられた。

化環境においてさまざまな外国語を用いて学習や仕事をする機会を得ることで，国の産業の発展や現代化を推し進めることを目標としている。2016 年のベトナムでは，外国語として学ばれている言語の 98％ が英語であるので，このプロジェクトの名称は Foreign Languages と複数の外国語となっているが，現実には英語教育改革プログラムである。

　このプログラムは，2008 年から 2011 年は新しい言語教育プログラムの開発段階，2011 年から 2015 年はプログラムを大々的に導入する段階，2016 年から 2020 年はプログラムの国レベルでの評価の段階とされている。ベトナム全土は 5 つの地域に分けられ，それぞれの地域に「地域外国語センター」が設置され，その地域の教育局，教育大学と連携して，現職教員の資質向上，地域の研修実施者との共同研究開発，研究や教材の開発を図るとされた。筆者らが教育訓練省を訪れ，このプロジェクトについて説明を受けた 2016 年は，各地域で実践されてきた特徴のある取り組みを全国に広げ，評価をする段階であるということであった。

　ところが，2016 年に参観した学校では，教科書にある会話を理解し，練習するという授業が小中高等学校を通して行なわれていた。児童・生徒の主体性を重視した活動や，実際の場面を想定した実践的な活動は行なわれていない様子であった。進学校の高等学校の授業では，練習問題を解き，生徒が挙手をして 1 人ずつ解答したものについて教師が板書をしながら解説するという，コミュニケーションとはほど遠い授業であった。つまり，英語でコミュニケーションができるベトナム人を育てるとする，『国家外国語プロジェクト 2020』を反映した授業は，首都ハノイにおいてさえ実践されていなかった。

　コミュニケーション能力はどのようにして伸長するのかという筆者らの問いには，「語学学校が担う」という回答を多くの教師から得た。語学学校は私塾であり，その月謝は日本円で約 1 万円である。ベトナムの物価は日本の 3〜5分の 1 程度であることを考えれば，大変高額であることがわかる。タイと同様に[6]，経済的に恵まれている家庭の児童が優遇されている。

　2016 年は，旧版から新版の教科書へと移行する過渡期であった。2017 年の再訪では，改訂された新版の教科書が使用されていた。小学校の教科書は，1つの単元は，音声に関わる活動から始まり，読むこと，書くこと，最終的には

6　タイでは，ブリティッシュ・カウンシルの英語母語話者による特別授業が，月謝を払った児童のみに提供されていた（村上・今井ほか，2013）。

プロジェクトとして課題が与えられ，それを解決することで目標とする言語材料が使えるような構成となっている。旧版の教科書より課題解決型であり児童が最終的に自分のことやトピックに合わせて具体的な活動ができるように工夫されている。

　中学校の教科書も，各単元では，最初に"Getting Started"で対話文と練習問題が提示され，場面を意識した構成となっている。次に，"A Closer Look"で語彙・発音・文法の練習問題，"Communication"でコミュニケーションを意識した活動や練習問題，"Skills"で4技能別の練習問題，"Looking Back"で語彙・文法・コミュニケーション（表現）の復習問題が続き，課題解決型の活動で終わっている。全体的に練習問題が多いが，"Project"として課題解決型の活動が用意されて，単元で学んできた英語を活用できるような構成となっている。

　高等学校の新版の教科書では，各課の最後に「振り返り」と「プロジェクト」のセクションが設けられている。「振り返り」は，その課で扱われた語彙，発音，文法について確認するもので，「プロジェクト」は，生徒がクラス内で，例えば，家事の分担についての意識調査をして，その結果について報告する活動である。その課で扱った特定のテーマについて賛成意見，反対意見を述べる際には，理由や証拠となるデータについても言及する必要があり，生徒の情報収集能力や，論理的思考力，批判的思考力を育成するのに役立つと考えられる。また，高等学校の新教科書では学習者に対して CEFR[7] の CAN-DO リストにあたる「できるようにすること」（目標）と「できたこと」（達成）が示され，生徒自身が自己評価をして到達度を確認し，次のステップへ進める構成になっており，自律的な学習者の育成が図られている。

　このように，教科書については『国家外国語プロジェクト 2020』を反映して CLT への変換が図られ，プロジェクト型授業へと舵が取られたように見える。しかし，実際に授業を参観した限りにおいては，1クラスに50～60人もの児童・生徒がいる中で，このような授業を行なって成果を出すのは困難であると思われた。

　『国家外国語プロジェクト 2020』では，教員の資質向上が強調されているのも特徴である。教員として備えるべき知識と能力が5つの領域について示されている。第1の領域の筆頭に来るのが英語力で，教員の英語力は CEFR を基準に，小・中学校の教員については B2 レベルに，高等学校教員については

7　CEFR については，第1章注2参照。

C1 レベルに達することととされた。しかし，2015 年の段階で，国が要求する B2 を達成している小学校教員は 30.3％，中学校教員は 38.7％，C1 を達成している高等学校の教員については 5.2％ にしか過ぎないという現実があり（Nguyen, 2015），2020 年に達成することは困難であることが予測されていた。

　2016 年には，教育訓練省の大臣が，「『国家外国語プロジェクト 2020』は失敗した」と発言して物議を醸した。Nguyen（2017）は観察した授業を分析し，授業はほぼ母語で行なわれており，英語は配布される新出語彙リストに記載があるだけであることや不均衡な 4 技能の指導時間，教師の不足，英語を教えるための機器の不足などが学習者のパフォーマンスへの主な阻害要因であることを指摘している。2018 年 1 月の *Viet Nam News* においても，『国家外国語プロジェクト 2020』について，「目標は高く設定されているが達成のための解決策がない」状況が報じられている。

4.1.2　ヨーロッパの英語教育──オーストリア

　ヨーロッパの学校を視察して 1 番に感じることは，学校，児童・生徒，教師の余裕である。1 クラスは 20 名前後であることが多く，これは，外国語学習・教育においては大きな利点である。児童・生徒はやり取りや活動を英語で行ない，教師はそれらが適切に行なわれているか確認でき，必要に応じたフィードバックを受ける機会も多くなる。

　EFL 環境の国であっても，アジアの国・地域よりも学校外で児童・生徒は英語に接する機会が多く，地理的，歴史的条件により，多言語使用が珍しくない。CEFR が国によって調整されながら浸透してきている[8]。以下，2018 年に訪れたオーストリア（チロル州）の英語教育について概観する。

　オーストリアでは，2003 年に，小学校で「統合的英語」として，1 学年より英語の授業が導入された。「統合的英語」とは，算数，社会，音楽などの他の教科の内容について英語を指導言語として授業をする中で，児童が英語に慣れ親しむものである。視察した小学校では，4 年生で図形の面積の求め方の授業が，3 年生でオーストリアの地理の授業が英語で行なわれていた。

　チロル州では，中学校の 1 クラスは生徒 20 名前後の少人数で，教師 2 人が基本的に英語のみでティーム・ティーチングを行なう。英語圏（主に，イギリ

---

[8]　現在ヨーロッパの学校で使われている英語の教科書には，CEFR のレベル（A1，A2, A3，B1，B2，C1，C2）が表記されていることが多い。

スとアメリカ）からの英語母語話者教員がオーストリア人の英語教員と協力して授業を展開するが，それぞれが重要な役割をもっており，日本の ALT のような補助的な指導に限定されない。例えば，教科書で扱っているトピックである「ティーンエイジャーの親に対する不満」について，生徒に意見を言わせて英語で意見交換をする場面では，英語母語話者教員とオーストリア人の英語教員がともに生徒とのやり取りを英語で行なっていた。別の中学校では，一斉授業の後で生徒が練習問題を解く個別活動に入ると，オーストリア人の英語教員が生徒を 4 名ずつ別室に連れ出し，現在完了形や仮定法などの詳細な文法説明をドイツ語で行なっていた。生徒の目標英語レベルは，中学校修了時点で CEFR A2 である。

工業高等学校のクラスでは，オーストリア人教師とアメリカ人講師の指導の下，B2/C1 レベルの生徒が "Happiness" をテーマに，ポピュラーソングの歌詞を読み，実際に歌を聞いて活発にディスカッションをしていた。なかにはメディカル・コースの生徒もおり，医療用語を使って高度なディスカッションが展開された一方，あまり発言をしない生徒もいたが，教師はディスカッションを妨げない程度に言い換えなどの修正をし，生徒も自分の不適切な表現に気付くと自ら言い直しをしていた。

高等学校では，2 年生で CEFR の B1 レベル，卒業時には B2 レベルが英語の最低到達基準とされている。これは，卒業試験の 5 段階（高い順に Level 1 〜 Level 5 で 5 は不可）のうち，最低合格ラインの Level 4 が B2 レベルということである。特筆すべきことに，卒業試験の英語テストにはスピーキングのセクションがある。30 分間の準備の後，5 分〜10 分間のプレゼンテーション（発表）とディスカッション（やり取り）が行なわれる。これは，CEFR のスピーキングが「発表」と「やり取り」に分けられていることによるもので，そのため高等学校の現場でも，前述のような「やり取り」に関わる指導が行なわれていた。

このように，オーストリアの英語教育においては，ベトナムと同様に教師と生徒に目標とする CEFR のレベル設定をしている[9]。大きな違いは，オーストリアでは実際の運用については，より自国の学習者の実態に即した，研究機関（Bundes Institute）が開発した CEFR 準拠の評価ルーブリック（CEFR Linked

---

[9]　オーストリアでは大学卒業時の CEFR レベルは C2 とされている。そのため，教師に求められる英語力のレベルは C2 である。

Austrian Assessment Scale, CLAAS）を採用している点である。

教員養成大学では，CEFR の開発元である Council of Europe の研究機関（European Centre for Modern Languages）が作成した，*European portfolio for student teachers of languages: A reflection tool for language teacher education* を使い，外国語を教える教員として必要な指導技術を取得する保障をしている。このポートフォリオでは，①カリキュラムや教育目標などのコンテクスト，②技能や語彙，文法などの指導法，③教材や活動などのリソース，④授業プラン，⑤学習者とのやり取りや教室での使用言語[10] などの授業の実施，⑥学習者の自律や宿題などの個別学習，⑦学習の評価の 7 項目について，それぞれの CAN-DO リストをチェックして，自分が教師として十分な能力があるかを自己評価するようになっている。項目⑥には「プロジェクト」についてのセクションがあり，「私は，目的や目標に関連したプロジェクトを計画して実行することができる」，「私は，プロジェクトのさまざまな段階において，学習者が選択するのを支援することができる」，「私は，学習者の協力を得てプロジェクトの過程と結果を評価することができる」などの CAN-DO リストが掲載されている。教えている外国語を使うプロジェクトを開発する能力は教師にとって必須であると考えられている。つまり，CEFR で示される 4 技能 5 領域を伸長させるためには，児童・生徒が体験的に外国語を学ぶ機会を授業において保障することが大切であることを示しているのである。オーストリアでは，目標とされるCEFR のレベルを達成することを可能とする授業を工夫する訓練を，教員養成の段階で受けていることがわかる。

4.1.3 英語を母語とする国における ESL 教育——アメリカ

英語を母語とする国に移民してきた子供達に対する英語教育は，国により形態が異なる。視察当時（2000 年）のイギリスでは，通常の教室で授業を受けさせ，子供達の母語を話すボランティアが，抽出指導をしていた。オーストラリアおよびニュージーランドでは，それぞれ独自の「英語力発達尺度」を開発している。ESL 授業を提供する傍ら，全教科の教師が，自分の教える教室に英語力が十分ではない児童・生徒がいる場合，どのようなパフォーマンスを見せ

10　この項目には，「私は，授業を目標言語で行なうことができる」と共に，「私は，いつ目標言語を使うのが適切か，または適切ではないかを判断することができる」という CAN-DO ディスクリプタ（descriptor）がある。目標言語で授業ができることは必要ではあるが，状況に応じて，学習者の母語を使用することも想定されていることがわかる。

れば言語発達のどの段階にいるのかを理解できるように，実際の学習者のレポートなどのサンプルを示して，「英語力発達尺度」を周知させている。

次は，2014年に視察を行なった，アメリカオレゴン州セーレム（Salem）市のヒスパニック系移民への英語教育を概観する。

オレゴン州は，ヒスパニック系移民の人口に占める割合が非常に高く，オレゴン州で生まれた子供でも両親がヒスパニック系移民であるため，英語が母語ではない場合も多い。このような状況のため，学校によっては，普通学級とは別にESOL（English for Speakers of Other Languages）のクラスを設け，母語が英語でない児童・生徒に対して，母語と英語の両方を使ったり，示したりして授業を進めている。

小学校1年生のESOLの授業では，34名の児童のほとんどが英語の学習を始めて1年半が経っており，2名の児童についてはアメリカに来てまだ1か月しか経っていないということであった。授業では，まず，既習の花の部分の名前を英語とスペイン語で復習し，次に数種の野菜（cabbage, cauliflower, celery, beans, carrot）が出てくる絵本の読み聞かせが行なわれた。カードを使って野菜の発音の練習をした後は，教師が"What do you like?"と聞き，指名された児童が"I like 〜（野菜).”と答え，児童が答えた野菜のカードをホワイトボードに貼り，全員で復唱して練習した。さらに，次の3つの表現を練習した後，この表現を使ってインタビュー活動が行なわれた。

　　＜表現1＞　"I am growing 〜（野菜).”
　　＜表現2＞　"In my garden, I am growing 〜（野菜）and 〜（野菜).”
　　＜表現3＞　"In my garden, I am growing 〜（野菜), but not 〜（野菜). I don't
　　　　　　　like 〜（野菜).”

3つの表現は児童が任意で選んで使うが，＜表現2＞を使っている児童が多かった。このように，児童の英語の習熟度の違いに配慮して教材を提示することで，個に応じた対応をしていた。

中等教育では，地域に1つは来米間もない生徒のためのNew Comer Centerが設置されている。センターでは，バイリンガル（英語とスペイン語のみ）の教師が，英語の理解が不十分な生徒を指導している。セーレム・カイザー地区の中学校に併設されたセンターで，メキシコ，マーシャル諸島，ヨルダン等出身で来米1〜3年程度の6〜8年生14名のLanguage Artという授業を参観した。トピックは児童労働で，right, wage, labor, poverty, discrimination, exploitation, sweatshop, legislation, protection 等，児童労働に関する語彙を映像とともに提示

して発音させた後，生徒に自分の言葉で定義を言わせ，教師がさらに説明した。実物投影機を使いながら，児童労働についての論説文について，イラストと書かれた英文を一致させる活動，理解できた語彙に印をつけさせた後，印をつけた語を含む英文を言い換えるなどの活動を行なっていた。

　この授業の担当教員からは，使用する教材に関して示唆に富む話を聞くことができた。初級者を対象とした既製の教科書はほとんどが文法に関するもので，新規来米者のためのテキストとワークブックもあるが，生徒たちには不人気だということであった。その理由は，生徒たちは語学力が十分でなくても思考は発達しており，知的レベルに合わない，内容が学校生活（生活言語）に限定された教科書で定型表現を学んでも，自分の考えを表現したり，意思疎通をしたりできるようにはならないと感じるからであるという。そこで，センターでは授業を2時間連続のプロジェクト型にして，教科書については限定的な使用に留めている。例えば，絶滅危惧種の動物についてのプロジェクトでは，動物に関連する語彙の学習のみに教科書を使用して，個々の生徒に絶滅危惧種の動物のスライドを作成させてプレゼンテーションをするプロジェクトを実施したとのことであった。

　次に，9学年から12学年までの生徒がいる高等学校のELD（English Language Development）[11] のクラスを紹介する。生徒数は14名で，メキシコ出身の生徒が多く，他には，ロシア，ウクライナ，グアムなどさまざまな言語的・文化的背景をもった生徒達のクラスである。ELDには6レベル（1 / 2 / 3 / 4A / 4B-1 / 4B-2）あり，参観したクラスは，5番目のレベルの4B-1である。授業の内容は，およそ3週間後（5月30日）から始まるイベントに向けてのプロジェクトの取り組みであった。このイベントは，15分間のフィルムを上演し，地域の方々や保護者に観てもらう恒例のイベントである。視察時はすべて撮り終わった後で，これを編集して15分間にまとめるとのことであった。このプロジェクトは1か月前から開始し，録音前には，"Determining an Identity"というタイトルのワークブックを用いて基本的な語彙や表現などを学習している。

　このように，オレゴン州セーレム・カイザー地区の移民に対する英語教育は，児童・生徒のニーズに対応し，将来を見据えた温かな支援である。習熟度の違

11　英語を母語としない生徒に対して，3つの指導方法（English Language Development, Literacy Squared, Dual Language program）により対策が取られている。本授業はその中のELDのクラスである。

う児童・生徒に画一的な指導をしてもうまくいかないことを教師は経験から理解している。生活言語を超えて，大学や社会で自らの意見を述べたり議論したりすることができるようになるために，学んでいることが役に立つと生徒が感じるプロジェクト型の授業が展開されていた。

4.1.4　TBLT 成功の視点：日本における CLT への転換

　日本において外国語を学ぶ究極の目的としてコミュニケーション能力の育成が取り上げられるようになったのは，1989（平成元）年改訂の学習指導要領からである。それ以前の学習指導要領においては，「コミュニケーション」に関する言及は見られず，言語活動という語が使われていても，その内容は現在のものとは異なる練習を指していた[12]。

　1998（平成 10）年の学習指導要領の改訂では，「実践的コミュニケーション能力」という言葉で，生徒たちが実際に英語を使うことができる力を育成する必要性が強調された。中学校では，特に「聞くこと」，「話すこと」に重点が置かれた。この改訂からの 10 年間で，中学校では「コミュニケーション活動」という名でインタビュー活動[13] などが定着した。高等学校では，2006（平成18）年に大学入試センター試験にリスニングが導入されたことで，「聞くこと」に関する授業が行なわれるようになった。

　2008（平成 20）年改訂の学習指導要領では，小学校において「外国語活動」が必修とされた。小学校では，「コミュニケーション能力の素地」，中学校では，「コミュニケーション能力の基礎」，高等学校では，「コミュニケーション能力」の育成が目標とされ，小学校では「英語に対する慣れ親しみ」を目指すのに対し，中学校，高等学校では 4 技能を「総合的」，「統合的」に指導することが求められている。

　この 30 年の日本の英語教育は，コミュニケーション重視の指導，つまりCLT への転換の試みの歴史である。2017（平成 29）年および 2018（平成 30）年の改訂では，第 1 章，第 2 章で見てきたように，言語活動を定義し，文法指

12　現在の「言語活動」の定義については，第 1 章参照。

13　例えば，"Can you ...?"の表現を練習させたい時に，この表現を使って同じ教室内にいる複数の学習者に問いかけ，その返答をシートなどに記録する活動である。シートには，質問文の横に質問した相手の名前を書くようにしたり，ビンゴシートのマス目に"Can you ...?"の後に続く動作の絵が書いてあり，"Yes"の返答があった時のみマスに丸を付けるようにするなど様々な運用方法がある。

導とコミュニケーションの関係，言語習得における「気付き」の役割など，第二言語習得理論研究からの知見を取り込んだ上で，さらに踏み込んで，児童・生徒が英語を確実に使用できるようになる指導を求めている。コミュニケーション能力の伸長を重視する授業に対する教師の意識もずいぶん変わった。喫緊の課題は，児童・生徒が英語を使えるようになるために，何をどのように教えればよいかである。つまり，本書で提案しているように，授業をタスク・プロジェクト型にしていくことが必要不可欠なのである。

　本節では，海外の国や地域でTBLTがどのように実施されているかを概観した。韓国では練習中心のものから学習者にプロジェクトに取り組ませるものまで，学校によって授業方法は大きく違っていた。ベトナムでは，国家戦略に基づきCLTへの転換が図られてはいるが，1クラスの生徒数が多く，タスク・プロジェクトに取り組ませることが困難な様子が見られた。オーストリアでは，教員養成の段階で，プロジェクトが指導技術の1つとして位置付けられていた。そして，アメリカのESLの授業では，生徒が自らの考えを伝えることができるようになる力をつけるために，授業をプロジェクト型にしていた。

　一部のアジアの国や地域では，英語母語話者に授業を担当させればコミュニケーション能力が伸長すると考えているところもあるように見受けられた。参観した授業の担当教員と話をすると，コミュニケーション能力の育成が大切であることはわかっているが，どのような指導をすれば効果が上がるのかは不明であるという教師は多かった。

　また，近年の傾向として，ヨーロッパだけでなくアジアでもCEFRのレベルを教師と生徒に課すところが増えてきている。これについては，ベトナムについての項で述べたように，CEFRのレベルを要求するだけで，それを達成するために必要な質の高い指導（1.5参照）が十分に行なわれなければ，破綻するのは当然であることを肝に銘じる必要がある。CEFRが開発されたヨーロッパにおいてさえ，先述のオーストリアだけでなく，例えばフィンランドは，自国の外国語学習者の現状を見極め，独自に改訂したCEFRを使用している。

　オーストラリア，ニュージーランドは，ESL学習者への英語指導で，自国独自の評価尺度を開発し，豊富な実例を提供して教師が適切に評価できるようにしている。アメリカにおいても，州が開発した学年ごとの統一ルーブリックが示され，評価の観点と基準および規準の周知が図られている。自国の学習者と教員の双方の状況を把握した上で，自国に合った基準を用いてCLT/TBLTを導入していく，つまり，日本の指導方法や児童・生徒の力に合った基準を作

成し，授業をタスク・プロジェクト型へと転換していくことが必要である。

　視察した中で，英語教育が機能していると感じられる国・地域には2つの大きな特徴があった。1つは，香港のように，授業で取り組まれている内容・活動に発表の機会などのゴールがあり，児童・生徒が達成感を感じられるような仕組みがあることである（詳細は，村上・髙島ほか（2012）および，村上・桐生ほか（2013）を参照）。もう1つは，シンガポールのように，学習指導要領に相当するナショナル・カリキュラム等で出されている方針を実現するための指導技術の向上および獲得を，教員研修で保障していることである（詳細は，今井ほか（2017）を参照）。

　筆者らの約20年にわたる海外視察による知見の蓄積は，本書で提案しているタスク・プロジェクト型授業実践への推進力となっている。筆者らは，それぞれの実践の中で，学習者たちがメッセージを相手に伝えるために英語を使おうと努力する過程で，多くの学びが起こる様子を見てきた。従来の教え方と比べて，タスク・プロジェクト型の授業においては学習者はより主体的に授業内容に取り組み，自分の英語力の不足を補おうと真摯に向き合い，継続した努力をしようとする。このような授業こそ，これからの日本の英語教育が目指すべきものであると考える。

　教育改革・授業改善には，新しい試みによる指導法が学習者の英語学習に寄与すると考える指導者の強い信念と，その指導法に対する深い理解が必要である。また，個々の教師の研鑽に任せるのではなく，国や教員研修を行なう機関が具体案をもって方向性を示す必要がある。教育改革・授業改善は，適切な教員研修によって可能となることを再確認したい。

4.2　タスク・プロジェクト型授業と教員研修

　本節では，小中高等学校学習指導要領（文部科学省，2018a，2018c，2018e）を踏まえ，課題解決型の授業（タスク・プロジェクト型の授業）が展開できる教員の育成のための教員研修などについて述べる。

　まず，4.2.1 では，2020（令和2）年度に早期化・教科化された小学校英語（外国語活動・外国語科）に関わる文部科学省から出された研修体制を概観する。とりわけ，小学校教員を対象とした研修のうち，学校の実態に合わせて実施することができる自由度があり，全教員が受けることが可能な校内研修を例示する。次に，4.2.2 では，中学校の英語科教員への研修を中心に教育委員会（東京都足立区）の取り組みや研修について示す。地域の実態や課題を考慮し，課題解決型の授業とは何かを明確にした上での研修目的，研修体制，研修の条件整備，事例などについて言及する。最後に，4.2.3 では，高等学校の英語科教員を対象とした県教育委員会（鹿児島県立総合教育センター）の取り組みと課題解決型授業（アクティブ・ラーニング）の例について言及する。

4.2.1　小学校における課題解決型の授業を可能とする校内研修

　小学校学習指導要領（文部科学省，2018a）の改訂で2020（令和2）年4月より，小学校においては，第3・4学年に外国語活動が，第5・6学年には外国語科が導入され，学級担任教員の3分の2が英語の授業に関わることになった。これに先立ち，2014（平成26）年度から2018（平成30）年度にかけて，文部科学省は，外国語活動・外国語科に関して，小学校教員向けに3つの研修を計画・実施してきた。

　　①国が行なう「英語教育推進リーダー」養成研修

　　　各教育委員会などから推薦された英語教育推進リーダーに，前期4〜5日，後期4〜5日の計8〜10日間の外部専門機関と協力して行なう研修

　　②都道府県による研修実習

　　　上記①で研修を受けた「英語教育推進リーダー」が中心となり，公立小学校の各校から選出された「中核教員」へ行なう研修

　　③中核教員が自校で行なう校内研修[1]

　この他，各自治体が悉皆[2]，あるいは，希望者を募る研修や民間が行なう研

修も数多くあるが，多忙を極める学級担任教員が，学校外で研修を受けるのは物理的にも時間的にも極めて難しい。この対策として校内研修を充実させることで，実際に授業をする教員が，授業に必要な知識や方法を身に付け，授業力向上に繋がると考える。研修内容は，小学校学習指導要領（文部科学省，2018a）に求められている「主体的・対話的で深い学び」が実現するための外国語活動・外国語科の授業に関わる実践例を通した研修を行なうことである。

4.2.1.1 校内研修の現状と課題

　4.2.1 で述べた文部科学省が行なった 3 つの研修のうち③の校内研修では，「中核教員が学んだことをそのまま伝達するのではなく，各学校での外国語教育の状況や実態を踏まえ」，「中核教員が学んだ内容を生かした授業公開及び研究協議」や「DVD の活用」（文部科学省，2015b）が推奨されている。具体的には，表 4.2-1 の①～⑥のような例が提案されている。

　校内研修用には，DVD やプレゼンテーション用の資料などが文部科学省より配布された。2015（平成 27）年度配布の DVD は，2014（平成 26）年度の「英語教育推進リーダー」養成研修の一部で，「個別のテーマについての研究」とされ，「教室英語」や「ALT との打ち合わせ」が取り挙げられまた，「歌の活用」，「絵本の活用」，「授業指導案の作成」など，授業の準備段階や授業の一部が切り取られたような内容となっている。2016（平成 28）年度配布の DVD は，2015（平成 27）年度の「英語教育推進リーダー」養成研修の一部で，「授業場面を視聴して授業のイメージを持つ」ことに目標が置かれ，授業実践例などが収められている。また，2017（平成 29）年 9 月には，新教材の特徴についての説明や授業における small talk の例などが動画に収められ DVD ではなく配信されている。

1　この方法では，英語教育推進教員や中核教員以外の教員には校内研修のみが保障されていることになる。他の国・地域を見ると，韓国では，小学校への教科としての英語の導入に伴い，全現職教員を対象に 120 時間の基礎コースの研修が，基礎コース終了後，希望者にはさらに 120 時間の上級コースの研修が行なわれた（髙島・村上ほか，2004: 48-49）。基礎コース 120 時間の内訳は，58 時間は英会話，理論 12 時間，指導法 15 時間，実践法 16 時間，実習 15 時間，その他 4 時間である。台湾でも教科導入時には，360 時間の研修が実施された（泉，2007: 9）。

2　兵庫県尼崎市では，中核教員の研修の他に 2014 年度・2015 年度の 2 年間で，市内の小学校全教員を対象に，2 回の悉皆研修を行なっている。1 回目は言語習得に関する理論的な研修，2 回目は英語の専門家によるクラスルームイングリッシュや，授業内のゲームなどを英語で進めることができるような実技研修である。また，西宮市でも中核教員の研修とは別に 2017 年度・2018 年度に学級担任全員を対象に市独自の悉皆研修を実施している。

表 4.2-1　中核教員による校内研修例（文部科学省，2015b より抜粋）

	内容	内容の詳細	担当者・参加者
①	研究授業の計画	研修の実施方法の検討	中核教員・研究主任
②	研究授業の準備（指導案の作成）	教室英語，児童と教員のやりとり，単語や表現の導入，歌などの活用を含んで計画	中核教員
③	指導案の検討	指導案の検討　参観の視点，DVD の活用の決定など	中核教員，研究部教員
④	研究授業の実施	授業実践　授業参観	中核教員　全教員（中核教員以外）
⑤	研究協議の実施	指導法や校内の取組の協議　助言	全教員　中核教員
⑥	全教員による授業実践	各学年授業研究・授業実践　授業及び教材づくりなど助言	全教員

　表 4.2-1 が示すような手順が示され研修資料が準備されていることで研修の方向性はわかるが，実際に進めるには次のような課題がある。

　課題 1：中核教員にかなりの負担がかかる。また，中核教員以外の教員は，表 4.2-1 ④の授業参観で初めて研修に参加し，その後⑤で研究協議に参加する。ここでは研修時間が少なく，受け身的にならざるを得ない。また，⑤の研修を終えた段階で，指導案の書き方などの指導を受けないままに⑥の公開のための指導案作成，及び授業をしなければならないことになる。受講者（中核教員以外の教員）が徐々に主体的に関わっていけるようなスモールステップの研修としていく必要がある。

　課題 2：配布された DVD の授業や中核教員の授業から，外国語活動・外国語科の授業をイメージ化することはできるが，小学校学習指導要領（文部科学省，2018a）に示されている課題解決型の授業（「具体的な課題を設定」，「単元を見通した課題」を設定した授業）の内容やその計画，また，学校や児童の実態にあった授業について理解することは難しい。

　さらに，公立小学校数校[3]からの聞き取りによると，外国語活動・外国語科のための「校内研修に十分な時間がかけられない」，「内容が中核教員研修の伝達のみとなってしまっている」，「授業についての研修会ができていない」，「DVDやスライドなどの資料などがうまく使えない」などの課題も挙げられている。

3　兵庫県 2 校，千葉県 2 校の小学校の教員 20 名からの直接の聞き取りによる。

4.2.1.2　校内研修の利点

　校内研修の利点としては，次の4点を挙げることができる。

　　①同じ学校の教員が，一度に同じ研修を受けることができる。
　　②時間が効率的である。
　　③研修内容を学校・地域・児童の実態に合ったものにできる。
　　④実際の授業についての研修ができる。

　①については，学外の研修となれば，学校運営上，1度に同じ学校から多くの教員が参加できない場合や1校1名と制限があることも多い。研修を受けた教員が，他の教員に研修内容を伝えることはかなり難しい。校内研修であれば，全教員が一度に同じ研修をすることができるため，研修内容を共有することができ，その後の話し合いや授業研究・教材研究に生かすことができる。

　②については，学外研修のように会場への往復時間がかからず，正味の研修時間だけを確保すればよく，伝達する必要性がないだけでなく，授業や準備の際に互いに研修内容を確認することもでき効率的である。

　③については，学校・地域による課題，児童の実態やニーズが異なることで自身の学校に置き換えて考える必要がある。全教員が同一の空間を共有することで，学校独自の課題や実態にあった研修内容とすることができる。

　④については，お互いの授業参観が容易にできるため，その日（週）実施した授業や次の週に実施する授業についての研修ができる。

4.2.1.3　校内研修の概要

（1）　校内研修の組織

　校内研修をスムーズに進め，意義あるものとするためには，推進するための組織が必要である。先にも述べたが，表4.2-1のような研修内容では中核教員の負担が大きく，中核教員以外の教員が受け身的に研修するといった課題があった。そこで，研修は中核教員を中心としながらも，推進をサポートできる組織が必要である。

　具体的には，1学年が3学級以上の場合，各学年1名と中核教員で7名（中核教員が各学年の代表を兼ねる場合は6名），1学年が1〜2学級の場合は，低学年・中学年・高学年各1名ずつと中核教員で4名（中核教員が各学団[4]の代

4　隣り合う2つの学年で1学団を構成する。ここでは，1・2学年で1つ，3・4学年で1つ，5・6学年で1つ，合計3学団できることになる。

表を兼ねる場合は 3 名）の外国語部会を組織する。新たに組織を作ることが難しい場合は，既存の研究推進委員会や教育課程部会などと兼ねてもよい。この部会で，校内研修についての計画を立案する。学年会などで話題となった各学年（各学団）のニーズを吸い上げ，逆に部会で決めたことを学年に周知し，研修のみならず，日常的に外国語活動・外国語科をサポートする組織を作ることで，外国語活動について話したり，考えたりする土壌ができる。年度初めは，事前に研修を計画したこの外国語部会が研修を運営する。

(2)　研修の形態

　教員研修は，「一方的に与えられるものではなく」研修に参加する教員が「主体的に関わり，授業改善につながるものでなければならない。参加者が研修の受け手となるだけでなく」（東野・髙島，2011: 205）主体となる研修が必要である。ワークショップや模擬授業を扱うような研修では，研修の参加者が，「参加型研修」と称して活動し，活発に研修していると思われることがよくあるが，参加者は指示された活動をしているに過ぎず，研修に主体的に関わっていないために，外国語活動・外国語科の授業を自分が作り出すものと考えることが難しいことも多い。そこで，最初は，中核教員が主となるが，1 年間の研修の中で，すべての教員が研修の一部を担当し，主体的に関われる研修とする。

(3)　研修時間

　研修時間は，小学校の実態から鑑みると，年間数時間しか取れないのが現状である[5]。小学校では，放課後の会議や研修の時間の使い方や運用が議論されることが多いが，週 1 回あるいは，月 3 回程度，60 分から 90 分の「研修・研究」の時間を確保している小学校が多い。学校行事や保護者懇談などの日程を除くと年間 28〜30 回程度のこの「研修・研究」の時間があることになる。この時間に外国語活動・外国語科についての多くの研修や研究会ができそうであるが，表 4.2-2[6] が示す通り，実際には学校研究や特別支援教育，道徳教育，生徒指導，

5　兵庫県 3 校，千葉県 2 校の小学校に 2018 年度の校内研修の聞き取りを行なった結果，外国語活動の校内研修を全くしていない学校が 1 校，年間に中核教員による研修会を 1 回（90 分）の学校が 1 校，研修会として公開授業の参観と協議会（合わせて 90 分）を行なった学校が 2 校，中核教員が受けた研修の伝達など 3 回（60 分×3）の研修を行なった学校が 1 校であった。

6　年間 28 回の研修・研究会例である。28 回のうち，27 回を 90 分（90 分×27 回），で，1 回（夏季休業中）は 120 分（120 分×1）で計画している。

表 4.2-2　研修・研究会の年間計画例
（90 分（通常）× 27 回，120 分（夏季休業中）× 1 回）

月	回	内容	月	回	内容	月	回	内容
4	1	教育課程研修	8	11	外国語研修 2（120 分）	1	22	道徳教育研修
	2	外国語研修 1	9	12	学校研究 6		23	学校研究 10（研究授業）
5	3	学校研究 1（全体研究会）		13	学校研究 7	2	24	学校研究 11（学年研究）
	4	児童理解研修	10	14	生徒指導研修		25	教育課程会議
	5	特別支援教育研修		15	学校研究 8（研究授業）		26	学校研究 12（全体会）
6	6	学校研究 2（学年研究）		16	教育課程会議（前期学校評価）	3	27	教育課程会議
	7	学校研究 3（研究授業）	11	17	外国語研修 3（研究授業）		28	学校研究 13（来年度の方向性の検討）
	8	学習評価研修		18	学校行事の準備・打ち合わせ			
7	9	学校研究 4（学年研究）		19	学校研究 9（学年研究）			
	10	学校研究 5（全体研究会）	12	20	人権教育研修			

人権教育，その他の課題教育の研修会等に充てられることが多く，外国語活動・外国語科の研修は，年間を通して 3 回程度実施することが現実的である。

　時間の取り方としては，まず，表 4.2-2 に示す「研修・研究の時間」の活用がある。2 つ目の時間の取り方としては，会議のない放課後や会議後の短い時間（20〜30 分程度）を活用した小研修である。3 つ目としては，On-the-Job Training（OJT）で，中核教員や学年の先輩教員が，授業するクラスの学級担任教員と一緒に授業し，授業時間を研修時間とする方法が考えられる。

　以上の時間の取り方のうち，学校の実態にあったものを 1 つ選び，あるいは 2 つを組み合わせて研修計画をたて研修を行なうことが可能である。

（4）　研修内容と研修の実際

　研修の組織，形態，研修時間などを踏まえ，「研修・研究」の時間を活用した研修の詳細と進め方について述べる。表 4.2-2 のグレーで示したように，例

えば4月，8月，11月に外国語研修を計画する。

　4月の研修内容を表4.2-3に示している。まず，全体の研修会で，小学校学習指導要領の趣旨，特に課題解決について書かれた箇所を確認し，課題解決型の活動や学習がどういったものなのか，授業の中で思考や判断とはどういったことを指すのかを研修する。次に，各学年（単級校の場合には，各学団）の教員で実際に1年間の年間指導計画を作成する。この場合，高学年では教科書を中心に，中学年では，文部科学省から配布された教材などを参考に計画を立案するが，各単元が課題解決的な学習となるよう，あるいは，いくつかの単元終了後にプロジェクト的な単元を入れ込むなどして計画する（3.1.2参照）。小学校の場合，毎年，担当する学年が変わるため，年度初めに自分が担任する学年の年間指導計画を作成することになる。教科化された2年目以降は，前年度のものを参考にしながら加除修正していくとより効果的である。研修最後には，全員が集まり，各学年より，作成した年間指導計画で工夫した点などを発表・交流し，1年間のつながりや縦の連携を確認する。

　表4.2-3に示す研修は4月当初が望ましい。この時期，学校現場は多忙を極めるが，90分を外国語研修のために確保し，研修時間内に年間指導計画の大

表4.2-3　外国語研修1（4月）の内容

研修のテーマ：課題解決型の授業と各学年の年間指導計画作成			
研修内容	詳細	担当	進め方
1. 学習指導要領と課題解決型授業　（20分）※校外講師がいる場合は，指導・助言	・学習指導要領の趣旨 ・課題解決型の授業について	中核教員（1名）	・スライドで学習指導要領の趣旨や外国語活動・外国語科の目標や内容を確認 ・課題解決型（プロジェクト型）の授業の具体例を示す。
2. 年間指導計画の作成（60分）※校外講師がいる場合は，指導・助言	・教科書や文部科学省教材を参考に年間計画の作成	外国語部会	・各学年（各学団）に分かれ，自分の学年の年間計画を立てる。 ・教科書や教材を中心・参考とするが，児童の実態に合わせることや課題解決型の単元を考える。 ・1・2学年の学級担任教員は，分かれて3〜6学年のグループに入って一緒に作成する。
3. 交流とまとめ（10分）	・各学年の年間計画を発表と研修のまとめ	各学年1名（6名）	・各学年の年間指導計画について発表する。 ・課題解決型の単元について説明する。

枠を作成することが授業を進める上で効果的である。こうすることで，指導の中心である学級担任教員が，年間を見通し，スムーズに年度当初の授業に臨むことができる。

　次に，8月（夏季休業中）に行なう研修例を表4.2-4に示す。通常より長い時間の研修が可能となる場合もあるため，120分の研修例を示す。ここでは，1学期の授業の振り返りと年間計画の見直しを行なった後，外国語活動・外国語科の指導案の書き方を研修する。その後，研修したフォーマットで各学年が2学期に実際に授業する単元の1つを選び，詳細を示した指導案を作成する。さらに，その授業に使う教材を作成する。教材研究・指導案作成，教材作成に関わって，自然と学年（学団）の教員同士が授業について議論することになる。

表4.2-4　外国語研修2（8月）の内容

研修のテーマ：学習指導案の作成と教材づくり			
研修内容	詳細	担当	進め方
1．1学期の授業の交流と年間指導計画の見直し（10分）	・1学期の授業について発表 ・年間指導計画の見直し	・全教員	・異なる学年でグループを組み，1学期の授業実践について発表し合う。 ・1学期の授業の反省から年間指導計画の見直しをする。
2．指導案の書き方（10分）	・指導案の書き方について	・研究主任	・今までの学習指導案を参考に指導案の書き方についての解説を聞く。
3．指導案の作成（80分）※校外講師がいる場合指導・助言	・各学年の指導案の作成	・全教員	・各学年（各学団）に分かれ，自分の学年の2学期に実施する単元を1つ選んで指導案を作成する。 ・その際，ティーム・ティーチングについての言及や課題解決型の授業となっていることに留意する。1・2学年の学級担任教員は，分かれて，3〜6学年グループに入り，アドバイスや相談にのる。
4．教材の作成（15分）	・教材作成方法について ・教材作成	・外国語部会	・絵カードやミニカードの作成方法やスライドの作成方法などを研修する。 ・各学年，「3．指導案の作成」で取り上げた指導案で使用する教材を作成する。1・2学年の学級担任教員は，分かれて，3〜6学年グループに入り，一緒に作成する。
5．まとめ（5分）	・研修のまとめ	・中核教員	・研修のまとめや今後の外国語活動・外国語科の授業の見通しについて話す。

表 4.2-5 に 11 月に行なう研修 3 を示している[7]。ここでは，授業公開する 1 学級を選び，研修 2 （8 月）で作成した指導案に沿って実際の授業を全教員で参観し，その単元構想や課題解決型の授業について共有する。また，研究協議でも課題解決型の授業とはどういったものなのか，教員の支援の方法や適切な英語表現などについて研修する。その後，授業公開をしなかった学年についても，異学年教員のグループで，授業実践を交流し，研究協議で話し合ったことを柱として話し合う。

表 4.2-5　外国語研修 3 （11 月）の内容

研究授業と 2 学期の実践のふり返り			
研修内容	詳細	担当	進め方
1. 授業参観 （3 学年授業） （6 校時）（45 分）	・視点を決めて授業参観	・3 学年教員	・第 3 学年 1 学級の授業を公開 ・課題解決型（プロジェクト型）の授業を公開する。
2. 授業に関する協議　（45 分） ※校外講師がいる場合指導・助言	・授業者と学年の取り組みについて ・参観者の感想 ・研究協議	・3 学年教員（司会 ・進行など）	・3 学年の教員が，単元の構想や進め方の説明（課題解決的な活動に至るまでの練習などについて説明）。児童の反応や成果物についても解説。 ・質疑応答して，課題解決型の授業についての共通理解を図る。
3. 2 学期の実践の交流　（40 分）	・全学年の実践の交流	・全教員	・異なる学年でグループを組み，2 学期の授業実践について発表し合う。
	・代表学年の発表（6 学年）	・6 学年教員	・ワークショップ形式で実際に授業の児童の活動を全教員でやってみる。
4. まとめ （5 分）	・研修のまとめ	・中核教員	・研修のまとめや今後の外国語活動・外国語科の授業の見通しについて話す。

第 1・2 学年の学級担任教員は，教育課程上，外国語活動・外国語科の授業がないため，主体的に研修に参加しづらいと考えられがちであるが，表 4.2-3 ～4.2-5 が示す通り，第 3 学年から第 6 学年のグループに入り，主体的に研修できるように計画する。また，第 3 学年から第 6 学年の授業に異学年交流の単元[8] を取り入れ，第 1・2 学年の児童を発信相手とすることで，児童も学級担

7　研修の連続性や効率を考え，研修 2 （8 月）で，作成した指導案や教材を使って授業を公開するため，11 月に計画している。11 月に限らず，学校の実態に合わせて 2 学期中に設定するとよい。
8　例えば，第 5 学年の単元「2 年生に動物クイズをしよう」で，2 年生を発信相手としたり，第 6 学年の単元「1 年生に読み聞かせしよう」で 1 年生を発信相手とする（東野・髙島，2011: 122-126）。

任教員も外国語の授業に触れることができ，研修を自分のこととして考えられる。

(5) 校外から招聘する講師

「(4) 研修内容と研修の実際」に示した研修例は，校内の教員が順番に研修を担当したり，研修を受けた中核教員や経験豊富な教員が講師になったりして進行できるように計画している。校内で進めていく中で，疑問が校内で解決できない時や，より適切な指導・助言を得るためには，状況や条件が整えば，校外の講師を招聘することも大切である。前述の表 4.2-3 から表 4.2-5 に示した外国語研修 1（4 月）から外国語研修 3（11 月）において，校外の講師を招聘する場合の研修時期，指導・助言内容と講師像について表 4.2-6 にまとめている。

外国語活動・外国語科の校内研修の講師は，「英語が堪能である」，「英語教育を研究している」，「英語の教員免許を持っている」といったことだけでは，適切な指導や助言は期待できない。小学校の授業全体が課題解決型の授業を基本としていることや小学生の発達段階をよく理解している講師でなければ，小学校教員が求める指導や助言をすることはできない。

表 4.2-6 研修時期と指導・助言内容例と講師像

研修名 時期 （表番号）	講師の指導・助言内容	講師像
外国語研修 1 4 月 （表 4.2-3）	・小学校英語に関わる基礎知識 ・第二言語習得と小学校英語の関連 ・学習指導要領のポイント解説 ・課題解決型授業についての解説	・第二言語習得研究や課題解決型授業に造詣の深い大学教員
外国語研修 2 8 月 （表 4.2-4）	・年間指導計画の在り方 ・学習指導案の書き方 ・指導案を作成中に学年を回り助言	・経験豊富な小学校教員 　（各教科等の授業力がある教員，小学校英語の授業経験が豊富な教員）
外国語研修 3 11 月 （表 4.2-5）	・公開授業に関する協議会で助言 ・課題解決型授業と単元構想 ・英語表現の使用の適切性	・小学校現場をよく知る大学教員 ・経験豊富な小学校教員 　（各教科等の授業力がある教員，小学校英語の授業経験が豊富な教員）

4.2.1.4 校内研修の重要性

以上のように，校内研修においては，研修組織，形態，時間，内容などを工夫し，授業に関わることを中心に研修できるようにすることが肝要である。ま

た，少ない回数であっても，授業に直結する校内研修を通して授業の進め方や教材研究の方法が徐々に分かり，校内研修がきっかけとなり学年会でも外国語活動・外国語科について話題にしたり，放課後の短い時間で協力して教材づくりをしたり，授業の中で教え合うなど，日常の中で研修を進め，授業力を向上させていくことが期待できる。

4.2.2　中学校における課題解決型言語活動を中心にした授業への転換

　足立区教育委員会（以下，区教委）では，2006（平成 18）年度から 2008（平成 20）年度にかけて足立区立千寿小学校においてプロジェクト型外国語活動の実践研究を行ない，その成果を広く発信した（西貝，2014）。以来，「実生活で生じるコミュニケーション場面に近い状況において，伝える内容を自分で考え，伝えるための言葉を選択し，伝え合う言語活動」として課題解決型言語活動を取り上げ，区立小中学校で実践されることを目指してきた。

　本項では，課題解決型言語活動を中心とした授業実践の実現に向けた区教委の取り組みについて論じる。

4.2.2.1　東京都足立区における英語教育の現状

（1）　区独自の課題

　足立区は東京 23 区の北東部に位置し，人口約 69 万人（2019 年 6 月現在），面積は 53.25 ㎢，23 区で 3 番目の広さである。足立区には小学校 69 校，中学校 35 校があり（2019 年度現在），約 45,000 人の児童・生徒が学んでいる。区立小学校の卒業生の 90% 近くが区立中学校に進学しており，地域・保護者の公教育に対する期待は大きい。つまり，児童・生徒の学力は区立小中学校の教員の授業力に依るところが大きいというのが本区の特徴である。

（2）　区における英語教育推進の背景

　区教委は，教員の授業力向上に向けた取組とともに，「足立区基礎学力に関する総合調査」[9]（以下，区調査）の結果分析に基づく PDCA サイクル[10]による授業改善と個に応じた学習指導を各学校に徹底してきた。

9　2019 年度から「足立区学力定着に関する総合調査」と名称を変更している。

10　区立小中学校では，区調査の結果から指導内容，指導方法等の改善プランの作成（P）・実施（D）・評価（C）・改善（A）のサイクルを確立し，授業改善を進めている。

区調査は，2008（平成20）年告示の小中学校学習指導要領に示されている目標及び内容に基づき，基礎的・基本的な内容を中心として学力の定着状況を把握する調査であり，小学校2年生（国語・算数）から中学校3年生（国語・数学・英語）までの児童・生徒を対象として実施してきた（西貝，2017a）。

図4.2-1は2013（平成25）年度から2018（平成30）年

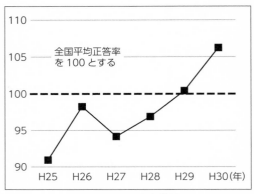

図 4.2-1　区調査英語
全国平均正答率を100とした指数に対する
区平均正答率推移

度までの区調査の結果に基づいて作成したものである（足立区教育委員会，2013，2014，2015b，2016，2017，2018）。区調査開始以来，英語の全国平均正答率[11]に対する区平均正答率[12]の結果は厳しい状況が続いていた（西貝，2017a）。その一因は授業にある。2013（平成25）年度以前は，教室内における活発なインターアクションや意味伝達を重視した言語活動を実践していたのは，一部の教員であった。一方，日本語による解説が中心で，音読や文型練習さえも十分行なわれない授業も依然として散見された。教員によって授業の様子が全く異なっていたというのが事実である。模範授業を参観しても，「〇〇中学校だからできる。私の学校では難しい」，「授業を英語で進めたら生徒が分からない」という声を耳にすることもあった。

このような状況を打破するため，2013（平成25）年度から中学校英語教育改革に着手した。まずは，区立中学校の全生徒が教科書本文を音読できるようにすることを求め，英語で進める授業，音声によるインプットからアウトプットに至るまでの指導過程を，研修会において改めて確認することから始めた。

以降，新規採用教員から経験豊富な教員までが同じ方向性をもって，授業改善に取り組むことができるよう，授業における共通実践事項を示し（足立区教育委員会，2015a），学校訪問，授業研究会，研修会等を通じて全校に徹底して

11　区調査と同一の調査を行なった全国の対象者正答率の平均値。
12　区調査を受検した対象者の正答率の平均値（正答率＝正答数÷出題数×100（％））。

きた（西貝，2017a）。

　図 4.2-1 から分かるように，成果は徐々に表れている。これは区立小中学校全校が，自校の課題を客観的に把握し，授業改善及び日々の補充教室や家庭との連携などの取り組みの充実に努めてきた結果である。

(3)　英語力を伸ばしている学校の特徴

　区教委は，2017（平成 29）年度から 2 年間，東京都中学校英語教育推進モデル地区（以下，モデル地区事業）の指定を受けた。そこで，生徒の英語力を伸ばしている中学校に共通する要素を探るため，ベネッセ教育総合研究所に委託し，区教委が指定する学校の英語教員や管理職に，教育観や指導観等の聞き取り調査を行なった。結果，「教職に対する使命感と熱意ある教師の存在」，「外国語学習の原理・原則を踏まえた指導」，「豊富なインプット量とアウトプット機会の保障」，「英語科教員の同僚性の高さ」，などが共通要素として抽出された。加えて，これらの学校は管理職の英語教育に対する理解も深く，英語科教員との意思疎通も十分に図られていた（ベネッセ教育総合研究所，2019）。

　課題解決型言語活動を取り入れた授業を実現させるためには，校内における組織的な授業改善体制を確立する必要があり，管理職のリーダーシップが欠かせない。例えば，スカイプなどによる海外の学校との Web 会議システムを活用した交流学習（髙島，2014）や，日本の大学で学んでいる外国人留学生等との交流学習を行なう場合には，関係機関との連携を密にする必要がある。児童・生徒に実生活に近いコミュニケーションを体験させようとすればするほど，英語科教員の熱意と管理職の理解，そして校内体制の構築が重要になってくる。

4.2.2.2　授業における共通実践事項

(1)　授業構成の基本

　次頁の図 4.2-2 は，小中学校学習指導要領（文部科学省，2018a，2018c）に基づく授業構成を表したものである。授業では，知識・技能を身に付ける活動（理解・練習）と，それらの知識・技能を活用して実際に自分で伝える内容と手段を考えて表現する活動（活用）の両方を計画的に行なう。理解・練習と活用のサイクルを繰り返す中で，外国語によるコミュニケーションにおける見方・考え方が豊かになり，資質・能力が育まれるのである。

　課題解決型言語活動を単元計画に位置付けることで，音読練習や文型練習が生徒にとって意味ある活動となる。練習した表現・語彙を駆使して，自分の考

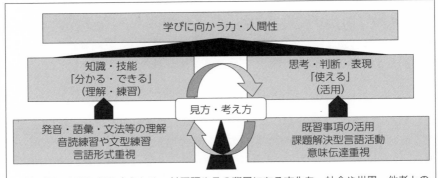

図 4.2-2　小中学校学習指導要領
（文部科学省，2018a，2018c）に基づく授業構成

えや意見を述べたり，相手とやり取りを行なったりする場面がある授業は，児童・生徒が求める学びであると言える。

(2)　課題解決型言語活動を中心とした授業づくり

　単元を構成する各時間の指導（例えば，教科書本文や言語材料の指導）が，課題解決型言語活動に向けて有機的に繋がるよう，指導計画を立てることが基本である。区教委は，英語力を伸ばす授業実践のポイントを4つに絞り，モデル地区事業の報告書にまとめた（東京都教育委員会，2019）。これらは，区立小中学校の外国語活動及び外国語科における共通実践事項として 2019（平成 31）年度に全校に示したところである。

　共通実践事項として示したポイントについて簡潔に述べる。

①英語を学ぶ空間づくり

　教室における学習環境は，課題解決型言語活動の成否を左右する最も重要なポイントである。児童・生徒が安心して学ぶためには，期待と愛情を伝える表情，授業規律と活動に取り組む姿勢の指導，英語で進めること，の3点が大切である。ここでは，学習環境の要素である教師の表情について述べる。

　児童・生徒の可能性を引き出す教員に共通していることは，「一人ひとりを大切にしている」，「一人ひとりの学ぶ力を信じている」，「学ぶプロセスを大事

にしている」という思いや期待を，表情を通して児童・生徒に伝えているということである。指導者の柔和な表情，温かな笑顔は，失敗を恐れずに積極的にコミュニケーションを図る態度を育てる。

②授業の入口と出口

　授業を課題解決型にするということは，教師側からの視点である「ねらい」，あるいは「目標」を，児童・生徒側の視点である「めあて」，あるいは「ゴール」によって具現化するということである。

　授業の冒頭で，本時における児童・生徒の達成目標を具体的に示す「めあて」を全員で共有する。これは，児童・生徒の学びに向かう姿勢を整え，見通しをもって主体的に活動に取り組むための学習活動である。先に述べたように，「めあて」は，教師側の指導目標である「ねらい」を生徒の立場で示したもので，生徒の行動目標を具体的に表す。言語材料について練習する活動が中心の時間であっても，「何が，どの程度，どのように」できればよいのかを提示するとよい。

　「めあて」は，表し方と提示のタイミングがポイントである。例えば，「現在完了の継続用法の使い方を理解しよう」は，教師は「ねらい」としてもっているが，生徒の「めあて」となってはならない。言語構造の Form（形式）と Meaning（意味）の学習だけが学習の目標ではないからである。現在完了形の Use（使われ方）の面である，いつどのようなときに用いられる言語形式であるのか，と生徒に考え，気付かせる機会を無くしてしまうような「めあて」は極力避けた方がよい。

　また，「めあて」は，本時で英語を使って何ができるようになるかを，具体的にイメージしやすいように提示する必要がある。例えば，「留学生と愛用品について語り合い，相互理解を深めよう」のように「～しよう」や「～できる」という形で提示するのが一般的である。このように愛用品の紹介を通して，言語形式だけでなく，互いの個性を理解し合う喜びを実感させるような「めあて」としたい。

　本時の「ねらい」を言語形式により焦点化する場合であっても，「留学生との交流学習会で愛用品について語るにはどんな英語表現を使いますか？」のように問いかけの形で提示することで，必然性を生徒に感じさせることが大切である。

　提示のタイミングは，授業の初めに教師が一方的に提示するのではなく，例えば，オーラル・イントロダクションで教師が自分の愛用品について紹介した

後，本時に「留学生と相互理解を深めるにはどうすればよいか」という解決すべき課題を問い，生徒から「めあて」を引き出すようにするとよい。

「めあて」の提示と共有は導入時の学習活動と捉え，どのような表現で，いつ，どのように提示するかを準備することは授業づくりの基本である。

授業の出口となる「まとめ・振り返り」も必ず授業時間内に設定する。「まとめ・振り返り」は，児童・生徒自身が過去の学びと未来の学びを繋げる学習活動である。学んだことを，生徒自身が既習の知識や自らの言語体験と結び付けたり，次の学習に向けた展望を自ら確認したりするなどして，内容面と言語面から振り返り，生徒自身の言葉で学習事項をまとめ，授業で学んだことを自ら価値付けるようにしたい。

「まとめ・振り返り」は，家庭学習との橋渡しという点からも大切である。授業で「まとめ・振り返り」が習慣化されることで，本時の学習で不確かだった部分の復習や次時に向けた準備など，家庭学習の内容を自分で判断して自律的に取り組む態度を育むことができる。

③考えて伝え，学び合う機会

実際に英語を用いたコミュニケーションを図る過程で，思考・判断・表現することを繰り返すことで知識及び技能が習得される。毎日の授業では，情報を捉え，その場で考えて話したり，書いたり，考えながら会話を続けたりする機会を短時間であっても必ず設ける。既習事項を総動員して自分の考えや意見等を述べることを習慣化することで，即興的なやり取りの土台となる態度や表現力が培われる。例えば，授業始めの挨拶や新出文型または教科書本文の導入，内容理解を問う場面など，授業のあらゆる場面において，さまざまな答えが返ってくるような発問，考えや意見を問う発問をする。そして，生徒に考える時間を与え，複数の生徒から意見や考えを聞き，全体で共有する。

生徒が話している時は，文法上の誤りが確認されても，最後まで聞き，児童・生徒の発話内容について共感を示したり，コメントを加えたりすることが大切である。意味伝達を重視したインターアクションを活性化させたい。

課題解決型言語活動では意味伝達が最重視されるが，言語形式上の誤りについても適切なフィードバックを怠ってはならない。活動中・活動後の誤りの修正については，本時のめあて達成に必要なことに焦点を絞って行なうことが大切である[13]。例えば，言語活動中，複数の生徒に共通する誤りに気付く場合がある。その場合は，活動を止めて，誤りを全体で共有し，正しい言い方を練習した後に，活動に再び取り組ませる。単元の指導目標である言語材料について

の誤りは，活動後に全体に対して明示的にフィードバックを行なう。一方，既習事項等の個別多様な誤りについては，生徒の伝えたいという気持ちを第一に考えた対応が必要である。いずれにせよ，教師の生徒理解の深さがフィードバックの有効性を握る鍵である。

④評価の改善

定期テストは，生徒の英語学習への動機付けに影響を及ぼす大きな要素である。指導と評価の一体化という観点から，定期テストやパフォーマンステストは，文法や語法に関する知識を問うたり，定型表現の記憶を確かめたりするだけでなく，英語を使って何ができるようになったかを測るものでなければならない。授業で行なった課題解決型言語活動と同じように実生活で起こりうる場面を想定し，目的に応じて内容を考え，既習事項を使って書いたり，話したりするテストを実施することが必要である。

4.2.2.3 教員研修の実際

(1) 研修の目的

区立小中学校の教員が目的を共有して授業改善に励み，共通実践が行なわれるように方向付けを行なうのが研修会である。受講者の授業力の向上に伴って，児童・生徒の英語力を伸ばすことが研修の目的である。

研修会は同じ目標をもった教員の学び合いの場であるとともに，学校と教育委員会がいつでも話せる関係性を築く機会である。「やらなければならない」を「やってみよう！」という気持ちに変える研修でありたい。

(2) 研修体制

教員の授業力は，他者からの日常的な授業観察と対面指導の繰り返しによって，徐々に変容する。4.2.2.2 (2) で述べた「共通実践事項」を実際の教室で具現化させるための足立区独自の制度が，小学校外国語活動アドバイザー制度と中学校教科指導専門員制度である。

小学校外国語活動アドバイザー制度は 2009（平成 21）年度に発足し，ALTの派遣に代えて，小学校外国語活動アドバイザー(以下，アドバイザー) を各

---

13 例えば，髙島（2000, 2005, 2011a）などの「タスク活動」では，与えられた課題を英語でのやり取りを通して行なうことが第一義であることから，活動後にフィードバックを行なうことが原則となっている。

小学校に派遣し，課題解決型言語活動を推進する制度である。英語が堪能で小学校外国語教育についての理解があり，学級担任教員との円滑なコミュニケーションが図れる人材を採用している。アドバイザーの主な職務は，担当校における学級担任とのティーム・ティーチングと指導計画に関わる助言であるが，校内研修の講義・演習，教材作成なども行なっている。アドバイザーとのティーム・ティーチングは，原則，英語で行なわれ，学級担任教員にとって英語力を伸ばす実践的な研修の機会となっている（西貝，2017b）。

　中学校教科指導専門員制度（以下，専門員）は，英語教育において優れた実績をもち，管理職または教員への指導経験がある元教員が，週1回程度，担当する中学校の英語教員の授業観察及び指導・助言を行なう制度である。また，専門員の巡回指導を受けている教員は，年1回以上，自らの授業改善の成果を発表し，指導主事が授業観察を行ない，管理職を交えて研究協議を行なっている（西貝，2017a）。

　このように足立区では，共通実践事項を踏まえた授業観察と，対面指導を軸にした研修体制を構築している。併せて，集合研修も小学校外国語活動研修会を年4回，中学校教科別研修会を年3回実施している。アドバイザーと専門員は，研修会にも参加しており，研修内容が授業で確実に実施されるよう指導・助言をしている（西貝，2017a，2017b）。

（3）　研修会事例

　ここでは，（2）で述べた中学校教科別研修会の事例を紹介する。図4.2-3は

指導と評価に関する基本的な考え方について	・2013年度　英語授業の基本 ・2014年度　CAN-DO リストの作成 ・2016年度　定期テストの作成・パフォーマンステスト ・2018年度　CBT によるスピーキングテスト
知識・技能の定着を図る指導について	・2014年度　音声指導・音読指導の技術 ・2015年度　教科書本文を活用したリーディング指導 ・2017年度　教科書本文を活用した文法指導 ・2018年度　音読から朗読へ・基礎基本の定着を図る
思考力・判断力・表現力の育成を図る指導について	・2015年度　小中連携に基づく入門期の指導 ・2016年度　ライティング指導 ・2017年度　コミュニケーションにつながる文法指導 ・2018年度　4技能を総合的に育成する実践報告

図4.2-3　中学校教科別研修会（英語）の主なテーマ

2013年度から中学校教科別研修会で取り上げた主なテーマの一覧である。2017年度は，文法指導に絞って研修会を企画した。解説と練習に終始する指導からの脱却を図る必要性を感じていたからである。

　そこで，東京外国語大学の髙島英幸教授と高知大学の今井典子准教授（当時）を講師として招聘し，「コミュニケーションにつながる英文法指導」というテーマで，課題解決型言語活動について2日間にわたる研修会を実施した。演習中心の参加型の研修スタイルで，受講者の評価はとても良好であった。受講者アンケートでは，実生活におけるコミュニケーションのシミュレーションとして教室内の言語活動を捉えることの大切さと，課題解決型言語活動の必要性と有効性を理解した旨の記述が大半を占めていた。受講者が研修内容に満足し，やってみたいという気持ちになったことが分かる内容であった。

　研修会は，受講者が日頃の授業を振り返り，自らの指導の方向性を確認したり，不足している部分や新たに取り組むべきことに気付いたりする機会である。受講者アンケートの肯定的記述の背景には，考えながら話すことの指導が不十分，言語活動と効果的に関連付けた文法指導について具体的な進め方が分からない，時間的な余裕がないため課題解決型言語活動のようなことができていない，教科書の指導でいっぱいである，という実状が見え隠れしている。

　課題解決型言語活動の必要性は納得した。しかし，それを自ら開発し実践することに難しさを感じる，ということであろう。研修会では，課題解決型言語活動に関わる第二言語習得理論研究と，例えば，「職場体験で開店準備をしよう」（今井・髙島，2015）などの事例を実際に体験した後に，受講者自身が活動を作成・発表し，マイクロ・ティーチングを行なう時間も必要であったと改めて痛感している。

4.2.2.4　課題解決型言語活動の実践に向けた条件整備
（1）　外部機関の活用

　課題解決型言語活動の実施にあたっては，外国人と直接交流することを望む学校も多い。区教委では，留学生が多く在籍する大学と連携協定を結び，一部の小中学校で外国人留学生との交流活動を実施している。初めて出会う外国人と英語でコミュニケーションを図る体験は貴重である。

　また，東京都教育委員会の「東京都国際交流コンシェルジュ」という事業も利用することができる。事業詳細については東京都教育委員会のHPを参照していただきたいが，都内の公立学校が，幅広く，自校に合った国際交流ができ

るよう，交流先となりうる海外の学校の情報提供や相談対応，交渉支援などのマッチングを行なっている。本事業を利用して，スカイプを活用した授業交流を国外（例えば，台湾）と小学校外国語活動で行なっている事例もある（他県のスカイプ交流例は 3.2 参照）。

4.2.2.5　教員のネットワーク構築と授業改善

　文部科学省が実施した「平成 30 年度 中学校等における英語教育実施状況調査」の「教師の授業中における発話の半分以上を英語で行なっている教員の割合」と「授業において半分以上の時間，言語活動[14] を行なっている教員の割合」では，どちらの項目も 80% を上回り，いずれも全国値を上回っている（文部科学省，2019c）。平成 26 年度と比較しても大きく改善されており，本区の英語科教員の授業改善は進んでいると言える。

　児童・生徒の成長を第一に考えた授業を追究すれば，課題解決型言語活動を中心とした授業への転換は必至である。児童・生徒が，見通しをもって自力思考・自力解決を行ない，自分の言葉で考えを表現し，相互に学び合う場面は算数・数学をはじめ，他教科の授業ではすでに実現されている。

　ICT 機器の普及により，様々な教材やワークシートが学校間でも共有できる時代である。教科書を活用した課題解決型言語活動の実践者が増え，地域の英語教育を活性化させるネットワークとなることを願っている。

4.2.3　高等学校における学習指導要領が求める英語教育

　2018（平成 30）年 3 月に高等学校学習指導要領が公示された。これからの外国語教育の目指す方向性として，生徒が実社会や実生活の中で，自ら課題を発見し，主体的・協働的に探究し，英語で情報や考えなどをお互いに伝え合うことを目的とした学習（高等学校における実践例については，3.4 参照）になることとし，「使える英語力」を身に付けるにはどのような授業を展開していけばよいのかより具体的に示された（下線は筆者）。

　本節では，高等学校学習指導要領解説（文部科学省，2019b）の趣旨を踏まえ，鹿児島県教育委員会，特に鹿児島県総合教育センター(以下，鹿県教センター)の取り組みを通して，高校英語教育における授業改善のポイント及び授業の実

14　「平成 30 年度 中学校等における英語教育実施状況調査」における言語活動とは，中学校学習指導要領（文部科学省，2008b）で規定されている言語活動である。

践例を紹介する。

4.2.3.1　鹿児島県総合教育センターの取り組み

　各都道府県の総合教育センターは，県内の教育の充実及び振興を図ることを目的として設置された，教育に関する研究及び教育関係職員の研修を行なう機関である。

　鹿県教センターは，高等学校学習指導要領（文部科学省，2018e）の趣旨を生かした授業のあり方等の提案を目的とした研究等を基に，教育のシンクタンクとして学校の支援を図っており，新任者研修，10年目研修等の悉皆研修の他にも，希望者

　ALの視点から授業改善の研究を行い，その成果を県内高校に波及させる。

　◎研究指定校（3校）の指定
　（AL研究員の募集　5教科×7人）
　1　AL研究開発セミナー
　　・ブラッシュアップ・ゼミ（6月）
　　・ALに精通した専門家による講義，指導主事等による講義と研究協議
　　・先進事例校等の視察及び研究
　　・研究の中間報告と工夫改善（10月）
　2　校内における実践
　　・研究公開授業の実施等により，校内研修を充実させ，教員全体の指導力向上を図る（10月～2月）
　　・研究指定校におけるAL校内研修の支援
　3　研究成果の公表
　　・研究員の研究成果物の公表（3月）
　　・研究指定校による研究公開（2・3年目）

図4.2-4　アクティブ・ラーニング研究開発支援プログラム（H29～H31年度）

研修として，短期研修講座を実施している。併せて，2018（平成30）年度は，高校英語については，県教育庁高校教育課と連携して，県のアクティブ・ラーニング（AL）研究開発支援プログラムにおいて3校を指定校として支援をしている（図4.2-4）。このプログラムでは，年2回の研修及び先進校視察を経て，AL研究員[15]による公開授業・授業研究を実施している。また，研究協力校は，運営指導委員会を公開として，域内の小・中・高の教員に参加を呼びかけ，授業研究を通した研修を小中高連携で行ない，自校での取り組みを県下の教員に還元している。さまざまな研修会等を通して，教職員に高等学校学習指導要領（文部科学省，2018e）を具体的に示しながらわかりやすく説明し，児童・生徒の学力向上につながる授業改善を推進していくことが，指導主事の大事な職務である。

4.2.3.2　授業改善のポイント

　高等学校学習指導要領（文部科学省，2018e）では，「話すこと」と「書くこと」による発信力の育成が強調されている。「英語コミュニケーションⅠ～Ⅲ」に

15　研究指定校3校の15名（各教科1名×5教科）を含む，県内の公立高校から募集した35名。

ついては，複数の領域を結び付けて行なう統合的な言語活動が重視されている。「論理・表現Ⅰ～Ⅲ」が新設され，発進力の育成強化のために，「話すこと・書くこと」をねらいとする科目として，スピーチ，プレゼンテーション，ディベート，ディスカッションなどの活動が中心になる。

　また，外国語教育において育成すべき資質・能力を「外国語でコミュニケーションを図る資質・能力」とし，「知識及び技能」，「思考力，判断力，表現力等」，「学びに向かう力，人間性等」の3つの柱で整理している。

　鹿県教センター（2019）では，以下（1），（2）のように，この資質・能力を一体的に育成する際のポイントは，知識の理解の質を高めることであり，その実現のためには，学習内容の質と，学習方法の質を高めていくことが大切であると捉えている。

(1)　知識の理解の質を高める学習内容

> 　知識の理解の質を高めるには，<u>必然性がある学習課題を，言語活動を通して解決していく</u>ことが求められる。さらに，学んだ知識をさまざまな場面で活用したり，<u>他の単元で学習したことや他教科の内容と関連付けて学習したり</u>することで，知識の理解の質を高める学習にすることができる。(p.51)（下線は筆者）

　主体的・対話的で深い学びの実現を図るに当たっては，教科書で扱った話題を自分に関係すること，すなわち，自分事として考えられるように課題を設定し，4技能を総合的に育成する言語活動を行なう必要がある。対話的学びでは，自分の考えや気持ちを伝え合う言語活動をすることで，お互いの考えを共有したり，意見を交換することで，自分の考えを広げたり深めたりすることが大切である。教科書の単元で学習した内容と関連することについて，賛否の立場から意見を伝え合うディベートや，話し手の意見に対する各自の意見をグループの中で伝え合うディスカッションなどの活動につなげることができる。ディベートは，さまざまな教科や日常生活を通して身に付けた知識や技能が活用されるとともに，論理的思考力やプレゼンテーション力を生かしながら，深い学びにつながる言語活動と言える。

(2) 主体的・対話的で深い学びの視点からの学習方法

> 外国語教育における「主体的・対話的で深い学び」は，生徒が自分の考えを伝え合う言語活動を通して，外国語教育の目指す資質・能力をバランスよく一体的に育成する学びである。単元のまとまりを見通して，コミュニケーション力の育成を目指して授業改善を図ることが重要である。(p. 52)

「コミュニケーション英語」（高等学校学習指導要領（文部科学省，2018e）では「英語コミュニケーション」）の授業については，これまで多くの授業で散見されたように，聞いたり読んだりして英文を理解する，単なる「内容理解」で終わるのではなく，単元の終末に読んだことを基にして自分の考えや気持ちを伝え合う表現活動を行なうことが深い学びにつながっていく。このことは，図4.2-5のようにまとめることができる。

高等学校の教科書で扱う内容は，中学校に比べて抽象度が高くなるが，まず，生徒が興味・関心をもち主体的に読むことができるように，絵や写真を使って，知的好奇心を喚起する導入を行なうことが大切である。内容理解を基にして，その後ディベート（図4.2-6）やプレゼンテーション

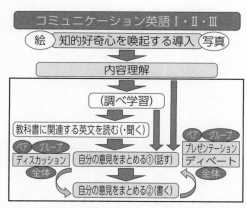

図4.2-5　コミュニケーション英語の授業展開例

表4.2-7　単元計画例

次	主な学習活動
1 （1時間）	本文の概要を捉える。
2 （3時間）	本文の細部を焦点化する。 ○語彙，文法・語法フォーカス ○チャンク・リーディング ○チャンク・トランスレーション
3 （1時間）	本文に関連する英文を読む。 調べ学習を行なう。
4 （3時間）	①表現活動の準備をする。 **②表現活動を行なう。** 　**（ディベート，プレゼンテーション等）** ③自分の考えを整理してまとめる。

（図 4.2-8）などの表現活動を行なうこともできるが，もっと知りたいと思った
ことを調べたり，教科書に関連する英文を読んだり，聞いたりすることで知識
の理解の質を高めることができる。また，表現活動を行なう際は，書く活動の
後で，やり取りや発表を行なうこともできるが，表現活動を行なった後に，あ
らためて書く活動を通して自分の考えや気持ちを整理しまとめることで深い学
びにつなげることができる（表 4.2-7）。高等学校学習指導要領解説（文部科学省，
2019b）におけるプレゼンテーションとディベートについてまとめると表 4.2-8
のようになる。

表 4.2-8　ディベートとプレゼンテーションの共通点・相違点

	ディベート	プレゼンテーション
領域	話すこと［やり取り］	話すこと［発表］
定義	賛成または反対の立場を明確にして，自分の立場の意見や考えがより妥当性や優位性があることを述べる活動	聴衆に対して情報を与えたり，提案したりする活動
話題	「日常的な話題」，「社会的な話題」	
使用する語句や文	「基本的な語句や文を用いて」，「多様な語句や文を用いて」「多様な語句や文を目的や場面，状況などに応じて適切に用いて」	
言語活動	聞いたり読んだりしたことを活用する。意見や主張などを論理の構成や展開を工夫して話して伝える。	
留意点	事前に書いた原稿を読み上げるだけに終始しないようにすることが重要	

4.2.3.3　授業の実際

　教科書で聞いたり読んだりして理解した内容を基に，生徒が必然性を感じな
がら，主体的に取り組む学習課題を設定することが大切である。実際に，どの
ように授業を展開していくのか，「コミュニケーション英語」の教科書を使用
した実践例を紹介する。

（1）　ディベートを行なう授業

　1912 年，タイタニック号で唯一の日本人乗客で奇跡的に生還してその後に
いわれなき中傷をうけた人物，細野さんの話を扱う単元の終末にディベートを
行なう例を紹介する。論題を "Mr. Hosono should have tried to clear his name
after being accused."（図 4.2-6）として，賛成派と反対派に分かれ議論する（図
4.2-7）。また，生徒に賛否両方の立場を経験させることで，多様な観点から考

察する力を育成することにもつながる。

　ディベートは，事前準備型のアカデミックディベート及び即興型のパーラメンタリーディベートの大きく2つに分類される。授業で導入しやすいのは，パーラメンタリーディベートである。論題が発表されてから15分〜20分程度の準備の時間に，自分の現在もっている知識を活用し，論点や立論の準備をして討論に臨むことになるので，50分の授業で終えることができるからである。なお，金谷ほか（2016）は，口頭ではなく，文字の形でディベートを練習するものとしてペーパーディベートを提案している。これは，ディベートの考え方を学ぶという点でも効果的である（図4.2-7）。表4.2-9は，ペーパーディベートの授業展開例である。

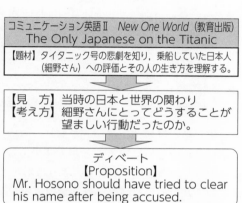

図4.2-6　ディベートの論題例[16]

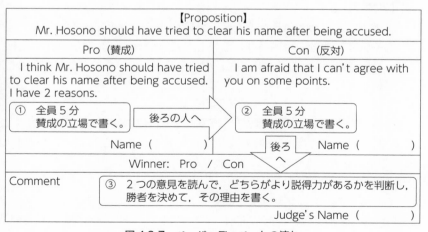

図4.2-7　ペーパーディベートの流れ

16　鹿児島県立伊集院高等学校，手島今日子教諭の授業を基に作成。

表 4.2-9　ペーパーディベートの授業展開例

	生徒の学習活動	教師の指導・留意点等
導入 5分	○あいさつ ○本時の流れを確認	○どのような活動をしていくか明確に提示する。
展開 35分	○ディスカッション（グループ） Q：What would you have done if you had been Mr. Hosono? ○ペーパーディベート	○必要となる表現等を提示して，意見が出しやすいように配慮する。 ○読み手を説得できるようなコメントになるように考えさせる。 ○賛否両方の立場及びジャッジの経験をさせる。
まとめ 10分	○グループ内で，最も説得力のある意見を選び，全体で発表する。 ○ALTの考えた賛成，反対の立論を聞く。	○自分が書いたものに対するする反論やジャッジからのコメントを読み，クラスメートの異なる意見や考え方に気付かせる。 ○自分の考えを整理させる。

　いずれの形態のディベートであれ，「見方・考え方」を働かせながら，当時の細野さんの思いに迫ることが大切である。「見方・考え方」とは，対象のどこに着目し，対象についてどのように考えていくかという「思考の枠組み，方法」のことである。高等学校学習指導要領解説（文部科学省，2019b）では，次のように示されている。

> 【外国語によるコミュニケーションにおける見方・考え方】
> 　外国語で表現し伝え合うため，外国語やその背景にある文化を，社会や世界，他者との関わりに着目して捉え，コミュニケーションを行う目的や場面，状況等に応じて，情報を整理しながら考えなどを形成し，再構築すること。(p. 13)

　つまり，ここでの「見方」は，「当時の日本と世界の関わり」に着目することであり，「考え方」は，「細野さんにとってどうすることが望ましい行動であったのか」を考えさせることになる（図4.2-6）。

(2)　プレゼンテーションを行なう授業
　バナナペーパーは日本の企業が関わるフェアトレードに認定されている商品である。題材に関する背景知識をもつために，地歴科の授業においてフェアトレードを扱ってもらい他教科との連携も図った。本文の内容理解をした後に，バナナペーパーに関する調べ学習をしたり，関連する英文を読んだりして，教

科書以外に新たな情報を得ることも大切である。限られた情報だけでは，十分な発表ややり取りができないからである。図 4.2-8[17] のように読んだり，調べたりした内容を基に，自分の考えや気持ちを伝える言語活動を設定して，グループでプレゼンテーションなどを行なう。

表 4.2-10 は，その授業展開例である。プレゼンテーションは，一方的な発表に終わるのではなく，その後に質疑応答を入れて，即興でのやり取りの機会も確保したい。

コミュニケーション英語 I *Power On*（東京書籍）
Banana Paper

あなたはバナナペーパーに関わる団体に所属しています。購入してもらえるようにPR活動を行なっています（2分間）。以下の3点について注意して，PRのための原稿を作成しましょう！

1. バナナペーパーとはどういうものであるか説明すること。
2. バナナペーパーを購入すればどのような社会貢献が出来るか説明すること。
3. PRを聴いている人を意識した原稿になっているかということ。
4. 社会貢献について1つに絞りましょう（education, animals, poverty, environment）。
5. ポスター作成（バナナだけのポスターは NG，取り上げた社会貢献に関する内容を含めること）＋キャッチフレーズを一言。

図 4.2-8　プレゼンテーションの課題例

表 4.2-10　プレゼンテーションの授業展開例

	生徒の学習活動	教師の指導・留意点等
導入 14分	○あいさつ ○ウォームアップ ○本時の活動の確認	○生徒間で十分なプレゼンテーションや，やり取りができるように促す。
	○ Review ・教科書のレッスンの全体の概要を復習する。	○パワーポイントでまとめた映像や資料等を見せながら，生徒とのやり取りを通して復習させる。 ※プレゼンテーションのモデルになるように工夫する。
展開 30分	○グループ（6人→6班編制）ごとに2人1組のペアでプレゼンテーションを行なう。 （発表→質疑応答） ○相互評価する。 ※グループ内のメンバーを入れ替えて，再度行なう。 ○数組のペアは全体の前でプレゼンテーションを行なう。	○生徒にプレゼンテーションの例を示す。 ○発表の時の心構え（話す態度，聴く態度）を確認させる。 ○発表の前に練習の時間を設ける。
まとめ 6分	○レッスン全体と本日の授業の振り返りをする。	○本日のフィードバックを行なう。

17　鹿児島県立大島高等学校，和田知久教諭の授業を基に作成。

さらに，他のグループのプレゼンテーションを聞いた後で，書くことを通して，改めて自分の考えを整理しまとめることも大切である。生徒が一人でできる活動なので，授業内で準備の時間の確保が難しい場合は，家庭で取り組むことも可能である。単元でのさまざまな言語活動を通して学びを深め，SDGs（3.4.1参照）など実社会の抱える問題に関心をもつことにもつながるであろう。

　プレゼンテーションの評価については，学習到達度を示す評価基準の観点と尺度からなる表として示したルーブリックを使ってパフォーマンス評価を行なう。評価を行なう際は，事前にルーブリックを生徒に示し，どのように自分が評価されるのか明確にすることで，活動の目標をもたせることが大切である。また，ルーブリックは，最終的な到達度だけでなく，現時点での到達度や伸びを測ることができるので，生徒に振り返りをさせることで自身の学びや変容を自覚させ，次の学びへの意欲を高めることができる。向後（2019）は，パフォーマンステストのルーブリックとして表4.2-11のように例示している。

表4.2-11　パフォーマンステストのルーブリック例

観点＼得点	4	3	2	1
内容・構成	論理的にわかりやすい構成である。	単純な要素を関連付けて伝えている。	断片的な要素が羅列されている。	内容がほとんどない。
表現・文法	適切な表現や文法を用いている。誤りがあっても，理解に影響を与えない。	表現や文法には誤りはあるものの，伝えたい内容は理解できる。	語彙の選択や時制などの誤りが何度もでてくるが，伝えたい内容はなんとか理解できる。	使える表現や文法が限定的で，内容が伝わりにくい。

4.2.3.4　英語教師・教育行政に求められること

　今井・髙島（2015）は，課題解決型言語活動を「与えられた（あるいは，自ら発見した）課題を，学習者が言語能力を駆使して達成する言語活動」と定義し，計画的に課題解決型言語活動を導入することが，「言語活動の充実」，「言語材料の定着」，「コミュニケーション能力の基礎の育成」を促し，「自律する言語使用者」の育成につながるとしている。言語活動を通して，生徒に英語力をつけていくためには，授業内外で，教師自身が生徒のモデルになるように自律した言語使用者であるべきことは言うまでもない。特に，英語で英語の授業を行なうためには，生徒の実態に合わせて，生徒が理解できる英語にパラフレーズする力が求められる。さらに，さまざまなレベルの言語活動，特にディ

スカッションやディベートなどは，教師自身が自ら経験していなければ，生徒のつまずきを想定しながら授業の流れを見通して授業計画を立てることが難しくなる。一人ひとりの教員が英語力向上のために自己研鑽に務め，教師同士で学び合いながら，本節で例示したような言語活動そのものを経験することも必要になる。

　行政は，教師が前向きに授業改善に取り組めるように，「質の高い学びの場」を提供していかなければならない。全ての英語教員が研修を受講し，県全体として質の高い学びを目指して授業改善する必要がある。そのためには，予算，時間，効率等を考慮し，教員が研修の場に出向くばかりではなく，Web 会議システムを利用したり，今まで以上に，指導主事が各地区，または各学校に出向いたり，講座を提供し，具体例をわかりやすく示しながら，外国語教育を推進していくことが求められる。

　4.2.1〜4.2.3 では，小・中・高等学校の 3 つの校種について，学校，区教育委員会，県教育委員会の取り組み，および研修を詳細に紹介した。

　内容と形態の観点から以下のようにまとめられる。

　研修内容は，課題解決型授業への改善のためのものであること，また，実施した授業（あるいは，今後実施する授業）に関するものとするが重要である。

　研修形態は，講義型や参加型といった従来なされてきたものに捉われず，教育委員会と学校で 1 つの授業（単元・活動）をつくる，校内研修で教員が研修の一部の講師を担当するなど受講者が主体となるものにすること，さらに，受講生（教員）同士が互いに支援・交流し合える場が保障されることが肝要である。

4.3　Special Feature 3 の概要：
台湾の英語教育——変革と挑戦[1]

　台湾における英語教育は，「義務教育が延長され，新しい指導法を試行して
いる時期」（Huang, 1993）にあり，21 世紀初頭に 2 つの改革があった。1 つは，
2001 年に小学校高学年で英語が必修とされたことである。もう 1 つは，翌
2002 年に『挑戦 2008：国家発展計画』が打ち出され，英語を第二公用語とす
ることが指示され，『電子世代人材開拓計画』[2]で，台湾における英語力のレベ
ル向上を目指す計画が策定されたことである。本稿では，これらの改革の内容
と背景，および結果を概観する。

4.3.1　21 世紀初頭の 2 つの主要な改革

　小学校高学年に英語を導入することは，英語教育に関わる有識者や保護者に
よる長期にわたる議論の末に教育省が下した決断である。National Academy for
Educational Research のウェブサイトに，この改革を策定するにあたっての主
な根拠として次の 4 項目が記載されている。

　　1）英語は最も重要な世界の言語の 1 つである。
　　2）英語の学習は，早く始めれば始めるほどよい。
　　3）中国語（マンダリン）と外国語の両方を教えることは，どちらの言語
　　　　学習にもよい結果となる。
　　4）社会における貧富の差が狭まり，教育における「平等」という理想を
　　　　実現する一助となる。

『挑戦 2008：国家発展計画』では，8 〜10 年の間に英語を第一外国語から第
二公用語へと格上げする計画のほかに，『電子世代人材開拓計画』が策定され
た。その主な目的は，次の 3 点である。

　　1）都市と地方における教育資源の標準化
　　2）すべての大学及び高等教育機関の国際化
　　3）英語と国際文化の学習の促進

これらの目的を達成するために，「英語学習の自然な環境を創る」，「台湾市民

1　本項は，Special Feature 3（張武昌）をキャロライン狩野氏が英訳したものの概要である。内容の
　　まとまりの観点から，要約者が，一部独自の見出しを設け，さらに脚注で解説を加えている。
2　『挑戦 2008：国家発展計画』の個別の計画の 1 つで 2002 年に策定された。

の英語力を向上させる」,「英語教員（の質）を改善する」,「高等教育機関の国際化を更に推し進める」ことが, 具体策として講じられた。

　同時に, 台湾の国際社会における競争力の増強を最終的な目的として, 英語学習の環境改善と英語のレベルを上げる方針が採択された。この方針に則り, 人事院は, 公務員の昇進は英語力のレベルに基づいて行なわれるべきであると規定した。馬英九の総統就任（2008～2016年）後は, 試験省はすべての部署の公務員に英語の試験を課し, 政府が英語力を重視していることを明示した。

　英語教育におけるこの2つの改革は,『挑戦2008：国家発展計画』は基礎教育に関わること,『電子世代人材開拓計画』はより広い視点からのものではあるが, 両者ともに英語学習環境, 英語教員, 英語力の評価, 高等教育の国際化の側面を取り上げ, 国レベルでの英語力の向上を謳っていた。しかし, 目標達成はできておらず, 理想と現実との大きな差を見せつけられる結果となった。15年前に, 日本の教授（髙島英幸教授）から台湾の英語教育の状況について質問された時, 筆者は,「義務教育就学前の子どもたちは, アメリカ英語を学習しており, 公立の小学校の児童はGEPT[3]に向けて勉強している。中学校卒業時の生徒の全国統一テスト[4]の結果には大きな差があり, 都市と地方の差も大きく, 高等学校と工業・職業訓練校の英語のレベルの差は深刻になってきている。大学での学生の英語学習への動機付けは最低限のレベルに留まり, 工業・職業訓練校で教えられている英語のレベルは低く, TOEFLの結果は理想とは程遠く, 台湾の英語教育は真剣に再検討される必要がある」と答えた。今の状況は, 小学校でのGEPTの重圧は多少緩和されているが, 他のことはほとんど変わっていない。改革に向けての意思はあっても, 改革が進まない要因がいくつもある。最大の問題は, 学習者間の英語力の格差と公立小学校の英語教員の質である。

＜英語教育の現状＞

　台湾では, 2001年に小学校の高学年に英語が正式に教育課程に導入された。

3　The General English Proficiency Test の略称で, 台湾の英語学習者を対象とする英語熟達度テストである。

4　Basic Competency Test（BCT：基本学力測験）と呼ばれる全国統一テストを指す。年に2回行なわれ, 中国語, 英語, 数学, 自然科学, 社会の5科目からなる。台北市の中学校の英語の授業では, このテストで高得点を取らせるために授業の大半を費やしてテスト対策の文法練習が行なわれていることが, 村上・東野ほか（2009）で報告されている。

英語教育の開始年齢を下げることで，児童の英語に関する興味と能力は自然に強められ，地方に住んでいても英語が学べることは児童にとって幸せなことであると考えられていた。National Academy for Educational Research は，「貧富の差が狭まり」，「中国語と英語の両言語の教育に良い結果となる」とまで謳っていた。

　しかし現実は異なり，2013 年には慈済大学英語センター所長の潘靖瑛が，花連県[5] を例に挙げ次のように述べた。「花連県の公立中学校卒業時の生徒の基礎的な英語力は遅れているだけでなく，中 1 と中 2 においても，基本学力測験の結果は両極化[6] している。性別，学校の所在地，家庭の経済状況，民族のすべてが英語学習に影響を与える要因である。都市部の学校の方が遠隔地の学校よりもはるかに成績がよく，原住民族は漢民族よりずっと成績が悪い。」

　基本学力測験の中国語，英語，数学の 3 教科のうち基準に満たない成績が 1 つでもあると補習を受けなくてはならない。新聞 *United Daily News* の 2014 年の記事によると，前年の基本学力測験の結果では，中学生の約 29% の英語の成績は，「基準を満たすことができていない」レベルであり，教育関係者たちは懸念している。

　テスト結果の両極化は，花連県だけではない。基本学力測験の英語テストでは，「上級」，「中級」，「初級」，「初級以下」の 4 レベルに分けられるが，2012 年の台北の小学生 5,551 人のうち，「上級」31.71% に対し，「初級以下」が 21.20% であった。首都であり，英語教育について最高の環境にある台北市においてさえ，児童の英語のレベルの格差は深刻である。

　英語のレベル格差の背景には，公立小学校が直面している困難な状況がある。小学校には，バイリンガル幼稚園出身者と全くの英語初学者がおり，これは教師にとって困難な教育現場であるだけでなく，英語を初めて学ぶ児童が自信を失う結果となっている。英語ができる級友にからかわれ，早い段階で英語学習を諦めてしまう児童がいる極めて残念な状況である（Chang, 2006）。2012 年に台北市で実施された児童の基礎学力調査の結果では，68.06% の児童が小学校入学前に英語学習の経験があり，17.97% は幼稚園の上級学年から，50.09% は中学年，もしくはそれ以前から英語学習を開始していた。児童の合計で

5　台湾東部の県で，台湾の原住民族であるアミ族が最も多く住む地域である。
6　髙島（2014）は，2012 年の台湾の新聞（*United Evening News*，6 月 22 日付）記事を引用し，台湾における児童・生徒の英語力の両極化現象は他の教科に比べて顕著であることを指摘している。

64.59% が学校での英語の授業を「好き」，または「とても好き」と回答し，その内訳は，「好き」が 44.89% で「とても好き」は 19.70% であった。35.41% の児童は，「嫌い」，または「大嫌い」と回答し，内訳は「嫌い」が 22.56%，「大嫌い」が 12.85% であった。この調査の結果は教育関係者の懸念材料である。

　教育が成功するか否かは教師の質によって大きく左右される。よい英語の教師は，指導力と英語力をもたなくてはならない。著名な英国人言語学者である David Graddol 氏は，2008 年に台湾を訪れた折，すべての講演で，小学生の英語学習を促進するのに最も重要な要因は英語に習熟した教師であると強調した。筆者も，『台湾の英語教育：現状と課題』で，台湾で小学 5 年生に初めて英語が導入された 2001 年の時点での教師の数は明らかに十分ではなかったと指摘した。小学校での英語教育の開始が小 3 からとなる 2005 年までには，教育省初等教育部は，数千人の英語教師が必要になると予測していた。しかしながら，教員養成大学や大学で英語を専攻して小学校教員になろうとする学生数が十分でないだけでなく，近年の少子化で教師になる学生の数自体も増える兆しはなかった。その結果，多くの公立小学校は代用教員を雇ったり，他教科の教員を短期間研修させて使ったりすることを余儀なくされている。現実問題として，授業の質を保障するに足る指導力と英語力の両方を欠く教員が存在するのである。これでは児童の英語学習に弊害しか与えない（Chang, 2006）。中学校卒業段階で基礎的な英語力が不足している，上記の花蓮県がその一例である。

＜外国人講師派遣施策＞

　都市と地方における教育資材量の差を解消するために，教育省は近年，遠隔地で英語を教える英語母語話者を雇用し始めている。この施策は 90% が成功と評価され，外国人英語講師を受け入れた学校は，「英語を話す環境を創り出す」だけでなく，「児童の英語学習に対する動機と興味のレベルを向上させる」としている。しかし，「都市と地方の英語学習環境の均衡をとり，教育の機会均等，ひいては社会の平等原理を奨励」，「人的交流を促進し，台湾の素晴らしい文化的伝統の認識と知識を拡散」，「カリキュラム，教材，指導法の観点から教師の視点を変革」の 3 つの目的に関しては，この施策の効果にやや懐疑的なままの学校もある。全体としての満足度は，71〜72% である（Chang ほか，2008）。

　地方の学校への外国人講師の派遣は，比較的現実的な方策ではあるが，「便宜的な移行措置」と考えるべきだろう。台湾人の教師の研修を強化し，遠隔地

での優秀な学生への奨学金制度を復活させ，遠隔地で教職に就く教師に報奨を与えることを，この問題の抜本的な解決策とするべきである。外国人講師をすでに雇用している県や市については，これは称賛すべき大切な前進である。それぞれの地域の特色や習慣に合致した英語教材を蓄積することになり，「長期的」には台湾の教育に資することになると考えられる（Chang, 2003）。

＜挑戦 2008：国家発展計画＞

　英語を第二公用語のレベルに引き上げるとする『挑戦 2008：国家発展計画』は，不可能な夢のままである。2003 年に当時の行政院長（2002〜2005 年）の游錫堃がこの考えを初めて出した時すでに，英語教育に関わる多くの者が理想主義過ぎると認識していた。台湾の現状は英語圏の国に植民地化された経験があるシンガポールや香港とは全く違うからである。しかし，英語教育学者や教師たちはこの計画に総じて前向きで，この計画の達成の過程で台湾の全般的な英語力は向上するかもしれないと考えていた。この計画で「自然な英語学習環境の構築」，「台湾市民の英語力の向上」，「英語教員（の質）の改善」，「大学，および工業・職業訓練校の国際化の推進」の 4 つの施策が実施された。目標と達成率は，1 年ごとに監視・再調査された。

　例えば，「台湾市民の英語力の向上」という施策については，大学生は卒業時までに GEPT（もしくは同等の英語テスト）の中級レベルを，工業・職業訓練校の生徒は基礎レベルを達成することが求められていたが，2008 年の達成率はいずれも 50％ と予測された。教育省の工業・職業教育部は，すべての大学が『英語レベル向上特別プロジェクト』を申請するのに，この試験の合格率を評価基準の 1 つとした。同様に，すべての工業・職業訓練校は英語を卒業要件科目とし，生徒に英語試験を受験し，目標達成することを義務づけた。しかしながら，生徒の英語学習に対する動機がどの程度高まったか，英語のレベルがどの程度上がったか，英語試験に合格した生徒達が日常生活で使う英語にどのような改善が見られたかは，調査されていない。この施策は，「大学，および工業・職業訓練校の国際化の推進」と同時に行なわれ，アルファベットも書けないレベルの生徒に TOEIC を最低 2 回受検させてから，補習を受けさせ，漸く英語の単位を出して卒業させる学校もあった。まるで「教えないで生徒を落とす」システムであり，資金の無駄遣いであるだけでなく，生徒に「負け犬」であると感じさせ，英語学習に悪影響を及ぼすものである。そのため，近年では，政府は別の改革を進めている。

4.3.2　英語教育改善のための近年の主な改革

2008 年以降，教育省は 3 つの施策を行なっている。

＜英語力向上のための施策＞

2008 年の馬英九総統就任後，「英語能力」はグローバル化への鍵となったが，台湾の人々の英語のコミュニケーション能力は不十分で，外国人観光客や投資家にとって英語が使いやすい環境を提供するという点で改善の余地が大いにあった。そのため政府は，「台湾市民の英語力の向上」を掲げ，次の戦略を提案した。

1. 英語に熟達した専門教員の育成
2. 英語が学ばれ，使われる環境の構築
3. 英語力を利用して台湾の競争力を高め，国際化と国際認識を強化
4. 英語力を利用して台湾の国際舞台での貢献の質を向上し，外国人観光客と投資家に質の高いサービスを提供
5. 国際化促進のための資源を強化・統合し，専門教員の訓練に力を入れ，英語を「学習し使う」能力をつける授業を実施して，国際化を図ることで世界に対する台湾のイメージを向上

この施策では，英語教育について，特に「学習したことを使えるようになること」と「英語の教え方は刷新されるべきである」ことが強調された。

英語力の向上は 4 技能すべての改善とされ，その達成のためには，地元の自治体と大学などの専門家人材の協力を得て，学校にすでにある教材等を活用することが必要であるとされた。都市と地方の格差を狭めるために，人材と教材が偏って配分されている場合は是正し，英語が学ばれ使われる環境を構築し，図書館，文化センター，学習施設と連携して英語でコミュニケーションする機会と状況を増やすこともまた必要である。

＜英語学習成果促進実行計画＞

2009 年には，上記の施策に続けて，さらに別の施策も実施された。TOEIC の結果が他の国と比べて振るわないことが分かり，その対策が練られた。その結果，同年に『全教育段階における英語学習成果促進実行計画』が採択され，英語教育分野の有識者会議で次の 8 つの目標と方策が設定された。

1. 能力の基準を特定し，教育課程をデザインする
2. 英語の教え方を改革し，英語教材を作成する

3. 評価方法を改善し，英語標準テストを通して学習者が自らの英語力の伸長を観察することを奨励する
4. 教育実習生を優秀な教師になるように訓練し，現職教員の質を高める
5. 英語を自然に使う環境を創り，生徒の英語への関心を高める
6. 補習を実施して都市と地方の格差を狭める
7. 特色ある学校づくりをし，国際交流を推進する
8. 評価システムを立ち上げ，改善に向けた仕組みを強化する

　2011年4月には小学校を対象に，「公立小学校における英語学習の基礎的レベル」を設定し，教材と観察のためのシステムを開発して成績が振るわない児童に補習を行ない全国の児童の英語力を底上げする施策が実行された。同年8月には，『小・中学校生徒の英語学習への興味喚起計画』が出され，この計画では興味の喚起の他に，聞くこと・話すことを強化することが盛り込まれていた。

　高等教育機関については，2013年に大学生の専門的な英語力の育成を目指す実験プロジェクトが実施された。これは，大学の教育資材と地域に根ざした教育資材を合せて活用することにより，現場の優れた実践を調べたり，英語教育のニーズや研究成果を評価したり，カリキュラム開発を支援したりして英語教員の指導力向上を援助し，専門知識・技術を獲得した教員・学生集団[7]がそれぞれの学校で研修成果を伝達するというものである。

4.3.3　台湾の英語教育における改善点

　これまで，英語教育に関して実施されてきた主な改革について概観したが，改革の目標達成に係る要因は多岐にわたる。

＜成果の評価＞

　英語教育に対する一般的な評価は，やや否定的である。毎年発表されるTOEICの国別平均得点がいつも最下位に近いことがその一因だろう。しかし，英語学習について台湾が置かれている状況を正しい視点で見る必要がある。つまり，台湾人にとって英語は外国語であり，母語である中国語とは大きく異なる語族の言語であるため学習が困難なのである。

7　研修を受けた教員は，Seed Teacherと呼ばれ，所属する学校や地域で他の教員に対して，種（seed）を蒔くように専門知識・技術を伝達することになっている（村上・東野ほか，2009）。

また，家庭の経済状況が英語学習の達成度を決定する現実がある。前項で述べた，小学校における成績が振るわない児童に対する補習と教材を提供する施策も1つの方法であるが，経済的に恵まれない児童が希望を無くさずに少しずつ学力をつけるように教師は支援をする必要がある。

＜英語教育の目的と指導＞

　台湾の英語学習者は，他の国の学習者と比べて怠けているわけではなく，教師もよい教え方をしようと努力している。しかし，英語を日常のコミュニケーションで使うことができない状況があり，先に述べたように，英語の授業について，公立小学校の35.41％の児童が「嫌い」，「大嫌い」と答える事態である。英語の授業の質と教師の英語力および指導力が問われている。

　教育省の指針では，どの学校種においても英語の4技能を伸長することが目的とされている。しかし，現実には授業は知識の教授に偏重している。例えば，分詞構文のような実際の会話では使わない構文を扱い，2文を1文にするような，文脈がなく，不自然な表現を練習して学んでいる。

　大学入試センター試験にリスニングが導入され，近年では高校の授業でリスニングの扱いが多くなってきたことは，改善が見られる側面である。

＜教材・テスト問題の質＞

　テストや練習問題の質を向上させる必要がある。テストは，学習者の達成度を測るためだけでなく，教師の指導がどの程度成功したのかを測るものである。何の脈絡もなく，（A）〜（D）の4つの付加疑問文を提示して，「最もよい答えを選ぶ」問題は，実際の英語使用とかけ離れており，学習者のやる気を失わせる結果となる。

　また，台湾ではどの学校種においても教科書以外に参考書・テスト対策問題集が使われる場合が多いが，問題として記載されている英文に文法や句読法の誤りや，手紙で使うP.S.（追伸）が広告文に書かれているなどの形式上の誤りが含まれている場合もある。英語学習に提供される教材やテスト問題には改善が求められる。

＜バイリンガル環境＞

　英語学習環境の改善のため，政府は財政的支援をして外国人講師を雇用して地方の小・中学校で台湾人英語教師に研修を受けさせたり，大学などの高等教

育機関で外国人研究者を雇用したりしている。すべての学校種において，バイリンガル環境になることを狙って，二言語表記の看板が校内に設置されているが，学習者は気付かず，教員もその看板を授業で取り上げることもせず，財源の無駄遣いになっている。

＜学習者の無関心＞

　台湾における英語教育が失敗している主要な原因は，学習者がコミュニケーションのための英語を学ぶことに「無関心」であることだろう。英語学習は試験に合格するためのものとして割り切っており，地下鉄で英語の教科書や参考書を読む生徒達は，車内の二言語表記の看板には見向きもしない。どのようにすれば，英語に対する「無関心」を「関心」へと変えることができるのかを考えなければならない。

4.3.4　結論

　2001 年に小学校で英語教育が開始されて以来，台湾の英語のレベルは上がったと考えられる。よい英語教育に恵まれた小学生は 2000 語程度の子供向けの本が読めるようになっており，中学校に入ると，GEPT の初級もしくは中級レベルに合格することができる。2014 年の GEPT の上級レベルの受験者の 3 分の 1 は公立の中学校の生徒であった。このような結果から，恵まれた英語教育を受けた学習者の英語力は上がっていると考えられる。しかし，恵まれない学習者との格差は広がっているばかりか，早い段階で英語学習に見切りをつけてしまう小学生が出ている。これは教師にとって指導が困難であるだけでなく，「貧富の差，都市と地方の差を縮めて教育の機会均等を達成する」という元来の目標とは対極の状態である。近年，教育省は，この格差を解消するために，「補習」，「個に応じた教育」，「効果的教授」，「協働学習」などを促進している。

　2001 年から行なわれてきた様々な施策は，英語教育における新しい「改革」を模索する過程の一部であった。施策を促進する中で，政府は様々な困難に直面した。台湾における英語教育に関しての喫緊の課題は，恵まれない英語学習者を支援してよい英語学習環境を創ることである。各学校種段階で少しずつ英語授業を活性化することで学習者の英語に対する「無関心」を「関心」へと変えることができれば，台湾における全般的な英語レベルは向上するはずである。

Special Feature 3
English Education in Taiwan: Changes and Challenges[1]

Introduction

Huang (1993) divided the history of English education in Taiwan into four periods. The implementation of English education in Taiwan belongs to the so-called "Trial period for the new teaching methodology" and the "Period in which extended compulsory education was implemented." At the beginning of the 21st century, two major changes immediately took place in English education in Taiwan. The first change began in August of 2001, when the start of English education in Taiwan was lowered to the public elementary school level and became part of the official curriculum for the upper grades. Hand in hand with this, on May 31, 2002, the government established the "Challenge 2008: National Development Plan," with one of its goals being to promote English as the second official language in Taiwan. The second change was the launching of an "E-Generation Manpower Cultivation Plan," which set forth numerous programs for an overall commitment to raising the level of English ability in Taiwan. This paper proposes to present an outline of the background and content of the above two major changes, and the results they brought about in English education.

The Two Major Changes in Taiwan's English Education at the Beginning of the Twenty-first Century

The major decision made by the Ministry of Education to introduce the teaching of English into the upper grades of elementary school was reached after long and thorough discussion by scholars, teachers, parents, and many experts connected with the world of English education. The following data taken from the website of the National Academy for Educational Research, while not representing the opinions of all the participants at the time, on the whole reflect the main reasons behind the forming of this policy: 1) English is one of the most important global languages; 2) the earlier the study of English begins, the better; 3) the teaching of both Mandarin and a foreign language can result in a perfect "win-win situation"; and 4) it can narrow the gap between the rich and poor in society, and help to achieve the goal of "equality in education."[2]

In addition to the government's "Challenge 2008: National Development Plan," which

---

1   The original Chinese version of this paper was first published in the conference proceedings of the 2014 Soochow University Intercollegiate Academic Conference on Language, Literature, and Culture, pp.13–22.

2   This is an issue concerning ELT in Taiwan's elementary schools. A lot of measures have been implemented over the years, with differing degrees of success, depending on the individual city/county or school/class. A typical remedial program will prescribe a reduced learning load and provide, if possible, small-group/individualized learning. Remedial programs need to start early, when there is not too much vocabulary/structure to learn.

anticipated, during an eight- to ten-year period, the upgrading of the status of English from the first foreign language to the second official language, the first "E-Generation Manpower Cultivation Plan" comprised the main objectives of: 1) balancing educational resources in the cities and rural areas; 2) internationalizing all universities and institutes of higher education; and 3) promoting the study of English and international culture. In order to achieve these objectives, the four concrete measures to "create a natural English environment"; "promote Taiwanese citizens' English proficiency"; "strengthen the quality of English teaching staff"; and "further the internationalization of universities and all institutes of higher education" were put in place. At the same time, other related policies were adopted to improve the language study environment and raise the national level of English proficiency, with the ultimate goal of increasing Taiwan's ability to compete on the international stage. Hand in hand with these policies, the government also adopted several rigorous measures; in particular, the Directorate-General of Personnel Administration stipulated that the promotion of civil servants should be based on an assessment of whether the prescribed levels of spoken and written English skills had been reached. Moreover, after the inauguration of President Ma Ying-jeou（馬英九）, the Ministry of Examinations was directed to include in examinations for all departments of the Civil Service an additional, compulsory written English examination, thus, clearly demonstrating the degree to which the government emphasized the importance of raising the level of spoken and written English ability throughout the country.

The two major changes in English education described above, one being with regard to basic education, and the other representing a broader perspective, both addressed such aspects as the English learning environment, English teachers, assessment of English ability, and the internationalization of universities and institutes of higher education, embracing almost every possible approach to raising the national level of English proficiency. It was hoped that these measures would achieve their goals within the anticipated period. Yet, no progress during these ten or so years seems to have been made, and there would appear to be a disparity between the ideal expectations of promoting the level of English education in Taiwan and the reality of the situation! The writer remembers how 15 years ago, a certain Japanese professor asked him to describe in the simplest terms the state of English education in Taiwan. The writer explained as follows: "Preschool children work hard at studying American English, and children at public elementary schools work hard to perform well on GEPT tests; a huge gap in performance exists among middle school graduates regarding the high-stakes Basic Competency Test (BCT), and the detrimental effect of the disparity between the urban and rural areas is very great; the disparity between the level of English at senior high schools and technical and vocational colleges grows ever more serious; motivation on the part of university students towards studying English needs to be further boosted, and the level of English taught at technical and vocational colleges is very low; TOEFL results are generally far from ideal, and, all in all, English education in Taiwan needs to be honestly and critically examined." If we attempt to consider this question today, apart from the fact that "the pressure on students at public elementary schools to perform well on the GEPT" has been slightly alleviated, we see that the difficult situation in which English education in Taiwan finds itself remains much the same. Moreover, regardless of the fact that there is a desire for reforms in English education in Taiwan, and that related measures are underway to bring about such reforms, still there are several factors which persist unchanged or which cannot easily be changed, and for which a solution needs to be found! Of all the many factors which affect the state of English education in Taiwan, it is surely the great disparity in English ability amongst students, together with the quality of teachers of English at public elementary schools, which are the most troubling problems needing to be addressed. The following examples further illustrate the multitude of challenges faced by English education in Taiwan.

As mentioned above, in 2001 English was introduced as an official course into the upper grades of public elementary schools, and this marked a new period in English education in Taiwan. Lowering the starting age for learning English should naturally have enhanced students' interest, enjoyment and ability in the language, whether in the towns or the more remote rural areas. As is stated on the website of the National Academy for Educational Research, lowering the starting age for learning English should even have helped to "narrow the gap between rich and poor" and "produce a "win-win situation" for both Mandarin and English education"! However, is it in reality like this? In 2013, Pan Jing-ying (潘靖瑛), Director of the English Language Center, Tzu Chi University (慈済大学), during a discussion at a Ministry of Education meeting, raised the example of the state of English education in Hualien County, as follows: "In addition to graduates of public junior high schools in Hualien County being behind in basic levels of English, according to the results of the annual Basic Competence Test (BCT)[3] for the county, not only did 7th and 8th grade students clearly reveal a "bipolarity" phenomenon, but such factors as students' gender, the location of the school, the economic status of the family, and ethnic group, all appeared to have a great influence on the level of their English study. Schools in cities and towns did far better than schools in rural and remote areas, and students of the indigenous ethnic group did far worse than Han Chinese students." Moreover, according to an article in the *United Daily News* of February 20, 2014, if a student failed to meet the required level of proficiency in any one of the three subjects of Chinese, English and mathematics, then it was necessary for the student to receive extra schooling. According to last year's BCT data, the ratio of students whose English performance "fails to meet the required level" was approximately 29%. Such a figure cannot but be of concern to all those connected with school education.[4]

---

3 BCT(基測, short for 基本學力測驗), now being replaced by the Comprehensive Assessment Program(會考), was considered a "high-stakes" exam, because a junior high school graduate's performance on this exam would determine whether or not he/she could go to a top-notch senior high school.

4 Free-of-charge remedial instruction in Chinese, English, and math is provided for lower performers on the BCT.

In fact, a similar gap in students' performance in English was found among Taipei City's elementary school pupils, as evidenced in the results of the English Proficiency Examination in the 2012 school year, based on a sample of 5,551 pupils.[5] Although the examination questions were set according to the prescribed learning goals, and were mainly of average degree of difficulty, the results showed that, out of the four levels ("Advanced level", "Intermediate level", "Basic level", and "Below basic level"), there were 21.20% of pupils who were in the "Below basic level"—while 31.71% of pupils reached the "Advanced level". This illustrates that even in the capital Taipei, which has the best learning environments, the disparity in pupils' levels of English is quite serious.

In order to better understand the disparity which exists in English levels, it is necessary to consider the challenging situation faced by public elementary schools. In a public elementary school classroom, there will be both pupils who have come from bilingual kindergartens, and those who have just come into contact with English for the first time. The difficulty this produces is not only from the point of view of the teacher. The disparity which will emerge in the English levels of the different pupils may result in a diminishing of confidence on the part of those just coming into contact with English. They may be ridiculed by their more capable classmates, and may even give up trying to learn English at an early stage, all of which is an extremely sorry situation (Chang, 2006). Apart from this, it is necessary to consider the results of a survey conducted to measure the basic academic levels of pupils in the 2012 school year at Taipei City elementary schools. Some 68.06% of the pupils selected for the survey had, even before entering elementary school, already experienced learning English (17.97% having started to learn English in the upper grades of kindergarten, and 50.09% having started in the middle grades or earlier). Without doubt, this is one of the main reasons for the difficulties faced in English teaching. In addition, analysis of the pupils' questionnaires also revealed that, although altogether 64.59% of pupils answered either "like" or "like very much" with regard to their English classes at school (44.89% answered "like", while only 19.70% answered "like very much"), 35.41% of pupils altogether answered either "dislike" or "very much dislike"; to be specific, 22.56% answered "dislike", and 12.85% answered "very much dislike". These results must surely be a matter of concern to all those responsible for English education.

As is well known, whether or not teaching is successful depends greatly on the quality of the teacher. Generally speaking, a good teacher of English needs to have both ability as a teacher and competence in English. When the renowned British linguist David Graddol visited South Korea and Taiwan in 2008, the writer was invited by the British Council to accompany him to all the lectures he gave. At each lecture, Graddol emphasized that one of

---

5   This is the Taipei City English Proficiency Test, which is administered annually to 5th graders citywide. The test assesses young learners' reading and listening abilities through multiple choice items. Some young learners are randomly selected for tests of writing and speaking. The results show that there are learners whose proficiency level is below average, most of whom are from less advantaged families.

the most important factors for promoting "elementary school pupils' study of English" was "teachers proficient in English". In fact, the writer, in his *Taiwan's English Education: Status Quo and Critical Issues*, suggests that the number of teachers in 2001, the year English was first introduced into the fifth grade of elementary school, was clearly insufficient. At the beginning of the 2005 school year, when the start of English study at elementary school was lowered to the third grade, the K-12 Education Administration, Ministry of Education, predicted that there would need to be several thousand English teachers. However, not only was the number of students graduating from teacher training colleges as public elementary school teachers and English majors graduating from university at that time insufficient, but now, due to the decrease in the number of children born in recent years, the number of potential teachers shows no sign of increasing. As a result, many public elementary schools have been forced to resort to either hiring substitute teachers, or to giving current teachers of other subjects short-term training in teaching English. Such deficient measures cannot possibly guarantee adequate English teaching. In fact, there are even some teachers who are seriously inadequate both in English and in teaching ability. This cannot but have a very detrimental effect on elementary school pupils' learning of English (Chang, 2006). Indeed, this problem is evident in the aforementioned Hualien County, where, due to a lack of English teachers, students graduating from public middle schools have not shown good performance in the BCT.

In order to eradicate the difference in educational resources in the urban and rural areas, the Ministry of Education has in recent years begun to recruit native speakers of English to teach at elementary schools in the more remote areas. Immediate evaluation of this measure has been estimated as 90% successful, and schools which have received foreign teachers recognize that not only can it help "create a rich English-speaking environment," it can also help "raise the level of pupils' motivation and interest in studying English." However, there are also some schools which remain slightly uncertain about the efficacy of the measure regarding the three objectives of "balancing the unequal English learning environments of the urban and rural areas, equalizing educational opportunities, and upholding the principle of social equality"; "facilitating human exchange and spreading awareness and knowledge of the fine cultural tradition of Taiwan"; and "in terms of course design, teaching materials and teaching methods, and bringing about a change in the outlook of teachers." Altogether, the degree of satisfaction proved to be approximately 71-72% (Chang et al., 2008). The relatively practical method of recruiting foreign teachers should be considered as a "convenient transitionary measure." In reality, strengthening the training of Taiwanese teachers, restoring the system of scholarships for outstanding students in the rural areas and rewarding teachers for taking up positions in the more remote areas, should be the primary way to help remedy the situation. As to the recruiting of foreign teachers which has already taken place in many counties and cities, one beneficial aspect of this is that assistance from the recruited teachers can be sought in the compiling and recording of English materials which will match the characteristics and customs of each area. This will surely help to bring about "long-term" advantages in our educational system (Chang, 2003).

As for the government's "Challenge 2008: National Development Plan," very clearly the idea of raising English to the level of "second official language" remains an impossible dream! In fact, this has come as no surprise, as the majority of those connected with the sphere of English teaching already recognized that it was far too idealistic when former Premier Yu Shyi-kun（游錫堃）originally announced the plan in 2003. The reason for this way of thinking was that, from both subjective and objective viewpoints, the situation in Taiwan is not at all the same as that in Singapore or Hong Kong, which have the experience of being English-speaking colonies. However, ELT scholars and teachers were generally quite positive about the plan, hoping that Taiwan's overall English proficiency could be promoted in the process. To this purpose, four important measures were implemented, namely: to "construct a natural English environment"; "promote Taiwanese citizens' English proficiency"; "strengthen the quality of English teaching staff"; and "promote the internationalization of universities and technical and vocational colleges." The prescribed goals and achievement rates were carefully monitored and reviewed by the government on an annual basis. Take, for example, the measure to "promote Taiwanese citizens' English proficiency." University students were required to reach the "intermediate level" of the GEPT[6] (or any equivalent) before graduating, with an anticipated goal of a 50% achievement rate in 2008. Students graduating from technical and vocational courses were similarly required in 2008 to pass the GEPT "basic level" (or its equivalent), with an anticipated goal of a 50% achievement rate. Accordingly, the Ministry of Education's Department of Technical and Vocational Education specified the percentage of students passing the examination as one of the evaluation criteria for every college or university in their application to receive the "Special Project for Raising English Proficiency" funding. Likewise, all technical and vocational colleges specified English as a requirement for graduating, and required students to take the English proficiency examination and achieve the anticipated goals. Nevertheless, few concrete results have in fact been produced with regard to motivating students' learning of English. In reality, how many students' English levels have been raised? Furthermore, what improvements have been made in using English in the everyday life of students who have passed the required English examinations? These are questions which still await thorough investigation. In fact, due to the pressures brought about by "promoting Taiwanese citizens' English proficiency," there are some technical colleges which, because of the simultaneous requirement to achieve results with regard to the "promotion of the internationalization of universities and technical and vocational colleges," even require that students who have not achieved the specified level of English to graduate make two attempts at taking TOEIC (since it is an international English proficiency test).

---

6   The General English Proficiency Test is similar to STEP (EIKEN) in Japan, while BCT is for all junior high graduates. 30% of GEPT advanced-level first-stage test takers are students in the middle grades of secondary school.

Although some of these students cannot even write the 26 letters of the English alphabet, only after these attempts are they able to receive remedial instruction in order to pass the English course and graduate. It is easy to imagine that this is almost a system of "failing the student without proper teaching," which does not just waste students' money and make them feel like "losers", but also has a detrimental effect on English learning and Taiwan's image! Given these circumstances, the government has in recent years continued to promote several other important reforms.

Subsequent Major Reforms for Improving English Education in Taiwan

After President Ma Ying-jeou（馬英九）came to office on May 20, 2008, "English ability" had already become a vital key for opening up the way to globalization. Nevertheless, the English communicative skills of people in Taiwan were deemed inadequate, and there was still great room for improvement in terms of providing an English-friendly environment for foreign tourists and investors. As a result, the government initiated a "Project for Promoting Taiwanese Citizens' English Language Proficiency," and proposed the following strategies:

1. To remedy the lack of practical English ability on the part of Taiwanese people, cultivate professionals with proficient English skills;

2. Create an environment whereby English can be both learned and used, and revitalize English studies;

3. Utilize people's English skills in order to increase the competitive edge of cities in Taiwan and strengthen internationalization and international awareness;

4. Utilize English skills in order to raise the quality of Taiwan's contribution on the international stage, and provide quality services to foreign tourists and investors;

5. Strengthen and integrate resources for the promotion of internationalization, place an emphasis on the training of professionals, work towards achieving the ability to both "study and use" English, and pave the way towards internationalization, thus projecting a positive image of Taiwan globally.

The "Project for Promoting Taiwanese Citizens' English Language Proficiency" can be seen as an extension of the "Challenge 2008: National Development Plan," except that in terms of the content of English education, it particularly focuses on the concepts that "Study and Application should be one and the same" and "English teaching should be revitalized." Accordingly, the "Challenge 2008: National Development Plan" requires that all four skills of listening, speaking, reading and writing be improved, and, in implementing measures to achieve this, places importance on combining the resources of local governments, professional manpower at universities and technical colleges, and resources already available at various levels of schools. It also stresses the necessity to narrow the division between the cities and the villages and between communities, and to reduce the duplicate distribution of manpower and material supplies. Moreover, it emphasizes the need to construct an environment in which English can be both learned and applied, and to combine the facilities of libraries, cultural centers, and other places of learning, thus increasing opportunities and conditions for communicating in English.

In September 2009, following the enforcing of the "Project for Promoting Taiwanese Citizens' English Language Proficiency," several other measures were implemented, with strict monitoring of results. Due to the fact that in previous years Taiwan had not shown very promising results in the TOEIC examination compared with other countries, after the publication of the results, President Ma requested that every year the Ministry of Education and related government departments together consider measures for improvement. As a result of this, in 2009, the Testing Center for Technical and Vocational Education adopted a research proposal put forward by the Education Research Committee of the Ministry of Education, entitled "Action Plan for Promoting English Learning Outcomes at All Educational Stages," and conducted numerous meetings to which scholars, specialists and teachers in the field of English education were invited to examine the shortcomings in Taiwan's English education. After much deliberation and discussion, it was decided to set up certain measures, which it was hoped all levels of schools would be able to put into practice. These were: "Improving English teaching and specialist skills; strengthening the importance of correct assessment of results; having respect for the natural differences in the development of pupils; enabling enjoyment of the study of English; placing an emphasis on the four skills of listening, speaking, reading and writing as a basis for future employment opportunities; and being able to compete on the international stage." These measures were specifically presented as the following eight goals:

1. Stipulate ability standards, and define and design course content.
2. Reform English teaching, and develop English materials.
3. Improve methods of assessment, and encourage learners to monitor their progress through standardized English tests.
4. Help teacher-trainees to become excellent teachers, and improve the quality of current teachers.
5. Create a natural English environment, and raise students' interest in English.
6. Enforce remedial instruction, and narrow the disparity between urban and rural areas.
7. Develop the unique characteristics of each school, and promote international exchange.
8. Establish an evaluation system, and strengthen improvement mechanisms.

In accord with the "Action Plan for Promoting English Learning Outcomes at All Educational Stages," the Ministry of Education has during the past several years continued to promote a series of practical measures. An example of these is the "Plan to Ensure Elementary School Pupils' Basic Competency in English and Compile Remedial Instruction Textbooks," which began in April 2011. The purpose of this measure was to set a "guideline for the basic levels of English study at public elementary schools," and, in order to provide remedial instruction for lower achieving pupils at public elementary schools, to develop materials and systems for monitoring, and thus raising, the overall level of ability of pupils throughout the country. In August 2011, the Ministry of Education also established a "Plan to Promote Elementary and Junior High School Students' Interest in Learning English," combining it with the aforementioned "Action Plan for Promoting English Learning Outcomes at All Educational Stages," the objective being both to "raise the levels of interest in studying English and to strengthen the English listening and speaking skills of pupils at public elementary and junior high schools." As to raising the English ability of students at universities and institutes of higher education, in June 2013, the Department of Higher Education began to promote an "Experimental Project for the Cultivation of College/ University ESP Seed Teachers and for the Sharing of English Educational Resources," hoping to enhance the level of specialized English skills. The specific goals of the project were as follows:

By means of combining local university educational resources and local specialized English teaching resources, to "inspect existing skills, assess English teaching needs, assess outstanding academic fields, assist with course planning, train English teachers and teaching assistants or promising students within specific specialized fields," and "help improve the skills of English teachers, form groups of specialized English teachers and students, and promote and spread the fruits of this overall plan to benefit schools within the local area."

This explains the Ministry of Education's attempt over the past three years to implement the government's "Project for Promoting Taiwanese Citizens' English Language Proficiency," and the three major English education measures that have been taken to ensure the success of the project. Although the actual results still await investigation, the efforts on the part of the various related government departments to raise the level of English ability in Taiwan are apparent.

Several Aspects of English Education in Taiwan which Particularly Await Reform

All of the above outlines the major reforms which have taken place in Taiwan's English education since the beginning of the 21st century and the many measures which the government has enforced in order to raise the level of English in Taiwan. As to whether or not these measures will be able to bring about the anticipated results, and, if they do, when they will be able to achieve the prescribed goals, it is necessary to consider many related aspects of the situation. In particular, the following factors, which have existed for many years and which have yet to undergo major reform, need to be examined.

First of all, concerning the outcomes of Taiwan's English language education, the general impression is somewhat negative. This is due mainly to Taiwan's poor performance on TOEIC exams in recent years. In fact, Taiwan always comes near the bottom in TOEIC rankings, only slightly higher than Japan. It should be recognized that English education in Taiwan still has a long way to go, and that all those connected with English education need to make more effort to address the situation. However, at the same time, we need to view the situation from a correct perspective. That is to say, English in Taiwan is still in the position of being a "foreign language". In terms of their linguistic roots (English belongs to the Indo-

European family of languages, while Mandarin belongs to the Sino-Tibetan family of languages), the pronunciation, structure, syntax and script of English and Mandarin differ greatly. Consequently, it is far from easy for Taiwanese children to learn English. Moreover, if we take into consideration the economic circumstances of different families and diverse educational resources, we can see how it will be even more difficult for less-advantaged children. From the standpoint of many years in the teaching field, there is something which has always pained the writer: that is, the family background into which a child is born more or less determines the level of English which he/she will be able to achieve. It will, therefore, be an extremely hard struggle for a child from a less-advantaged family who wishes to do well in English. The aforementioned "Plan to Ensure Elementary School Pupils' Basic Competency in English and Compile Remedial Instruction Textbooks" is a concrete measure to support vulnerable children in this respect, and points in the right direction. When the writer was formerly in charge of the Nine-year English Curriculum Project, he continually appealed to teachers to pay special attention to less advantaged pupils and pupils who were having difficulty in learning. He also emphasized the concept of appropriate teaching support. However, this problem is many-faceted, and it is certainly not possible to see immediate results. From a practical point of view, such pupils should be prevented from abandoning hope. They should be helped to maintain an interest in learning English while progressing little by little and gaining in self-confidence. Then it should be possible to help them achieve slightly higher results. Otherwise, given the present situation in Taiwan, where almost all secondary school graduates can get admitted to a college or university, yet where regulations for graduating are so strict that such students who do not reach the required level are forced to take the TOEIC exam more than once, not only will there be an increased sense of failure on the part of the students themselves, but their poor results will contribute to intensifying the negative impression of English instruction in Taiwan.

Next, it is necessary to look at the teaching side of English education, which has the greatest influence on whether or not English education can produce the desired results. In terms of both natural IQ and diligence towards their studies, Taiwanese students are by no means inferior to students in other countries, and the devotion and effort afforded by our teachers to teaching English is unquestionable. Why, then, does there still remain the problem of students "failing to apply what is learned in English classes to situations in everyday life," about which the government is so concerned? As previously mentioned, the results of the survey conducted in 2012 to measure the basic academic levels of pupils at Taipei public elementary schools revealed that there was a total of 35.41% who answered that they either "dislike" or "very much dislike" English classes. These results show that, due to the disparity in pupils' learning resources (depending on whether or not they have attended an (American) English cram school or afterschool class), the quality of teaching at public elementary schools, and even the level of English ability or professional teaching skills of individual teachers, can to varying degrees affect pupils' motivation to learn!

Regarding the objectives of the guidelines for English teaching, no matter whether it is a nine-year integrated elementary and junior high school, or whether it is a high school or vocational school, all schools are structured to provide the same core teaching with the goals of enabling students to progress from the basics of English to achieving higher levels of listening, speaking, reading and writing skills. However, if we look at the present teaching situation, it would appear that the primary emphasis is still on imparting knowledge of language for its own sake, and that students are still not being taught how to apply the language in real-life situations. If we take the example of high school textbooks currently in use, each unit presents a passage to introduce an important grammatical construction, and exercises using these grammatical constructions constitute the main focus of English study for high school students. The writer has for many years served on the vetting committee for high school textbooks, and he has observed that there are certain grammatical constructions which appear in every textbook. In some cases, they reappear as a reminder in supplementary editions of a textbook in which they have already appeared, almost as if these constructions were of such extreme importance that it was absolutely essential to learn them! The so-called "Participial construction" is one such example, as follows:

Construction: V-ing ..., S+V ....
Example: Preparing for the test, John worked until 11 p.m. last night.

This is an actual example, and it is followed by exercises which require students to combine two sentences using this participial construction, such as "I took the elevator." and "I happened to meet Mike." The issue here is, however, what would native speakers of American or British English in this kind of situation actually say? In fact, what they would generally say in conversation would be: "While [When] I was taking the elevator, I happened to meet Mike." In the same way, in another exercise, students are required to combine the two sentences "The old man was rich." and "He didn't live happily." The answer is supposed to be: "Being rich, the old man didn't live happily." However, the problem with this example is that, as neither the context nor the space-time relationship is correct, it would seem to have simply been chosen at random without any thought given to the actual meaning. This example in fact reveals the very cruel truth that, within the context of English education in Taiwan, students have to learn too many unnatural expressions which are never seen in real everyday usage. The fact that no consideration is given to the natural application of the language is something to which all teachers of English need to give serious thought.

During the past two years, the College Entrance Examination Center has made a great effort in its English listening tests to overcome problems such as those presented above, the main purpose being to encourage teachers to follow suit. As a result, English courses at nine-year integrated elementary and junior high schools, high schools and vocational schools have all begun to focus much more on English listening comprehension skills. Nevertheless, due to the fact that listening tests were not included in university entrance examinations during the past several decades, listening comprehension skills have not until now been emphasized at any level of teaching. This accounts for the most regrettable fact that, although they have studied English at school for many years, Taiwanese people generally have no way of being able to understand simple English, such as, for example, announcements on the metro or at airports. However, now that the results of high school students on the listening comprehension tests set by the College Entrance Examination Center have begun to be included in the assessment criteria for university entrance, it is apparent that high school English teachers are indeed giving their students guidance in how to strengthen their listening comprehension skills, and are emphasizing the close connection between knowledge and application of the language. Moreover, as the Comprehensive Assessment Program for Junior High School Students also now includes listening comprehension tests in entrance examinations, it is anticipated that English teaching itself at the public secondary school level will gradually become more practical and exciting!

Nevertheless, there are still some pedagogical problems which need to be addressed in order to inspire motivation and interest on the part of students. Specifically, more attention needs to be paid to the issue of assessment. Testing, as we all know, is a crucial part of teaching, particularly with respect to the degree to which teachers can effectively stimulate students' motivation and interest. Take, for instance, the monthly exam for junior high school students. In essence, monthly exams aim not only to assess students' achievement over a period of learning, but also the degree of success on the part of teachers. However, if we look closely at the following exam question, extracted from a public junior high school examination, we can see that there are in fact several excessively tricky problems:

> Choose the best answer:
> (A) I don't think he did such a stupid thing, do I?
> (B) I don't think he did such a stupid thing, don't I?
> (C) I don't think he did such a stupid thing, did he?
> (D) I don't think he did such a stupid thing, didn't he?

This exam question was provided by a junior high school teacher who could not determine what the correct answer was supposed to be. The main point of this examination question was to test the students' understanding of the use of English "tag questions". Very interestingly, when the writer asked several native speakers of American and British English to choose the correct answer to the question, they all responded immediately that the question itself was "Very boring!". They then said that surely the only tag question that was necessary was "..., right?" This example in fact reflects not only how English examination questions in Taiwan are often far removed from practical English usage, but also how they tend merely to serve the purpose of testing itself. If students continue to be bombarded with exam questions like this, it will only result in creating even greater difficulty for lower achieving students.

Students studying English at all levels in Taiwan spend every day conscientiously reading many kinds of reference books[7], and there are some of high quality on the market. However, due to the fact that not a few teachers rely on reference books in their teaching, these books in turn have a huge influence on English teaching. The following is a reading passage taken from a certain junior high school examination reference book. At the end of the passage there are in fact five multiple-choice questions, but for the sake of brevity and since the questions are not constructed very well, they are not given here.

Rented

A nice four-floor house with a garage, four bedrooms, three bathrooms, one dining room, one kitchen and one living room in the quiet neighborhood near Tainan City. It's a furnished house. You are allowed to use the washing machine, sofa, air-conditioner and beds.

P.S 1. Welcome no-child couples and no pets.

2. Rent: NT$8,000 per-month.

Please call Mrs. Huang at 5905793 or 0928686227.

This text, which presents an advertisement for a house for rent, aims to familiarize students with the diversity of reading passages they are likely to encounter in the BCT. However, the passage contains a considerable number of mistakes. Apart from spelling and grammatical mistakes (as in "Rented" and "Welcome no-child couples and no pets") and mistakes in punctuation (as in "P.S"), the biggest error is that For Rent advertisements in English are usually very concise, and do not contain a P.S. Therefore, this examination reading passage not only contains problems concerning English itself, but it does not reflect the natural style of For Rent advertisements in the UK, USA, or any other English-speaking countries. This kind of English learning material can only have a negative influence.

From the above examples, we can see that English study materials contain mistakes in punctuation, vocabulary and grammatical usage, and that textbooks contain unnatural practice exercises. What the writer would really like to point out here is that, although Taiwanese students clearly study very hard, the English materials with which they are provided leave much to be desired. This is something which should be of great concern to all those connected with the world of English education! Given this situation, due to the fact that English and Mandarin are two very different languages in terms of pronunciation, structure, syntax and script, if Taiwanese students wish to become proficient in English, they need to devote a considerable amount of time and energy to this cause. In reality, for the majority of Taiwanese students, the environment for studying English is far from ideal. At home they are surrounded by Mandarin or their mother tongue, and there are very few situations in which they need to use English. Indeed, in the government's plans of recent years to raise the level of English ability in Taiwan, the necessity of improving the English learning environment

---

7   Reference books are 參考書 in Chinese. They are prepared and published by private education-related businesses. All entrance exam test subjects have reference books.

has constantly been emphasized, with the hope of being able to "carefully construct scenarios where English is put to actual use so as to revitalize the study of English" and "create an English speaking environment to raise students' interest in English."

Certainly, in recent years the government has made a considerable financial investment in improving the English learning environment. The specific goals of this financial investment are: to enable all levels of schools to create bilingual environments; to employ foreign teachers and to promote joint training with Taiwanese teachers at junior high and elementary schools in the more remote rural districts; to employ foreign scholars at universities and institutes of higher education; to encourage Taiwanese teachers to use English in their classes and to welcome foreign students; and to establish sister relationships with universities in other countries, promoting exchange programs for professors and students. Efforts such as these which are being made on the part of the government cannot be denied. However, the main question here is: to what degree will these expensive measures actually produce results in terms of students' English ability? The installation of bilingual signs on school campuses has been considered one of the most effective measures thus far, and all schools in Taiwan have bilingual signs. Nevertheless, very few students pay attention to these signs when they walk around the campus. Moreover, unfortunately, few teachers ask their students to find out what the signs mean, or try to incorporate any reference to the signs in their teaching. Consequently, despite the large amounts of money spent on installing these bilingual signs, very little is achieved. The signs just stand there, showing visitors that the school has done its share in constructing an English-friendly learning environment.

From the perspective of the writer's many years of close observation, the main cause of the failure of English education in Taiwan would appear to be "apathy" on the part of students. In other words, they think that the study of English is only for the purpose of passing examinations, and the vast majority of them consider mastery of the content of English textbooks and reference books as their goal in learning. In their minds, only the material which is contained in textbooks is worth learning, simply because this is what will appear in examinations. As a result, the vast majority of students ignore any written or spoken English which they might encounter in their everyday lives, simply because it is in no way connected with examinations. This situation of "seeing [English] but not looking, and hearing [English] but not listening" is deeply regrettable. For example, whenever the writer takes the MRT metro in Taipei, he often experiences an extremely disappointing situation. That is, everywhere he sees students concentrating on reading either English textbooks or reference books, whereas very few of them pay any attention to the bilingual signs or English announcements in the carriage. Overall, it can be said that efforts on the part of Taiwan to create an English learning environment fall far behind the successes of Singapore or Hong Kong. However, the most serious issue confronting Taiwan is the need to change the "apathy" towards English felt by the majority of students into a sense of "interest" in the language. This surely must be recognized as the most pressing task for all those connected with English education!

Conclusion

Since August 2001, when the start of English education in Taiwan was lowered to the public elementary school level, has the overall standard of English ability in the country in fact improved? If it has, by how much? These are questions which affect all those connected with English education, yet it is not easy to find actual data on any particular level. Generally speaking, it has been observed that elementary school pupils who have access to good educational resources can read 2,000-word children's stories, or other reading material, and that after they have entered junior high school, they can easily pass the elementary or intermediate levels of the General English Proficiency Test. Moreover, at the end of August 2013, students at public junior high and high schools accounted for one third of those who passed the first stage of the General English Proficiency Test Advanced Level. These results show that the English level of students who have advantageous educational resources has certainly risen. However, not only has the English ability of less-advantaged pupils deteriorated, but some have very early on even abandoned all hope of learning English. Not only does this cause difficulty from the point of view of teaching, but it is in direct contrast to the original goals of "narrowing the gap between the rich and the poor and the cities and the rural areas, and of achieving equality in educational opportunities." All the measures promoted by the Ministry of Education in recent years, including "remedial instruction," "differentiated instruction," "effective teaching," and "cooperative learning," have aimed to eradicate the disparity in students' English ability. Yet, whether or not these measures will prove effective in stimulating learners' interest in English, and whether or not they will be able to achieve all the anticipated results, still awaits further investigation.

The title of this paper is "English Education in Taiwan: Changes and Challenges," and in it the writer has discussed the major reforms and measures which have been promoted by the government since 2001 for the purpose of raising the national level of English ability. These measures are part of the process of seeking beneficial "changes" in English education. However, in the process of promoting these measures, the government has also come up against more than a few difficulties. In conclusion, it is of paramount importance that we consider how to assist less-advantaged students in studying English effectively, and how to create more favorable environments in which learners can come into natural contact with English. If we can revitalize each level of English teaching, and turn students' "apathy" into "interest," then we should be able to raise the overall level of English ability in Taiwan.

あとがき（Afterword）

　本書を読まれて，よく理解できないところや意見が異なるところがあるかもしれない。その理由としては，執筆者の説明が不十分であった，あるいは，執筆者と読者との経験・知識や考え方との間に相違があったものと思われる。この「差」をどう埋めるか，あるいは，埋めないで放置するかは読者の「課題」でもある。

　かつて，UCLA 時代の恩師，Roger Andersen との話の中で，第二言語習得（SLA）理論研究の状況を尋ねたところ，"I do not see any future in SLA. The same people write the same things in different places." と言われ，英語教育では，「十年一日」の如く，同じことが繰り返されているとの指摘だった。この「同じこと」の中には継続していかねばならないこともあるが，変わらなければならないことも多くあり，それを見極めることができる力が「英語教員力」（学級経営力，英語力，英語授業力の３つからなる（髙島，2005: 101））である。初任者教員の時から同じことを繰り返して指導している教員にも，常に授業改善を試みている教員にも，同じ年月は過ぎていく。

　英語教員や教員を目指す方々が，本書のテーマである「課題解決型の英語の授業」を全く理解されないか，完全に否定されるのであれば，ご自身の授業内容や考え方が児童・生徒に知識を与えるだけの，あるいは，学習したことを言ってみるだけのものとなっていないだろうか。言語を使う目的や必然性があり，学習者が常に考えて活動するような授業内容でなければ，いかにして英語が「英語で学ぶ」ための手段となり得るであろうか。また，本書の内容に納得や賛成してくださった方は，さらにどのように発展・展開できるのかを見極め実践していただきたい。

　人生は課題解決の連続である（Life is a succession of tasks.）。いつまでに何をどこまでするか，そのための準備は何が必要かなど，日々，課題設定とその解決を繰り返している。日常の生活や他の教科・領域における「課題解決型の授業」を参考にして，なぜ英語の授業を課題解決型にする必要があるのかを考えていただきたい。

　稲光彦先生，茨山良夫先生，澤田治美先生，舘清隆先生，辻本文彦先生，中根

貞幸先生，和田辨先生は，私の英語教育と言語学の基礎を築いてくださった。Roger Andersen, J.D. Brown, Marianne Celce-Murcia, Vincent Chang, Craig Chaudron, Edward Costigan, Rod Ellis, Sue Gass, Pat Girard, Jeffrey Herrick, Caroline Kano, Gabie Kasper, Eric Kellerman, Diane Larsen-Freeman, Dick Schmidt, Merrill Swain, Mike Long, Paul Nation, Manfred Pienemann, Charlie Sato, John Schumann, Mike Sharwood-Smith, Alan Stevens, Bill VanPatten は，私の師であり大切な友人でもある。

　本書の全執筆者は，編著者が鹿児島大学，兵庫教育大学大学院，あるいは，東京外国語大学大学院で教鞭をとっていた時に出会えた，現場と児童・生徒を熟知した教員たちである。分担執筆者なしでは出版は到底成しえなかった英語教育分野の作品である。それぞれの経験をもつ執筆者が現場で考え悩みぬいた改善策・案の結集でもある。所属が大学になっている方々は，皆，公立・私立の小・中・高等学校での指導経験がある。編著者の髙島は，学部時代の教員免許取得のための小・中学校での教育実習と，2014 年，当時の千葉県匝瑳市立八日市場第二中学校校長の吉川昇氏のもとで，2 週間の特別講師として授業を行なった経験のみである。また，『英文法導入のための「フォーカス・オン・フォーム」アプローチ』の DVD（髙島，2013，偶然，髙島のイニシャル T. H. と同じ，ティアンドエイチ社）の制作においては，吉川氏のご尽力で中学校・高等学校での実践が可能となり，技術面・内容面で支えてくださった安藤眞理氏のお陰で発売することができた。

　最後に，私事になるが，大学院修了後に，恩師の垣田直巳先生より「君には英語教育学のすべてを話したよ」と言われた。この言葉が日本の英語教育（学）に何か役に立ちたいという気持ちの推進力となってきていた。以後，「児童・生徒達が達成感を感じる英語の授業にしたい」という思いで「チーム髙島」の分担執筆者たちと一緒に考え著書としてまとめてきた。

I would like to thank from the bottom of my heart all those mentioned above and those not mentioned but who have supported me and the members of Team Takashima since 1980. So many have helped us and welcomed us whenever we wanted to talk about language and language education, either in person or at a distance, some of them now beyond any tongue.

髙島 英幸　Hide (hiː deɪ), as I'm called by my English-speaking friends
May 18, 2020

参考文献

Abrahamsson, N., & Hyltenstam, K. (2009). Age of onset and nativelikeness in a second language: Listener perception versus linguistic scrutiny. *Language Learning, 59*(2), 249‐306.

Aline, D., & Hosoda, Y. (2006). Team teaching participation patterns of homeroom teachers in English activities classes in Japanese public elementary schools. *JALT Journal, 28*(1), 5‐21.

Anderson, L. W., Krathwohl, D. R., Airasian, P. W., Cruikshank, K. A., Mayer, R. E., Pintrich, P. R., Raths, J., & Wittrock, M. C. (Eds.). (2001). *A taxonomy for learning, teaching, and assessing: A revision of Bloom's taxonomy of educational objectives.* Longman.

Anton, M., & DiCamilla, F. J. (1998). Socio-cognitive functions of Ll collaborative interaction in the L2 classroom. *The Canadian Modern Language Review, 54*(3), 314‐342.

Aoki, M. (2016, September 5). English heads for elementary school in 2020 but hurdles abound. *The Japan Times.*

Bachman, L. (1990). *Fundamental considerations in language testing.* Oxford University Press.

Baker, D. (1989). *Language testing: A critical survey and practical guide.* Edward Arnold.

Barkhuizen, G., Benson, P., & Chik, A. (2014). *Narrative inquiry in language teaching and learning research.* Routledge.

Bax, S. (2003). The end of CLT: A context approach to language teaching. *ELT Journal, 57*(3), 278‐287.

Becket, G. H., & Miller, P. G. (Eds.). (2006). *Project-based second and foreign language education: Past, present and future.* Information Age Publishing.

Bloom, B. S. (Ed.). (1956). *Taxonomy of educational objectives: Handbook 1: Cognitive domain.* David McKay.

Brock, C. (1986). The effects of referential questions on ESL classroom. *TESOL Quarterly, 20*(1), 47‐59.

Brown, P., & Levinson, S. C. (1978). *Politeness.* Cambridge University Press.

Bundes Institut. (2011). *Bifie standardisierte reifeprufüig: Information for teachers assessment scale B2 and guidelines.* Retrieved September 3, 2018, from http://daten.schule.at/dl/srdp_scale_b2_guidelines_2011‐05‐18.pdf

Butler, Y. G. (2004). What level of English proficiency do elementary school teachers need to attain to teach EFL? Case studies from Korea, Taiwan, and Japan. *TESOL Quarterly, 38*(2), 245‐278.

Butler, Y. G. (2007). Foreign language education at elementary schools in Japan: Searching for solutions amidst growing diversification. *Current Issues in Language Planning, 8*(2), 129‐147.

Butler, Y. G. (2011). The implementation of communicative and task-based language teaching in the Asia-Pacific region. *Annual Review of Applied Linguistics, 31*, 36‐57.

Butler, Y. G., & Iino, M. (2005). Current Japanese reforms in English language education: The 2003 'Action Plan'. *Language Policy, 4*, 25‐45.

Bygate, M. (Ed.). (2018). *Learning language through task repetition.* John Benjamins.

Byrne, D. (1986). *Teaching oral English (new ed.).* Longman.

Canale, M. (1983). From communicative competence to communicative language pedagogy. In J. Richards & R. Schmidt (Eds.), *Language and Communication* (pp. 2‐27). Longman.

Carless, D. (2004). Issues in teachers' reinterpretation of a task-based innovation in primary schools.

TESOL Quarterly, 38(4), 639‑662.

Carless, D. (2006). Good practices in team teaching in Japan, South Korea and Hong Kong. *System, 34*(3), 341‑351.

Celce‑Murcia, M. (Ed.). (2001). *Teaching English as a second or foreign Language* (3rd ed.), Heinle & Heinle.

Chang, W. V. (2003). Taiwan's middle school English education. *Newsletter for Teaching the Humanities and Social Sciences, 14*(2), 113‑130.

Chang, W. V. (2006). Taiwan's English education: Status quo and critical issues. *Educational Resources and Research, 69*, 129‑144.

Chang, W. V., Chen, C., & Luo, M. (2008). An investigation of the effectiveness of recruiting native English-speaking teachers to help promote English language teaching in Taiwan. *Educational Resources and Research, 83*, 201‑226.

Chow, A., & Mok-Cheung, A. (2004). English language teaching in Hong Kong SAR: Tradition, transition and transformation. In W. Ho & R. Wong (Eds), *English language teaching in East Asia today* (pp. 150‑177). Eastern Universities Press.

Csikszentmihalyi, M. (1975). *Beyond boredom and anxiety.* Jossey-Bass.（今村浩明（訳）．（2000）．『楽しみの社会学』新思索社.）

Csikszentmihalyi, M., Abuhamdeh, S., & Nakamura, J. (2014). Flow. In Csikszentmihalyi, M. (Ed.), *Flow and the foundations of positive psychology* (pp. 227‑238). Springer.

Corder, S. P. (1967). The significance of learner's errors. *IRAL: International Review of Applied Linguistics in Language Teaching, 5*(4), 161‑170.

Coyle, D., Hood, P., & Marsh, D. (2010). *Content and language integrated learning.* Cambridge University Press.

Cummins, J. (1980). The cross-lingual dimensions of language proficiency: Implications for bilingual education and the optimal age issue. *TESOL Quarterly, 14*(2), 175‑187.

Cummins, J. (1981). Age on arrival and immigrant second language learning in Canada: A reassessment. *Applied Linguistics, 2*(2), 132‑149.

Dale, L., & Tanner, R. (2012). *CLIL activities: A resource for subject and language teachers.* Cambridge University Press.

Eccleshare, J., & Blake, Q. (2009). *1001 Children's books you must read before you grow up.* Universe.

Edstrom, A. (2006). L1 use in the L2 classroom: One teacher's self-evaluation. *The Canadian Modern Language Review, 63*(2), 275‑292.

EGUSD. (n. d.). *Elk Grove Unified School District Writing Rubrics.* Retrieved January 10, 2018, from http://blogs.egusd.net/ccss/educators/ela/rubrics‑k‑12/

Elias, N. (1978). *What is sociology?* (S. Mennell & G. Morrissey, Trans.). Columbia University Press.

Ellis, N. C., & Larsen-Freeman, D. (Eds.). (2009). Language as a complex adaptive system [Special issue]. *Language Learning, 59*(1).

Ellis, R. (2002). The place of grammar instruction in the second/foreign language curriculum. In E. Hinkel & S. Fotos (Eds.), *New perspectives on grammar teaching in second language classrooms* (pp. 14‑34). Lawrence Erlbaum.

Ellis, R. (2003). *Task-based language learning and teaching.* Oxford University Press.

Ellis, R. (2008). *The study of second language acquisition* (2nd ed.). Oxford University Press.

Ellis, R. (2009a). Task-based language teaching: Sorting out the misunderstandings. *International Journal of Applied Linguistics, 19*(3), 221‒246.

Ellis, R. (2009b). The differential effects of three types of task planning on the fluency, complexity, and accuracy in L2 oral production. *Applied Linguistics, 30*(4), 474‒531.

Ellis, R. (2010). Second language acquisition research and language-teaching materials. In N. Harwood (Ed.), *English language teaching materials* (pp. 33‒57). Cambridge University Press.

Ellis, R. (2018). *Reflections on task-based language teaching.* Multilingual Matters.

Ellis, R., Loewen, S., & Erlam, R. (2006). Implicit and explicit corrective feedback and the acquisition of L2 grammar. *Studies in Second Language Acquisition, 28*(2), 339‒368.

Ellis, R., Tanaka Y., & Yamazaki, A. (1994). Classroom interaction, comprehension and the acquisition of word meanings. *Language Learning, 44*(3), 449‒491.

Erlam, R. (2016). 'I'm still not sure what a task is': Teachers designing language tasks. *Language Teaching Research, 20*(3), 275‒299.

Erlam, R., & Ellis, R. (2018). Task-based language teaching for beginner-level learners of L2 French: An exploratory study. *Canadian Modern Language Review, 74*(1), 1‒26.

Galante, A. (2018). Drama for L2 speaking and language anxiety: Evidence from Brazilian EFL learners. *RELC Journal, 49*(3), 273‒289.

Gleick, J. (1987). Chaos: *The making of a new science.* Penguin Books.

Grice, H. P. (1975). Logic and conversation. In P. Cole & J. L. Morgan (Eds.), *Syntax and semantics, Vol. 3: Speech acts* (pp. 41‒58). Academic Press.

Hancock, P. (2001). *Is that what you mean?* Pearson Education.

Hiver, P., & AI-Hoorie, A. (2020). *Research methods for complexity theory in applied linguistics.* Multilingual Matters.

Ho, W. K. (2004). English language teaching in East Asia today: An overview. In W. Ho & R. Wong (Eds), *English language teaching in East Asia today* (pp. 1‒32). Eastern Universities Press.

Hopper, P. J. (1987). Emergent grammar. *Berkeley Linguistics Society, 13*, 139‒157.

Hu, Y. (2008). China's English language policy for primary schools. *World Englishes, 27*, 516‒534.

Huang, T. (1993). *Issues and challenges facing English language teaching.* Crane Publishing Company.

Imai, N., & Takashima, H. (2006). Utilization of a local dialect and a task activity: Making the best use of the focus on 'form' and 'forms' approaches. In M. Negishi, T. Umino & A. Yoshitomi (Eds.), *SLA-Based Language Teaching and Language Assessment* (Working Papers in Linguistic Informatics 14, pp. 67‒78). UBLI: Center of Usage-Based Linguistic Informatics, Graduate School of Area and Culture Studies, Tokyo University of Foreign Studies.

Jacobs, G. (1998). Cooperative learning or just grouping students: The difference makes a difference. In W. Renandya & G. Jacobs (Eds.), *Learners and language learning* (pp. 145‒171). SEAMEO Regional Language Centre.

Jacobs, G., & Goh, C. (2007). *Cooperative learning in the language classroom.* SEAMEO Regional Language Centre.

Jacobs, H. L., Zinkgraf, S. A., Wormouth, D. R., Hartfiel, V. F., & Hughey, J. B. (1981). *Testing ESL composition: A practical approach.* Newbury House.

Johnson, D. W., Johnson, R. T., & Holubec, E. J. (1993). *Circle of learning: Cooperation in the classroom* (4th ed.). Interaction Book Company. (杉江修治他（訳）．（1998）．『学習の輪―

アメリカ協同学習入門』二瓶社.）

Kam, H. (2003). English language teaching in Asia: An overview. In H. Kam & R. Wong (Eds.), *English language teaching in East Asia today* (pp. 1-32). Times Academic Press.

Kim, Y., & Tracy-Ventura, N. (2013). The role of task repetition in L2 performance development: What needs to be repeated during task-based interaction? *System, 41*(3), 829-840.

Kiyota, Y. (2009). Motivation of remedial EFL learners: A case study of Japanese college EFL learners, *Journal of the Japan Association for Developmental Education*（『リメディアル教育研究』), *4*(2), 173-179.

Krashen, S. D. (1980). The input hypothesis. In J. Alatis (Ed.), *Current issues in bilingual education* (pp. 168-180). Georgetown University Press.

Krashen, S. D. (1985). *The input hypothesis: Issues and implications.* Longman.

Larsen-Freeman, D. (1997). Chaos/complexity science and second language acquisition. *Applied Linguistics, 18*(2), 141-165.

Larsen-Freeman, D. (2003). *Teaching language: From grammar to grammaring.* Thomson and Heinle.

Larsen-Freeman, D. (2013). Transfer of learning transformed. *Language Learning, 63*(Suppl. 1), 107-129.

Larsen-Freeman, D. (2014). Teaching grammar. In M. Celce-Murcia, D. Brinton & M. Snow (Eds.), *Teaching English as a second or foreign language* (4th ed.) (pp. 256-270). Heinle/Cengage Publishers.

Larsen-Freeman, D., & Anderson, M. (2011). *Techniques & principles in language teaching.* Oxford University Press.

Larsen-Freeman, D., & Cameron, L. (2008). *Complex systems and applied linguistics.* Oxford University Press.

Larsen-Freeman, D., & Celce-Murcia, M. (2015). *The grammar book: Form, meaning, and use for English language teachers.* National Geographic Learning/Heinle/Cengage Learning.

Larson-Hall, J. (2008). Weighing the benefits of studying a foreign language at a younger starting age in a minimal input situation. *Language Teaching Research, 24*(1), 35-63.

Laskow, S. (2016, October 13). *The hidden signs of Kobe's post-earthquake resurrection.* Atlas Obscura. https://www.atlasobscura.com/articles/the-hidden-signs-of-kobes-postearthquake-resurrection

Lee, S. (2005). The pros and cons of task-based instruction in elementary English classes. *English Teaching, 60*, 185-205.

Littlewood, W. (2007). Communicative and task-based language teaching in East Asian classrooms. *Language Teaching, 40*(3), 243-249.

Littlewood, W. (2014). Communication-oriented language teaching: Where are we now? Where do we go from here? *Language Teaching, 47*(3), 349-362.

Long, M. H. (1983). Native speaker/non-native speaker conversation and the negotiation of comprehensible input. *Applied Linguistics, 4*(2), 126-141.

Long, M. H. (1991). Focus on form: A design feature in language teaching methodology. In K. de Bot, R. B. Ginsberg & C. Kramsch (Eds.), *Foreign language research in cross-cultural perspective* (pp. 39-52). John Benjamin.

Long, M. H. (1996). The role of the linguistic environment in second language acquisition. In W. C. Ritche & T. K. Bhatia (Eds.), *Handbook of second language acquisition* (pp. 413-468).

Academic Press.

Long, M. H. (2013). Maturational constraints on child and adult SLA. In G. Granena & M. H. Long (Eds.), *Sensitive periods, language aptitude, and ultimate L2 attainment* (pp. 3‒41). John Benjamins.

Long, M. H. (2015). *Second language acquisition and task-based language teaching.* Wiley Blackwell.

Long, M. H. (2016). In defence of tasks and TBLT: Nonissues and real issues. *Annual Review of Applied Linguistics, 36*, 5‒33.

Loschky, L., & Bley-Vroman, R. (1993). Grammar and task-based methodology. In G. Crookes & S. Gass (Eds.), *Tasks and language learning: Integrating theory and practice* (pp. 123‒167). Multilingual Matters.

Mikio, S. (2008). Development of primary English education and teacher training in Korea. *Journal of Education for Teachers, 34*(4), 383‒396.

Muñoz, C. (2006). The effects of age on foreign language learning: The BAF project. In C. Muñoz (Ed.). *Age and the rate of foreign language learning* (pp. 1‒40). Multilingual Matters.

Murosaki, M. (2016). *What a researcher in the field of disaster risk reduction learned when he became a disaster victim.* City of Kobe. http://1995kobe20th.jp/en/2016/01/2324/

Negishi, M., Takada, T., & Tono, Y. (2012). A progress report on the development of the CEFR-J. *Studies in Language Testing, 36*, 137‒157.

Nelson, K. E. (1981). Toward a rare-event cognitive comparison theory of syntax acquisition. In P. S. Dale & D. Ingram (Eds.), *Child language: An international perspective* (pp. 229‒240). University Park Press.

Nelson, K. E. (1987). Some observations from the perspective of the rare event cognitive comparison theory of language acquisition. In K. E. Nelson & A. van Kleek (Eds.), *Children's language* (Vol. 6, pp. 289‒331). Lawrence Erlbaum Associates.

Newby, D., Allan, R., Fenner, A.-B., Jones, B., Komorowska, H., & Soghikyan, K. (2007). *European portfolio for student teachers of languages: A reflection tool for language teacher education.* European Centre for Modern Languages, Council of Europe.

Nguyen, N. H. (2015). Vietnam's National Foreign Language 2020 Project: Challenges, opportunities, and solutions. In T. W. Biglke & S. Sharbawi (Eds.), *English for ASEAN integration: Policies and practices in the region* (pp. 62‒64). Universiti Brunei Darussalam. http://bruneiusprogramme.org/2013-fourum-publication

Nguyen, T. (2017). Vietnam's National Foreign Language 2020 Project after 9 years: A difficult stage. *The Asian Conference on Education & International Development 2017 Official Conference Proceedings.* Retrieved August 31, 2017, from http://papers.iafor.org/papers/aceid2017/ACEID2017_35175.pdf

Nunan, D. (2003). The impact of English as a global language on educational policies and practices in the Asia-Pacific region. *TESOL Quarterly, 37*(4), 589‒613.

Okumura, K. (2019). *The acquisition of postmodified noun phrases by Japanese lower secondary school students: The role of a battery of task-based language activities in the comprehension of English postmodified noun phrases* (Unpublished doctoral dissertation). Tokyo University of Foreign Studies.

Ortega, L., & Han, Z. H. (Eds.). (2017). *Complexity theory and language development. In celebration of Diane Larsen-Freeman.* John Benjamins.

Pintrich, P. R., Marx, R. W., & Boyle, R. A. (1993). Beyond cold conceptual change: The role of motivational beliefs and classroom contextual factors in the process of conceptual change. *Review of Educational Research, 63*(2), 167‒199.

Prabhu, N. S. (1987). *Procedural syllabuses.* Singapore: SEAMEO Regional Language Centre.

Rao, Z. (1996). Reconciling communicative approaches to the teaching of English with traditional Chinese methods. *Research in the Teaching of English, 30*(4), 458‒471.

Samimy, K., & Kobayashi, C. (2004). Toward the development of intercultural competence: Theoretical and pedagogical implications for Japanese English teachers. *JALT Journal, 26*(2), 245‒261.

Sasaki, M. (1990). Topic prominence in Japanese EFL students' existential constructions. *Language Learning, 40*(3), 333‒368.

Schmidt, R. (1990). The role of consciousness in second language learning. *Applied Linguistics, 11*(2), 129‒158.

Schumann, J. (1976). Social distance as a factor in second language acquisition. *Language Learning, 26*(1), 135‒143.

Seedhouse, P. (1999). Task-based interaction. *ELT Journal, 53*(3), 149‒156.

Selinker, L. (1972). Interlanguage. *IRAL: International Review of Applied Linguistics in Language Teaching, 10*, 209‒231.

Shintani, N. (2016). *Input-based tasks in foreign language instruction for young learners.* John Benjamins.

Skehan, P. (1996). Second language acquisition research and task-based instruction. In J. Willis & D. Willis. (Eds.), *Challenges and change in language teaching.* (pp. 17‒30). Macmillan Heinemann.

Skehan, P. (1998). *A cognitive approach to language learning.* Oxford University Press.

Stevick, E. W. (1980). *Teaching languages: A way and ways.* Newbury House Publishers.

Swain, M. (1985). Communicative competence: Some roles of comprehensible input and comprehensible output in its development. In S. M. Gass & C. G. Madden. (Eds.), *Input in second language acquisition* (pp. 235‒253). Newbury House.

Swain, M. (1995). Three functions of output in second language learning. In G. Cook & B. Seidlhofer. (Eds.), *Principles and practice in applied linguistics* (pp. 125‒144). Oxford University Press.

Swain, M. (1998). Focus on form through conscious reflection. In C. Doughty & J. Williams (Eds.), *Focus on form in classroom second language acquisition* (pp. 64‒81). Cambridge University Press.

Swan, M. (2005). Legislating by hypothesis: the case of task-based instruction. *Applied Linguistics, 26*(3), 376‒401.

Takashima, H. (1987). Acculturation and second language acquisition: Use of comics to measure the degree of acculturation. *IRAL, 25*(1), 25‒40.

Takashima, H., & Ellis, R. (1999). Output enhancement and the acquisition of the past tense. In R. Ellis. (Ed.), *Learning a second language through interaction* (pp. 173‒188). John Benjamins.

The Irish Times. (2019, May 3). Cyclone Fani hits Indian coast, one million people evacuated. https://www.irishtimes.com/news/world/asia-pacific/cyclone-fani-hits-indian-coast-one-million-people-evacuated-1.3879740

The New York Times. (2019, May 2). Cyclone Fani hits India: Storm lashes coast with hurricane strength. https://www.nytimes.com/2019/05/02/world/asia/india-cyclone-fani.html

Ting, Y. (Ed.). (2013). *Report on 2012 elementary school students' performance on Taipei City basic competency tests*. Department of Education, Taipei City Government.

Tsui, A., & Tollefeson, J. (2007). Issues in language policy, culture and identity. In A. Tsui & J. Tollefeson. (Eds.), *Language policy, culture, and identity in Asian contexts* (pp. 259-270). Lawrence Erlbaum.

Verspoor, M., de Bot, K., & Lowie, W. (Eds.). (2011). *A dynamic approach to second language development: Methods and techniques*. John Benjamins.

Viet Nam News. (2018, January 8). National foreign language project fails to fulfil targets. https://vietnamnews.vn/society/420711/national-foreign-language-project-fails-to-fulfill-targets.html

Vygotsky, L. S. (1978). *Mind in society: The development of higher psychological processes*. Harvard University Press.

Weaver, C. (2012). Incorporating a formative assessment cycle into task-based language teaching in a university setting in Japan. In A. Shehadeh & C. Coombe (Eds.), *Task-based language teaching in foreign language contexts* (pp. 287-312). John Benjamins.

Whitehead, A. N. (1929). *Process and reality. An essay in cosmology*. Free Press.

Wierzbicka, A. (1988). *The semantics of grammar*. John Benjamins.

Willis, J. (1996). *A framework for task-based learning*. Longman.

Willis, J., & Wllis, D. (2007). *Doing task-based teaching*. Oxford University Press.

Wood, D., Bruner, J., & Ross, G. (1979). The role of tutoring in problem solving. *Journal of Child Psychology & Psychiatry, 17*, 89-100.

Woolard, G. (1996). *Lessons with laughter*. Cengage Learning EMEA.

Yoshitomi, A. (2012). Consciousness-raising in L2 pragmatics through project-based instruction. *Area and Culture Studies (Tokyo University of Foreign Studies), 85*, 405-429.

阿川敏恵・阿部恵美佳・石塚美佳・植田麻実・奥田祥子・カレイラ順子・佐野富士子・清水順. (2011).「大学生の英語学習における動機減退要因の予備調査」*Language Teacher, 35* (1), pp. 11-16.

足立区教育委員会. (2013).『平成25年度 足立区学力向上に関する総合調査 調査結果報告書』.

足立区教育委員会. (2014).『平成26年度 足立区基礎学力定着に関する総合調査 調査結果報告書』.

足立区教育委員会. (2015a).『足立スタンダード 英語科授業の基本 第1巻・第2巻』.

足立区教育委員会. (2015b).『平成27年度 足立区基礎学力定着に関する総合調査 調査結果報告書 訂正版』.

足立区教育委員会. (2016).『平成28年度 足立区基礎学力定着に関する総合調査 調査結果報告書』.

足立区教育委員会. (2017).『平成29年度 足立区基礎学力定着に関する総合調査 調査結果報告書』.

足立区教育委員会. (2018).『平成30年度 足立区基礎学力定着に関する総合調査 調査結果報告書』.

安部恭子. (2020).「キャリア・パスポート」『日本教育新聞』2020年1月20日号, 3面.

安藤貞雄. (1983).『英語教師の文法研究』大修館書店.

池田真. (2011).「第1章 CLILの基本原理」渡部良典・池田真・和泉伸一『CLIL 内容言語

　　統合型学習 上智大学外国語教育の新たなる挑戦 第 1 巻 原理と方法』上智大学出版, pp. 1-13.

石毛佐和子. (2012). 「心を育む小学校外国語活動―交流活動を中心とした課題解決型外国語活動の実践―」平成 24 年度科学研究費補助金実績報告書.

石毛佐和子. (2013). 「積極的にコミュニケーションを行う態度の育成と評価のためのティーチングリソース開発」平成 25 年度科学研究費補助金実績報告書.

石毛佐和子. (2014). 「ICT 活用による態度育成と評価のための外国語活動のティーチングリソース開発」平成 26 年度科学研究費補助金実績報告書.

石毛佐和子. (2015). 「ICT 活用によるコミュニケーション能力育成と評価のための外国語活動の教材開発」平成 27 年度科学研究費補助金実績報告書.

石毛佐和子. (2016). 「外国語活動におけるコミュニケーション能力育成と評価のための ICT による授業改善」平成 28 年度科学研究費補助金実績報告書.

石毛佐和子. (2017). 「ICT 活用による教科横断的な外国語活動の教材開発」平成 29 年度科学研究費補助金実績報告書.

石村郁夫. (2014). 『フロー体験の促進要因と肯定的機能に関する心理学的研究』風間書房.

泉惠美子. (2007). 「小学校英語教育における担任の役割と指導者研修」『京都教育大学紀要』No.110, pp. 131-147.

和泉伸一. (2009). 『「フォーカス・オン・フォーム」を取り入れた新しい英語教育』大修館書店.

和泉伸一. (2016). 『フォーカス・オン・フォームと CLIL の英語授業』アルク.

今井典子・桐生直幸・村上美保子・東野裕子・岩見理華・髙島英幸. (2017). 「日本の英語教育は変革できるか―シンガポールの英語教育政策から日本の英語教育を考える―」『国際社会文化研究』第 18 号 (高知大学人文社会学部 人文社会科学科 国際社会コース), pp. 31-46.

今井典子・髙島英幸 (編著). (2015). 『小・中・高等学校における学習段階に応じた英語の課題解決型言語活動―自律する言語使用者の育成―』東京書籍.

今井浩明・浅川希洋志 (編). (2003). 『フロー理論の展開』世界思想社.

内園優子. (2018). 「英語による発信力の育成を図る 4 技能統合型の授業実践」『鹿児島県総合教育センター指導資料 外国語』第 87 号, pp. 1-4.

NHK スペシャル「人体」取材班 (編). (2018). 『NHK スペシャル「人体～神秘の巨大ネットワーク」3』東京書籍.

岡秀夫. (2011). 「学習者言語」佐野富士子・岡秀夫・遊佐典昭・金子朝子 (編)『第二言語習得―SLA 研究と外国語教育 (英語教育学大系 第 5 巻)』大修館書店, pp. 133-176.

奥村耕一. (2017). 「中学生の後置修飾による名詞句内部構造の意味解釈と早期の練習効果について」 *KATE Journal* (『関東甲信越英語教育学会誌』) Vol. 31, pp. 99-112.

奥村耕一. (2018). 「つまずきやすい語順―後置修飾への準備とその対処」『英語教育』5 月号 (大修館書店), pp. 20-21.

外務省. (発行年不明). 「SDGs とは？」JAPAN SDGs Action Platform. 2018 年 10 月 1 日閲覧, https://www.mofa.go.jp/mofaj/gaiko/oda/sdgs/about/index.html

鹿児島県総合教育センター. (2019). 「未来の創り手に求められる資質・能力を育成する授業に関する研究―主体的・対話的で深い学びの実現を通して―」『研究紀要』123 号, pp. 1-60.

金谷憲・久保野雅史・高山芳樹・阿野幸一 (編). (2016). 『英語授業ハンドブック〈高校編〉』

大修館書店.

川上茂信．(2008)．「語学教育としての語劇」谷川道子・柳原孝敦（編著）．『語劇を世界に―外国語劇の歴史と挑戦』東京外国語大学, pp. 212-229.

教育課程部会高等学校部会．(2016)．「主体的・対話的で深い学び（「アクティブ・ラーニング」の視点からの授業改善）について（イメージ）（案）」中央教育審議会 初等中等教育分科会 教育課程部会 高等学校部会（第2回）配布資料8, 2020年2月3日閲覧, https://www.mext.go.jp/b_menu/shingi/chukyo/chukyo3/075/siryo/__icsFiles/afieldfile/2016/05/30/1370945_8.pdf

桐生直幸．(2011)．「言語活動と英語学習への動機づけ」髙島英幸（編著）．『英文法導入のための「フォーカス・オン・フォーム」アプローチ』大修館書店, pp. 70-71.

桐生直幸・東野裕子・村上美保子．(2014)．「2.4 インターネットによる画像，音声通話システムによるプロジェクト」髙島英幸（編著）．『児童が創る課題解決型の外国語活動と英語教育の実践―プロジェクト型言語活動のすべて―』高陵社書店, pp. 145-155.

小泉利恵・アルク教育総合研究所．(2017)．『Telephone Standard Speaking Test（TSST）の妥当性検証』（アルク英語教育実態レポート Vol. 10）アルク教育総合研究所.

向後秀明．(2019)．『中学校英語授業パーフェクトガイド』学陽書房.

神戸市教育委員会．(2013)．『防災教育副読本「幸せ 運ぼう」（中学生用）』.

神戸市建設局公園部計画課．(2017)．『KOBE パークリノベーション（神戸の未来を創造する身近な公園の再生計画）（案）概要版』2017年8月14日閲覧, http://www.city.kobe.lg.jp/life/town/park/img/renovation-gaiyou1127.pdf

国際文化フォーラム．(2013)．『外国語教育のめやす―高等学校の中国語と韓国語からの提言』ココ出版.

国立教育政策研究所教育課程研究センター．(2020a)．『「指導と評価の一体化」のための学習評価に関する参考資料 小学校外国語・外国語活動』2020年3月28日閲覧, https://www.nier.go.jp/kaihatsu/pdf/hyouka/r020326_pri_gaikokg.pdf

国立教育政策研究所教育課程研究センター．(2020b)．『「指導と評価の一体化」のための学習評価に関する参考資料 中学校外国語』2020年3月28日閲覧, https://www.nier.go.jp/kaihatsu/pdf/hyouka/r020326_mid_gaikokg.pdf

酒井志延．(2011)．「リメディアルと向き合う」『英語教育』2月号（大修館書店）, pp. 10-12.

佐藤臨太郎・笠原究・古賀功．(2015)．『日本人学習者に合った効果的英語教授法入門』明治図書.

斯波隆晃．(2012)．「小学校外国語活動における「Graded Listening」の開発」平成24年度科学研究費補助金実績報告書.

斯波隆晃．(2013)．「小学校外国語活動における英語絵本選択基準の開発」平成25年度科学研究費補助金実績報告書.

斯波隆晃．(2014)．「小学校外国語活動における絵本型CAN-DO リストの開発」平成26年度科学研究費補助金実績報告書.

斯波隆晃．(2015)．「小学校外国語活動における書くことを取り入れた絵本型カリキュラムの開発」平成27年度科学研究費補助金実績報告書.

斯波隆晃．(2017)．「小学校外国語活動の絵本型カリキュラムにおける文字指導のあり方」平成29年度科学研究費補助金実績報告書.

斯波隆晃．(2019)．「小学校外国語 絵本型カリキュラムにおける文字認識を豊かにする文字指導」令和元年度科学研究費補助金実績報告書.

白畑智彦・冨田祐一・村野井仁・若林茂則．（1999）．『英語教育用語辞典』大修館書店．

白畑知彦・冨田祐一・村野井仁・若林茂則．（2009）．『英語教育用語辞典 改訂版』大修館書店．

杉浦理恵．（2017）．「大学生の英語学習に対する捉え方―ナラティブフレームを用いた考察―」『東海大学高等教育研究（北海道キャンパス）』第16号, pp. 1-14.

髙島英幸（編著）．（1995）．『コミュニケーションにつながる文法指導』大修館書店．

髙島英幸（編著）．（2000）．『実践的コミュニケーション能力のための英語のタスク活動と文法指導』大修館書店．

髙島英幸（編著）．（2005）．『文法項目別 英語のタスク活動とタスク―34の実践と評価』大修館書店．

髙島英幸（編著）．（2011a）．『英文法導入のための「フォーカス・オン・フォーム」アプローチ』大修館書店．

髙島英幸．（2011b）．「インタラクション」佐野富士子・岡秀夫・遊佐典昭・金子朝子（編）『第二言語習得―SLA研究と外国語教育（英語教育学大系 第5巻）』大修館書店, pp. 220-228.

髙島英幸．（2011c）．「日本の英語学習環境に適した『フォーカス・オン・フォーム』アプローチ」『英語教育』10月号（大修館書店）, pp. 13-15.

髙島英幸（編著）．（2014）．『児童が創る課題解決型の外国語活動と英語教育の実践―プロジェクト型言語活動のすべて―』高陵社書店．（張武昌（監訳）．（2017）．『以學童為主體的問題解決型外語活動與英語教育的實踐』文鶴出版．）

髙島英幸（監）．（2015）．『デジタル教科書 共通版 ポイント指導編 小学校 英語（DVD）』新日本教文．

髙島英幸．（2018）．「明示的ネゴシエーションと暗示的ネゴシエーション」第7回 外英研（外国語活動・英語教育研修会）資料．

髙島英幸・木村幸夫・瀬川直美・三代地幸子・山本健治・岩本夏美．（1993）．「教室における英語のテンス・アスペクトの指導―理論から実践へ―」『英語教育』6月号（大修館書店）, pp. 66-71.

髙島英幸・村上美保子・今井典子・杉浦理恵・桐生直幸・工藤洋路・東野裕子．（2019）．「小中連携によるフォーカス・オン・フォーム指導を基盤とした英語学習状況の縦断的調査」平成27年度～平成30年度 科学研究費補助金（基盤研究（B）（一般））研究成果報告書．

髙島英幸・村上美保子・今井典子・杉浦理恵・東野裕子・田鍋敦子．（2004）．「韓国（大邱市）における小学校教員のための英語研修より」『英語教育』12月号（大修館書店）, pp. 48-51.

髙島英幸（監）・村上美保子・桐生直幸・久安のぞみ．（2013）．『中学・高校の英語授業に革命を起こす！「フォーカス・オン・フォーム」アプローチによる英語指導法（DVD）』ティアンドエイチ株式会社．

髙島英幸・村上美保子・山田富美子・小野寺達明．（1999）．「韓国の小・中学校における英語教育―2年目の現状を4つの授業観察から検討する―」『現代英語教育』1月号（研究社）, pp. 38-43.

田中茂範．（2008）．『文法がわかれば英語はわかる！』NHK出版．

田中春美・田中幸子．（1996）．『社会言語学への招待』ミネルヴァ書房．

多良静也．（2015）．「1.3 課題解決型言語活動を支える理論」今井典子・髙島英幸（編著）．『小・中・高等学校における学習段階に応じた英語の課題解決型言語活動―自律する言語使用者の育成―』東京書籍, pp. 42-51.

辻香代. (2017). 「外国語教育における母語運用の有効性に関する検討」『京都大学高等教育研究』第 23 号, pp. 69-80.

常山隆光. (2018). 「英語で表現する力を高める指導の工夫―プレゼンテーションの活動を通して―」『鹿児島県総合教育センター指導資料 外国語』第 88 号, pp. 1-4.

東京都教育委員会. (2019). 『中学校英語教育推進モデル地区事業報告書』.

東後勝明 (監). (2016). *Columbus 21 English Course 2*. 光村図書.

投野由紀夫 (編). (2013). 『CAN-DO リスト作成・活用 英語到達度指標 CEFR-J ガイドブック』大修館書店.

西貝裕武. (2014). 「1.6.1 プロジェクト型外国語活動推進のための条件整備―行政による推進」髙島英幸 (編著)『児童が創る課題解決型の外国語活動と英語教育の実践―プロジェクト型言語活動のすべて―』高陵社書店, pp. 15-21.

西貝裕武. (2017a). 「見逃さない・見過ごさない・あきらめない―世界で活躍するグローバル人材を足立から―」『英語教育』10 月号 (大修館書店), pp. 24-25.

西貝裕武. (2017b). 「小学校外国語教育の充実に向けた土台づくり―世界で活躍するグローバル人材を足立から―」『初等教育資料』11 月号 (文部科学省教育課程課／幼児教育課), pp. 70-73.

西崎有多子. (2012). 「小学校外国語活動における「桃太郎」を使った授業展開―英語劇化への過程と民話としての側面―」『東邦学誌』第 41 巻 第 3 号 (愛知東邦大学), pp. 1-21.

丹羽佐紀. (2012). 「劇を取り入れた英語授業の試みについての一考察：効果と課題を探る」『鹿児島大学教育学部教育実践研究紀要』第 22 巻, pp. 75-81.

東野裕子. (2005). 「小学校における実践と評価」髙島英幸 (編著).『文法項目別 英語のタスク活動とタスク―34 の実践と評価』大修館書店, pp. 217-240.

東野裕子. (2014). 「4.1.2 英語力からみる児童の変化―創造的な言語使用の伸長」髙島英幸 (編著).『児童が創る課題解決型の外国語活動と英語教育の実践―プロジェクト型言語活動のすべて―』高陵社書店, pp. 191-197.

東野裕子. (2015). 「3.2.2 世界に発信！ Skype (スカイプ) プロジェクト―海外の友だちと交流しよう―【オリジナル編】」今井典子・髙島英幸 (編著)『小・中・高等学校における学習段階に応じた英語の課題解決型言語活動―自律する言語使用者の育成―』東京書籍, pp. 127-137.

東野裕子. (2017). 『絵本活用の意義』共愛学園前橋国際大学集中講義「初等英語概説」資料.

東野裕子. (2019). 「課題解決型授業による日本の英語教育の小学校英語からの改善：次期学習指導要領が狙う「主体的・対話的で深い学び」実現のための提案」『日本体育大学大学院教育学研究科紀要』第 3 巻 1 号, pp. 99-108.

東野裕子. (2020). 「公立小学校における英語コミュニケーション能力育成のためのプロジェクト型言語教育の活用：英語絵本による「主体的・対話的で深い学び」の可視化への試み」『日本体育大学紀要』第 49 巻, pp. 1043-1060.

東野裕子・髙島英幸. (2007). 『小学校におけるプロジェクト型英語活動の実践と評価』高陵社書店.

東野裕子・髙島英幸. (2011). 『プロジェクト型外国語活動の展開―児童が主体となる課題解決型授業と評価―』高陵社書店.

東野裕子・髙島英幸. (2014). 「小学校外国語活動・英語教育における課題解決型授業の提案―第 3 学年から第 6 学年の「読むこと」のカリキュラムを中心に―」『JASTEC 第 34 回秋季大会資料集』日本児童英語教育学会, pp. 20-23.

樋口耕一．（2014）．『社会調査のための計量テキスト分析―内容分析の継承と発展を目指して―』ナカニシヤ出版．

古家聡・櫻井千佳子．（2014）．「英語に関する大学生の意識調査と英語コミュニケーション能力育成についての一考察」『武蔵野大学教養教育リサーチセンター紀要』第4号，pp. 29-50．

ベネッセ教育総合研究所．（2016）．『「中高の英語指導に関する実態調査2015」ダイジェスト版』．

ベネッセ教育総合研究所．（2018）．『中3生の英語学習に関する調査＜2015-2018継続調査＞ダイジェスト版』．

ベネッセ教育総合研究所．（2019）．『「英語教育に関する委託事業」報告書（東京都中学校モデル地区事業）』．

堀洋道（監修）・吉田富二雄・宮本聡介（編）．（2011）．『心理測定尺度集Ⅴ』サイエンス社．

Bousai Tech．（2018）．「防災公園とは？災害時の役割とその種類について」2018年7月1日閲覧，https://bousai-tech.com/plan/park/

牧野眞貴．（2013）．「英語が苦手な大学生の自己効力感を高める授業づくり」『リメディアル教育研究』8巻1号，pp. 172-180．

松居直．（2001）．「絵本がめざめるとき」河合隼雄・松居直・柳田邦男（編）『絵本の力』岩波書店，p. 54．

松岡享子．（1987）．『えほんのせかい こどものせかい』日本エディタースクール．

宮地ゆう．（2020）．「（シンギュラリティーにっぽん）第3部・明日への選択：4　あふれる情報、見分ける力育む」『朝日新聞』2020年2月23日，4面．

村上美保子．（2011）．「アウトプット」佐野富士子・岡秀夫・遊佐典昭・金子朝子（編）『第二言語習得―SLA研究と外国語教育（英語教育学大系 第5巻）』大修館書店，pp. 228-236．

村上美保子．（2014）．「3.1 世界の初等教育における英語教育の概要」髙島英幸（編著）．『児童が創る課題解決型の外国語活動と英語教育の実践―プロジェクト型言語活動のすべて―』高陵社書店，pp. 158-167．

村上美保子・今井典子・杉浦理恵・桐生直幸・東野裕子・奥村耕一・石毛佐和子・斯波隆晃・牛山真弓・髙島英幸．（2013）．「タイの英語教育からの示唆」未発表報告書．

村上美保子・今井典子・杉浦理恵・髙島英幸．（2003）．「オーストラリア（クィーンズランド州）に見るパフォーマンス重視の教育実践と評価（前編・後編）」『STEP英語情報』7・8月号〜9・10月号（日本英語検定協会），pp. 28-31; 30-35．

村上美保子・今井典子・東野裕子・岩見理華・福井真千子・髙島英幸．（2014）．「オレゴン州（セーレム・カイザー地区）の英語教育」未発表報告書．

村上美保子・桐生直幸・東野裕子・石毛佐和子・斯波隆晃・髙島英幸．（2013）．「質を保障する香港の英語教育から日本の英語教育への示唆」『英語教育』8月号（大修館書店），pp. 66-68．

村上美保子・杉浦理恵・今井典子・田中和彦・東野裕子・金栄淑・髙島英幸．（2003）．「韓国再訪から日本の英語教育を展望する―大邱市の小・中学校における英語教育からの示唆―」『STEP英語情報』11・12月号（日本英語検定協会），pp. 24-29．

村上美保子・杉浦理恵・桐生直幸・東野裕子・岩見理華・石毛佐和子・斯波隆晃・福井真千子・高橋亮・福原里佳・髙島英幸．（2016）．「ベトナムの英語教育 『国家外国語プロジェクト2020』の行方」未発表報告書．

村上美保子・髙島英幸．（2004）．「タスクによる児童・生徒が活きる授業への変換 フィードバックからフィードフォワードへ」『英語教育』9月号（大修館書店），pp. 48-50.

村上美保子・髙島英幸・今井典子・東野裕子・奥村耕一・石毛佐和子・牛山真弓・斯波隆晃・人見徹．（2012）．「ESL政策を堅持する香港の英語教育から日本の英語教育への示唆―その2―」『人文研究論叢』第8号（星城大学），pp. 117-126.

村上美保子・髙島英幸・今井典子・東野裕子・桐生直幸・奥村耕一・牛山真弓・石毛佐和子・柿本早紀・八代晃・人見徹．（2012）．「ニュージーランドのESOL教育における英語発達段階指標―指標を持たない日本の英語教育との国際比較―」『人文研究論叢』第8号（星城大学），pp. 1-26.

村上美保子・東野裕子・今井典子・桐生直幸・奥村耕一・牛山真弓・人見徹・森本敦子・髙島英幸．（2014）．「付録2　ベルギー・フランダース地方の英語教育―CLIL（クリル）という選択から日本の英語教育への示唆―」髙島英幸（編著）．『児童が創る課題解決型の外国語活動と英語教育の実践―プロジェクト型言語活動のすべて―』高陵社書店，pp. 219-226.

村上美保子・東野裕子・今井典子・杉浦理恵・庄子順子・木暮晶子・奥村耕一・人見徹・髙島英幸．（2008）．「諸外国の英語教育事情を通して日本の英語教育を考える―中国（瀋陽市・北京市）とスイス（バーゼル州）の視察を中心に―」『英語指導者養成講座』Book 2（日本英語教育協会），pp. 43-76.

村上美保子・東野裕子・岩見理華・黒木宣子・髙島英幸．（2018）．「オーストリア・チロル地方の英語教育」未発表報告書.

村上美保子・東野裕子・桐生直幸・岩見理華・斯波隆晃・尾崎ちひろ・髙島英幸．（2017）．「英語教科書に見るベトナムの英語教育の変革」未発表報告書.

村上美保子・東野裕子・西貝裕武・奥村耕一・桐生直幸・人見徹・柿本早紀・髙島英幸．（2009）．「台北市の英語教育から日本の英語教育への示唆―コミュニケーション能力を素地から育成する英語教育を考える―（前編・中編・後編）」『教職研修』通巻440-442号（教育開発研究所），pp. 80-86; 80-86; 63-69.

森友敦子．（2015）．『小学生のための楽しい英語劇』三友社出版.

文部科学省．（2008a）．『小学校学習指導要領』.

文部科学省．（2008b）．『中学校学習指導要領』.

文部科学省．（2012）．*Hi, friends! 2*. 東京書籍.

文部科学省．（2014）．『英語教育推進リーダー研修DVD教材（小学校）』.

文部科学省．（2015a）．「4. 学習指導要領等の理念を実現するために必要な方策」『資料1-1 教育課程企画特別部会 論点整理』中央教育審議会 初等中等教育分科会（第100回）配付資料，2019年5月1日閲覧，http://www.mext.go.jp/b_menu/shingi/chukyo/chukyo3/siryo/attach/1364319.htm

文部科学省．（2015b）．『英語教育推進リーダー中央研修DVD教材（小学校・中学校・高等学校）』.

文部科学省．（2017）．『小学校外国語活動・外国語研修ガイドブック』.

文部科学省．（2018a）．『小学校学習指導要領（平成29年告示）』東洋館出版社.

文部科学省．（2018b）．『小学校学習指導要領（平成29年告示）解説 外国語活動・外国語編』開隆堂出版.

文部科学省．（2018c）．『中学校学習指導要領（平成29年告示）』東山書房.

文部科学省．（2018d）．『中学校学習指導要領（平成29年告示）解説 外国語編』開隆堂出版.

文部科学省．（2018e）．『高等学校学習指導要領（平成 30 年告示）』東山書房．

文部科学省．（2018f）．『平成 29 年度英語力調査結果（中学 3 年生）の概要』2019 年 5 月 1 日閲覧，http://www.mext.go.jp/a_menu/kokusai/gaikokugo/__icsFiles/afieldfile/2018/04/06/1403470_02_1.pdf

文部科学省．（2018g）．『平成 29 年度英語力調査結果（高校 3 年生）の概要』2019 年 5 月 1 日閲覧，http://www.mext.go.jp/a_menu/kokusai/gaikokugo/__icsFiles/afieldfile/2018/04/06/1403470_03_1.pdf

文部科学省．（2019a）．『高等学校学習指導要領（平成 30 年告示）解説 総則編』東洋館出版社．

文部科学省．（2019b）．『高等学校学習指導要領（平成 30 年度告示）解説 外国語編 英語編』開隆堂出版．

文部科学省．（2019c）．『平成 30 年度「英語教育実施状況調査」の結果について』2019 年 5 月 1 日閲覧，http://www.mext.go.jp/a_menu/kokusai/gaikokugo/1415042.htm

文部科学省・国立教育政策研究所．（2019）．『OECD 生徒の学習到達度調査 2018 年調査（PISA2018）のポイント』2020 年 1 月 15 日閲覧，https://www.nier.go.jp/kokusai/pisa/pdf/2018/01_point.pdf

文部省．（1958）．『中学校学習指導要領』2020 年 2 月 9 日閲覧，https://www.nier.go.jp/guideline/s33j/chap2-9.htm

文部省．（1969）．『中学校学習指導要領』2020 年 2 月 9 日閲覧，https://www.nier.go.jp/guideline/s44j/chap2-9.htm

文部省．（1977）．『中学校学習指導要領』2020 年 2 月 9 日閲覧，https://www.nier.go.jp/guideline/s52j/chap2-9.htm

文部省．（1989）．『中学校学習指導要領』2020 年 2 月 9 日閲覧，https://www.nier.go.jp/guideline/h01j/chap2-9.htm

文部省．（1998）．『中学校学習指導要領』2020 年 2 月 9 日閲覧，https://www.nier.go.jp/guideline/h10j/index.htm

渡辺真美・サバウ ソリン・白川恵里古．（2009）．「大学生の英語力像とその基礎学力」『東海大学国際文化学部紀要』2, pp. 107-118.

索引

執筆者・協力者一覧

【　】は小中高等学校における教員経験，＜　＞は担当箇所

石毛 佐和子（Ishige, Sawako）千葉県銚子市立高神小学校 校長　　　　　　　＜ 3.2 ＞

今井 典子（Imai, Noriko, Dr.）高知大学人文社会科学部 教授　　　＜第 2 章総括，2.2, 2.4 ＞
【公立中学校・中高一貫校・高等専門学校】

岩見 理華（Iwami, Rika, Dr.）兵庫県立兵庫高等学校 教諭　　　　　　　　　＜ 3.4 ＞

内園 優子（Uchizono, Yuko）鹿児島県教育庁高校教育課 主任指導主事　　　＜ 4.2.3 ＞

エリス，ロッド（Ellis, Rod, Dr.）上海外国語大学，カーティン大学教育学部 教授 ＜ SF2 ＞

奥村 耕一（Okumura, Koichi, Dr.）情報経営イノベーション専門職大学 専任講師　＜ 3.3 ＞
【公立中学校】

桐生 直幸（Kiryu, Naoyuki）鎌倉女子大学短期大学部 専任講師　　　＜参考文献総括，3.7 ＞
【私立中高一貫校】

工藤 洋路（Kudo, Yoji, Dr.）玉川大学文学部 教授　　　　　　　　　　　　＜ 2.1 ＞
【私立高等学校】

斯波 隆晃（Shiba, Takaaki）千葉県香取市立新島小学校 教諭　　　　　　　＜ 3.2 ＞

杉浦 理恵（Sugiura, Rie）東海大学国際文化学部 教授　　　　　　　　　　＜ 3.6 ＞
【私立中学校・高等専門学校】

髙島 英幸（Takashima, Hideyuki, Dr.）東京外国語大学 名誉教授　　　＜編著者，第 1 章＞

多良 静也（Tara, Shizuya）高知大学教育学部 教授　　　　　　　　　　　　＜ 2.3 ＞

張 武昌（Chang, Wu-chung, Dr.）銘傳大學言語學部 教授　　　　　　　　　＜ SF3 ＞

津田 敦子（Tsuda, Atsuko）兵庫県立川西緑台高等学校 教諭　　　　　　　　＜ 3.4 ＞

西貝 裕武（Nishigai, Hiromu）東京都教育庁指導部 国際教育推進担当課長　＜ 4.2.2 ＞

東野 裕子（Higashino, Yuko）日本体育大学児童スポーツ教育学部 准教授
【公立小学校】　　　　　　　　＜第 3 章総括，3.1, 3.8, 4.2.1 ＞

村上 美保子（Murakami, Mihoko）茨城キリスト教大学文学部 教授
【公立中学校】　　　　　　　　＜第 4 章総括，3.5, 4.1, 4.3 ＞

ラーセン・フリーマン，ダイアン（Larsen-Freeman, Diane, Dr.）ミシガン大学 名誉教授 ＜ SF1 ＞

SF3 翻訳・英文校閲
　狩野 キャロライン（Kano, Caroline）東京外国語大学 元特任教授

英文校閲
　ヘリック，ジェフリー（Herrick, Jeffrey, Dr.）追手門大学 名誉教授

（2020 年（令和 2 年）6 月 1 日現在）

[編著者紹介]

髙島英幸（たかしま・ひでゆき）

・福井県出身。広島大学大学院・カリフォルニア大学ロサンジェルス校（UCLA）大学院・テンプル大学大学院修了。教育学博士（EdD.）。
・鹿児島大学助教授，兵庫教育大学教授，東京外国語大学教授を歴任。東京外国語大学名誉教授。
・専門は英語教育学。
・『平成10年度中学校学習指導要領解説外国語編』作成協力者，平成13年・15年度学習指導要領実施状況調査問題作成委員会（中学校英語）委員・結果分析委員会（中学校英語）主査。
・日本児童英語教育学会・全国英語教育学会・関東甲信越英語教育学会会員。
・検定教科書高等学校外国語科用，*Mainstream, New Flag, Flex* シリーズ（増進堂）監修。主な著書に，『コミュニケーションにつながる文法指導』『実践的コミュニケーションのための英語のタスク活動と文法指導』『文法項目別 英語のタスク活動とタスク―34の実践と評価』『英文法導入のための「フォーカス・オン・フォーム」アプローチ』（いずれも，大修館書店），『児童が創る課題解決型の外国語活動と英語教育の実践：プロジェクト型言語活動のすべて』（高陵社書店，同書は中国語に翻訳，台北市：文鶴出版）などがある。
・小学校英語を中心とした研究会を2008〜14年度に「プロジェクト型外国語活動研修会」として町家（京都市）にて主催。継続して，2015年度からは首都圏で「プロジェクト型外国語活動・英語教育研修会（外英研）」を開催。詳細は，hide-takashima.com。
・クラージュ ハピネス（芸能事務所）所属。

タスク・プロジェクト型の英語授業（えいごじゅぎょう）

© Hideyuki Takashima, 2020 　　　　　　　　　NDC375/x, 340p/21cm

初版第1刷──2020年9月1日

編著者────髙島英幸（たかしまひでゆき）
発行者────鈴木一行
発行所────株式会社 大修館書店
　　　　　　〒113-8541 東京都文京区湯島2-1-1
　　　　　　電話 03-3868-2651（販売部） 03-3868-2294（編集部）
　　　　　　振替 00190-7-40504
　　　　　　[出版情報] https://www.taishukan.co.jp

装丁者────杉原瑞枝
本文イラスト─梅垣章子，高橋萌瑛
印刷所────広研印刷
製本所────難波製本

ISBN 978-4-469-24641-4 Printed in Japan